Suzanne C. Grunert

Essen und Emotionen

Suzanne C. Grunert

Essen und Emotionen

Die Selbstregulierung von Emotionen durch das Eßverhalten

BELTZ
PsychologieVerlagsUnion

Anschrift der Autorin:

Dr. Suzanne C. Grunert
Odense Universitet
Department of Marketing
Campusvej 55
DK-5230 Odense M
Dänemark

Lektorat: Gerhard Tinger

Die Deutsche Bibliothek – CIP-Einheitsaufnahme

Grunert, Suzanne C.: Essen und Emotionen : die Selbstregulierung von Emotionen durch das Essverhalten / Suzanne C. Grunert. – Weinheim : Psychologie-Verl.-Union, 1993
ISBN 3-621-27188-0

Umschlagsgestaltung: Dieter Vollendorf, München
Herstellung: Goldener Schnitt, 76547 Sinzheim
Druck und Bindung: Druckhaus Beltz, 69502 Hemsbach
Printed in Germany

Für Ursula

... mit Dank an Klaus G., Hans-Helmut, Pauline Panther und alle anderen, die das eine oder das andere zu diesem Buch beigetragen haben.

Inhalt

0 Einleitung 1

1. Die Regulierung der Nahrungsaufnahme: Ein psychophysiologisches Phänomen 6
1.1. Psychophysiologische Regulatoren: Hunger und Sättigung 6
1.1.1. Das Konzept der Homöostase 7
Drei Hypothesen zur Psychophysiologie des Hungers 9
Die lokale Hypothese: Regulierung durch den Magen 10
Die peripher-physiologische Hypothese: Regulierung über den Zellstoffwechsel 11
Die zentralnervöse Hypothese: Regulierung durch Gehirnregionen 11
1.1.2. Spezifischer Hunger und Selbstauswahl 14
Hedonistische Aspekte 16
Lernprozesse und situative Faktoren 18
1.2. Modellierung des menschlichen Eßverhaltens 20
1.2.1. Psychologische Modelle des Eßverhaltens 21
1.2.2. Das Grenzmodell für die Regulierung der Nahrungsaufnahme 28
1.3. Bedürfnisse: Erfüllung versus Verlagerung 31
1.3.1. Was sind Bedürfnisse? 31
Bedürfnisse in der Theorie der lebenden Systeme 33
1.3.2. Bedürfnislisten und Bedürfniskategorien 36
Bedürfnisbeziehungen und Bewältigungsformen 39
1.4. Zusammenfassung des 1. Kapitels 41

2. Essen und Emotionen: Grundlagen und empirische Befunde 43
2.1. Essen aus Freude, essen aus Frust 43
2.1.1. Der emotionale Symbolgehalt des Essens 44
Symbole und Semiotik in der Konsumforschung 46
Klassifikation von Essenskonnotationen 48
Vier Dimensionen emotionaler Essenssymbole 54
2.1.2. Emotionsbedingtes Eßverhalten 57
Ernährungspsychologie und emotionsbedingtes Eßverhalten 59
Untersuchungen zum psychosomatischen Konzept der Adipositasgenese 61
Kritische Anmerkungen zu den Untersuchungsdesigns 64
Eine andere Interpretation 69
2.2. Mehr essen durch Außenreize, weniger essen durch Restriktion 75
2.2.1. Externalität: Impulsive Eßentscheidungen 76
Die Externalitätshypothese in der Adipositasforschung 76
Kritische Einwände und alternative Erklärungsversuche 81
Interaktionen von externen und internen Stimuli 84

Weitere Einflußfaktoren auf das Ausmaß an Externalität 86
Impulsive Kaufentscheidungen 87
Impulsive Eßentscheidungen und emotionsbedingtes Essen 91
2.2.2. Restriktion: Unterdrückung von Eßgelüsten 93
Die "Set-point"-Theorie 93
Die Restriktionstheorie 95
Experimente zur Disinhibitionshypothese 97
Experimente zur Adipositas-Restriktionshypothese 101
Selbstaussagen über restriktives Eßverhalten 103
Restriktion im Grenzmodell der Regulierung der Nahrungsaufnahme 107
Kritische Anmerkungen zu Restriktionstheorie und der "Restraint Scale" 109
Die "Restraint Scale" und alternative Meßinstrumente 109
Zu den Untersuchungen der Herman & Polivy-Arbeitsgruppe 115
Was ist "kognitive Kontrolle der Nahrungsaufnahme"? 116
Restriktion und emotionsbedingtes Essen 120
2.3. Nahrungseinflüsse auf Psyche, Gehirn und Verhalten 122
Die psychologische Wirkung des Essens 122
Die psychophysiologische Wirkung von Nahrungsinhaltsstoffen 124
2.4. Zusammenfassung des 2. Kapitels 129

3. Essen und Emotionen: ein schematheoretischer Erklärungsansatz 132
3.1. Emotionsbegriff und Emotionstheorien 132
3.1.1. Das Problem, "Emotionen" zu definieren 133
Emotionen sind Gefühle, sind Stimmungen, sind Affekte 137
3.1.2. Viele Emotionsdefinitionen, viele Emotionstheorien 141
Die Wahrnehmungstheorie:
Emotion als Objekt- und Ereignisbewertung 145
Die kognitiv-physiologische Theorie
Emotion als Interpretation von Erregung 147
Die kognitive Streß- und Bewältigungstheorie:
Emotion als Ergebnis von Person-Umwelt-Transaktionen 149
Die perzeptiv-motorische Theorie:
Emotion als physische und psychische Informationsverarbeitung 154
Die Informationstheorie:
Emotion als Ausdruck von Bedürfnissen 155
3.1.3. Emotionsprinzipien und Emotionsgesetze 157
3.1.4. Sind angenehme und unangenehme Emotionen unabhängig voneinander? 161
3.2. Das Konzept der kognitiven Repräsentanz von Emotionen 164
3.2.1. Wider die Dreiteilung der menschlichen Psyche 165
3.2.2. Emotionen, Selbstregulierung, Bewältigung und Eßverhalten 166
Selbstorganisation, Selbstregulierung, Selbstkontrolle 167
Ein Stufenmodell der Selbstregulierung von Emotionen 168
Stimmungen und ihre Regulierung 170
Gefühle und ihre Bewältigung 172
Eßverhalten und die Selbstregulierung von Emotionen 179

3.2.3. Emotionsverarbeitung als kognitiver Prozeß der Problemlösung 182
Schemata und Informationsverarbeitung 183
Allgemeine Merkmale von Schemata 187
Funktionen von Schemata 192
Fehlerquellen bei der Schema-Instantiierung 193
Schemata und die Selbstregulierung von Emotionen 195
Die Strukturkomponenten 199
Die Prozeßkomponenten 201
Strategische Stabilisierungsprozesse und automatische Anpassungsmechanismen 203
3.3. Zusammenfassung des 3. Kapitels 213

4. Schluß 215

Die Stimulusgebundenheit des Konsums: Nachwort von Gerhard Scherhorn 225

Literaturverzeichnis 233
Autorinnenverzeichnis 262
Stichwortverzeichnis 269

emotionsbedingten Eßverhaltens hin gesichtet und kritisch gewürdigt. Es zeigt sich, daß diese Forschungsrichtung sich bislang auf abweichendes Eßverhalten konzentriert und die Untersuchung normalen Eßverhaltens vernachlässigt hat. Gerade die häufig unklaren Resultate beim Vergleich übergewichtiger und normalgewichtiger Versuchspersonen dokumentieren jedoch, daß Eßverhalten zur Selbstregulierung von Emotionen ein ubiquitäres Phänomen ist, und die drei zentralen Konstrukte dieser Forschung, *emotionsbedingtes, extern stimuliertes* und *restriktives Eßverhalten*, geben wertvolle Anregungen für eine umfassendere Analyse dieses Phänomens. Am Ende des Kapitels wird ein Bogen zurück zur Psychophysiologie geschlagen, indem gezeigt wird, daß die emotionsregulierenden Wirkungen von Eßverhalten zumindest teilweise physiologische Grundlagen haben.

Die Sichtung der ernährungspsychologischen Literatur im zweiten Kapitel zeigt, daß eine Kombination von Emotions- und Kognitionspsychologie, die eine nähere Analyse der bei der Emotionsregulierung ablaufenden Informationsverarbeitungsprozesse erlaubt, erforderlich ist, um zu einem umfassenden Erklärungsansatz emotionsbedingten Essens zu kommen. Im *dritten Kapitel* wird versucht, diese Aufgabe in Angriff zu nehmen und das Konzept der *kognitiven Repräsentanz von Emotionen* einzuführen und zu erläutern. Es werden zunächst emotionspsychologische Theorien beschrieben, in denen Emotionsverarbeitung als kognitiver Prozeß der Informationsverarbeitung aufgefaßt wird. Diese Theorien werden mit dem Konstrukt der *Schemata* aus der Gedächtnispsychologie zu einem Erklärungsansatz für das Auftreten emotionsbedingten Eßverhaltens verknüpft. Dieser Erklärungsansatz gründet auf der Annahme, daß Emotionen im Gedächtnis repräsentiert sein müssen, um die ihnen zugeschriebenen Verhaltensimplikationen bewirken zu können. Kognitive Repräsentanz von Emotionen bezeichnet somit die Kodierung und Integration von emotionsrelevanten Stimuli in ein System von Symbolen, Vorstellungen, Bedeutungen, Regeln und Reaktionen, die auch physiologische Reaktionen einschließen. Dieses System kann man sich als aus Schemata aufgebaut denken. Der Ansatz erlaubt, verschiedene Erkenntnisse der vorangegangenen Abschnitte in neuem Licht zu betrachten.

Das *vierte Kapitel* dient der zusammenfassenden Darstellung des Theorienschemas und einem Ausblick auf daraus folgende zukünftige Forschungsaufgaben. Das Augenmerk gilt hierbei u.a. der Schemaentstehung und Schemaveränderung sowie verschiedenen anderen Faktoren, die den Prozeß der Selbstregulierung von Emotionen durch Eßverhalten modifizieren können.

Eine Anmerkung von Kleinspehn (1987, S. 34) gilt auch für diese Arbeit: "... so sehr auch der Versuch gemacht werden soll, die eigenen Wertungen bei der Analyse mit im Auge zu behalten, wird stets die Schwierigkeit bleiben, daß ich als Forscher zugleich auch Beteiligter bin, also auch bestimmte Einstellungen zum Essen mitbringe, eine spezifische Eß-Sozialisation absolviert habe, bei bestimmten Texten Hunger bekomme, bei anderen Ekelgefühle, von den Gefühlen und Affekten beim Schreiben ganz zu schweigen. ... ob es mir gelingt, die Distanzierung zwischen meinem Gegenstand und mir soweit herzustellen, daß sich ein adäquates Bild ergibt, kann nicht eine individuelle Entscheidung am Schreibtisch sein. Sie ist nur kollektiv mit anderen "Forschern" und "Betroffenen" zu lösen."

Noch eine Anmerkung: im folgenden Text wird entgegen dem häufig üblichen Sprachgebrauch für Personen- und Funktionsbezeichnungen durchgehend die weibliche Form verwendet, ungeachtet dessen, ob es sich um ausschließlich Frauen oder um Frauen und Männer handelt. Nur bei rein männlichen Gruppen von Menschen wird die männliche Form gebraucht. Damit soll nicht nur der Kompromiß der Schrägstrich-Schreibweise vermieden werden, sondern vor allem die in älteren und auch in vielen neueren Texten übliche Beschränkung auf männliche Menschen durch eine der empirischen Realität des Themas eher angemessenen Sprachregelung abgelöst werden. Dies sollte aber nicht so verstanden werden, das nur Frauen Essen zur Selbstregulierung von Emotionen einsetzen.

1. Die Regulierung der Nahrungsaufnahme: Ein psychophysiologisches Phänomen

In den folgenden Abschnitten werden die für das Eßverhalten und dessen Regulierung relevanten Konstrukte beschrieben und erläutert. Sie sind die Grundlage für das Verständnis emotionsbedingten Essens und der Prozesse, die dieses Verhalten bewirken. In Abschnitt 1.1. werden Hunger- und Sättigungssignale des Organismus als physiologisch notwendige Bedingung zur Sicherung des Überlebens des Organismus behandelt, und gleichzeitig wird gezeigt, daß es sich bei der Nahrungsaufnahme um psychophysiologisch regulierte Prozesse handelt. Danach werden in Abschnitt 1.2. einige Beispiele für psychologische Erklärungsmodelle vorgestellt sowie eine Abgrenzung vorgenommen zwischen physiologischen Regulatoren und psychologischen Faktoren, die das Eßverhalten beeinflussen. Dem Begriff Bedürfnis, der bei beiden Aspekten der Essensregulierung implizit angesprochen wird, gilt Abschnitt 1.3., in dem versucht wird, von der vorherrschenden normativen Auffassung verschiedener Bedürnistheorien zu einer wertfreien zu gelangen, die sinnvoll in das Theorienschema über Essen und Emotionen eingebaut werden kann.

1.1. Psychophysiologische Regulatoren: Hunger und Sättigung

Um das Überleben des Organismus zu gewährleisten, Körperfunktionen aufrechtzuerhalten und Leistungsfähigkeit zu ermöglichen, muß der physiologische Bedarf an Nährstoffen durch Nahrungs- und Flüssigkeitsaufnahme gesichert werden. Für eine bedarfsgerechte Regulierung der Nahrungsaufnahme muß der Organismus fähig sein, die physiologischen Signale des Nahrungsbedarfs zu erkennen, Eßverhalten einzuleiten und es so zu steuern, daß die Nahrungsaufnahme nach ausreichender Zufuhr beendet wird. Hunger- und Durstgefühle sind solche Signale, die nahrungssuchendes und nahrungsaufnehmendes Verhalten auslösen, und sie sind deshalb wesentliche, das Eßverhalten bestimmende Faktoren.

Hunger ist ein "primärer Bedürfnis- und/oder Antriebszustand (Trieb) des Organismus, der durch die Dauer des Nahrungsentzugs, die Geschwindigkeit nachfolgender Nahrungsaufnahme und durch begleitende Veränderungen im Organismus (z.B. Absinken des Blutzuckerspiegels, Magenkontraktionen u.ä.) hinsichtlich seiner Intensität kontrolliert, manipuliert und gemessen werden kann" (Fröhlich, 1987, S. 179). Als Hunger bezeichnet man allgemein die nahrungsbezogene Reaktionstendenz aufgrund einer Motivationslage, in der ein allgemeiner und/oder spezifischer Mangelzustand des Organismus mit der Gesamtheit der genetischen, strukturellen und dynamischen Gegebenheiten eines Individuums in einer bestimmten - auch durch die Umwelt beeinflußten - Situation zusammenwirkt.

1.1.1. Das Konzept der Homöostase

Der Bedürfniszustand Hunger dient der Konstanthaltung des inneren Milieus, der *physiologischen Homöostase*, für die vor allem das vegetative Nervensystem verantwortlich ist: ein permanenter Gleichgewichtszustand des Organismus wird durch physiologische Kreislaufprozesse angestrebt, die den Wasser-, Salz-, Glukose-, Protein-, Lipid-, Calcium- und Sauerstoffgehalt des Blutes, die Säure-Basen-Relation im Blut und die Bluttemperatur regulieren. Diese Regulierung kann nur dann reibungslos funktionieren, wenn ein genau abgestimmtes Verhältnis zwischen Aufnahme und Verbrauch von Nährstoffen und Wasser besteht (Cannon, 1932, S. 61-76). Schon 1856 hat Bernard festgestellt: "La fixité du milieu intérieur est la condition de la vie libre" - die Konstanthaltung des inneren Milieus ist die Bedingung für ein freies Leben.

Am Beispiel der Flüssigkeitsregulierung des Organismus lassen sich Mechanismen aufzeigen, die Störungen im Flüssigkeitsgleichgewicht entdecken und daraufhin physiologische und Verhaltensreaktionen auslösen, die die Homöostase wiederherstellen. Solche Mechanismen müssen auch kognitive Fähigkeiten einschließen, die die Homöostase dadurch garantieren, daß sie vorbeugende Reaktionen einleiten, noch bevor Störungen im Flüssigkeitshaushalt aufgetreten sind. Ein Beispiel ist die instinktive Flüssigkeitsaufnahme während oder unmittelbar nach Mahlzeiten: Kraly (1984) konnte zeigen, daß Nahrung im Gastrointestinaltrakt die Sekretion von endokrinen Substanzen wie Histamin, Insulin und Serotonin hervorruft und so Durstsignale auslöst, die zu Flüssigkeitsaufnahme führen. Er schließt aus seinen Untersuchungsergebnissen, daß kognitive Mechanismen für die Aufrechterhaltung der physiologischen Homöostase unbedingt erforderlich sind.

Das Konstrukt physiologische Homöostase bezieht sich sowohl auf den Flüssigkeits- als auch auf den Nährstoffbedarf des Organismus sowie auf die Qualität und Quantität der verzehrten Nahrungsmittel und auf deren Bedeutung für den Stoffwechsel und die Aufrechterhaltung der Körperfunktionen. Analog wird deshalb das Konstrukt *psychologisch-mentale Homöostase* eingeführt, um zu unterstreichen, daß die Aufrechterhaltung der physiologischen Homöostase eine notwendige, aber nicht hinreichende Bedingung für ein in jeder Beziehung ausgeglichenes Leben ist: "Homeostasis, the staying power in an everchanging environment, is therefore the all-important criterion of health" (Selye, 1980, S. 139). Dabei gilt, daß Homöostase nicht an einem einzigen Punkt existiert, sondern einen spezifischen Wertebereich umfaßt, innerhalb dessen Stabilität besteht. Erst wenn Störungen auftreten, die über eine kritische Grenze hinausgehen, wird die Homöostase bedroht, so daß Ausgleichsprozesse eingeleitet werden müssen (vgl. J.G. Miller, 1978, S. 34-36; s.a. Abschnitt 1.3.).

Bei der Homöostase geht es ferner um die Frage, welche Faktoren die Beendigung der Nahrungsaufnahme veranlassen. Da die verzehrte Nahrung erst nach einigen Stunden - der Zeitpunkt ist abhängig von der Nährstoffzusammensetzung - vom Organismus resorbiert wird, kann sie auch erst dann blutchemisch wirksam werden im Sinne der gluco-, lipo- und aminostatischen Theorien (s.u.). Andere Mechanismen müssen daher kurzfristig Sättigungssignale geben, damit eine Störung des homöostatischen Gleichgewichts durch Überlastung verhindert wird. Dazu gehören vor allem die Magendehnung aufgrund des Volumens der aufgenommenen Nahrung und oropharyngeale Faktoren (Deutsch, 1987). In der Magenwand befinden sich Dehnungsrezeptoren, die die Magendehnung über den Vagus dem zentralen Nervensystem melden und damit über das Sättigungszentrum des Hypothalamus die Beendigung der Nahrungsaufnahme einleiten (Ehrhardt,

1981; Sharma et al., 1961). Dem Nahrungsvolumen kommt daher eine wichtige Sensorfunktion zu, die möglicherweise sogar eine größere Rolle spielt als der Nährstoff- bzw. Kaloriengehalt der aufgenommenen Nahrung (Bäuml, 1986). Zusätzlich wirken oropharyngeale Faktoren als Rückkopplung über den Hypothalamus, wie die beim Saugen, Kauen und Schlucken tätigen Muskeln.

Drei Hypothesen zur Psychophysiologie des Hungers

In der obigen Definition von Fröhlich (1987) wird Hunger als primäre, nicht erlernte physiologische Motivation angesehen. Diese durchaus übliche Unterscheidung zwischen "primären" und "sekundären", also zwischen "physiologischen" und "lerngeschichtlichen" Motivationen ist umstritten: der Begriff "physiologische Bedürfnisse" ist insofern nicht eindeutig, als er ein ausschließlich physiologisches Defizit impliziert, das auch bei anderen, als primär geltenden Bedürfnissen, wie z.B. sexueller Motivation, nicht gegeben ist. Außerdem sind es nicht nur sekundäre, sondern auch primäre Motivationen, die Lernprozesse erfordern, so z.B. die Koppelung des Nahrungsbedürfnisses an erlernte Nahrungsobjekte wie Mutterbrust oder Milchflasche (Ehrhardt, 1981).

Gerade beim Eßverhalten liegt eine Kombination von unterschiedlichen Antriebsstrukturen vor, die sich in physiologische, psychophysiologische und nicht-physiologische, d.h. psychologische, Determinanten einteilen lassen. In diesem Abschnitt werden zunächst die psychophysiologischen Prozesse behandelt, um die enge Verzahnung von physiologischen und psychologischen Prozessen zu demonstrieren. Auf weitgehend psychologische Prozesse wird in den folgenden Abschnitten eingegangen. Zur Erklärung der psychophysiologischen Prozesse werden in der Literatur drei zentrale Hypothesen genannt (zusammenfassende Darstellungen bei M. Schwartz, 1980; Weinert, 1965; Zimbardo, 1983), über die der folgende kurze Abriß aus zwei Gründen sinnvoll erscheint. Zum einen erleben Menschen Hungergefühle recht unterschiedlich, die einen als Magenknurren, andere als Kopfschmerz, wieder andere als Gliederschwere, und es zeigt sich, daß alle diese Empfindungen mit unterschiedlichen psychophysiologischen Regulierungsmechanismen der Nahrungsaufnahme zusammenhängen. Zum anderen verdeutlicht die Komplexität dieser Vorgänge, wie schwer es ist, sich biologisch zweckmäßig, der "Weisheit des Körpers" ("wisdom of the body", Cannon, 1932) entsprechend, zu ernähren, und wie leicht emotionsbedingtes Eßverhalten eine physiologisch bedarfsgerechte Ernährung verhindern kann.

Die lokale Hypothese: Regulierung durch den Magen

Nach dieser Hypothese gilt der Magen als besonders wichtiges Organ der Hungerregulierung: Hungersensationen werden als Folge von Kontraktionen des leeren Magens angesehen. Gestützt wurde diese Hypothese zunächst durch Experimente von Cannon und Washburn (1912), bei denen durch Magenaktivität verursachte Druckveränderungen mit Hilfe eines heruntergeschluckten und an ein Aufzeichnungsgerät angeschlossenen Gummiballons festgestellt wurden. Doch inzwischen hat die lokale Hypothese an Bedeutung verloren: mehrere Untersuchungen zeigten, daß die operative Entfernung des Magens oder die Durchtrennung der verbindenden Nervenbahnen keine Veränderungen des Eßverhaltens bewirken (Grossman, Cummins, & Ivy, 1947; MacDonald, Inglefinger, & Belding, 1947) und daß Magenkontraktionen die Aktivität des Hunger- und Sättigungszentrums nicht beeinflussen (Sharma et al., 1961). Magenkontraktionen sind nur ein Teil der Stimuli, die nahrungsorientiertes Verhalten hervorrufen, und der Organismus bedient sich bei Entfernung des Magens anderer Hinweisreize. Dennoch empfinden viele Menschen Hunger subjektiv als ein in der Magengegend auftretendes Gefühl. Magenkontraktionen spielen also bei der Regulierung der Nahrungsaufnahme eine Rolle, sie sind jedoch weder die einzigen noch die wichtigsten Hinweisreize. Untersuchungen von Stunkard und S. Fox (1971) mit normal- und übergewichtigen Probanden zeigten ebenfalls, daß Magenkontraktionen lediglich eine schwache und nicht konstante Beziehung zu Hunger aufweisen und daß Störungen in der Wahrnehmung von Magenkontraktionen nicht notwendigerweise zu Fehlsteuerungen in der Nahrungsaufnahme, z.B. von Übergewichtigen, führen.

Die peripher-physiologische Hypothese: Regulierung über den Zellstoffwechsel

Bei dieser Hypothese, die auch als allgemeine Hypothese bezeichnet wird, gelten Veränderungen in den Zellen des gesamten Organismus als verantwortlich für die Entstehung des Hungergefühls. Eine wichtige Funktion wird dabei der im Blut vorhandenen Glukosemenge zugeschrieben (Jacobs, 1958; Mayer, 1953). Einige Untersuchungen stützen diese *glucostatische Theorie*, es gibt aber auch widersprechende Befunde (Novin, Wyrwicka, & Bray, 1976; F.W. Wolff, 1976). Weitere periphere Mechanismen der Hunger- und Sättigungsregulierung hängen zusammen mit der Fettspeicherung (*lipostatische Theorie*, Kennedy, 1953), mit der Körpertemperatur (*thermostatische Theorie*, Brobeck, 1948), mit der Aminosäurenzusammensetzung der Nahrung (*aminostatische Theorie*, Booth, 1977; Harper, 1976) und mit hormonalen Faktoren (*hormonale Theorie*, J.D. Davis et al., 1969). Die Untersuchungsergebnisse zeigen, daß sich jeder dieser Faktoren auf die Regulierung der Nahrungsaufnahme auswirken kann. Bei einem Ausfall einzelner dieser biochemischen Mechanismen ist der Organismus jedoch trotzdem zu einer normalen Nahrungsregulierung fähig, so daß die peripheren Faktoren bei der Bestimmung der Art der Nahrung, dem Zeitpunkt und der Menge des Essens offensichtlich nur ergänzende Hilfsfunktionen ausüben.

Die zentralnervöse Hypothese: Regulierung durch Gehirnregionen

Diese Hypothese schreibt dem zentralen Nervensystem und insbesondere dem Hypothalamus eine herausragende Bedeutung für die Nahrungs- und Flüssigkeitsregulierung zu. Anatomisch ist der Hypothalamus ein Teil des Zwischenhirns. In ihm befinden sich dem vegetativen - autonomen - Nervensystem übergeordnete Zentren, die wichtige Regulierungsvorgänge im Organismus steuern, so die Wärme-, Blutdruck- und Atmungsregulierung, den Wach- und Schlafmechanismus, den Wasserhaushalt und auch die Nahrungsaufnahme. Verschiedene Untersuchungen (Überblick bei Weinert, 1965) weisen nach, daß es im Hypothalamus zur Regulierung der Nahrungsaufnahme ein Hunger- und ein Sättigungszentrum gibt. Dabei scheint das Hungerzentrum permanent zu arbeiten, sein Einfluß wird jedoch bei einer Aktivierung des Sättigungszentrums, z.B. durch Signale aus der Peripherie, ausgeschaltet. Diese zweifache Kontrolle der Nahrungsaufnahme konnte durch Experimente mit Läsionen an Rattenhirnen in den in Frage kommenden ventromedial und lateral gelegenen Bereichen des Hypothalamus gezeigt werden. Die Zerstörung der ventromedialen Bereiche führte zu Hyperphagie, d.h. zu stark gesteigerter Nahrungsaufnahme, und damit zu extremem Übergewicht. In diesem Sektor befindet sich infolgedessen das Sättigungszentrum, das an der Beendigung der Nahrungsaufnahme und an der langfristigen Gewichtsregulierung beteiligt ist. Die Folge einer Beschädigung der lateralen Bereiche dagegen ist ein komplexes Syndrom aus defizitärer Nahrungs- und Flüssigkeitsaufnahme (Aphagie und Adipsie), das zu starkem Untergewicht und Austrocknung (Dehydratation) führt. Somit bilden die lateralen Bereiche das Hungerzentrum, sie sind für die Initiierung der Nahrungsaufnahme verantwortlich (M. Schwartz, 1980, S. 267-280).

Ein Modell, das auf der zentralen Hypothese und ihrem Konzept des dualen Kontrollsystems basiert, aber auch die Resultate der lokalen und peripheren Hypothesen zur Physiologie des Hungers integriert, ist von Stellar (1954) vorgeschlagen worden und war Ausgangspunkt für verschiedene Untersuchungen (Überblick bei Stellar, 1967). Dieses Modell ist in Abbildung 1 dargestellt und dient auch der Beschreibung anderer motivationaler Systeme wie Durst, Angst und Aggression. Es geht von der Idee aus, daß motivationales Verhalten eine direkte Funktion des Aktivierungsgrades von bestimmten Erregungszentren des Hypothalamus ist. Vier Gruppen von Determinanten dieser Aktivierung werden unterschieden:

- hemmende und erregende Zentren des Hypothalamus;
- externe sensorische Stimuli;
- Signale aus dem internen Milieu des Organismus zur Aufrechterhaltung der Homöostase;
- Einflüsse der Großhirnrinde (Cortex), in der Assoziations- und Projektionsfelder lokalisiert sind, und des Thalamus, der als Teil des Zwischenhirns die Schaltstelle der sensiblen Bahnen zur Großhirnrinde ist.

Abbildung 1:
Die physiologischen Grundlagen für motivationales Verhalten

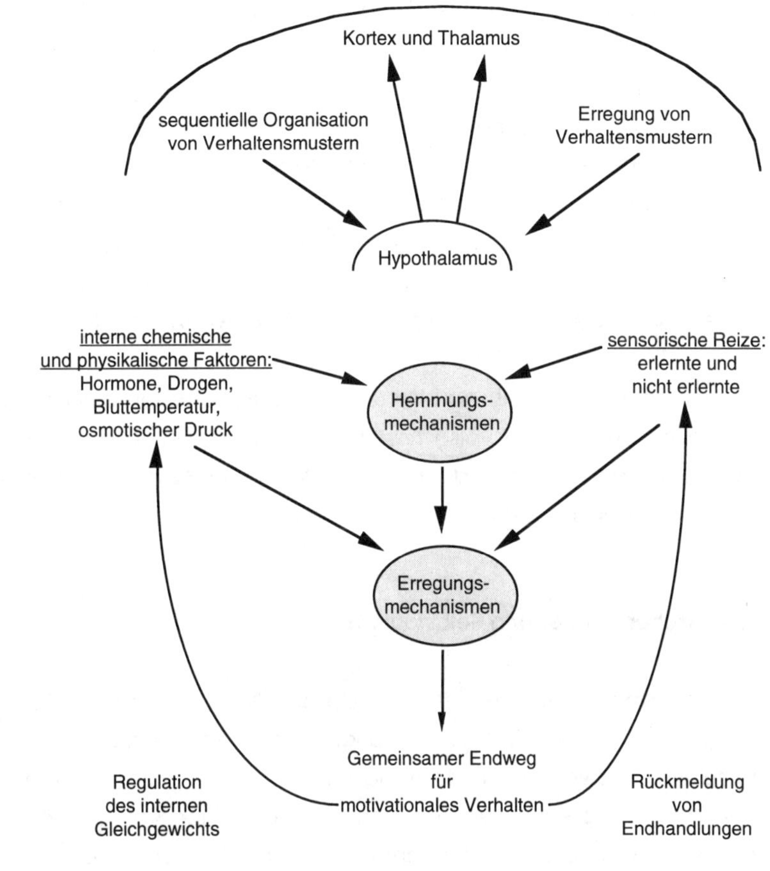

(nach Stellar, 1954 und Weinert, 1965)

Die wichtige Funktion des Hypothalamus bei der Regulierung der Nahrungsaufnahme wird durch eine Vielzahl von Daten belegt, doch zeigt sich auch hier, daß zusätzliche Faktoren wirksam sind. Zum einen besteht eine enge funktionale Verknüpfung des Hypothalamus mit dem limbischen System und mit dem retikulo-endothelialen System. Das limbische System ist die dem Hypothalamus direkt übergeordnete Zentrale des vegetativ-nervösen Regulierungssystems, das über die Formatio reticularis, dem Kontrollorgan des Großhirns, die Signale aus dem Körperinnern und aus der Umwelt verarbeitet, so z.B. auch Emotionen. Das retikulo-endotheliale System bildet die funktionelle Einheit biologisch sehr aktiver Zellen, die vor allem als Bindegewebszellen das Grundgerüst vieler innerer Organe und als Endothelzellen die resorbierende Innenfläche des Körpers bilden. Zum anderen läßt sich die Anatomie des Hypothalamus nicht trennscharf in ventromediale und laterale Bereiche einteilen. Zwischen beiden Regionen gibt es vielfältige Verbindungen, und es muß auch zwischen einem mittleren und einem entfernten lateralen hypothalamischen Areal unterschieden werden, wie Läsionsversuche eindeutig zeigten (M. Schwartz, 1980, S. 272f).

Letzlich zeigt sich somit, daß keine der drei Hypothesen ausschließlich zutreffend, aber auch keine völlig falsch ist. Da jede einige der Faktoren beschreibt, die verantwortlich sind für die Auslösung von Hungergefühlen, sind sie als komplementär anzusehen.

1.1.2. Spezifischer Hunger und Selbstauswahl

Verschiedene Befunde deuten darauf hin, daß physiologische Faktoren nicht nur die Quantität der Nahrungsaufnahme steuern, sondern auch die qualitative Auswahl von Nahrungsmitteln beeinflussen. Dieses als *spezifischer Hunger* bezeichnete Phänomen ist die Folge von biologischen Defiziten - der Körper verlangt offensichtlich nach der Nahrung, die die in der jeweiligen Ernährung fehlenden Nährstoffe enthält.

Mit ihren klassischen Experimenten hat C.M. Davis eine Reihe von Untersuchungen zur diätetischen Selbstauswahl angeregt. Sie ermöglichte drei (1928) bzw. fünfzehn (1939) Säuglingen und Kleinkindern über einen Zeitraum von sechs Monaten bis zu sechs Jahren eine freie Auswahl aus 34 verschiedenen Nahrungsmitteln sowohl pflanzlichen als auch animalischen Ursprungs. Dabei konnte sie beobachten, daß die zusammengestellte Kost genau ernährungsphysiologischen Anforderungen entsprach: die Kinder deckten nicht nur ihren kalorischen Bedarf, sondern aßen entsprechend ihrem spezifischen Bedarf an Nährstoffen. Die Zusammensetzung ihrer Kost zeigte ein ausgewogenes Verhältnis von Kohlehydraten, Proteinen und Lipiden sowie eine ausgeglichene Säure-Basen-Relation. Die Kinder waren Allesesser, wenn sie auch bestimmte Nahrungspräferenzen hatten, die von Zeit zu Zeit wechselten und schubweise auftraten. Es gab keine Verdauungsprobleme, das physische Erscheinungsbild war ausgezeichnet, und die Ergebnisse der regelmäßig durchgeführten Blut- und Harnanalysen sowie Röntgenuntersuchungen entsprachen optimalen Normwerten.

Auch andere Untersuchungen belegen, daß der Organismus prinzipiell für die Notwendigkeit einer ausgewogenen Ernährung sensibel ist (Übersicht bei Weinert, 1965; Zimbardo, 1983, S. 351-360; kritisch dazu Galef, 1991). Bei Säuglingen besteht beispielsweise die Gefahr einer Unterversorgung mit Calciferol, die zu Rachitis führen kann. Zwei von Davis' Probandinnen kurierten ihre rachitischen Symptome, indem sie aus dem Selbstbedienungs-Ernährungsprogramm aus eigenem Antrieb so lange Lebertran wählten, bis ihr Calciferoldefizit kompensiert war (Davis, 1928, 1939). Scott und Quint (1946) stellten fest, daß Ratten bei einem Mangel an den B-Vitaminen Thiamin, Riboflavin und Pyridoxin Appetit auf das Futter entwickelten, das diese Vitamine enthielt. Allerdings galt dieses Verhalten nicht für das B-Vitamin Pantothensäure. Auch bei einigen anderen Nährstoffen wie Magnesium, Retinol und Cobalaminen signalisiert der Organismus einen Mangel nicht, und er kann bei der Resorption zwischen einigen sich ähnelnden chemischen Verbindungen, wie z.B. Calcium und Strontium, nicht diskriminieren. Der "Weisheit des Körpers" sind also offensichtlich Grenzen gesetzt. Das Erkennen der Nahrungsmittel, die die benötigten Nährstoffe enthalten, ist zwar eine Voraussetzung für den spezifischen Hunger, er kann aber außerdem durch erlernte Präferenzen bzw. Aversionen (Morgan & Stellar, 1950, S. 399), auch im Sinne konditionierter Reflexe (Booth, 1977), gesteuert werden.

Hedonistische Aspekte

Neben dem spezifischen Nährstoffbedarf hat der *Geschmack* von Lebensmitteln und Speisen, der abhängig von Aroma, Temperatur und anderen sensorischen Bedingungen ist, einen Einfluß auf die Regulierung der Nahrungsaufnahme.

Stricker und G. Wolff (1967) fanden beispielsweise heraus, daß die Flüssigkeitsaufnahme nicht nur eine Folge körperlicher Bedürfnisse zur Aufrechterhaltung der physiologischen Homöostase ist, sondern auch vom Geschmack der Flüssigkeit abhängt. Ratten, bei denen künstlich beide Arten von Durst, zelluläre Dehydratation und Hypovolämie, hervorgerufen wurden, bevorzugten isotone Salzlösungen gegenüber destilliertem Wasser zur Durstlöschung - obwohl zelluläre Dehydratation durch destilliertes Wasser effizienter ausgeglichen werden kann.

P.T. Young (1933, 1959, 1966; P.T. Young & Shuford, 1954) hat gründliche Untersuchungen über die Rolle des Geschmacks als hedonistischem Faktor bei der Nahrungsaufnahme angestellt, und zwar unter dem Aspekt des Appetits. Appetit kann beschrieben werden als "a desire for food, a pleasant affective state which is specifically founded on the learning or memory of the disappearance of hunger sensations associated with a comfortably filled stomach; that is, appetite is learned through the reduction of the hunger drive, and is closely related to the agreeable taste, smell, and appearance of food" (H.I. Kaplan & H.S. Kaplan, 1957, S. 183). P.T. Young formulierte eine hedonistische Theorie der neuralen Verhaltensorganisation (1952), wonach neurale Verhaltensmuster hedonistisch organisiert, d.h. bestrebt sind, Genuß zu erhöhen und Unbehagen zu mildern. Unbehagen, insbesondere wenn es intensiv, andauernd und ungemildert ist, wirkt desorganisierend und liegt emotionalen und traumatischen Störungen zugrunde. Für die Nahrungsaufnahme bedeutet dies, daß Hunger nicht unmittelbar in Essen resultiert, sondern vermittelt wird durch neural verankerte Erfahrungen darüber, welche Nahrungsmittel Genuß bereiten und welche eher Unbehagen bewirken. Die aus diesen Erfahrungen resultierenden, auf Nahrungsmittel gerichteten affektiven Zustände werden als Appetit bezeichnet (P.T. Young, 1957).

Zahlreiche empirische Untersuchungen (Überblick bei Weinert, 1965) haben gezeigt, daß Nahrungsvorlieben substanzspezifisch sind, eine hohe interindividuelle Variablität aufweisen, von der Intensität äußerer nahrungsbezogener Stimuli abhängen und zeitlich relativ stabil sind. Sie werden durch angeborene und erlernte Geschmackspräferenzen bestimmt, nach Beauchamp (1981) sind hedonistische Reaktionen auf Geschmacksstimuli bereits bei neugeborenen Säuglingen vorhanden. Nahrungsvorlieben sind durch Sättigung, Deprivation und Bedürfnisverlagerung modifizierbar. Auch der Ernährungszustand des Organismus spielt eine Rolle, so führt Zinkmangel beispielsweise zu einer stark verringerten Geschmacksempfindung (Überblick über orosensorische Aspekte bei Leitzmann, 1981). Geschmack ist sowohl Qualitätsinformant als auch Motivator. Die Veränderung von Präferenzen im Laufe der individuellen Entwicklung kann auf den Ernährungsstatus des Organismus, auf frühe diätetische Erfahrungen und auf genetische Bedingungen zurückgeführt werden. Geschmackspräferenzen können zudem von gewissen Rahmenbedingungen abhängen, d.h. im Zusammenhang mit komplexen Speisen herausgebildet werden. So wird beispielsweise reine Zitronensäure abgelehnt, sie ist aber erwünschter und unverzichtbarer Bestandteil von sauren Drops.

Das Geschmackserleben und damit der Genußwert des Essens hängen nicht unerheblich von der augenblicklichen physischen und psychischen Verfassung des Individuums ab. Besonders augenfällig wird dies bei Nahrungsgelüsten, die mit Menstruation und Schwangerschaft (Picae gravidarum) zusammenhängen. Plötzlich werden Nahrungsmittel verschmäht, die eigentlich Lieblingsspeisen sind, dafür andere begehrt, die sonst kaum attraktiv sind (Glatzel, 1974, S. 108).

Außer dem eigentlichen Geschmack eines Nahrungsmittels ist seine *Textur* von Bedeutung bei der Regulierung der Nahrungsaufnahme. So haben Carlisle und Stellar (1969) experimentell nachgewiesen, daß bei Ratten mit hypothalamischen Läsionen die Nahrungsaufnahme unabhängig von der

Nährstoffdichte im wesentlichen durch die Textur und den Geschmack - in diesem Fall ein lipidreiches Futter - bestimmt wird. Normalgewichtige Ratten ohne operativ induzierte Läsionen nahmen eine konstante Kalorienmenge auch bei einem in bezug auf Nährstoffdichte und Textur stark variierenden Nahrungsangebot zu sich.

Lernprozesse und situative Faktoren

Die verhaltenssteuernden Wirkungen des Hungers werden also vorwiegend von Geschmackspräferenzen beeinflußt. Diese werden durch Lernprozesse erworben. *Lernprozesse* bauen in einem Organismus Gewohnheiten und Neigungen auf. Es ist umstritten, ob Hunger angeboren ist oder konditioniert werden kann, dagegen hat sich die Auffassung durchgesetzt, daß die hungerbezogenen Reaktionen, also das nahrungssuchende und das nahrungsaufnehmende Verhalten, das Ergebnis von Lernprozessen sind. Nach Ehrhardt (1981) sind drei verschiedene Lernprozesse für die Nahrungsaufnahme erforderlich: Zunächst einmal müssen die Objekte erkannt werden, die der Befriedigung des Nahrungsantriebs dienen, denn das Neugeborene kennt noch keine Nahrungsobjekte. Erst im Alter von 5 bis 6 Monaten zeigt sich dann Appetenzverhalten. Als zweites müssen motorische Verhaltensweisen zur Stillung des Hungers erlernt werden; nur der Saugreflex ist ein angeborenes Schema, so daß mit dem Beginn der Löffelfütterung ein neues Verhalten dazugelernt wird. Die introspektive Diskrimination zwischen verschiedenen Emotionen stellt den dritten und komplexesten Lernprozeß dar, der auch am längsten dauert. Erst im dritten Lebensjahr wird die Bedeutung der Worte "hungrig", "müde" oder "kalt" verstanden, wenngleich ein selektives Verhalten auf verschiedene Emotionen hin bereits sehr viel früher auftritt.

Die Wahrnehmung von Hunger und anderen vorrangig biologischen Bedürfnissen stellt auch nach Bruch (1969) kein angeborenes physiologisches Wissen dar, sondern wird durch Lernprozesse erworben. Vielmehr sind biologische Bedürfnisse für den Säugling unidentifizierbare Zustände des Unbehagens und der Spannung, die erst durch Lernprozesse zu erkennbaren Mustern strukturiert werden. Bruch beschreibt das Zusammenspiel von

Hungerempfindungen, Nahrungsaufnahme und deren Regulierung als einen komplexen Vorgang, in dem insbesondere biochemische, neurophysiologische, psychologische und kommunikative Prozesse eine wichtige Rolle spielen. Aus ihrer psychoanalytischen Sicht unterstreicht sie, daß fehlgeleitetes Eßverhalten vor allem auf emotionale Störungen in der körperlichen Selbst-Bewußtheit, mitverursacht durch "falsche" Lernerfahrungen, zurückzuführen ist.

Erlernte Gewohnheiten können zu Verhaltensmustern führen, die mit der "Weisheit des Körpers" nicht kompatibel sind: zwar entwickeln sich Gewohnheiten tendenziell im Einklang mit den biologischen Bedürfnissen des Organismus, aber einmal etablierte Gewohnheiten neigen dazu, ungeachtet der vorhandenen Bedürfnisse oder einer Änderung der Bedürfnislage weiterzubestehen. Ernährungsgewohnheiten müssen nicht unbedingt mit physiologischen Bedürfnissen übereinstimmen und können die Nahrungsselektion ohne Rücksicht auf den Bedarf des Organismus verfestigen (P.T. Young, 1957).

Neben Lernprozessen sind es situative Faktoren, die die Nahrungsregulierung beeinflussen können: die ständige Verfügbarkeit von Essen, die große Auswahl an Lebensmitteln, der verführerische Duft aus einer Konditorei, andere mit Genuß essen zu sehen oder bei der Essenszubereitung naschen zu können - dies alles sind Faktoren, die Hungergefühle hervorrufen können. Hunger ist kein ausschließlich physiologisch determiniertes Bedürfnis. Dies wurde bereits in der Zweikomponententheorie von Katz (1932/1975, S. 193 und S. 200) festgehalten, nach der sich die Nahrungsaufnahme "nicht nur nach dem physiologischen Zustand eines Organismus bestimmt, sondern in einem zunächst kaum vermuteten Grad auch nach der äußeren Situation, die sie antrifft... wie unumgänglich (deshalb) zur Charakterisierung eines Hunger- oder Appetitzustandes die Bezugnahme auf das Verhalten gegenüber der Nahrungsgegenständlichkeit ist". Seine Experimente belegen die Abhängigkeit des Eßverhaltens von sozialen Einflüssen, vom Aufforderungscharakter der Nahrung und von Umgebungsfaktoren. Sie zeigten außerdem, daß Hunger gegenstandsbezogen ist und daß physiologische Hunger- und

Sättigungssignale mit Hinweisreizen aus der Umwelt des Individuums interagieren (s.a. Abschnitt 2.2.1.).

Dieser Abschnitt hat gezeigt, daß Hunger ein psychophysiologisches Phänomen ist, also nicht ausschließlich durch physiologische Prozesse erklärt werden kann. Zwar ist die physiologische Homöostase Ausgangspunkt für die Steuerung der Nahrungsaufnahme, sie wird jedoch durch nicht-physiologische Prozesse vielfach überlagert, so vor allem durch das Erlernen von Präferenzen für bestimmte Nahrungsmittel. Der nächste Abschnitt stellt nun Modelle vor, in denen speziell die psychologischen Faktoren näher betrachtet werden.

1.2. Modellierung des menschlichen Eßverhaltens

Die Feststellung der physiologischen Notwendigkeit der Nahrungsaufnahme zur Aufrechterhaltung der Körperfunktionen reicht nicht aus, um zu erklären, warum Individuen das essen, was sie essen. Denn die menschlichen Ernährungsgewohnheiten finden ihren Ausdruck in sehr unterschiedlichen Zubereitungsarten derselben Lebensmittel, in der Einbindung in verschiedenartige soziokulturelle Zusammenhänge und in individuellen Vorlieben und Abneigungen, obwohl der physiologische Bedarf an Kohlehydraten, Fetten, Proteinen, Vitaminen und Mineralstoffen im wesentlichen nur abhängig von Alter, Geschlecht, Körpergewicht und physischen Umweltbedingungen variiert: "Zwischen Bedürfnis (Hunger) und Befriedigung (Essen und Trinken) setzt der Mensch das ganze kulturelle System der Küche" (Tolksdorf, 1972, S. 56).

Demnach muß es andere, nicht-physiologische Einflußfaktoren auf die Ernährungsgewohnheiten geben; das Hungergefühl kann nicht der einzige Stimulus für die Nahrungsaufnahme sein. Zur Erklärung des Verhaltens, das ein Individuum bei der Nahrungsauswahl und -aufnahme zeigt, ist die Analyse zahlreicher als Determinanten in Frage kommender Faktoren erforderlich. Diese fallen in den Zuständigkeitsbereich anderer Disziplinen als denen der Ernährungsphysiologie, Biochemie und Medizin, nämlich in den der Sozialwissenschaften. Weil die Sozialpsychologie das Verhalten der Individuen in Interaktion mit der sie beeinflussenden sozialen Umwelt zu ihrem Untersuchungsgegenstand macht, scheint sie besonders geeignet, die Komplexität menschlichen Eßverhaltens zu beschreiben und zu erklären.

1.2.1. Psychologische Modelle des Eßverhaltens

Das Eßverhalten eines Individuums zu einem gegebenen Zeitpunkt ist nach Diehl (1980, S. 4) das Produkt zentraler psychischer Verarbeitung von internen und externen Faktoren, die zu diesem Zeitpunkt wirksam sind. Keiner dieser Faktoren bestimmt direkt und unabhängig das Eßverhalten. Jedes Individuum strukturiert und verarbeitet auf eigene, typische Weise die Informationen, die es von den internen und externen Bestimmungsgrößen erhält. Um gegenwärtig auftretendes Eßverhalten verstehen oder um zukünftiges Eßverhalten vorhersagen zu können, müssen die relevanten Bedingungen spezifiziert und zueinander in Beziehung gesetzt werden. Schafer und Yetley (1975) haben dazu vorgeschlagen, einen von M. Sherif und C.W. Sherif (1969, S. 29-33) entwickelten allgemeinen Bezugsrahmen für beliebiges beobachtbares Verhalten auf das Eßverhalten zu übertragen: "The frame of reference for behavior... is the totality of interrelated external factors in the situation and internal factors arising from the individual that are operative at a given time" (M. Sherif & C.W. Sherif, 1969, S. 33). Dieses Modell ist der Ausgangspunkt für eine Sichtung und Strukturierung der Faktoren, die für die Erklärung menschlichen Eßverhaltens relevant sind (Abbildung 2).

Ausgehend von diesem sehr allgemeinen Verhaltensmodell hat Diehl (1980; S. 4-7) ein Schema vorgestellt, das intern, extern und intern/extern wirksame Einflußfaktoren auf das Eßverhalten integriert. Beispiele für interne Determinanten sind außer dem physiologischen Bedarf Ernährungskenntnisse, Einstellungen zum Essen, Emotionen und Persönlichkeitsmerkmale. Zu den externen Einflußgrößen zählen die Verfügbarkeit von Lebensmitteln, das Verhältnis zu Familienmitgliedern und anderen Bezugspersonen, die Beeinflussung durch Massenmedien oder der Zeitpunkt, Ort und Anlaß des Essens. Als sowohl intern wie auch extern wirksame Faktoren gelten beispielsweise Erziehung, Religion, Status, Bezugsgruppen- und Schichtzugehörigkeit.

Abbildung 2:
Bezugsrahmen zur Erklärung beobachtbaren Eßverhaltens

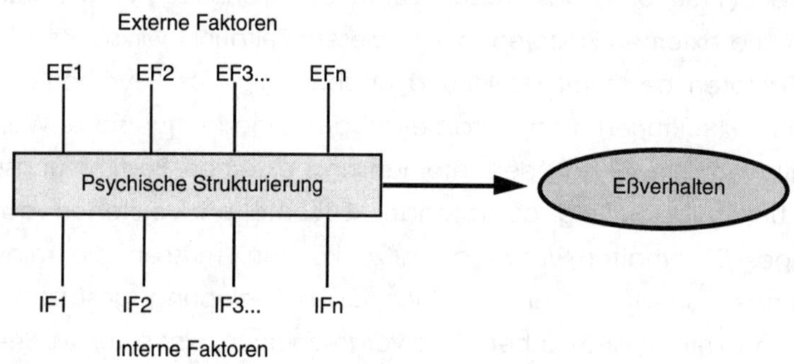

(nach Schafer & Yetley, 1975 und M. Sherif & C.W. Sherif, 1969)

Die in Abbildung 3 aufgezählten Beispiele erheben weder Anspruch auf eine Ordnung innerhalb der Klassen noch auf Vollständigkeit: "Welche Gesamtmenge von internen und externen Faktoren bei der Analyse eines individuellen Verhaltens den Bezugsrahmen abgibt, dürfte sich in Vollständigkeit niemals bestimmen lassen - es muß jedoch versucht werden, die hauptsächlich determinierenden Faktoren zu spezifizieren, denn die verschiedenen Faktoren des Bezugsrahmens weisen zu einem bestimmten Zeitpunkt unterschiedliche Gewichtigkeit auf, und die relative Gewichtigkeit eines Faktors kann sich zudem im Lauf der Zeit ändern. Das Bedingungsgefüge des individuellen Ernährungsverhaltens stellt sich somit als komplex dar und läßt keine leichte Analysierbarkeit erhoffen" (Diehl, 1980, S.4f).

Abbildung 3:

Diagrammatische Darstellung des Bezugsrahmens für das beobachtbare Eßverhalten eines Individuums

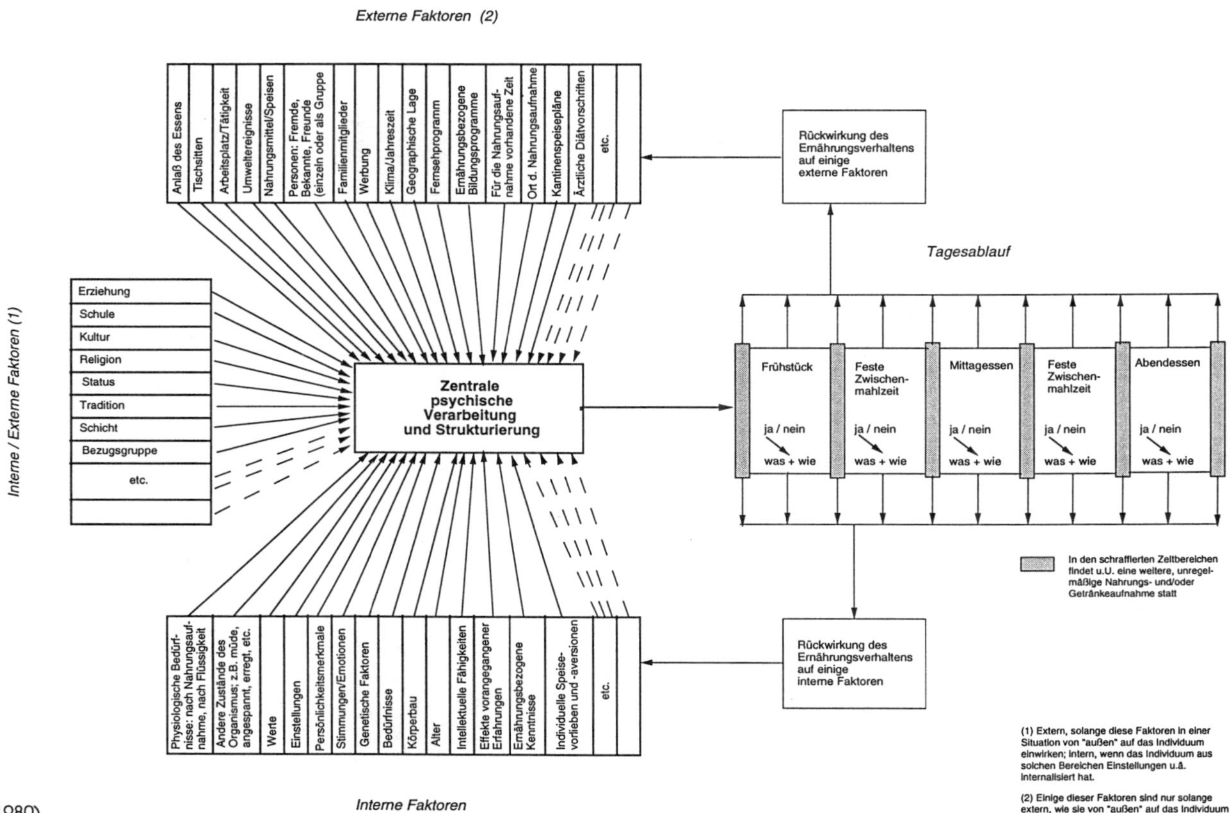

(nach Diehl, 1980)

(1) Extern, solange diese Faktoren in einer Situation von "außen" auf das Individuum einwirken; intern, wenn das Individuum aus solchen Bereichen Einstellungen u.ä. internalisiert hat.

(2) Einige dieser Faktoren sind nur solange extern, wie sie von "außen" auf das Individuum in einer gegebenen Situation einwirken.

Als Beispiele für den Versuch, Ausschnitte aus diesem Schema über Bedingungsfaktoren menschlichen Eßverhaltens ausführlicher darzustellen, stehen die beiden folgenden Modelle. Sie sind einem mehr sozioökonomisch orientierten Erklärungsversuch zuzuordnen. Das Modell von van Raaij (1984; Abbildung 4) bemüht sich um die Darstellung *kausaler Beziehungen zwischen verschiedenen Determinanten des Eßverhaltens*, das hier als aus Ankauf, Zubereitung und Verzehr von Lebensmitteln bestehend definiert wird.

Eßverhalten wird vom Lebensmittelangebot, vom Lebensstil und von den Einstellungen der Konsumentinnen zum Essen bestimmt. *Einstellungen* führen zu allgemeinen Verhaltensintentionen, die dann u.a. über Kosten-Nutzen-Erwägungen in spezifische Verhaltensintentionen umgesetzt werden. Gesundheit und Wohlbefinden gelten als Konsequenz des Eßverhaltens. In einem Rückkoppelungsprozeß wirken diese Faktoren zusammen mit Informationen von sozialen Referenzgruppen und über Ernährungskosten (a) als gewohnheitsbildend auf das Ernährungsverhalten, (b) greifen sie als Lerneffekte in den Prozeß der Ausgestaltung von Intentionen ein, und (c) führen sie zur Internalisierung von Einstellungen. Dieses Modell unterscheidet sich von dem Diehls dadurch, daß die zentrale psychische Verarbeitung als Einstellungs-Verhaltensintentions-Abfolge im Sinne von Fishbein und Ajzen (1974) konzipiert wird und daß Faktoren wie Lebensstil und Lebensmittelangebot sowohl direkt als auch indirekt auf das Ernährungsverhalten einwirken.

Das Modell von Wierenga (1983) ist ebenfalls sozioökonomisch orientiert, beschäftigt sich aber ausschließlich mit der Erklärung einzelner Kaufentscheidungen für Lebensmittel, wobei der Entscheidungsprozeß als Abfolge von Problemerkennung, Suche, Beurteilung der Alternativen, Auswahl und Ergebnis (vgl. Engel, Blackwell, & Miniard, 1986, S. 28-35) betrachtet wird (Abbildung 5). Es geht von der Annahme aus, daß Konsumentinnen unvollkommene Problemlöser sind, deren Entscheidungsvermögen durch die große Zahl von verfügbaren Informationen, die begrenzte kognitive Verarbeitungsfähigkeit für solche Informationen, die allgemeine Gedächtniskapazität und die verfügbare Zeit begrenzt wird. Als Entscheidungshilfe werden verschiedene *Produktattribute* herangezogen, die hedonistischer, funktionaler

Abbildung 4:
Ein sozioökonomisches Modell des Eßverhaltens

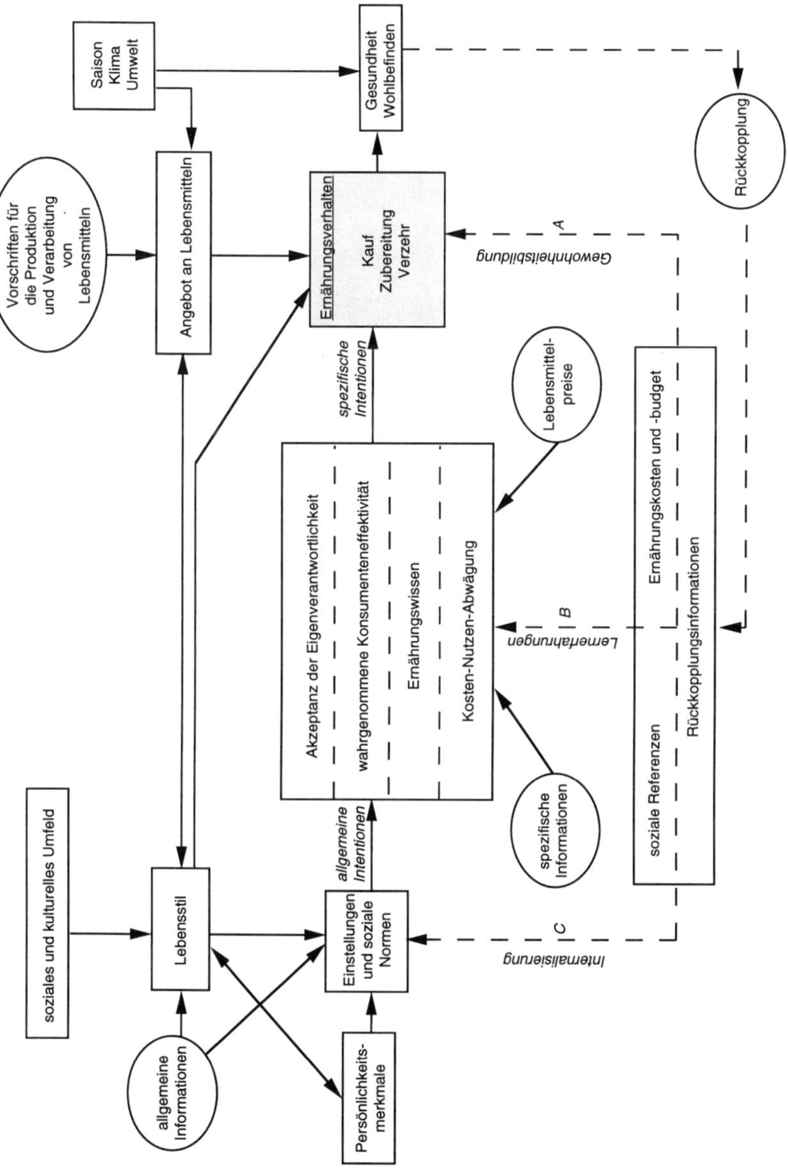

Abbildung 5:
Der Prozeß der Kaufentscheidung für ein Lebensmittel

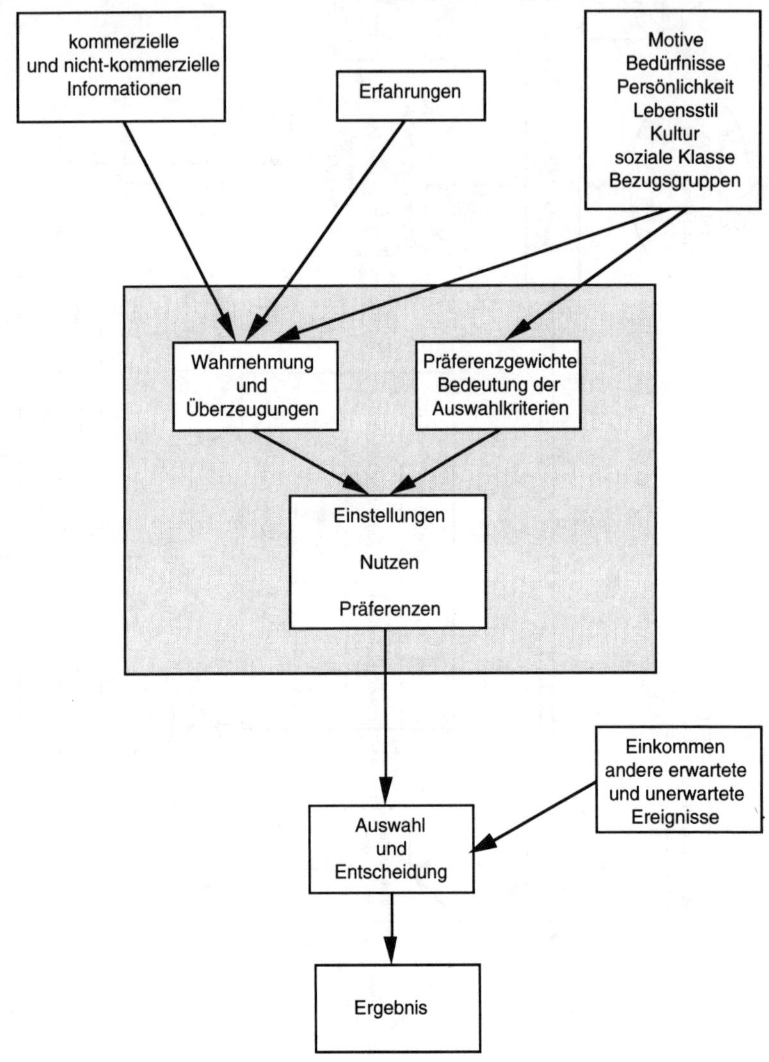

(nach Wierenga, 1983)

Abbildung 6:
Relevante Produktattribute und Präferenzen bei Lebensmitteln

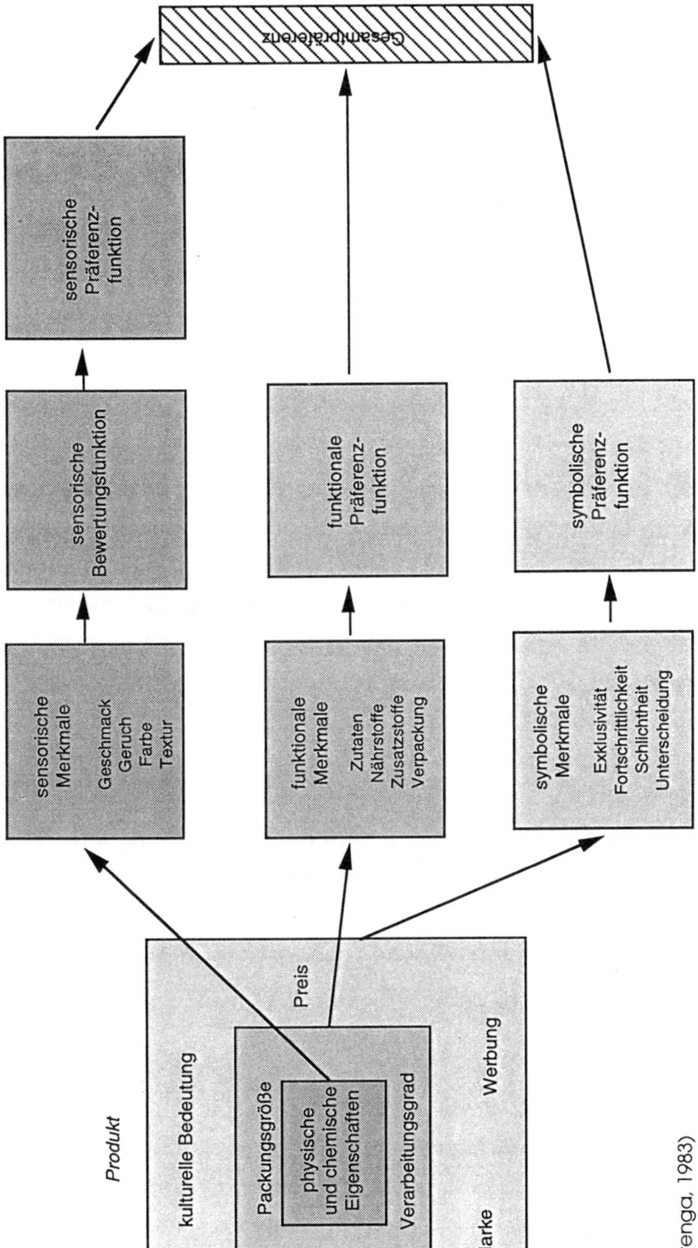

(nach Wierenga, 1983)

und/oder symbolischer Natur sein können. Insbesondere die Produktattribute der symbolischen Kategorie spielen eine wichtige Rolle beim emotionsbedingten Essen (s. Abschnitt 2.1.1.). Die Präferenz für ein bestimmtes Lebensmittel(produkt) ist die Folge der Überzeugung der Konsumentinnen, daß dieses die für sie relevanten Attribute in dem von ihnen präferierten Maße besitzt (Abbildung 6).

1.2.2. Das Grenzmodell für die Regulierung der Nahrungsaufnahme

Die im vorigen Abschnitt beschriebenen Modelle sind beide keine Modelle zur Erklärung individueller Nahrungsaufnahme, sondern beziehen sich auf ein generalisierbares, über die Zeit hinweg beschreibbares Verhalten. Van Raijs Modell strebt die Erklärung langfristiger Ernährungsgewohnheiten an. Wierengas Modell betrifft Kaufentscheidungen für Lebensmittel auf der Grundlage von Produktattributen, aber nicht die anschließende Zubereitung oder Nahrungsaufnahme. Es ist deshalb vertretbar, daß in diesen Modellen physiologische Regulatoren nicht berücksichtigt werden, sondern als selbstverständliche Voraussetzung für das Eßverhalten bzw. die Nachfrage nach Lebensmitteln gelten. Für eine Erklärung des individuellen, täglichen Eßverhaltens, zu dem auch emotionsbedingtes Essen gehört, ist die Einbeziehung von physiologischen Regulatoren und ihre Abgrenzung zu psychologischen Determinanten jedoch erforderlich. Das von Herman und Polivy 1984 vorgeschlagene *Grenzmodell für die Regulierung der Nahrungsaufnahme*, das "boundary model for the regulation of eating", ermöglicht diese Einbeziehung und Abgrenzung in einer vereinfachten Individualperspektive.

Dieses Grenzmodell ist der Versuch, sowohl den physiologischen Regulatoren (s. Abschnitt 1.1.1.) als auch den nicht-physiologischen Faktoren ihren gemeinsamen Einfluß auf die individuelle Kontrolle der Nahrungsaufnahme explizit einzuräumen. Gleichzeitig werden beide Determinanten getrennt voneinander weitgehend unabhängigen Einflußbereichen zugeordnet. Mit diesem Modell wird der kontrovers diskutierten Auffassung der Vertreter der set-point Theorie widersprochen (vgl. Keesey & Corbett, 1984;

Keesey et al., 1976; Nisbett, 1972; s.a. Abschnitt 2.2.2.), nach der die Nahrungsregulierung und damit die Festlegung des Körpergewichts nur an einem bestimmten, wenn auch individuell unterschiedlichen Punkt erfolgt.

Abbildung 7:
Das Grenzmodell für die Regulierung der Nahrungsaufnahme

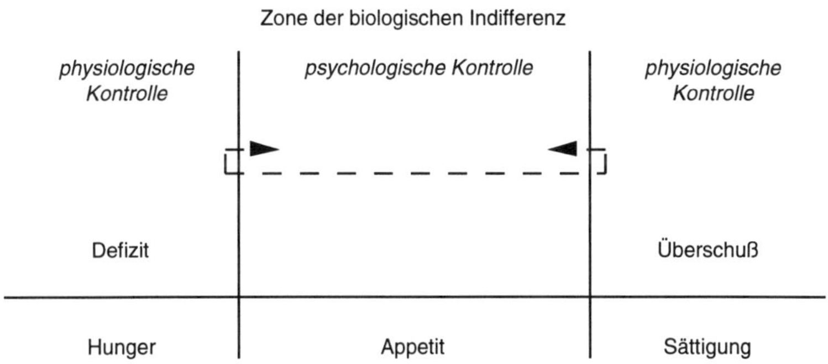

(nach Herman & Polivy, 1984)

Im Grenzmodell wird hingegen von der Annahme ausgegangen, daß die Nahrungsaufnahme und infolgedessen das Eßverhalten mit Hilfe von zwei Grenzlinien, einer *Hungergrenze* und einer *Sättigungsgrenze*, reguliert wird. Der Bereich zwischen diesen beiden Grenzlinien wird als *Zone biologischer Indifferenz* bezeichnet. Biologische Indifferenz heißt, daß physiologische Faktoren, also Hunger- und Sättigungssignale, hier keinen Einfluß ausüben, statt dessen aber psychologische Determinanten in diesem Bereich wirksam werden. Gleichzeitig wird durch die beiden Grenzlinien das duale Kontrollsystem im Hypothalamus berücksichtigt (Stellar, 1954; s.a. Abschnitt 1.1.1.), wonach Hunger und Sättigung zwei voneinander getrennte Prozesse sind, die dann auch unterschiedlichen physiologischen Einflußgrößen unterliegen. Die nicht-physiologischen Faktoren üben in der biologischen Indifferenzzone die psychologische Kontrolle über das Eßverhalten aus, ihnen wird auch der Terminus "Appetit" zugeordnet. Diese Einteilung ist nicht neu, schon 1933 hat P.T. Young Ernährungsgewohnheiten als Motivationslagen auf einem Kontinuum beschrieben, das vom Extrem der Gier nach Essen über Appetit und angenehme Sättigung bis hin zum Extrem des Abscheus reicht.

Die Grenzziehung ist weniger strikt, als die Abbildung suggeriert, da es begrenzte spill over-Effekte aus der biologischen Indifferenzzone heraus geben kann. Das individuell unterschiedliche Hungerbewußtsein entspricht Unterschieden in der Fähigkeit, Hungergefühle tolerieren zu können: einige Menschen ertragen sie eine Zeitlang, andere brauchen sofort etwas zu essen, wieder andere antizipieren die Signale und kommen ihrem Auftreten durch vorzeitige Nahrungsaufnahme zuvor. Allerdings treten diese Effekte wohl nur im "grenznahen" Bereich auf, d.h. je weiter links in der Hungerzone bzw. weiter rechts in der Sättigungszone sich der Organismus befindet, desto weniger wahrscheinlich ist ein nicht-physiologischer Einfluß auf die Regulierung der Nahrungsaufnahme.

Darüber hinaus unterscheiden sich Individuen in der Breite der Zone biologischer Indifferenz. Entsprechend der durch Erfahrungen, Emotionen, Konditionierungsprozesse oder auch Verfügbarkeit essensbezogener Stimuli bewirkten Abweichung von biologischen Bedürfnissen des Organismus kann sich die Zone biologischer Indifferenz erweitern. Dies geht auf Kosten der physiologisch kontrollierten Bereiche, die so geringeren Einfluß auf die Regulierung der Nahrungsaufnahme erhalten. Eine erweiterte biologische Indifferenzzone ermöglicht die Ausformung einer Reaktionsbereitschaft des Individuums, die das subjektive Empfinden von Hunger- und Sättigungssignalen an bestimmte Umweltsignale bindet. Dazu gehört die Verwendung von Lebensmitteln als Belohnung, der Ersatz emotionaler Zuwendung durch Süßigkeiten oder Essen als Tröster (Menzies, 1970). Wenn solche Faktoren vor allem durch Erziehungsstrategien Signalfunktion erhalten, kann die externe Reglementierung der Nahrungsaufnahme ebenso wie frühkindliche Lernerfahrungen zu einer Dekonditionierung der Reagibilität auf interne Zustände führen. In verschiedenen Experimenten ist die Arbeitsgruppe um

Herman und Polivy diesen Vermutungen nachgegangen und hat Belege für die Flexibilität der Grenzlinien unter dem Einfluß nicht-physiologischer Determinanten, wie z.B. Angst oder Streß, erbringen können (Herman et al., 1987; Polivy & Herman, 1985, 1987; ausführlich dazu die Abschnitte 2.1.2. und 2.2.1.).

Das Grenzmodell für die Regulierung der Nahrungsaufnahme ist von großem heuristischem Wert, weil es die Einbeziehung und Abgrenzung von physiologischen Regulatoren und psychologischen Determinanten des Eßverhaltens ermöglicht. Eßverhalten zur Selbstregulierung von Emotionen wird vor allem durch solche Determinanten erklärt werden müssen, die in der biologischen Indifferenzzone wirksam sind und deren Breite beeinflussen. Gleichzeitig gilt aber, daß die physiologischen Regulatoren Hunger- und Sättigungsgefühle situative Faktoren bei der Entstehung emotionsbedingten Essens sind.

1.3. Bedürfnisse: Erfüllung versus Verlagerung

In den vorangegangenen Abschnitten wurde Eßverhalten als ein psychophysiologisches Phänomen beschrieben, bei dem neben den physiologischen Hunger- und Sättigungssignalen verhaltensmotivierende Erregungszustände wie Appetit, Lustempfindungen oder Genußstreben auftreten, die von verschiedenen psychologischen Faktoren beeinflußt werden. Der Essenswunsch kann infolgedessen als Ausdruck unterschiedlicher Bedürfnisse betrachtet werden, und es ist angebracht, auf diesen schillernden Begriff etwas ausführlicher einzugehen.

1.3.1. Was sind Bedürfnisse?

Bedürfnisse sind nicht beobachtbar, sondern hypothetische Konstrukte, zum Verständnis menschlichen Handelns (Murray, 1938; nach Seiffge-Krenke & Todt, 1977). Ein Bedürfnis ist immer auf ein Kriterium, ein Ziel, einen Zweck, eine Handlung gerichtet - "there is a need *of* something *for* something"

(Young, 1952, S. 249). Bedürfnisse können sowohl objektive Erfordernisse für physisches und mentales Überleben als auch subjektiver Ausdruck von Wünschen zur Sicherung dessen sein, was individuell als "menschenwürdig" angesehen wird. Denn, so Scherhorn (1959, S. 31), "das Bedürfnis muß als plastisch, als wandelbar und als formbar aufgefaßt sein, und es darf nicht als individuell gegeben vorausgesetzt, sondern muß als an Handlungsverlauf und sozialer Umwelt orientierbar untersucht werden".

Über das, was Bedürfnisse sind und wie sie definiert werden können, besteht, ähnlich wie beim Emotionsbegriff (s. Abschnitt 3.1.), weitgehende Uneinigkeit. Fröhlich bezeichnet in seinem psychologischen Wörterbuch (1987, S. 69) Bedürfnisse als "Mangelzustände, die das Verhalten und kognitive Prozesse der Verhaltenssteuerung an solchen Zielen orientieren, welche eine B.-Befriedigung nach sich ziehen oder zumindest in Aussicht stellen. Als *primäre B.* gelten biologisch-physiologische Mangelzustände (z.B. Hunger) und damit verbundene Verhaltensweisen (z.B. instrumentelles Verhalten, um Nahrung zu suchen oder an Nahrung zu gelangen). *Sekundäre B.* umfassen aus primären hergeleitete bzw. auf der Grundlage der Befriedigung primärer B. entwickelte B., im weiteren Sinne alle persönlichen, intellektuellen, rationalen und irrationalen, sozial- oder kulturgeprägten Ansprüche, Begierden und Wünsche, von deren Erfüllung die Zufriedenheit des Individuums abhängt. Der B.-Begriff umfaßt somit die Bedeutung von *Antrieb* bzw. *Trieb* und *Motiv;* die Entwicklung individueller B.-hierarchien und die Auswirkungen von B. auf das Verhalten und Erleben werden daher in der allgemeinen Motivationsforschung behandelt...".

Nicht unähnlich, aber wesentlich kürzer lauten zwei klassische Bedürfnisdefinitionen aus der Nationalökonomie - zum einen Bedürfnis als ein "Gefühl eines Mangels, verbunden mit dem Streben, denselben zu beseitigen" (Hermann, 1832), zum anderen Bedürfnisse als "die Erfordernisse der Erhaltung und harmonischen Entwicklung der menschlichen Natur in ihrer Totalität" (Menger, 1923). Während die erste Definition allgemein jede nur denkbare Mangelempfindung und alle damit verbundenen Bestrebungen nach realen ebenso wie nach abstrakten Gütern umfaßt, beschreibt die zweite menschliches Handeln als zweckgerichtet innerhalb des jeweils gültigen Menschenbildes und hat somit normativen Gehalt. Birnbacher (1979) bringt diese Unterschiede auf die Formel, daß die Definition von Hermann das erfasse, *was wir wollen*, die von Menger hingegen das, *was wir brauchen*.

Auf Definitionsversuche folgten die Bemühungen, dem Wesen der Bedürfnisse auf die Spur zu kommen. Gemeinsam ist fast allen der Versuch der *Kategorisierung von Bedürfnissen*. So wird beispielsweise unterschieden in:

- Grundbedürfnisse und Bedürfnisorientierungen (Birnbacher, 1979);
- primäre und sekundäre Bedürfnisse (s.o. Fröhlich, 1987);
- Überlebensbedürfnis und Grundbedürfnisse (Hondrich, 1983a);
- individuelle Bedürfnisse, gruppenspezifische Bedürfnisse und Systembedürfnisse (Lederer, 1979);
- wahre und falsche Bedürfnisse (Heller, 1980; Marcuse, 1967).

Anhand solcher und ähnlicher Kategorisierungen bemühte man sich, vollständige Listen von Bedürfnissen (Murray, 1938) oder Rangordnungen von Bedürfnissen zu erstellen (Alderfer, 1967; Maslow, 1954). Auch eine Abgrenzung von *Bedürfnis*, *Bedarf* und *Nachfrage* (Meyer-Abich, 1979; Moser, 1963; Scherhorn, 1959) oder von *Bedürfnissen*, *Ansprüchen* und *Wünschen* (Hondrich, 1983b; Klages, 1987; Maslow, 1943) wurde wiederholt angestrebt. Es ist daher kaum verwunderlich, daß mehrfach am Bedürfniskonzept selbst Kritik geübt und die Notwendigkeit von Bedürfnistheorien schlicht in Frage gestellt wurde (z.B. Rist, 1980; Salancik & Pfeffer, 1977; Wahba & Bridwell, 1976). Im wesentlichen betrifft die Kritik folgende Punkte (ausführlich dazu Tracy, 1986):

- der Ursprung von Bedürfnissen ist strittig;
- der Begriff "Bedürfnis" ist nicht zufriedenstellend definiert;
- die Beschreibungen von Bedürfnissen und von Bedürfniskategorien sind widersprüchlich;
- die Bedürfnislisten und -kategorien sind unvollständig;
- es finden sich bislang keine überzeugenden empirischen Belege für die Gültigkeit gängiger Bedürfnistheorien.

Bedürfnisse in der Theorie der lebenden Systeme

Wenn das wesentliche Kennzeichen eines Bedürfnisses ein Mangelgefühl ist, so benötigt man ein Kriterium oder einen Standard, an dem sich dieser Mangel messen läßt. Ein solches Kriterium findet sich in der Theorie der lebenden Systeme, "theory of living systems", mit dem Konstrukt der Zielorientierung bzw. des Zweckes, "purpose" (J.G. Miller, 1978). Dieses Konstrukt, das dem des Überlebensbedürfnisses bei Hondrich (1983a) entspricht, geht in die folgende Bedürfnisdefinition ein: "A need of a living system is a lack of a specific resource which is useful for or required by the purposes of that system. A resource may be matter, energy, or information. Purposes are defined by living systems theory as preferred steady state values for various resources. Purposes, and therefore needs, may be innate, learned, or innate but modified by learning" (Tracy, 1986, S. 212). Die einzigen für die Definition erforderlichen Annahmen sind, daß lebende Systeme existieren und daß sie zielgerichtet sind. Damit ist diese Auffassung der Mengerschen recht ähnlich, unterscheidet sich aber von ihr vor allem dadurch, daß nicht Bedürfnisse, sondern *Ziele und Zwecke* das grundlegende Konstrukt darstellen.

Übertragen auf Eßverhalten, soweit es unter physiologischer Kontrolle steht, ist das Ziel des Verhaltens eines Organismus die Aufrechterhaltung oder Wiederherstellung der physiologischen Homöostase. Dazu werden Ressourcen benötigt, die als Energie in Form von Nahrungskalorien und als Materie in Form von Nährstoffen bzw. Lebensmitteln vorhanden sind. Die dritte Art von Ressourcen, Information, betrifft die Möglichkeiten des Systems zur Auswahl aus verschiedenen Signalen, Symbolen, Nachrichten oder Mustern. Das kann z.B. das Wissen um den Kühlschrankinhalt, um eine abendliche Esseneinladung oder um die Zubereitung einer bestimmten Speise sein. Übertragen auf das emotionsbedingte Essen, also Eßverhalten in der biologischen Indifferenzzone, ist das Ziel des Organismus die Aufrechterhaltung oder Wiederherstellung der psychologisch-mentalen Homöostase, die durch eine Veränderung der emotionalen Lage gestört wurde. Während Energie und Materie hier wiederum aus Kalorien und Nährstoffen bestehen, sind Informationen nicht nur die Kenntnis über verfügbare Lebensmittel oder Speisen, sondern auch das prinzipielle Wissen um Essen als mögliche Strategie der Regulierung von Emotionen. Abbildung 8 zeigt in schematischer Form ein Beispiel für das Zusammenspiel von Emotionen und verschiedenen Ressourcen zu deren Modifizierung.

Abbildung 8:
Emotionen und Ressourcen

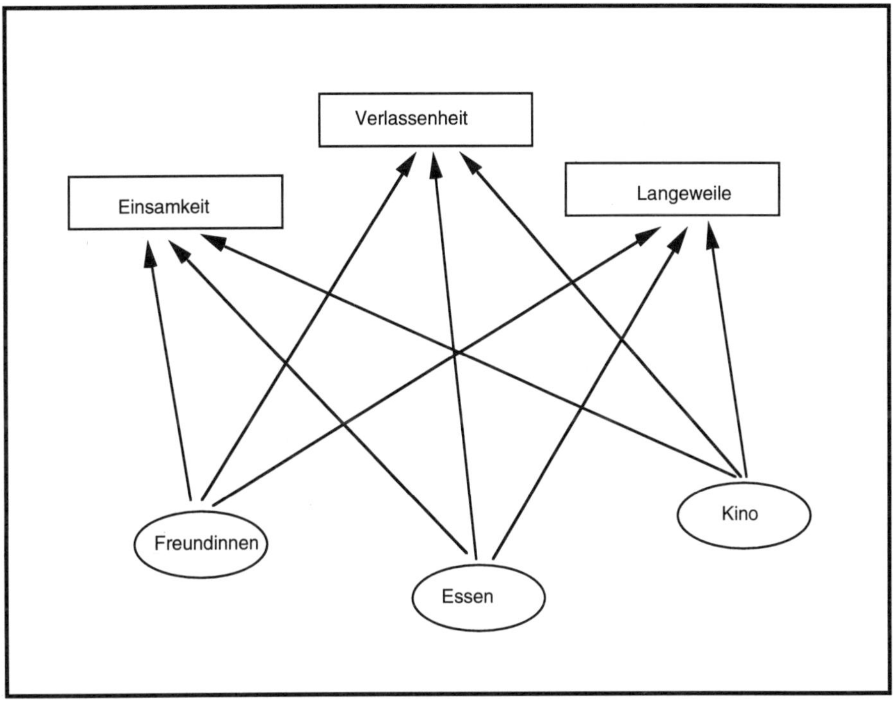

Diese Zielorientierungsdefinition enthält vier der fünf "Grundmomente", die laut Lückert (1957; nach Scherhorn, 1959) ein Bedürfnis charakterisieren:

- das *Mangelerlebnis* ("a lack of a specific resource"),
- das *Antriebsmoment* ("useful for or required by"),
- das *Richtungsmoment* ("preferred steady state values for various resources"),
- das *Gegenstandsmoment* ("matter, energy, or information").

Einzig das "Anmutungsmoment", die bildliche Vorstellbarkeit des Bedürfnisses, wird nicht erfaßt. Dieses Moment ist auch nicht notwendiger Bestandteil des Erlebens von Bedürfnissen, denn so abstrakte Bedürfnisse wie die nach Liebe und Sicherheit können allenfalls bruchstückhaft und symbolisch vor dem "inneren Auge" erscheinen.

Auch andere Bedürfnisauffassungen sind mit der Zielorientierungsdefinition kompatibel. So die von Hondrich (1983a, S. 27), derzufolge Bedürfnisse "das Produkt eines evolutionären Prozesses" sind, "in dem sich nicht nur individuelle und kollektive Bezüge, sondern auch unterschiedliche Bewußtseinsstufen von Verhaltensregeln ausdifferenziert haben". Denn lebenden Systemen ist ein evolutionärer Prozeß immanent, in dem innerhalb gewisser Grenzen die bevorzugten Ressourcen abhängig von sich verändernden Zielvorstellungen qualitativ und quantitativ variiert werden. Dies führt zu einem Anstieg und einer Ausdifferenzierung der Bedürfnisse, die in den *Bedürfnispluralismus* münden, wie er in der Realität als sich ständig verändernde Bedürfnisse oder Wünsche nach bestimmten Dingen beobachtet wird. Gleichzeitig gilt die *Gegenstandsvarianz* (Scherhorn, 1959) als wichtiges Merkmal von Bedürfnissen, die beispielsweise in der kulturellen Vielfalt, in der Nahrungsbedürfnisse geltend gemacht werden, zum Ausdruck kommt (Meyer-Abich, 1979). Pluralismus und Gegenstandsvarianz von Bedürfnissen lassen darauf schließen, daß Zielorientierung die eigentliche Antriebskraft ist, aus der auf vielfältige Weise Bedürfnisse abgeleitet werden: "Nicht das Bedürfnis als das zu stillende Gefühl, sondern nur der konkrete Bedarf als das Verlangen nach einem bestimmten Objekt ist ... als Mangelerscheinung zu interpretieren" (Scherhorn, 1959, S. 64).

1.3.2. Bedürfnislisten und Bedürfniskategorien

Bedürfnispluralismus und Gegenstandsvarianz von Bedürfnissen führen zu einer Vielzahl von möglichen Bedürfnissen, die durch Kategorisierung leichter handhabbar werden. Die bekanntesten derartigen Versuche sind sicherlich die Bedürfnishierarchie von Maslow (1943) und die Kritik daran von Alderfer (1969), der eine alternative Hierarchie vorschlug. Maslow bemühte sich, Motivationen nach grundlegenden Bedürfnissen zu klassifizieren (1981, S. 53). Er lehnte eine Auflistung von Trieben oder Bedürfnissen wie die von Murray vorgeschlagene ab, da eine solche Auflistung zum einen voraussetze, daß die Auftretenswahrscheinlichkeit von Bedürfnissen gleich sei, zum anderen angenommen werde, daß Bedürfnisse voneinander unabhängig seien (1981, S. 52). Statt dessen postulierte er eine hierarchische Beziehung zwischen den von ihm unterschiedenen, aufeinander aufbauenden Klassen von Bedürfnissen:

- physiologische Bedürfnisse;
- Sicherheitsbedürfnisse;
- Zugehörigkeits- und Liebesbedürfnisse;
- Wertschätzungsbedürfnisse;
- Wachstumsbedürfnisse.

Die hierarchische Beziehung gründet darauf, daß erst nach Befriedigung einer Bedürfnisstufe die nächsthöhere Kategorie aktiviert und handlungsleitend wird. Maslows vorrangiges Forschungsinteresse galt dabei der letzten Kategorie, die er auch als Bedürfnis nach Selbstverwirklichung bezeichnete, während er die übrigen Stufen als Defizit-Motive von diesem absetzte. Die Kritik an dieser Konzeption dürfte hinlänglich bekannt sein (z.B. Seiffge-Krenke & Todt, 1977; Scherhorn, 1974) und braucht hier nicht ein weiteres Mal aufgeführt zu werden.

Alderfer (1969) unterscheidet in seiner alternativen Hierarchie zwischen:

- materiellen Existenzbedürfnissen,
- interpersonalen Beziehungsbedürfnissen und
- personalen Entwicklungs- und Wachstumsbedürfnissen.

Auch Alderfer ging von einem Befriedigungs-Progressions-Mechanismus aus und fügte einen periodisch wiederkehrenden Frustrations-Regressions-Mechanismus hinzu: "... a person is thought to desire existence needs when relatedness needs are not satisfied because he is using them as an easier, more concrete way of establishing his connectedness with other people." (1969, S. 151). Damit lehnt er eine strikte Einweg-Sequenz von Bedürfnissen ab. Ein weiterer Unterschied zu Maslow liegt in der Operationalisierbarkeit des Konzeptes von Alderfer, das er selbst auch empirisch überprüft hat (Alderfer, 1969), während dies mit der Maslow'schen Hierarchie bisher wenig erfolgreich war (D.T. Hall & Nougaim, 1968; Wahba & Bridwell, 1976).

Betrachtet man das Nahrungsbedürfnis und das Hungergefühl in diesem Zusammenhang, so wird deutlich, daß die Hypothese einer Hierarchie der Bedürfnisse wenig sinnvoll ist. Die beiden eben erwähnten Autoren, und nicht nur sie, schreiben dem Hunger und dem daraus resultierenden Eßverhalten die Qualität eines primären oder grundlegenden Bedürfnisses zu. Doch dies ist eine sehr eingeschränkte Sichtweise. Hunger drückt zwar im Prinzip ein generelles Überlebensbedürfnis aus, seine verhaltensmotivierende Funktion kann aber zu sehr unterschiedlichen Ausprägungen des Nahrungsbedürfnisses und seiner Befriedigung führen. Hunger kann, um zwei extreme Beispiele zu nennen, durch einen frugalen Imbiß um Mitternacht am Kühlschrank mit ein paar Käsestückchen gestillt werden, aber auch durch ein opulentes Fünf-Gänge-Menu in einem Luxusrestaurant. Bleibt man in Alderfers Begriffswelt, dann findet man Nahrungsbedürfnisse in allen drei Bedürfniskategorien: als physiologisch determiniertes Existenzbedürfnis, als Beziehungsbedürfnis, wenn man zusammen mit Familie oder Freundinnen ißt, und als Wachstumsbedürfnis, wenn man sich an den eigenen Fähigkeiten der Essenszubereitung erfreut.

Auch in Maslows Bedürfnishierarchie kann das Nahrungsbedürfnis allen fünf Stufen zugeordnet werden. Maslow (1943, S. 373) hat einmal selbst darauf hingewiesen, daß die physiologischen Bedürfnisse und die mit ihnen verbundenen Konsumakte durchaus auch als Kanäle für andere Bedürfnisse dienen können. Umso unverständlicher ist, daß er auf der hierarchischen Anordnung der verschiedenen Bedürfnisse bestanden und selbstverwirklichende Menschen als am Essen uninteressiert bezeichnet hat (Maslow, 1981, S. 220). Lederer (1980) merkt dazu an, daß Maslow Bedürfnisse als Ausdruck eines Mangelzustandes wie Hunger und Durst mit potentiellen Quellen, Zuständen oder Prozessen der Bedürfnisbefriedigung wie Sicherheit, Liebe und Selbstverwirklichung verwechselt habe. Hondrich (1983a, S. 63) hat deshalb vorgeschlagen, diese Stufenmodelle durch ein Modell der prinzipiellen Gleichwertigkeit aller Bedürfnisse zu ersetzen und eine Wichtigkeitsrangordnung einzuführen, die abhängig ist von den jeweiligen Umweltbedingungen und den daraus folgenden Bedürfnisspannungen und Bedürfnisversagungen.

Bedürfnisbeziehungen und Bewältigungsformen

Die Befriedigung eines oder mehrerer Bedürfnisse wird beeinflußt durch die verschiedenartigen *Beziehungen zwischen Bedürfnissen*. Murray (1938) unterscheidet dabei vier Arten von Beziehungen: Fusion, Aushilfe, Gegensatzbildung und Konflikt.

Eine *Fusion* liegt vor, wenn eine Handlung zwei oder mehr Bedürfnisse gleichzeitig befriedigt; bei der *Aushilfe* wird ein Bedürfnis aktiviert zur Befriedigung eines anderen Bedürfnisses; im Zuge der *Gegensatzbildung* folgt auf eine Phase der Dominanz eines Bedürfnisses eine Phase der Nachgiebigkeit gegenüber einem anderen Bedürfnis; beim *Konflikt* schließlich sind zwei oder mehr Bedürfnisse miteinander unvereinbar. Diese Vorstellungen lassen sich auf das Nahrungsbedürfnis etwa so übertragen:

- Wird durch die Nahrungsaufnahme sowohl das Bedürfnis nach sozialen Kontakten als auch das nach Selbstentfaltung befriedigt, indem man für sich und Freundinnen ein gutes Essen kocht, liegt eine Fusion von Bedürfnissen vor.

- Besteht ein Bedürfnis nach Kommunikation mit anderen Menschen, kann aber, aus welchen Gründen auch immer, nicht befriedigt werden, und man geht statt dessen allein in ein Restaurant, dann findet eine Aushilfe von Bedürfnissen statt.

- Bei der Gegensatzbildung hingegen wird beim Anrichten der Speisen in Anwesenheit von Gästen dem Bedürfnis nach Ästhetik durch sorgfältiges Dekorieren nachgegeben, im sonstigen Alltag jedoch dem Bedürfnis nach Bequemlichkeit oder Schnelligkeit, so daß das Essen in den Töpfen auf den Tisch gebracht wird.

- Beim Konflikt von Bedürfnissen schließlich geraten das Bedürfnis nach einem leckeren, aber zubereitungs- und zeitintensiven Mahl mit dem Bedürfnis nach einem schnellen Abendessen, das noch Zeit für andere Dinge läßt, in Widerspruch zueinander: Currywurst mit Pommes frites läßt sich kaum à la Paul Bocuse anrichten.

Als nächstes stellt sich die Frage, wie diese verschiedenen Arten von Bedürfnisbeziehungen in *Bewältigungsstrategien* umgesetzt werden. Prinzipiell können folgende Abstufungen in der Bewältigung von Bedürfnissen unterschieden werden (vgl. Thiele-Wittig, 1970, S. 32): Befriedigung oder Erfüllung, Aufschub, Ersatzbefriedigung, Verdrängung, Sublimierung und Verzicht.

Diese Bewältigungsformen können bewußt oder un- bzw. vorbewußt erfolgen. *Befriedigung* oder *Erfüllung* ist die für die Aufrechterhaltung der physiologischen und der psychologisch-mentalen Homöostase sicherlich beste Art der Bedürfnisbewältigung. Mit Befriedigung wird eher ein empfundener, wahrgenommener Zustand beschrieben, während Erfüllung bedeutet, daß einem Ziel innerhalb des erforderlichen Rahmens angemessen gedient wurde. Der *Aufschub* eines oder mehrerer Bedürfnisse hängt unmittelbar mit Bedürfnispluralismus und potentiellen Zielkonflikten zusammen. Ist z.B. der Wunsch nach Fertigstellung einer Arbeit groß, die Mittagszeit aber nahe, und der Körper signalisiert Hunger, dann wird zugunsten des Sättigungsbedürfnisses die Arbeit um einige Zeit verschoben. Diese Form der Bedürfnisbewältigung ist keineswegs ungewöhnlich, sondern alltäglich. Sie kann aber dann zu einer Bedrohung des Systems werden, wenn die Zahl der Konflikte zwischen den verschiedenen Bedürfnissen so groß wird, daß wechselseitig jedes gegen alle aufgeschoben und aufgehoben wird. Bei der *Ersatzbefriedigung* wird ein anderes als das eigentliche Bedürfnis erfüllt: statt der vom Kind geforderten Aufmerksamkeit und Zuwendung z.B. gibt es Fernsehen, Süßigkeiten oder Spielzeug. Diese Bedürfnisbewältigung kann geplant, aber auch automatisch erfolgen; im genannten Beispiel geplant, wenn die Zeit zum Spielen mit dem Kind gerade dann nicht erübrigt werden kann, wenn das Kind danach verlangt. Von automatischer Bewältigung ist zu sprechen, wenn der Wunsch nach Zuwendung gar nicht erkannt, sondern vielmehr als Lust auf irgendetwas anderes interpretiert wird. Es ist aber auch möglich, daß bei Ersatzbefriedigung unbewußt und unbeachtet durch die Befriedigung des "uneigentlichen" Bedürfnisses gleichzeitig auch andere Bedürfnisse erfüllt werden, also eine Fusion im Sinne Murrays stattfindet. Dies ist nicht der Fall, wenn die Bewältigung in einer *Verdrängung* besteht, also der Nichtbeachtung eines empfundenen Mangelgefühls. Eine dauerhafte Verdrängung ohne Wiedererinnern und Wiedererfühlen kann zu einer *Sublimierung* des betreffenden Bedürfnisses führen. Die letztgenannte Bewältigungsform, der *Verzicht*, stellt eine bewußt gewählte Strategie dar, die sowohl bei der Gegensatzbildung als auch beim Konflikt zwischen Bedürfnissen angewendet werden kann.

Bis auf die Befriedigung oder Erfüllung eines Bedürfnisses sind die genannten Bewältigungsformen *Bedürfnisverlagerungen*, bei denen bewußt oder unbewußt Zeitpunkt und/oder Objekt der Erfüllung verschoben oder aufgegeben werden. Eßverhalten zur Selbstregulierung von Emotionen kann unter bestimmten Bedingungen eine solche Bedürfnisverlagerung sein, nämlich dann, wenn der Wunsch nach Essen zur Erfüllung anderer, nicht-körperbezogener Bedürfnisse herangezogen wird.

1.4. Zusammenfassung des 1. Kapitels

Ziel dieses Kapitels war es, einen Überblick über die Determinanten der menschlichen Nahrungsaufnahme zu geben und insbesondere die Verzahnung physiologischer und psychologischer Faktoren aufzuzeigen, die ihre Regulierung beeinflussen.

Die physiologischen Determinanten von Hunger und Sättigung sind, wie die Erörterung gezeigt hat, nicht restlos bekannt, wenn auch mehrere, sich ergänzende Teilprozesse beschrieben werden können. Prinzipiell kann jedoch festgehalten werden, daß die physiologischen Determinanten an der Aufrechterhaltung der physiologischen Homöostase, d.h. dem Gleichgewicht der Körperfunktionen orientiert sind.

Die physiologischen Signale, die die Nahrungsaufnahme einleiten und beenden, werden jedoch überlagert durch gelernte Präferenzen für oder gegen bestimmte Lebensmittel und/oder Geschmacksstoffe. Daher sollte anstatt von physiologischen eher von psychophysiologischen Determinanten gesprochen werden.

Neben den Geschmackspräferenzen gibt es eine ganze Reihe weiterer psychologischer Einflußfaktoren auf das Eßverhalten, die anhand eines Modells von Diehl (1980) systematisiert wurden. Es wurden auch zwei

Beispiele für Modelle vorgestellt, in denen Aspekte des Eßverhaltens wie beispielsweise die Nachfrage nach Lebensmitteln ausschließlich durch psychologische Faktoren bestimmt dargestellt werden.

Das Zusammenwirken von physiologischen und psychologischen Determinanten der Nahrungsaufnahme wurde dann anhand des Grenzmodells von Herman und Polivy (1984) illustriert. Danach haben Menschen zwischen den beiden physiologisch bestimmten Hunger- und Sättigungsgrenzen eine Zone biologischer Indifferenz, innerhalb derer die Nahrungsaufnahme durch psychologische Faktoren bestimmt wird. Die Größe dieser Zone kann individuell unterschiedlich sein.

Am Schluß dieses Kapitels wurde die Nahrungsaufnahme unter dem Blickwinkel verschiedener Bedürfnistheorien betrachtet. Hierarchische Bedürfnismodelle wurden als ungeeignet abgelehnt, da das Eßverhalten jeder der Hierarchiestufen zugeordnet werden kann. Stattdessen wurde eine Bedürfnisdefinition nach J.G. Millers Theorie der lebenden Systeme gewählt. Diese ermöglicht die Unterscheidung zwischen verschiedenen Arten von Bedürfnis-beziehungen und Bewältigungsformen. Es wurde dadurch deutlich, daß Essen nicht immer und nicht ausschließlich primär der Nahrungsaufnahme dienen muß, sondern durch die Verlagerung anderer Bedürfnisse motiviert sein kann. Eine solche Verlagerung kann bewußt oder unbewußt geschehen.

Das Hungergefühl und das damit verbundene Nahrungsbedürfnis sind also weder ein ausschließlich physiologisch-somatisches Phänomen, noch verschwindet dieses Bedürfnis nach seiner Befriedigung für immer. Im Gegenteil, es kehrt periodisch und unausweichlich zurück. Gerade dies hat A.O. Hirschman (1982, S. 27ff.) dazu veranlaßt, Nahrungsmittel als die wahrhaft kurzlebigen Güter, "truly nondurable goods", zu bezeichnen, die einfache und vertraute, dennoch intensive und unendlich erneuerbare Freuden bereiten, da diese Freuden auf dem immerwährenden physiologischen Bedürfnis des Organismus nach Nährstoffen beruhen: "Foodstuffs disappear precisely when conveying their energy to the organism, and their disappearance is essential to the pleasure felt in the act of consumption". Dieser Genußwert gründet sich auf den emotionalen Symbolgehalt des Essens, und beide sind

Voraussetzung für Eßverhalten zur Selbstregulierung von Emotionen. Wie dies im einzelnen aussieht, darauf geht das nächste Kapitel ein.

2. Eßverhalten zur Selbstregulierung von Emotionen

Nachdem im ersten Kapitel generell die Interdependenz physiologischer und psychologischer Faktoren bei der Nahrungsaufnahme diskutiert wurde, geht es in diesem Kapitel nun speziell um die Bedeutung von Emotionen beim Eßverhalten. In Abschnitt 2.1. wird zunächst der vielfältige emotionale Symbolgehalt von Lebensmitteln aufgezeigt und anschließend eine Reihe empirischer Untersuchungen referiert, die dokumentieren, daß Essen unter verschiedenen Umständen zur Selbstregulierung von Emotionen eingesetzt wird. Diese Untersuchungen stammen aus der Adipositasforschung und gehen von der Annahme aus, daß ein solches Verhalten nur für Übergewichtige typisch ist. Abschnitt 2.2. berichtet über weitere Untersuchungen aus der Adipositasforschung, die auf dieser einfachen These aufbauen und prüfen, ob Emotionen nur dann zum Essen führen, wenn sie auf einen geeigneten Außenreiz treffen (Externalität), und/oder nur bei den Menschen anzutreffen sind, die durch ein chronisches Unterdrücken ihrer Essenswünsche gekennzeichnet sind (Restriktion). Durchgehend wird dabei versucht, die Bedeutung der Befunde dieser Untersuchungen für das Eßverhalten Normalgewichtiger zu evaluieren.

2.1. Essen aus Freude, essen aus Frust

In jeder Kultur wird aus der Vielfalt vegetarischer, mineralischer und animalischer Produkte eine Auswahl derjenigen getroffen, die als Lebensmittel angesehen werden. Diese Selektion hat verbindlichen Charakter und wird aus den normativen Vorstellungen der Kultur abgeleitet: "... in any particular society, cooking is a language through which that society unconsciously reveals its structure" (Lévi-Strauss, 1978, S. 495). Regeln und Verbote werden aufgestellt, die sowohl Symptom als auch Instrument für die soziale Gliederung und charakteristisch für die verschiedenen gesellschaftlichen Gruppen sind (Bourdieu, 1984; Elias, 1988; Mennell, 1985). Die Art der in einer Küche verwendeten Lebensmittel, ihre Zubereitungsweise und Kombination miteinander und der Zeitpunkt ihres Verzehrs, z.B. als Alltags- oder Festtagsspeisen, variiert lokal, regional und national (Wiegelmann, 1967).

Innerhalb dieses soziokulturell vorgegebenen Rahmens entwickelt dann jedes Individuum ein eigenes Muster von Einstellungen zu Speisen und Getränken, das auf einem Kontinuum von Vorlieben über Indifferenz bis hin zu ausgeprägten Aversionen reicht. Eßverhalten hängt mit nahezu allen übrigen Lebensbereichen zusammen, so daß Essen und Trinken überall komplementäre Handlungen auslösen. Die Ernährung des Individuums, einer Gruppe oder einer ganzen Gesellschaft stellt sich als komplexes Gefüge von Gewohnheiten dar, in dem vor dem Hintergrund eines ursprünglich physiologischen Bedarfs soziokulturelle, ökonomische und psychologische Einflußfaktoren zusammenwirken. Aus dem Überlebensbedürfnis nach Nährstoffen entsteht dann das, was Mauss (1968; nach Kutsch, 1986) als *soziales Totalphänomen* bezeichnet.

Dieser Abschnitt führt in die Beziehung zwischen Essen und Emotionen ein. Zunächst werden unterschiedliche Versuche zur Beschreibung des emotionalen Symbolgehaltes von Essen vorgestellt und zu vier Dimensionen verdichtet (Abschnitt 2.1.1.). Danach wird von Untersuchungen berichtet, die sich mit der Frage befassen, wie Essen zur Regulierung von Emotionen eingesetzt werden kann (Abschnitt 2.1.2.).

2.1.1. Der emotionale Symbolgehalt des Essens

Ein Beispiel für den emotionalen Symbolgehalt von *Lebensmitteln* sind die Konnotationen der Begriffe "Kraft" und "Gesundheit". Sie sind nicht nur mit animalischen Produkten auf der einen und vegetarischen Speisen auf der anderen Seite verknüpft, sondern auch mit der Unterscheidung von "männlich" und "weiblich" (Twigg, 1983). Zwar spenden die meisten Lebensmittel Kraft, aber Fleisch, vor allem rotes Fleisch, gilt als beste Quelle, denn es symbolisiert Männlichkeit, Mut, Virilität, Aggression, Leidenschaft und Sexualität: die

Bestandteile des Hexentrunks in Shakespeares "Macbeth" sind nahezu alle animalischen Ursprungs, NASA-Astronauten verzehren vor dem Start ein großes Steak, und der Kapitän eines Sklavenschiffes berichtete, daß er Fleisch von seinem Speiseplan strich, um seine Lust auf die Körper weiblicher Sklaven zu zügeln (Cecil, 1929, S. 118). Auf der anderen Seite hängen Gesundheit und Vegetarismus eng zusammen, pflanzliche Produkte symbolisieren Weiblichkeit, Reinheit, Leichtigkeit und Natürlichkeit und sind vor allem für Frauen, Kinder und kranke Menschen gedacht. Entsprechend sind Männer, die sich vegetarisch ernähren, sehr viel stärkerer Kritik ausgesetzt als Frauen; sie werden als bläßlich und schlapp angesehen. Männlichkeit hängt offenbar vom Verzehr (blutigen) Fleisches ab. Twigg (1983, S. 24) berichtet beispielsweise von einem Mann, der nach einem Experiment mit Fleischersatz aus Soja urteilte: "I don't think it's potent. There is blood in meat and there's none in this stuff." Und bei Maslow kann man nachlesen, daß selbstsichere und selbstbewußte Frauen Essen und Trinken mehr genießen als unsichere und ängstliche Personen: "They seem to like what might be called the hearty foods, strong cheese, red meat, strong drink, etc. They eat more and more with gusto. There is less genteel picking at a delicate salad and more 'wading into' a meal" (1939, S. 26).

Speisen sind das Produkt aus vegetarischen, animalischen und/oder mineralischen Lebensmitteln und soziokulturell tradierten Techniken der Zubereitung. Mahlzeiten beschreiben die Verzehrssituation, also Zeitpunkt, Ort und Anordnung der verzehrten Speisen und Lebensmittel (Wiegelmann, 1967; Tolksdorf, 1972). Auf allen drei Ebenen Lebensmittel, Speise und Mahlzeit läßt sich der Symbolcharakter des Essens im sozialen System aufzeigen, dabei nimmt mit steigender Komplexität die Symbolvielfalt zu. Aus anthropologischer Sicht hat die Speisenzubereitung im Kontext der jeweiligen Kochkunst-Kultur für das Individuum eine identifizierende Funktion mit der Gesellschaft. Kochkunst gründet sich auf die Klassifikationen, in die Lebensmittel in einer gegebenen Kultur eingeteilt werden, und die Regeln, die mit diesen Klassifikationen verknüpft sind. Dazu zählen sowohl Regeln für die Zusammensetzung von Speisen und Mahlzeiten als auch für die Produktion, Konservierung und Verwertung von Lebensmitteln: "The culinary act... sanctions the passage of food from Nature to Culture." (Fischler, 1988, S. 286f).

Symbole und Semiotik in der Konsumforschung

Diese Interpretation des Essens als ein von psychologischen und soziokulturellen Determinanten beeinflußtes Verhalten mit ausgeprägtem emotionalen Symbolcharakter entspricht der Auffassung in der Konsumforschung, daß das Paradigma des informationsverarbeitenden, rational handelnden und souveränen Homo oeconomicus durch bisher vernachlässigte Aspekte wie Emotionen und Hedonismus, symbolischen Sinn und ästhetische Kriterien im Konsum erweitert werden sollte.

"The consumer world is a web of meanings among consumers and marketers woven from signs and symbols ensconced in their cultural space and time" (Mick, 1986, S. 196). Die Idee, die *Konsumwelt als ein Netz aus Symbolen und Signalen* zu interpretieren, hat ihren Ursprung in den 50er Jahren (B.B. Gardner & Levy, 1955; Levy, 1959) und ist von Disziplinen wie der Psycholinguistik (Osgood, Suci, & Tannenbaum, 1957), der Soziolinguistik (Goffman, 1959), der Psychologie (E.T. Hall & Trager, 1953) und der Soziologie (Warner, 1953) beeinflußt worden. Im Marketingbereich entwickelte sich später mit Dichter (1960) als Protagonistem die Motivforschung, die sich vor allem auf Erkenntnisse aus der Psychoanalyse und der klinischen Psychologie berief. Aufgrund umstrittener Validität und mangelhafter Seriosität der Studien geriet diese Forschungsrichtung ins wissenschaftliche Abseits, nicht zuletzt auch wegen einer gewissen Kuriosität: "Warum essen wir Ostereier? Weil sie ein Symbol der Unsterblichkeit und der Erneuerung allen Lebens im Frühjahr sind. ... Wie viele andere Lebensmittel, so vermittelt auch das Ei ein Gefühl des Überflusses und der Sicherheit, eine Tatsache, die besonders für große Eier zutrifft" (Dichter, 1964, S. 54).

Erst Anfang der 80er Jahre wurde erneut darüber nachgedacht, daß Konsumentinnen außer durch funktionale Erwägungen auch durch Gefühle und Phantasien in ihrem Konsumverhalten beeinflußt werden und daß Produkte nicht nur objektive, nutzenstiftende Attribute aufweisen, sondern auch von subjektiven sozialen und individuellen Symbolen geprägt sind (z.B. Belk, R.N. Mayer, & Bahn, 1982; E.C. Hirschman & Holbrook, 1982; Holbrook & E.C. Hirschman, 1982; Holman, 1980; Levy, 1986; s.a. Abschnitt 1.2.).

Zunächst fehlte es jedoch an einer soliden theoretischen Grundlage für diese Überlegungen, im allgemeinen beschränkten sich die Fürsprecherinnen auf Definitorisches und Deskriptives. Die verwendeten Begriffe sind uneinheitlich. E.C. Hirschman und Holbrook (1982) sprechen einmal von "hedonic consumption", definiert als die Facetten des Konsumverhaltens, die von multi-sensorischen, phantasiebezogenen und gefühlsbeladenen Aspekten der Produkterfahrung geprägt sind. An anderer Stelle beschreiben sie erlebnisorientierte Konsumaspekte als einen subjektiven Bewußtseinszustand, der aus symbolischen Bedeutungen, hedonistischen Reaktionen und ästhetischen Kriterien resultiert (Holbrook & E.C. Hirschman, 1982). In jedem Fall aber ist ihr Ausgangspunkt die Überzeugung, daß die Erforschung von "consumer fantasies, feelings, and fun" dazu beiträgt, die Erklärungslücken der kognitivistisch orientierten Konsumforschung zu schließen. Ihre wichtigsten Annahmen sind, daß gefühlsbetonte Wünsche utilitaristische Motive bei der Produktwahl überstimmen können, daß Konsumentinnen Produkte mit einem subjektiven Sinn versehen, der konkrete Produktmerkmale ergänzt, und daß hedonistischer Konsum mit schöpferischer Gestaltung der Wirklichkeit verbunden ist. Als größte Einschränkung bei der Anwendung eines solchen Ansatzes beklagen sie den Mangel an geeigneten Meßverfahren, liefern selbst aber nur vage Hinweise, wie diese aussehen könnten.

Konkreter wird die durch Umberto Ecos Roman "Der Name der Rose" (1982) auch einem größeren Publikum bekanntgewordene Disziplin der *Semiotik*, der allgemeinen Lehre von den Zeichen und ihrer Beziehungen zueinander. Nach Ansicht von Mick (1986) kann die Untersuchung der Morphologie von Symbolen und Zeichen und die Entschlüsselung ihrer Bedeutung den Erkenntnisfortschritt in der Konsumforschung fördern. Mick weist darauf hin, daß semiotische Konzepte in manchen Studien implizit enthalten sind, so bei Holbrook und E.C. Hirschman (1982) und bei Levy (1981). Ein Beispiel für die implizite Anwendung der Semiotik ist die Beschreibung von unterschiedlichen Produktverwendungen, wenn z.B. Haferschrot einmal als Frühstücksspeise und ein anderes Mal als Backzutat verwendet wird und entsprechend verschiedene Zutaten und Küchenutensilien zu ihrer Herstellung und ihrem Konsum benötigt werden. Haferschrot stellt damit nicht ein einziges Produkt dar, sondern mehrere Produkte mit jeweils eigenem Verwendungssystem (Wasson, 1975). Auch die soziologische Methode des symbolischen Interaktionismus weist Ähnlichkeiten mit der Semiotik auf und ist in der Konsumforschung u.a. von Landon (1974), Lee (1990) und Schenk und Holman (1980) verwendet worden, um das Zusammenspiel von Selbstbild und Beeinflussung durch andere Menschen in einer bestimmten Situation bei der Produktwahl darzustellen.

Um Genaueres über den *Symbolgehalt des Konsums* erfahren zu können, müssen nach E.C. Hirschman (1981) drei Bedingungen erfüllt werden: erstens sollte die Analyse soziologisch orientiert sein, da Symbole eine übereinstimmend wahrgenommene soziale Bedeutung haben müssen, um benutzt werden zu können. Zweitens sollten Entstehung und Gebrauch der Symbole berücksichtigt werden. Drittens sollte darauf geachtet werden, wer die Bedeutung von Symbolen über die Zeit hinweg kontrolliert und bestimmt. Nach Mick (1986) genügt die Semiotik allen diesen Anforderungen. Für die Untersuchung emotionsbedingten Essens ist noch eine vierte Bedingung zu erfüllen, und zwar die Berücksichtigung des *individuellen Symbolgehaltes*, d.h. die persönlichen Bedeutungen und die Wirkungen auf die individuelle Psyche, die mit dem Verbrauch von Produkten bzw. dem Verzehr von Lebensmitteln in einer gegebenen Situation verbunden sind. Nicht jedes Symbol oder Zeichen wird von jedem Mitglied einer sozialen Gruppe vorbehaltlos und in gleicher Weise übernommen und automatisch als Kriterium für Verhaltensentscheidungen herangezogen. Vielmehr entwickelt jedes Individuum ein eigenes, für sich gültiges Konnotationssystem aus den von ihm akzeptierten soziokulturellen Repräsentationen von Konsum- bzw. Eßverhalten. Dies kann auch bedeuten, daß in einer spezifischen emotionalen Lage ein bestimmtes Lebensmittel oder eine bestimmte Speise zur Regulierung ausgewählt wird, weil ihm vom betroffenen Individuum besondere Eignung als Trostspender oder Freudeverstärker zugeschrieben wird.

Klassifikation von Essenskonnotationen

Zur Erklärung von Eßgewohnheiten wurde in den vergangenen Jahrzehnten verschiedentlich versucht, die zahlreichen soziokulturellen und individuellen Symbole, die mit Essen assoziiert sind, zu systematisieren (z.B. Bennett, 1943; den Hartog, 1972; Trémolières, 1972). Drei Annahmen liegen allen diesen Systematisierungen zugrunde: Lebensmittel haben soziokulturelle und psychologische Bedeutung, Mahlzeiten bieten die zentrale Gelegenheit zur Kommunikation miteinander, und Essen ist ein Erlebnis, das viele intellektuelle und emotionale Werte über die physiologische Nährstoffnutzung hinaus besitzt: "We easily recognize the hunger-allaying properties of foods, but often are unaware that every day we act out many of our individual psychological responses to life stresses by the manner in which we use foods" (Kaufman, 1954, S. 10).

Die Mehrzahl der Systematisierungen beruht auf anekdotischen Beispielen aus der psychoanalytischen und der psychotherapeutischen Praxis. Diese Systematisierungen beanspruchen, vor allem die *emotionale Bedeutung des Essens* zu veranschaulichen. Bei der Verwendung des Begriffes *emotional* geht man in diesen Klassifikationen im Gegensatz zur hier vetretenen Auffassung (vgl. Abschnitt 3.2.) davon aus, daß es sich beim physiologischen Bedarf an Nährstoffen um einen kognitiven oder zumindest nicht-emotionalen Zustand handelt, während soziokulturelle, psychologische und ökonomische Einflußfaktoren auf das Eßverhalten sich auf nicht-kognitive bzw. emotionale Zustände beziehen.

In einer frühen Arbeit zu diesem Thema werden *verschiedene Möglichkeiten einer emotionalen Verwendung des Essens* unterschieden (Babcock, 1948). Die Autorin belegt mit Beispielen ihre These, daß es vier Arten von Essenserfahrungen eines Kindes gibt, die seine Einstellungen zum Essen und seine Verhaltensreaktionen auf emotionale Belastungen lebenslang beeinflussen. Essen kann erstens Entlastung und Befreiung von Angstgefühlen bedeuten, die durch die Assoziierung von bestimmten Lebensmitteln und Speisen mit einer geregelten Alltagsordnung und seelischem Wohlbefinden ermöglicht werden. Zweitens kann Essen benutzt werden, um soziale Sicherheit und gesellschaftliche Anerkennung zu erlangen, die durch solche Lebensmittel vermittelt werden, die sozialen Status oder Klassenzugehörigkeit demonstrieren. Drittens wird Essen zur Beeinflussung anderer eingesetzt, insbesondere zur Disziplinierung von Kindern in einem Wechselspiel von

Bestrafung und Belohnung. Essen kann viertens ins Gegenteil verkehrt werden, d.h. als Essensverweigerung praktiziert werden, wenn jemand glaubt, kein Anrecht auf den Genuß des Essens zu haben, weil die Befriedigung auch anderer Bedürfnisse ihr/ihm nicht statthaft erscheint.

In einer anderen Systematisierung (Kaufman, 1954) werden Lebensmittel entsprechend ihrer symbolischen und emotionalen Bedeutung in die sechs Kategorien *Sicherheit, Belohnung, Fetisch, Verbundenheit, Erwachsensein* und *Geltungsdrang* eingeteilt. Zu den Sicherheit vermittelnden Lebensmitteln zählt z.B. Milch, die von Erwachsenen bei emotionaler Unruhe getrunken wird, weil sie die Zeiten symbolisiert, in denen die Eltern Geborgenheit gaben und noch alle wichtigen Entscheidungen trafen. Belohnung durch Essen ist bei allgemeinen Frustrationsempfindungen angezeigt, man gönnt sich etwas, indem man z.B. mehr Süßigkeiten ißt - "or perhaps we indulge ourselves in a tin of caviar" (Kaufman, 1954, S. 10). Daneben gibt es Fetisch-Lebensmittel, von denen wir glauben, nicht ohne sie auskommen zu können, die für uns das "Salz des Lebens" oder auch "Überlebens-Mittel" sind. Für den einen sind das Steaks, für die andere 20%iger Quark und für jemand dritten Roggenbrot. Mit Essen aus Verbundenheit sind Lebensmittel assoziiert, die man zu sich nimmt, weil sie einen an jemand, den man sehr mag, oder auch an schöne Erlebnisse erinnern. Mit Erwachsensein werden die Lebensmittel verbunden, die man als Kind nicht verzehren durfte oder wollte, dazu gehören besonders Getränke wie Kaffee, schwarzer Tee und Alkohol, aber auch bestimmte Gewürze oder Gemüse. Unter Geltungsdrang schließlich werden all die Eßgewohnheiten subsumiert, die aus demonstrativen Gründen praktiziert werden. Damit sind nicht nur prestigeträchtige Lebensmittel gemeint, sondern auch von der Norm abweichende exhibitionistische Essenshandlungen wie die übermäßige Verwendung bestimmter Zutaten ohne sinnvollen Bezug auf die Zubereitung der Speisen.

Ein weiterer Vorschlag galt ursprünglich der Strukturierung psychologischer Dimensionen bei allgemeinen Kaufentscheidungen (W.E. Woods, 1960), er ist aber auch besonders geeignet, Lebensmittel nach ihrem Symbolgehalt zu kategorisieren. Hier wird eingeteilt nach *Prestige, Status, Reife, Angstverminderung, Hedonismus* und *Funktionalität*. Dabei werden die vier erstgenannten Kategorien für Produkte verwendet, bei denen eine Ichbezogenheit der Konsumentinnen im Vordergrund steht, die sich als Ich-Erhöhung (Prestige, Status- und Reife-Produkte) oder als Ich-Verteidigung (angstvermindernde Produkte, z.B. als gesund geltende Lebensmittel) ausdrückt. Hedonistische Produkte sind solche, deren Anziehungskraft im wesentlichen auf sensorischen Merkmalen beruht, die sofort wirken und stark situationsabhängig sind. Dazu gehören z.B. Snacks und Frühstückscerealien. Zu funktionalen Produkten zählen solche mit geringer soziokultureller Bedeutung wie kohlenhydratreiche Grundnahrungsmittel, Obst oder Gemüse.

Diese Bewertung der Grundnahrungsmittel läßt Jelliffe (1967) allerdings nicht gelten. Er schlägt eine andere Klassifizierung von Lebensmitteln vor, für die er kulturübergreifende, weltweite Gültigkeit beansprucht. Seine Einteilung ist sozialanthropologisch orientiert und enthält fünf Kategorien, von denen die erste die "*cultural superfoods*" bilden, nämlich die jeweiligen Grundnahrungsmittel wie Kartoffeln, Reis oder Yams, die gleichzeitig auch die vorrangige Kalorienquelle bilden. Im Gegensatz zu Woods mißt er ihnen herausragende kulturelle Bedeutung für die jeweilige Gesellschaft bei; anthropologische Studien bestätigen diese Einschätzung (Beispiele bei Wächter, 1982). *Prestige*-Lebensmittel sind dagegen wichtigen Anlässen und Festlichkeiten vorbehalten. Andere Speisen werden auf das in der jeweiligen Kultur vorherrschende Körperbild, *"body-image"*, bezogen, wie zum Beispiel im chinesischen System des Yin-Yang, wonach Lebensmittel aufgrund von kulturellen Vorstellungen vom Funktionieren des Körpers in gut oder schlecht für den Organismus eingeteilt werden. Wieder anderen Lebensmitteln wird unterstellt, daß sie magische Kräfte zur Förderung der Gehirntätigkeit oder zur Erhöhung der männlichen Potenz enthalten, sie werden als "*sympathetic magic foods*" bezeichnet. Die letzte Kategorie bilden die "*physiologic food groups*", also die Lebensmittel, die wegen ihrer physiologischen Eigenschaften für einzelne Gruppen, vor allem Kinder oder schwangere und stillende Frauen, bestimmt oder verboten sind.

Das letzte Beispiel für eine Klassifikation von Essenskonnotationen stammt von McKenzie (1974), der fünf essentielle sozialpsychologische Kriterien unterscheidet, anhand derer sich Konsumentinnen innerhalb des ihnen vorgegebenen sozioökonomischen Rahmens für bestimmte Lebensmittel und Speisen entscheiden. Nach dieser Einteilung dient Essen einmal der *Darstellung von Stimmungen und der Persönlichkeit*, dann der *Erlangung von Sicherheit*, ferner einem *Ausgleich für Ablehnung oder als Hilfe in kritischen Zeiten* und schließlich zur *Demonstration von Gruppenzugehörigkeit, Konformität und Prestige*. Außerdem könnten Frauen über die Auswahl und die Zubereitung von Speisen *mütterliche Kreativität* vorführen, eine Möglichkeit, die nach Meinung des Autors vor allem in den Gesellschaften zunehmend an Bedeutung gewinnt, in denen immer mehr Frauen nicht länger ausschließlich als Hausfrauen tätig sind.

Diese ausführliche Darstellung soll die Vielgestaltigkeit des Symbolgehaltes menschlicher Eßgewohnheiten illustrieren, aber auch zeigen, wie eng verknüpft soziokulturelle und individuelle essensbezogene Konnotationen sind. Die Zusammensetzung des Speiseplanes, die Techniken der Speisenzubereitung und die mit ihrem Verzehr verbundenen Sitten und Gebräuche sind zu einem Bedeutungssystem verwoben, das zwischenmenschliche Beziehungen artikuliert, interpretiert und normiert. Innerhalb dieses komplexen Bedeutungssystems und von ihm beeinflußt entwickeln sich, für jeden Menschen immer wieder neu, individuelle Bedeutungsinhalte des Essens und Trinkens. Essen wird zu einem zentralen Teil gesamtgesellschaftlicher Kommunikationsprozesse, deren Elemente den Charakter von Codes, von verschlüsselten Verhaltensanweisungen, besitzen. Teuteberg (1979, S. 270) nennt dies das "sozialkommunikative Ernährungsfeld".

Levy (1981) spricht in diesem Zusammenhang von einer komplexen Nahrungsmythologie. Er orientiert sich an der von Lévi-Strauss (1963) in der Anthropologie entwickelten strukturalistischen Methode, um sogenannte Verbraucher-Mythen zu analysieren. Darunter versteht Levy Anekdoten über typische Verhaltensweisen und kleine Ereignisse des Alltags. In einer Studie zum Nahrungskonsum befragte er in offenen Interviews US-amerikanische Hausfrauen nach den Essensvorlieben und Nahrungsaversionen von Ehemann und Kindern: "The women were particularly asked to relate family stories, those little tales or bits of family lore that are repeated to family and friends as ways of typifying the family members... Little myths are

Abbildung 9:
"The food mythology complex" (nach Levy, 1981)

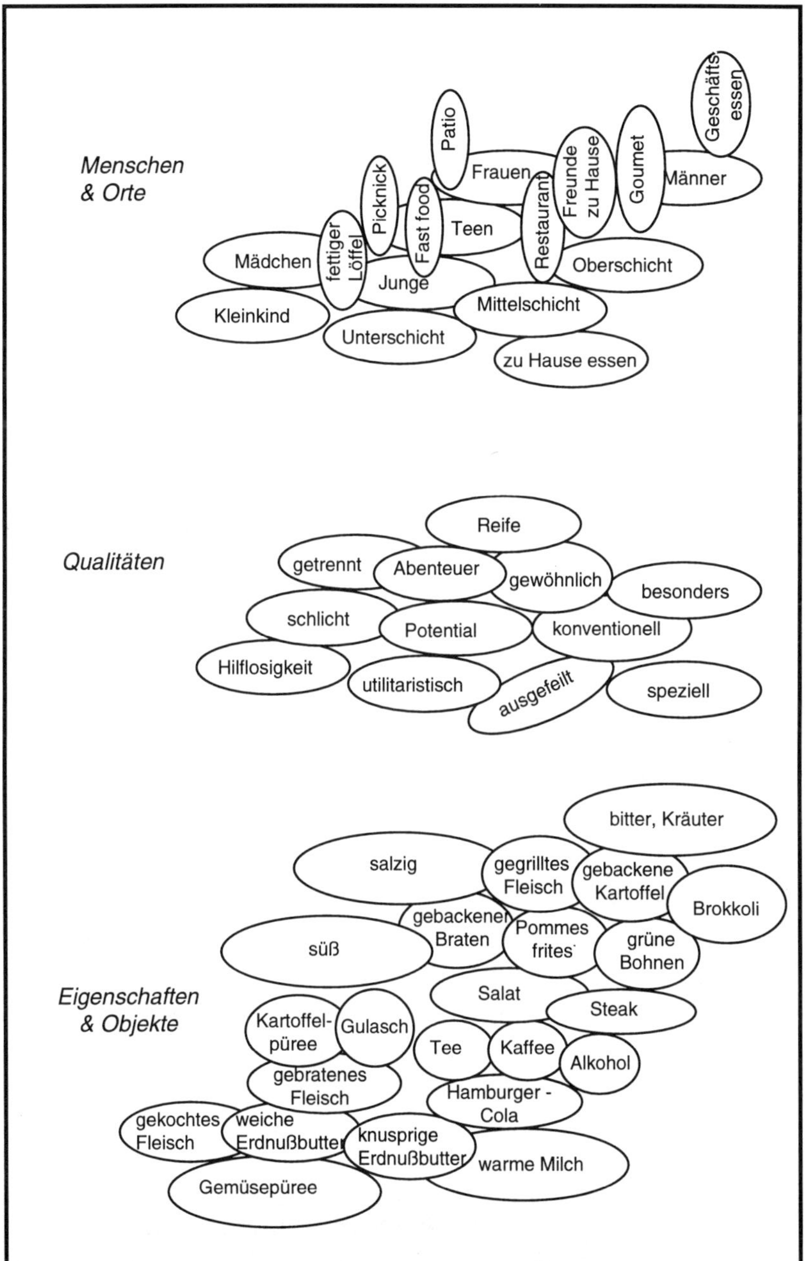

generalizations about the family and its members, told in the form of anecdotes that use selected facts drawn from the fund of past experiences" (Levy, 1981, S. 53). Durch - nicht weiter offengelegte - Verknüpfungen dieser Mini-Mythen mit Tiefeninterviews aus der Marktforschung über Lebensmittelprodukte erarbeitete er dann einen "Food mythology complex" (Abbildung 9), der, zumindest für Nordamerika, das graphisch wiedergibt, was oben als verschachteltes Bedeutungssystem des Eßverhaltens beschrieben wurde.

Vier Dimensionen emotionaler Essenssymbole

Die in den Systematisierungen dargestellten Kategorien entstammen häufig ethnologischen Gelegenheitsbeobachtungen und therapeutischen Erfahrungen bei einzelnen Fallschicksalen, ohne daß ihre empirische Gültigkeit durch systematische Meßverfahren überprüft worden wäre. Noch ist der Symbolgehalt von Lebensmitteln keineswegs abschließend untersucht worden. Es kann lediglich angenommen werden, daß es allgemein gültige Bedeutungen des Essens gibt, die sehr oft emotionale Konnotationen einschließen. Die bisherigen Erkenntnisse, obwohl aus unterschiedlichen Disziplinen stammend, weisen Gemeinsamkeiten und damit Augenschein-Validität auf.

Die im vorigen Abschnitt beschriebenen Klassifikationen von emotionalen Symbolwerten des Essens sind in Tabelle 1 so angeordnet, daß sie vergleichbar und gemeinsame Strukturen sichtbar werden. Dies ist nicht immer einfach; so ist z.B. die Einteilung von Jelliffe (1967) sozialanthropologischen Ursprungs und bezieht sich auf Lebensmittel, während die übrigen Klassifizierungen im wesentlichen psychologischen Disziplinen entstammen und eher Verzehrssituationen beschreiben. In der letzten Tabellenspalte wird versucht, die verschiedenen Kriterien zu vier Symboldimensionen zusammenzufassen. Die beiden ersten Dimensionen benennen individualpsychologische Konnotationen, die dritte und vierte sozialpsychologische:

- *Sicherheit*: Lebensmittel werden in Streßzuständen zur Erreichung des emotionalen Gleichgewichts verzehrt, man glaubt, ohne sie nicht auskommen zu können. Sie können fetisch-ähnliche Bedeutung annehmen, und sie dienen der Abwehr von Angstzuständen. Ihre Hauptaufgabe ist die *Ich-Verteidigung*.

- *Lust*: Lebensmittel werden zum Zweck des Lustgewinns verzehrt, vor allem wegen ihres Geschmacks, ihres Geruchs oder ihres Aussehens. Man belohnt eigenes Verhalten oder demonstriert Genußfreude und Kommunikationsbereitschaft. Hier dienen Lebensmittel der *Ich-Erweiterung*.

- *Geltung*: Lebensmittel werden als Attribute der eigenen Persönlichkeit aufgefaßt, sie dienen exhibitionistischen Zwecken und sollen eine gesellschaftliche Position unterstreichen. Sie sind in erster Linie Mittel zur *Ich-Verstärkung*.

- *Zugehörigkeit:* Lebensmittel dienen der sozialen Identifikation. Ihre Verwendung soll nicht eine soziale Führungsrolle demonstrieren, sondern vielmehr Gruppenkonformität und Interessensolidarität, und sie soll kulturelle Assimilation erleichtern. Sie tragen daher zur *Ich/Umwelt-Integration* bei.

Für das Eßverhalten zur Selbstregulierung von Emotionen sind in erster Linie die beiden Dimensionen Sicherheit und Lust relevant. Sie sind weitgehend unabhängig voneinander: die erste beschreibt das *Essen aus Frust* als das Streben nach Ausgleich von Emotionen, die als unangenehm empfunden werden, hin zu einem stabileren, angenehmen Gemütszustand. Lust kennzeichnet *Essen aus Freude* und bedeutet die Aufrechterhaltung oder auch Verstärkung der als angenehm empfundenen Emotionen.

Die Dimensionen Geltung und Zugehörigkeit sind beim emotionsbedingten Eßverhalten dann bedeutsam, wenn der Verzehr bestimmter Lebensmittel oder Speisen eine Ich-Verstärkung oder eine Ich/Umwelt-Integration bedeutet, die angenehme Emotionen unterstützt oder verstärkt.

Die Kategorien Essensverweigerung und Funktionalität können keiner der vier Symboldimensionen zugeordnet werden. Für emotionsbedingtes Essen sind sie irrelevant, weil Essensverweigerung das Gegenteil von Eßverhalten zur Emotionsregulierung ist und Funktionalität sich auf die physiologischen Aspekte der Nahrungsaufnahme bezieht.

Tabelle 1:
Essen, zehn Symbolkategorien und vier Symboldimensionen

	Babcock (1948)	Kaufman (1954)	Woods (1960)	Jelliffe (1967)	McKenzie (1974)	Synthese
(1)	-	Fetisch	-	-	Sicherheit	
(2)	Befreiung von Angst	Sicherheit	Verminderung von Angst	-	Hilfe in kritischen Zeiten und bei Ablehnung	Faktor ***Sicherheit***
(3)	Belohnung und Bestrafung	Belohnung	-	-	-	
(4)	-	-	Hedonismus	-	-	Faktor ***Lust***
(5)	-	-	-	body image foods		
(6)	-	Geltungsdrang	Prestige	prestige foods	Gruppenzugehörigkeit und Prestige, Stimmung und Persönlichkeit	Faktor ***Geltung***
(7)	Status, soziale Sicherheit	Verbundenheit	Status	physiologic food groups	Gruppenzugehörigkeit und Prestige	Faktor ***Zugehörigkeit***
(8)	-	Erwachsensein	Reife	sympathetic magic foods	Demonstration mütterlicher Kreativität	
(9)	Verweigerung des Essens	-	-	-	Stimmung und Persönlichkeit	
(10)	-	-	Funktionalität	cultural super foods	-	

Wie Hauptkomponenten in einer Faktorenanalyse fassen die vier Symboldimensionen die in der Realität westlicher Konsumgesellschaften zu beobachtende Symbolvielfalt zusammen. Eßverhalten zur Selbstregulierung von Emotionen gründet auf dieser Symbolvielfalt und ermöglicht es, innerhalb eines soziokulturell vorgegebenen Verhaltensrahmens ein individuelles Erlebnissystem aus Anregung (Faktor Lust) und Beruhigung (Faktor Sicherheit) zu entwickeln, das in Wechselbeziehung zu den emotionalen Symbolen steht, die von und mit Lebensmitteln vermittelt werden.

2.1.2. Emotionsbedingtes Eßverhalten

Der emotionale Symbolgehalt des Essens beeinflußt das Eßverhalten vor allem in der Zone biologischer Indifferenz und kann diese unter Umständen so erweitern, daß psychologische Einflußfaktoren eine größere Rolle spielen. Zu solchen Determinanten gehören auch die verschiedenen Symboldimensionen des Essens, die es erst möglich machen, daß Essen zur Selbstregulierung von Emotionen eingesetzt wird.

Eßverhalten zur Selbstregulierung von Emotionen wird definiert als Nahrungsaufnahme in der Folge von unangenehmen oder angenehmen Emotionen, die der Wiedererlangung oder Aufrechterhaltung der *psychologisch-mentalen Homöostase* dient und weitgehend unabhängig von physiologisch bestimmten Hunger- bzw. Sättigungsgefühlen ist.

Eßverhalten zur Selbstregulierung von Emotionen ist eine von mehreren möglichen Umgangsformen mit Emotionen. Es wird unterschieden zwischen der *Wirkung von unangenehmen* (negativen) und der *von angenehmen* (positiven) *Emotionen*. Dabei sollen diese Attribute die durch das Individuum selbst vorgenommene Bewertung seines augenblicklichen Gefühlszustandes bezeichnen. Als Folge von negativen Emotionen hat Eßverhalten zur Selbstregulierung von Emotionen modifizierenden Charakter, da eine Veränderung des emotionalen Zustandes angestrebt wird. Als Folge von positiven Emotionen wirkt Essen protektiv durch Aufrechterhaltung oder Verstärkung eines als angenehm empfundenen emotionalen Zustandes.

Diese Prozesse laufen innerhalb der *Zone biologischer Indifferenz* ab, in der physiologische Faktoren kaum Einfluß ausüben.

Eßverhalten zur Selbstregulierung von Emotionen spiegelt den *emotionalen Symbolgehalt* von Essen wieder, der sowohl aus der sozialen Umwelt erlernt als auch individuell selbst entwickelt werden kann. Essen bietet die Gelegenheit, mit Emotionen umzugehen und Sicherheit zu empfinden, und es bewirkt Veränderungen der emotionalen Lage, die mit Lustempfindungen einhergehen.

Bezogen auf die Terminologie der Theorie der lebenden Systeme ist emotionsbedingtes Essen eine Ausgleichsreaktion, die erfolgt, weil einzelne Variablen des Systems ihren Stabilitätsbereich verlassen haben und dadurch das Bedürfnis nach den Ressourcen für die psychologisch-mentale Homöostase motivieren. Diese Lageveränderung des Organismus wird auch *Streß* genannt. Streß entsteht aus den Interaktionen eines Individuums mit seiner Umgebung, die die Integrität und das Wohlbefinden des Selbst bedrohen und die eine Auswahl aus den zur Verfügung stehenden Bewältigungsstrategien erfordern. Kognitive und emotionale Prozesse wirken zusammen bei der Entstehung, Bewertung und Abwehr von Streß (Cofer & Appley, 1964; Lazarus, 1966). In der Streßforschung wird zwischen *Distreß* und *Eustreß* unterschieden, Begriffe, die einen unangenehmen bzw. einen angenehmen Spannungszustand beschreiben (Selye, 1958, 1980). Außerhalb dieser Forschungsrichtung haben sich diese Termini bislang jedoch kaum durchgesetzt, so daß dem allgemeinen Sprachgebrauch folgend hier der Begriff Streß als Folge bzw. Begleiterscheinung negativer Emotionen verwendet wird.

Wie später noch genauer erläutert wird (Abschnitt 3.2.3.), können zwei prinzipielle Umgangsformen mit Emotionen unterschieden werden: automatische Anpassungsmechanismen und strategische Stabilisierungsprozesse. Erstere erfolgen als defensive Mechanismen, sie sind unbewußte und gelernte Regulierungsmuster von Emotionen, die ablaufen, ohne daß über die Ursachen dieser Emotionen bewußt nachgedacht wird. Die Begriffe automatisch, mechanisch, defensiv und gelernt implizieren, daß diese Form der Regulierung von Emotionen unreflektiert erfolgt, Essen für das betreffende Individuum also immer die naheliegendste Ausgleichsreaktion darstellt, wenn es die Situation, z.B. die unmittelbare Verfügbarkeit von Essen, zuläßt. Strategische Stabilisierungsprozesse werden als reflektiert angewandte Regulierungsmuster aufgefaßt, die vorhandene Erregungsursachen berücksichtigen und dann alternative Ausgleichsreaktionen gegeneinander abwägen. Emotionsbedingtes Essen ist dann nur eine von verschiedenen Möglichkeiten, die psychologisch-mentale Homöostase wiederzuerlangen oder aufrechtzuerhalten.

Ernährungspsychologie und emotionsbedingtes Eßverhalten

Ein Zusammenhang zwischen Emotionen und Eßverhalten wurde in der psychophysiologisch orientierten Forschung schon zu Beginn dieses Jahrhunderts erkannt, und zwar als Appetitverlust oder Verringerung des Hungergefühls in Folge von Erregungszuständen wie Ärger, Furcht oder Angst (Cannon, 1915; Carlson, 1916). Solche Erregungszustände führen zu einer Ausschüttung von Adrenalin, die ihrerseits die Freisetzung von Glykogen bewirkt. Dadurch erhöht sich der Blutglukosespiegel, was wiederum eine Minderung der Hungergefühle zur Folge hat (s. Abschnitt 1.1.1., glucostatische Theorie). Die Kontrolle der Nahrungsaufnahme wird so entweder vom Hungerbereich in die Zone biologischer Indifferenz oder von dieser in den Sättigungsbereich verlagert: emotionaler Streß hemmt die Nahrungsaufnahme. Eine solche Reaktion in Form von Appetitverlust bei Streß fand sich beispielsweise in einer westdeutschen Untersuchung bei etwa 70% der befragten gesunden Personen, während eine kleinere Gruppe von gut 10% von einer Appetitsteigerung berichtete (Krumbacher, 1962, nach March, 1969; Krumbacher & J.E. Meyer, 1963). Diese Personengruppe wurde als *hyperphager Reaktionstypus* bezeichnet; er wird häufiger bei Übergewichtigen beobachtet (March, 1969). In einer anderen, repräsentativen Umfrage in Westdeutschland gab etwa ein Viertel der Befragten an, zu emotionsinduzierten Essenswünschen zu neigen (Scherhorn et al., 1988).

In den 50er und 60er Jahren wuchs das Interesse der sozialwissenschaftlichen Forschung an der Erklärung von Übergewicht, eines Problems, das wegen der Wohlstandssteigerung in den westlichen Industriegesellschaften nach dem Ende des 2. Weltkrieges erstmals in der Geschichte Angehörige aller Bevölkerungsschichten betraf. Der größte Teil der Arbeiten, die seither in psychologischen Fachzeitschriften zur menschlichen Ernährung veröffentlicht wurden, befaßt sich mit der Frage nach den Bestimmungsfaktoren der zu Übergewicht führenden Eßgewohnheiten. In den letzten Jahren wird zunehmend auch über Bulimie ("Stierhunger") und Anorexie ("Magersucht") geforscht, jedoch kaum über die Einflußfaktoren auf das, was als *normales Eßverhalten* bezeichnet werden kann. Dies liegt wohl auch an der einfacheren Operationalisierung des Eßverhaltens über die Variable Körpergewicht und der damit verbundenen größeren Wahrscheinlichkeit einer Hypothesenbestätigung bei einem Extremgruppenvergleich von Übergewichtigen mit Normalgewichtigen.

Um wissenschaftliche Belege für die Relevanz des Phänomens "Eßverhalten zur Selbstregulierung von Emotionen" finden zu können, muß zunächst auf Untersuchungen zum Übergewichtsproblem zurückgegriffen werden, auch wenn in dieser Arbeit das alltägliche, normale Eßverhalten im Vordergrund stehen soll. Für den allgemeinen Erkenntnisfortschritt über menschliches Eßverhalten sind diese Untersuchungen wertvoll, denn bislang gibt es keine Indizien dafür, daß die physiologischen und psychologischen Faktoren, die die Nahrungsaufnahme beeinflussen, für Übergewichtige prinzipiell andere sind als für Normalgewichtige. Es ist daher die Annahme berechtigt, "daß die Befunde, die man durch den Vergleich von Gruppen mit extrem unterschiedlichem Körpergewicht gewinnt, auch Generalisierungen zulassen auf die Mechanismen der täglichen Energie- bzw. Kalorienzufuhr im Normalbereich, d.h. bei Personen mit einem ausbalancierten Verhältnis von Energieaufnahme und -verbrauch" (Diehl, 1980, S. 53). Nach gründlicher Sichtung der Literatur über die Genese von Übergewicht schlußfolgerten zwei prominente Vertreterinnen dieser Forschungsrichtung (Rodin, 1981; Ruderman, 1986) ebenfalls, daß nicht länger nach Unterschieden im Eßverhalten von Über- und Normalgewichtigen gesucht werden sollte, da diese Unterschiede offensichtlich nicht bestehen.

Im folgenden werden Befunde aus Untersuchungen über psychologische Ursachen abweichenden Eßverhaltens referiert und kritisch bewertet, die für die Beschreibung des emotionsbedingten Essens wichtige Hinweise liefern können. Bei diesen Studien kann unterschieden werden zwischen klinischen und nicht-experimentellen Untersuchungen auf der einen und Experimenten unter Laborbedingungen auf der anderen Seite. Während letztere häufig nur mit leicht übergewichtigen Studentinnen arbeiteten, haben erstere sich vor allem auf stark Übergewichtige konzentriert, die an Therapien zur Gewichtsabnahme teilnahmen (vgl. Ganley, 1989).

Untersuchungen zum psychosomatischen Konzept der Adipositasgenese

Nach dem "psychosomatischen Konzept der Adipositasgenese" von H.I. Kaplan und H.S. Kaplan (1957) entsteht Übergewicht durch chronisch hyperphage Reaktion auf Emotionen. Zahlreiche Untersuchungen versuchten nachzuweisen, daß für Übergewichtige Essen der Versuch ist, mit unangenehmen Emotionen wie Furcht oder Angst fertig zu werden: sie essen dann mehr als im Zustand der Ausgeglichenheit und Ruhe (E.E. Abramson & Wunderlich, 1972; Conrad, 1970; McKenna, 1972; Slochower, S.P. Kaplan, & Mann, 1981).

In Tabelle 2 sind die Ergebnisse aus den wichtigsten Experimenten über den Einfluß von Emotionen auf das Eßverhalten zusammengefaßt. Es gab zwei Gruppen von Probandinnen: eine mit Übergewicht, die andere mit Normalgewicht. In der Mehrzahl der Experimente wurden die Vergleiche innerhalb der jeweiligen Probandinnengruppe angestellt, also die Reaktion von Übergewichtigen auf hohe versus geringe Erregung verglichen mit der entsprechenden Reaktion von Normalgewichtigen. Seltener erfolgte eine direkte Gegenüberstellung der beiden Gruppen, und dann nur in Fällen der Reaktion auf ein hohes Erregungsniveau.

In den Experimenten überwiegt die Induzierung unangenehmer Emotionen wie Angst, Furcht oder genereller Streß. Ist die Reaktionsrichtung mit einem * versehen, bedeutet dies, daß der Unterschied statistisch signifikant war. Die Reaktionsrichtung "0" bedeutet keine Veränderung in der Nahrungsaufnahme unter dem Einfluß der jeweiligen Variablen, während "+" und "-" mehr bzw. geringere Nahrungsaufnahme bezeichnen.

Eines der ersten Experimente, in dem die zentrale Hypothese des psychosomatischen Konzeptes getestet wurde, war das von Schachter und Mitarbeitern (1968): zwei Gruppen von Versuchspersonen wurde die Verabreichung starker bzw. schwacher Elektroschocks (entsprechend hoher bzw. geringer Furchtinduzierung) angekündigt, danach mußten sie an einem Geschmackstest teilnehmen, bei dem sie ad libitum Cracker verzehren durften.

Erwartungsgemäß aßen die Normalgewichtigen, die starke Schocks erwarteten, deutlich weniger als diejenigen, denen schwache Schocks angekündigt waren (durchschnittlich 14.8 gegenüber 22.6 Crackern). Dagegen aßen die Übergewichtigen in hohem Erregungszustand nur unwesentlich mehr als diejenigen in geringer Furcht (durchschnittlich 19.6 gegenüber 17.0 Crackern).

Die Versuchsanordnungen der nachfolgenden Experimente waren sehr ähnlich. Durch Ankündigung physisch schmerzhafter Prozeduren wie Elektroschocks, Blutentnahme o.ä. wurden Gefühle der Angst oder Furcht induziert und im Anschluß an diese Ankündigung ein angeblicher Geschmackstest durchgeführt, um die verzehrte Menge in Abhängigkeit von der Erregungsintensität zu messen und mit dem Körpergewicht der Versuchspersonen in Beziehung zu setzen. Übergewicht wurde definiert als eine Abweichung von mindestens 15% des von der Metropolitan Life Insurance Company 1959 errechneten Idealgewichts für Frauen und Männer. Ende der 70er Jahre wurde aus ethischen Gründen in den Tests die Ankündigung physischer Gewalt durch psychische Manipulationen ersetzt. Dabei erschütterte man das Ego der Versuchspersonen z.B. durch die Erklärung, daß die meisten Personen in der gleich zu lösenden Denksportaufgabe versagen würden. Oder man induzierte Angstgefühle durch das Zeigen kurzer Horrorfilme oder positive Empfindungen durch die Vorführung erotischer Dias (letzteres nur für männliche Probanden). In den

Tabelle 2:
Experimente im Rahmen des psychosomatischen Konzeptes

Autorinnen [1]	Art der induzierten Emotionen/Variablen	n	St. [2]	n F	n M	Streßreaktionen der Übergewichtigen	Streßreaktionen der Normalgewichtigen	Übergewicht definiert nach MLIC 1959
Schachter et al., 1968	physische Angst	91	ja	0	91	0	- *	> 15%
Abramson & Wunderlich, 1972	physische Angst, Ego-Bedrohung	66	ja	0	66	0	0	> 15%
McKenna, 1972	physische Angst	60	ja	0	60	+	- *	> 15%
Pliner et al., 1974	angenehm unangenehm physische Angst	46	ja	0	46	+ 0 0	0 0 0	> 15%
Herman & Polivy, 1975	physische Angst	42	ja	42	0	+	- *	k.A.
Slochower, 1976	Erregung	80	ja	0	80	+	+	> 15%
Slochower & Kaplan, 1980	Ego-Bedrohung	129	ja	0	129	+ *	-	> 15%
Baucom & Aiken, 1981	Ego-Bedrohung	56	ja	38	18	+ *	-	> 15%
Frost et al., 1982	deprimiert neutral heiter	68	ja	68	0	+ * 0 -	- + +	k.A.
Slochower & Kaplan, 1983	Ego-Bedrohung	98	ja	98	0	+ *	-	k.A.
Pine, 1985	physische Angst	160	nein	80	80	+ *		> 15%
Herman et al., 1987	Ego-Bedrohung	80	ja	80	0	+ *	-	k.A.

1: Autorinnen in chronologisch-alphabetischer Reihenfolge.
2: St. = Studentische Stichprobe, davon F = Frauen, M = Männer.
3: k.A. = keine Angaben

angeblichen Geschmackstests wurden Cracker, Kekse oder Nüsse angeboten, gelegentlich auch Eiscreme. Man konzentrierte sich auf übergewichtige Versuchspersonen und zog normalgewichtige Personen lediglich als Kontrollgruppen heran. Die Befunde dieser Laborexperimente können folgendermaßen zusammengefaßt werden: Übergewichtige Versuchspersonen aßen unter Streß mehr, wenn auch nicht immer (statistisch) signifikant mehr, und normalgewichtige Versuchspersonen aßen unter Streß weniger, wenn auch nicht immer (statistisch) signifikant weniger.

Kritische Anmerkungen zu den Untersuchungsdesigns

Drei Gruppen von kritischen Anmerkungen können unterschieden werden. Die erste betrifft die experimentell erzeugte emotionale Erregung. Die zweite bezieht sich auf die Möglichkeit der Regulierung dieser Erregung durch das Anbieten von Lebensmitteln. Bei der dritten handelt es sich um die Generalisierbarkeit und die statistische Sicherheit der Ergebnisse.

Wie aus Tabelle 2 ersichtlich ist, handelt es sich bei den experimentell ausgelösten Emotionen fast ausschließlich um unangenehme wie Angst oder Furcht. Variiert wurde das Ausmaß der Erregung (hoch/niedrig). Nur in einigen Fällen bemühte man sich um die Induzierung neutraler Stimmungen und/oder angenehmer Gefühle, die dann zur Kontrolle auf Gruppenunterschiede herangezogen wurden.

Hinzu kommen Unterschiede in der Auffassung dessen, was mit Angst bezeichnet wird: in den ersten Versuchen (Schachter, Goldman, & Gordon, 1968; Herman & Polivy, 1975; McKenna, 1972) wurde physischer Schmerz angekündigt, der zu rational begründbarer Angst führt. Das psychosomatische Konzept (H.I. Kaplan & H.S. Kaplan, 1957) geht jedoch von einer neurotischen Angst aus. E.E. Abramson und Wunderlich (1972) lösten in ihrem experimentellen Design deshalb negative Emotionen aufgrund sozialen Versagens aus. Dabei zeigten sich keine Unterschiede im Eßverhalten der verschiedenen Probandinnengruppen. Im Gegensatz dazu ergaben zwei andere Experimente, daß Angst vor physischem Schmerz nicht so deutlich zwischen über- und normalgewichtigen Individuen diskriminiert wie mehr diffuse angenehme oder unangenehme Empfindungen (Pliner, P. Meyer, & Blankstein, 1974).

Dies deutet an, daß *verschiedenartige Streßformen* situationsabhängig zu unterschiedlichen Appetitreaktionen führen können. Streß kann sowohl als Unterforderung wie auch als Überforderung erlebt werden. Bei einer Umfrage stellte sich heraus, daß bei inaktivierendem Streß eher mit Appetitsteigerung, bei überaktivierendem Streß eher mit Appetitminderung reagiert wird (Ernährungsbericht 1980, S. 94-95). 38.0 % der Befragten gaben an, daß bei Langeweile ihr Appetit steigt, während 57.6 % berichteten, daß bei Eile und Hetze, und 55.5 %, daß bei Ärger, Streit und Konflikten ihr Appetit sinkt. In einer anderen Umfrage berichteten 47.9 % der Leserinnen eines Frauenmagazins, daß sie bei Langeweile und 41.3 %, daß sie bei Streß Schwierigkeiten hätten, ihre Nahrungsaufnahme zu kontrollieren. Dabei überwog Langeweile in den jüngeren Altersgruppen bis 29 Jahre und Streß in den Altersgruppen bis 39 Jahre als Hauptursache für Essenswünsche (Westenhöfer et al., 1987).

Weiterhin ist fraglich, ob die *experimentell ausgelösten Emotionen den intendierten in Art und Intensität* überhaupt entsprechen. Polivy (1981) hat in mehreren Experimenten gezeigt, daß häufig nicht ein einziges Gefühl, sondern multiple emotionale Zustände unter Laborbedingungen ausgelöst werden - aber sie untersucht mit ihrer Arbeitsgruppe trotzdem weiter das Eßverhalten von Über- und Normalgewichtigen als Folge singulär intendierter Emotionen wie z.B. Angst (Herman et al., 1987). In manchen Studien wurde durch Fragebögen postexperimentell erhoben, ob die Versuchspersonen auch tatsächlich erregt waren. Es wurde aber nur nach genau den Emotionen gefragt, die man hatte auslösen wollen (Herman & Polivy, 1975; Herman et al., 1987; Pine, 1985; Schachter, Goldman, & Gordon, 1968). Sinnvoller wäre es, die generelle Erregungsveränderung zu messen und diese dann über offene Fragen an die Versuchspersonen deren Emotionen zuzuordnen. Zum ersten Punkt liegt ein Kurzfragebogen mit acht Items vor, der 10-stufig Änderungen in der emotionalen Befindlichkeit erhebt ("Personal Feeling Scale"; Frost, Graf, & Becker, 1979). Zum zweiten gibt es, ebenfalls auf englisch, den Indikator "Profile of Mood States" POMS, mit dem momentane emotionale Befindlichkeiten anhand von 65 Adjektiven, die sechs affektiven Dimensionen zugeordnet sind, gemessen werden können (McNair, Lorr, & Droppleman, 1971; nach Peterson & Headen, 1984).

Eine weitere Unterlassung ist auffällig: obwohl bekannt ist, daß Menschen sich unterscheiden in der *Intensität*, mit der sie Emotionen erleben (Flett et al., 1986; Larsen & Diener, 1987), in dem Ausmaß der *Kontrolle*, die sie über ihre Emotionen haben (Roger & Nesshoever, 1987), oder auch in der *Struktur* ihrer Stimmungen und Antriebe (Mehrabian & O'Reilly, 1980), sind in keinem der Experimente die Variablen Temperament und Emotionalität als mögliche intervenierende Einflußgrößen berücksichtigt worden. Es kann aber nicht ausgeschlossen werden, daß ein generell höheres emotionales Erregungsniveau bei manchen Menschen ausreicht, die Reagibilität auf wirkliche oder eingebildete Hungergefühle und auf nahrungsbezogene Reize zu erhöhen und deshalb zu viel zu essen. Ehemals übergewichtige Personen, die später wieder an Gewicht zunahmen, berichteten, daß ihre Nahrungsaufnahme mit vielen verschiedenen Emotionen verbunden war, während schlankgebliebene Ex-Übergewichtige angaben, daß ihre Essenswünsche im wesentlichen nur bei Stimmungen wie Langeweile und Einsamkeit geweckt würden (Leon & Chamberlain, 1973). Die Anzahl der Emotionen, die appetitsteigernd wirken und zu Essenswünschen führen, ist offensichtlich von Individuum zu Individuum verschieden: ."... the regainer's greater difficulty in maintaining weight loss may be related to the large number of emotional states that are discriminative stimuli for food intake" (Leon & Roth, 1977, S. 132).

Man muß weiterhin annehmen, daß die Art der Regulierung der induzierten Emotionen durch Essen davon abhängt, welche Möglichkeiten zur Nahrungsaufnahme experimentell verfügbar gemacht wurden und ob es Regulierungsalternativen gab. Ein Kritikpunkt am Schachter-Experiment, den das Team selbst anführte (Schachter, Goldman, & Gordon, 1968, S. 95), bezog sich auf die *Schmackhaftigkeit* der verwendeten Cracker, die geschmacksneutral und daher wenig geeignet für die vorgeblichen sensorischen Tests waren. McKenna (1972, S. 313) benutzte daher in seinem Experiment sowohl Kekse, die "tasty and appetizing in appearance", als auch solche, die "bland and visually unappealing" waren. Von den faden aßen die

Versuchspersonen unter allen Bedingungen eher wenig, die verängstigten Übergewichtigen aber deutlich mehr als die verängstigten Normalgewichtigen. Von den schmackhaften Keksen aßen die Übergewichtigen in Angst etwas mehr als die ruhigen Übergewichtigen, aber mehr als doppelt so viel wie die erregten Normalgewichtigen, die wiederum deutlich weniger als die ruhigen Normalgewichtigen verzehrten. McKenna faßte dies als einen Beleg für die Richtigkeit des psychosomatischen Konzeptes auf, hielt aber zwei weitere Aspekte für wesentlich: das Ausmaß des Übergewichtes selbst und die Intensität des Nahrungsstimulus (1972, S. 318; s.a. Abschnitt 2.2.1.):

"Overeating = *f* (obesity level (felt anxiety + food-cue valence))"

In vielen Untersuchungen wurden ausschließlich - von den Versuchsleiterinnen - als wohlschmeckend eingestufte Speisen verwendet, sehr oft Eiscreme in den drei Geschmacksrichtungen Vanille, Schokolade und Erdbeer (z.B. Baucom & Aiken, 1981; Herman & Polivy, 1975; Herman et al., 1987). Es wurde aber nicht berücksichtigt, daß es *unterschiedliche Präferenzen* für süße oder salzige, für weiche oder knusprige Lebensmittel gibt, die die Ergebnisse der Experimente entsprechend den Vorlieben der Probandinnen beeinflussen können. Außerdem können Nahrungspräferenzen vom emotionalen Zustand des Individuums abhängig sein (Lyman, 1982). Geschmacksbeurteilungen können zudem mit Variablen wie Geschlecht, Alter, Körpergewicht, Lernerfahrungen, bestimmten Persönlichkeitsmerkmalen, Rauchgewohnheiten (Grunberg, 1982) u.ä. zusammenhängen.

Zumindest anekdotische Evidenz spricht gegen eine völlige Unabhängigkeit von *Nahrungspräferenzen und situativen Variablen,* die eng mit dem Symbolgehalt von Essen zusammenhängen: auf dem Ärztekongreß reicht man erlesene Kleinigkeiten, und beim Kegelausflug gibt es Grünkohl mit Pinkel, im Kino kauft man Süßigkeiten wie Eiskonfekt oder Gummibärchen, bei Rockkonzerten oder Sportveranstaltungen Würstchen und Bier - außer beim Tennisturnier in Wimbledon, wo traditionell Champagner und Erdbeeren mit Sahne bevorzugt werden. Eine Untersuchung ergab bei Frauen mit überdurchschnittlich hoher Anfälligkeit für emotionsbedingtes Essen eine hohe Präferenz für Süßigkeiten (van Strien et al., 1985). In einer explorativen Studie über den Zusammenhang zwischen sensorischen Eigenschaften von

Lebensmitteln und Essen aus Streß war die Vorliebe für salzige Lebensmittel mit den Variablen Alter und Körpergewicht negativ, mit der Variable Streßanfälligkeit positiv assoziiert (Willenbring, Levine, & Morley, 1986). In einer anderen Untersuchung gaben 26 von 34 Befragten an, daß bei einer Appetitsteigerung in Streßsituationen die Wahl der Speisen gezielt erfolge: sieben bevorzugten etwas "Handfestes", 19 aßen lieber Süßigkeiten (March, 1969).

Man könnte einwenden, daß in den aufgeführten Laborexperimenten Unterschiede in sensorischen Präferenzen durch die Zufallsverteilung der Probandinnen auf die einzelnen Gruppen ausgeglichen wurden. Dies ist jedoch bei Stichproben mit insgesamt 42 bis 91 Personen bei 6- und 8-faktoriellen Designs kaum möglich. Bei einer Berücksichtigung *individueller Nahrungsvorlieben* könnten die Befunde ganz anders ausfallen.

Die Versuchsanordnungen geben insofern ein verzerrtes Bild der Nahrungsrealität wieder, als die Probandinnen keine Auswahl unter verschiedenen Lebensmitteln hatten und das Essen nur in Form von Snacks angeboten wurde. Die *Auswahl von Lebensmitteln* und die *Zubereitungsart der Gerichte* aber dürften den Umfang emotionsbedingten Essens beeinflussen. Darauf weisen die Ergebnisse eines Experimentes hin, in dem den Versuchspersonen entweder drei verschiedene Hors d'œuvres - Cocktailwürstchen, kleine Frühlingsrollen und Mini-Pizzas - oder nur eines dieser Gerichte angeboten wurde: unabhängig vom Körpergewicht aßen die Probandinnen unter der Auswahlbedingung mehr als unter der Einseitigkeitsbedingung. In einem anschließenden Geschmackstest zeigte sich, daß die empfundene Schmackhaftigkeit schneller abnahm, wenn nur eine Sorte Hors d'œuvres verfügbar war (Pliner et al., 1980).

Die Resultate der angeführten Experimente sind aus *statistischer Sicht* vorsichtig zu bewerten. Die Stichproben wurden in der Regel aus Studentinnen der Psychologie gebildet. Mittlerweile gibt es kaum noch etwas, was man über (nordamerikanische Psychologie-) Studentinnen nicht weiß, aber wie verhält es sich mit der übrigen Bevölkerung? Auch nach der Ätiologie des Übergewichts wurde nicht gefragt, und so ergab sich z.B. das Problem, bei

Berücksichtigung der Relation von Körpergewicht zu Körpergröße athletische Männer - wie amerikanische Footballspieler - von übergewichtigen zu unterscheiden (Schachter, Goldman, & Gordon, 1968). Hinzu kommt, daß in fast allen Experimenten das Kriterium eines 10-15 %igen Übergewichtsminimums galt. Bedenkt man, daß die Metropolitan Life Insurance Company 1983 das Durchschnittsgewicht für Frauen fast aller Gruppen um 5-10% anhob, so ist fraglich, ob sich die damals als übergewichtig geltenden Studentinnen nach heutigen Maßstäben noch für die Experimentalgruppe qualifizieren könnten. Die Altersgruppe war zudem, wie immer bei studentischen Samples, eng gefaßt. Uneinheitlich war zunächst auch die Überprüfung von potentiellen Störvariablen, z.B. wann die Probandinnen das letzte Mal etwas zu sich genommen hatten und wie hungrig sie überhaupt zum Zeitpunkt des Experimentes waren. In späteren Studien wurde dann zur Kontrolle dieser Störvariablen der sogenannte "preload" eingeführt: die Versuchspersonen bekamen alle erst einmal dasselbe in gleicher Menge zu essen, bevor das eigentliche Experiment begann - häufig einen Milkshake vor dem vorgeblichen Eiscreme-Geschmackstest. Erst in jüngster Zeit wurde gelegentlich der Einfluß von Hunger auf die Untersuchungsergebnisse überprüft: bei Normalgewichtigen hatte Angst keinen Einfluß auf den Appetit, wenn diese nicht hungrig waren, bei Übergewichtigen stimulierte Angst die Nahrungsaufnahme nur dann, wenn sie hungrig waren (Herman et al., 1987).

Schließlich scheint die Frage berechtigt, was die Prüfung auf *statistische Signifikanz von Gruppenunterschieden* in diesen Untersuchungen eigentlich besagt. Bei so kleinen Experimentalgruppen (in der Regel 7 bis 11 Probandinnen je Versuchsbedingung) können nur sehr starke Effekte zu signifikanten Unterschieden führen. Nichtsignifikanz sagt hier recht wenig aus, da nicht auszuschließen ist, daß in größeren Stichproben signifikante Unterschiede gefunden würden.

Eine andere Interpretation

Betrachtet man Tabelle 2 in bezug auf die gefundenen Unterschiede zwischen Über- und Normalgewichtigen, so fällt folgende Regelmäßigkeit auf:

in Experimenten mit physischer Bedrohung reagierten die übergewichtigen Probandinnen nur mit einer geringen Erhöhung des Nahrungsverzehrs, während es den Normalgewichtigen deutlich den Appetit verschlug. Genau umgekehrt verhielt es sich in Versuchen mit nicht-physischer Bedrohung des Ego. In diesen Fällen aßen erregte Übergewichtige auffallend mehr als ruhige, die normalgewichtigen Versuchspersonen aber änderten ihr Eßverhalten unter solchem Streß nur geringfügig. Physische Angst wirkt sich auf das autonome Nervensystem über Adrenalinausschüttung und Blutglukoseanstieg aus. Die Arbeitsgruppe um Schachter unterstellt nun Übergewichtigen, daß sie die Fähigkeit zur Wahrnehmung solch interner Signale und damit zur Kontrolle der Nahrungsaufnahme nicht besitzen (Schachter, 1968, 1971; Schachter & Rodin, 1974). Vielleicht handelt es sich aber auch nur um eine verzögerte Reaktionsgeschwindigkeit: Normalgewichtige spüren sofort, wenn sie keinen Hunger oder Appetit mehr haben, während Übergewichtige länger brauchen, bis sie mit dem Essen aufhören (D. Singh, 1973). Ein Angriff auf das Ego, z.B. als Erschütterung des Selbstvertrauens, hat vermutlich weniger deutliche organische Auswirkungen, ist aber psychisch belastend und kann leichter zur Enthemmung unterdrückter Eßgelüste führen. Übergewichtige befinden sich häufig in einer aus ihrem Abweichen von der sozial anerkannten Körpergewichtsnorm resultierenden angespannten Stimmung (Grauer & Schlottke, 1987; Rodin, Silberstein, & Striegel-Moore, 1985; Striegel-Moore, McAvay, & Rodin, 1986), so daß bei zusätzlichem Streß eine Enthemmung zur Wiedererlangung der psychologisch-mentalen Homöostase beiträgt. Die Ergebnisse dreier weiterer Studien bestätigen diese Vermutung allerdings nicht (E.E. Abramson & Wunderlich, 1972; Pine, 1985; Pliner, P. Meyer, & Blankstein, 1974).

Es scheint auch wichtig zu sein, ob die Versuchspersonen die Möglichkeit erhalten, ihre Erregung zu benennen oder ob ihnen deren Ursprung unklar bleibt. In einigen Experimenten, in denen die eigenen Herztöne verfälscht als Angststimulus eingesetzt wurden, stellte sich heraus, daß Übergewichtige in hoher Erregung und ohne Möglichkeit, diese einer Ursache zuzuordnen, deutlich mehr essen als unter jeder anderen Bedingung und mehr als alle Normalgewichtigen (Slochower, 1976; Slochower & S.P. Kaplan, 1980, 1983). Am auffälligsten wurde dieser Zusammenhang bei Einführung der

Variable "coping technique" in das Untersuchungsdesign: einem Teil der Probandinnen wurde erläutert, wie sie ihren Erregungszustand mit Hilfe einer Atemtechnik abschwächen können. Erwartungsgemäß aßen die Übergewichtigen unter Streß, ohne Erklärung für die Streßursache und ohne Beruhigungstechnik mehr als alle anderen Probandinnengruppen. Die Autorinnen interpretieren dies als Beleg für die Bedeutung einer Situationskontrolle.

Dieser Schluß gilt auch für nahezu alle übrigen Experimente. Alternative Verhaltensweisen, die ebenfalls zur Selbstregulierung von Emotionen eingesetzt werden könnten, gab es für die Probandinnen nicht, weil ihnen nur eine einzige Ausgleichsreaktion in Form des Stimulus "Essen" angeboten wurde (mit der Ausnahme eines Experimentes von Slochower (1976), in der die Probandinnen entweder essen, auf Papier kritzeln oder sich mit Spielzeug beschäftigen konnten; die Analyse befaßt sich aber nur mit der Essensreaktion). Nur die Reaktion "Nicht-essen" stand als Alternative zur Verfügung. Dazu merkt Bolles (1980, S. 229) unter Bezug auf Experimente, in denen Ratten durch Kneifen in den Schwanzes ("tail pinch") zum Fressen motiviert wurden, ironisch an: "But are we really to believe that if you or I were pinched in the posterior (very scientifically, of course) we would seek food? I do not believe I would seek it out. However, if there was nothing else I could do - if I were constrained so that there was no way to protect my caudal parts - and aroused so that I had to do something, then I might eat if food were placed in front of me. I might be especially prone to eat if I were a small, high-metabolism animal accustomed to eating whenever I was awake and active. However, I would also compensate, that is, I would eat less at the next meal."

Für den Zusammenhang zwischen Schwankungen des Körpergewichtes, wie sie vor allem bei Übergewichtigen zu finden sind, und Emotionen bietet sich eine alternative Erklärung an: Das Ausmaß der Gewichtsschwankungen könnte auch davon abhängig sein, wie oft die Möglichkeit der Ich-Verteidigung oder Ich-Erweiterung durch den Verzehr von Lebensmitteln genutzt wird, um unangenehme Emotionen abzubauen oder angenehme zu bewahren. Ein solches Verhalten wäre dann kaum als mangelhafte

Selbstkontrolle der Nahrungsaufnahme zu bezeichnen, sondern vielmehr als Selbstregulierung von Emotionen durch Essen.

Zusammenfassend läßt sich festhalten, daß die Experimente zum psychosomatischen Konzept gezeigt haben, daß Essen zur Selbstregulierung von Emotionen eingesetzt wird. Dies gilt für übergewichtige ebenso wie für normalgewichtige Personen. Es gilt für verschiedene unangenehme Emotionen, die Streß verursachen, während über die Folgen angenehmer Erregung nur wenig bekannt ist. Es gilt für schnell verfügbare Lebensmittel, vor allem Snacks, während man über die emotionsprotektive oder emotionsmodifizierende Wirkung von ausführlicheren Mahlzeiten oder eigener Speisenzubereitung nur wenig weiß. Nur über das Zusammenspiel von Nahrungsinhaltsstoffen und psychischer Lage gibt es einige Erkenntnisse (s. Abschnitt 2.3.).

Diese Anmerkungen gelten in ähnlicher Weise für die klinischen und nicht-experimentellen Studien zum emotionsbedingten Eßverhalten (Überblick bei Ganley, 1989). Diese Studien belegen, daß vor allem negative Emotionen wie Ärger, Langeweile, Angst und Einsamkeit stark übergewichtige Personen zu Nahrungsaufnahme veranlassen, ungeachtet dessen, ob der Organismus sich in der Hunger- oder in der Sättigungszone befindet. Einige Untersuchungsergebnisse deuten darauf hin, daß ein bestimmter Schwellenwert an individueller Streßtoleranz überschritten werden muß, ehe Eßverhalten emotionsregulierend eingesetzt wird. Es scheint auch so zu sein, daß durch negative Emotionen bedingtes Eßverhalten sehr oft im verborgenen erfolgt, d.h. allein ohne Familie und/oder Bekannte und Freundinnen.

Befragungen zu emotionsbedingtem Eßverhalten haben den Vorzug, daß sie sowohl negative als auch positive essensinduzierende Emotionen berücksichtigen, daß alle Altersgruppen sowie Frauen und Männer befragt werden und daß sie mit anderen Indikatoren leichter verknüpft werden können. Einen Überblick über derartige Fragebögen gibt Abbildung 10.

Abbildung 10:
Emotionsbegriffe in Fragebögen zum Eßverhalten

Autorinnen *	Itemformulierungen
(1) Dunn & Ondercin, 1981; Golden, Buczek, & Robbins, 1986; R.L. Williams et al, 1987:	*Compulsive Eating Scale* "I get pleasure just thinking about food or eating." "Eating seems to calm me down or make me feel better." "I've noticed that I eat when I'm: - tense or anxious - sad or depressed - lonely - sexually frustrated - feeling great - angry with myself - angry with others - pleased with myself - bored"
(2) Garner, Olmstead, & Polivy, 1983; R.L. Williams,1987; R.L. Williams et al., 1986	*Eating Disorders Inventory* "I get frightened when my feelings get too strong." "I get confused about what emotion I am feeling." "I get confused as to whether I am hungry or not." "When I am upset, I don't know whether I am sad, frightened or angry." "When I am upset, I worry that I will start eating." "I eat when I am upset."
(3) Grunert, 1989a; Wächter, 1986	*Fragebogen zum Ernährungsverhalten* "Ich würde am liebsten etwas essen, wenn die Dinge sich gegen mich entwickeln oder wenn sie falsch gelaufen sind." " Wenn ich irritiert bin, habe ich den Wunsch zu essen." "Ich habe Lust, etwas zu essen, wenn ich deprimiert oder entmutigt bin." "Ich möchte immer dann etwas essen, wenn ich nichts zu tun habe." "Ich habe den Wunsch zu essen, wenn ich mich langweile oder unruhig bin." "Wenn ich beunruhigt, besorgt oder angespannt bin, möchte ich etwas essen." "Ich habe den Wunsch zu essen, wenn ein unangenehmes Ereignis auf mich zukommt." "Ich möchte am liebsten etwas essen, wenn ich ärgerlich bin." "Wenn ich mich einsam fühle, würde ich am liebsten etwas essen." "Ich würde am liebsten etwas essen, wenn ich enttäuscht bin."
(4) Harmatz & Kerr, 1981; A. Williams et al., 1987:	*Survey of Eating Behavior* "I eat in order to keep myself from slowing down." "Preparing food is part of the enjoyment of eating it." "Eating is pleasant and relaxing." "I eat when I feel angry about something." "I eat to stimulate myself, to perk myself up." "Part of the enjoyment I get from eating food is the variety of things one does before actually eating." "I find eating pleasurable." "When I feel uncomfortable or upset about something, I eat." "I eat to give myself a lift." "I feel like eating most when I am comfortable and relaxed." "When I feel down or want to make my mind off cares and worries, I eat." "Besides eating itself, part of the enjoyment of eating is the texture, visual arrangement, color, smell, and taste of the food."

(Fortsetzung Abbildung 10)

Krumbacher & J.E. Meyer, 1963:	"Haben Sie bemerkt, daß sich Ihr Appetit bei Aufregung verändert?"
(5) Mehrabian, 1987; Mehrabian & Riccioni, 1986:	*Eating-related Characteristics Questionnaire* "When I am upset, food comforts me." "I eat more when I am nervous." "I am easily able to eat during periods of stress." "I crave sweets when I am bored or depressed." "When I am bored, it is hard for me to stop eating." "I feel relaxed at meal times." "I eat most when I am alone."
(6) O'Neil et al., 1979: Plutchik, 1976	*Eating Behavior Inventory* "My emotions cause me to eat." "I eat more when I am depressed." "I eat more when I am nervous."
(7) Stunkard & Messick, 1985; Striegel-Moore et al., 1986; Ganley, 1988:	*Three Factor Eating Questionnaire* "When I feel anxious, I find myself eating." "When I feel blue, I often overeat." "Sometimes I get so nervous that I just have to eat something." "When I feel lonely, I console myself by eating."
(8) Van Strien et al., 1984:	*Vragenlijst Eetgewoonten* "Heeft u zin om te eten als u geirritered bent?" "Heeft u zin om te eten als u niets te doen heeft?" "Heeft u zin om te eten als u teneergeslagen of entmoedigd bent?" "Heeft u zin om te eten als u zich alleen voelt?" "Heeft u zin om te eten als u zich in de steek gelaten voelt?" "Heeft u zin om te eten als u boos bent?" "Heeft u zin om te eten als u iets onprettigs te wachten staat?" "Heeft u zin om te eten als u ongerust, bezorgd of gespannenvoelt?" "Heeft u zin om te eten als u iets tegenzit ofverkeerd gaat?" "Heeft u zin om te eten als u angstig bent?" "Heeft u zin om te eten als u zich tleurgesteld voelt?" "Heeft u zin om te eten als u opgewonden bent?" "Heeft u zin om te eten als u zich verveelt of rusteloos voelt?"

* Alphabetisch und chronologisch geordnet nach dem Ersteinsatz der Fragebögen. In einigen Fällen sind nur die Items aus Fragebögen aufgeführt, die den Einfluß von Emotionen auf das Eßverhalten erfassen sollen; andere Fragebogenteile wurden ausgespart.

Im Gegensatz zu den Experimenten wurden bei Befragungen Übergewichtige und Normalgewichtige anhand der Scores der verwendeten Indikatoren unterschieden. Gleichzeitig wurden weitere Aspekte untersucht, wie die sensorischen Eigenschaften der bei streßinduziertem Essen verzehrten Lebensmittel (Willenbring et al., 1986), die Reaktion gesunder Personen auf emotionale Belastung (Krumbacher & J.E. Meyer, 1963), das Empfinden von Frauen, dick zu sein (Striegel-Moore, McAvay, & Rodin, 1986), suchthaftes Essen (Dunn & Ondercin, 1981) oder aber die Entwicklung bzw. Prüfung von Fragebögen zu verschiedenen Aspekten des Eßverhaltens (Ganley, 1988; Grunert, 1989, 1991; O'Neil et al., 1979; Schlundt & Zimering, 1988; van Strien et al., 1984; Stunkard & Messick, 1985).

2.2. Mehr essen durch Außenreize, weniger essen durch Restriktion

Im vorhergehenden Abschnitt wurden Experimente dazu referiert, wie Essen von Über- und Normalgewichtigen zur Regulierung von Emotionen eingesetzt wird. Nahezu zeitgleich, aber unabhängig von diesen Experimenten gingen andere Untersuchungen gezielt der Vermutung nach, daß Menschen abhängig von ihrem Körpergewicht in ihrem Eßverhalten mehr oder weniger stark durch externe Reize gesteuert werden und interne physiologische Signale entsprechend weniger beachten. Man spricht hier von *extern stimuliertem* oder *außenreiz-abhängigem Eßverhalten*. Eine chronologische und kritische Darstellung der hierzu vorgelegten Untersuchungen und ihre Bedeutung für emotionsbedingtes Essen sind Gegenstand des folgenden Abschnitts 2.2.1. Dabei soll auch untersucht werden, inwieweit extern stimuliertes Eßverhalten Merkmale aufweist, die sich bei impulsiven oder ungeplanten Kaufentscheidungen (Rook, 1987; Weinberg, 1981, S. 161-196) oder Freizeitkäufen ("recreational shopping", Bellenger & Korgaonkar, 1980) finden: bei Konsumhandlungen, die durch starke emotionale Aktivierung, geringe gedankliche Steuerung, rasches Handeln und hohe Reagibilität auf Außenreize gekennzeichnet sind.

Ein anderes Phänomen, das sowohl Folgeerscheinung als auch Auslöser von emotionsbedingtem oder extern stimuliertem Essen sein kann, ist die freiwillige Einschränkung der Zufuhr von Nahrungsenergie zum Zweck der Gewichtskontrolle bzw. Gewichtsverringerung. Als Folge des gegenwärtig vorherrschenden Schlankheitsideals können Eßgewohnheiten, die von Kalorienzählen und Enthaltsamkeit geprägt sind, inzwischen schon als quasi-normales Ernährungsverhalten bezeichnet werden. Diese *Restriktion* hat Kontrollfunktion als (1) präventive Unterdrückung von Eßgelüsten und als (2) periodisch wiederkehrendes Regulativ nach emotionsbedingter und/oder extern stimulierter Nahrungsaufnahme, die über die individuell übliche Menge verzehrter Nahrungsmittel oder Speisen hinausgeht. Abschnitt 2.2.2. beschäftigt sich mit diesem Konzept der Restriktion und seinen Beziehungen zum emotionsbedingten Eßverhalten.

2.2.1. Externalität: Impulsive Eßentscheidungen

Ende der 60er Jahre - es ging wieder um das Problem des Übergewichts - wurde in Anlehnung an psychoanalytische Auffassungen die *Externalitätshypothese* vorgestellt. In ihr wurde eine Dichotomie von interner und externer Kontrolle des Eßverhaltens postuliert: übergewichtige Menschen unterscheiden sich von normalgewichtigen dadurch, daß letztere auf interne physiologische Signale hören, während übergewichtige diese kaum wahrnehmen und statt dessen auf externe nahrungsbezogene Stimuli reagieren. In zahlreichen Experimenten, initiiert von Schachter und seinen Mitarbeiterinnen, wurde dieser Hypothese zur Erklärung des unterschiedlichen Eßverhaltens von Über- und Normalgewichtigen nachgegangen. Als theoretischer Hintergrund diente die *kognitiv-physiologische Theorie der Emotion* (Schachter & Singer, 1962; s.a. Abschnitt 3.1.2.).

Die Externalitätshypothese in der Adipositasforschung

Nahrungsentzug führt zu peripheren physiologischen Veränderungen im Organismus, die bestimmte Regionen des Hypothalamus aktivieren. Diese Aktivierung wird vom Individuum als Hungersignal wahrgenommen. Umgekehrt ruft Nahrungszufuhr zu einem gegebenen Zeitpunkt Sättigungssignale hervor (s.a. Abschnitt 1.1.1.). Die Psychotherapeutin Hilde Bruch (1961) hatte beobachtet, daß viele ihrer übergewichtigen Patientinnen offenbar nicht feststellen konnten, wann sie physiologisch hungrig waren. Sie führte dies auf ein mangelhaftes Diskriminationslernen zwischen Hunger und anderen Gefühlen wie Angst und Ärger in der Kindheit zurück. Als dann Stunkard und Koch (1964) experimentell vorführten, daß übergewichtige Probandinnen Magenkontraktionen weniger genau mit dem bewußten Erleben von Hunger in Zusammenhang bringen konnten als normalgewichtige, entstand wachsendes Interesse an der Hypothese, daß Adipositas durch Wahrnehmungsdefekte von Hunger- und Sättigungssignalen auf der einen und durch erhöhte Reagibilität auf Außenreize auf der anderen Seite bedingt sei.

1968 wurden vier wichtige Arbeiten zu dieser Hypothese veröffentlicht, in denen erstmals mit experimentalpsychologischen Methoden die Nahrungsaufnahme unter kontrollierten Laborbedingungen untersucht wurde. Die Experimente waren nicht-reaktiv angelegt, so daß die Versuchsanordnung für die Teilnehmerinnen in der kritischen experimentellen Phase nicht zu durchschauen war. Als Klassiker der verhaltenswissenschaftlichen Adipositasforschung sollen sie hier kurz beschrieben werden. Ausführliche Darstellungen finden sich u.a. bei Schachter (1967), Rodin (1978) und Diehl (1980).

In der ersten Arbeit (Schachter & Gross, 1968) ging es um *Essen nach Uhrzeit*. Durch verstellte Uhren wurde der externe nahrungsbezogene Reiz Essenszeit so manipuliert, daß Studenten in einer Experimentalsituation dachten, es sei entweder später oder früher als ihre übliche Abendessenszeit. Übergewichtige Studenten aßen von den angebotenen Crackern etwa doppelt so viel, wenn sie annehmen mußten, daß es schon spät sei. Offenbar wurde bei ihnen der Appetit durch die, wenn auch falsche Uhrzeit stimuliert. Bei normalgewichtigen Studenten zeigte sich ein solcher Effekt nicht.

In der zweiten Arbeit wurde anhand von drei Feldstudien (Goldman, Jaffa, & Schachter, 1968) das Eßverhalten von Juden am *Fastentag* Yom Kippur, von Studenten beim *Wohnheim-Essen* und von Air France-Angestellten bei *Zeitzonenwechsel* überprüft. Übergewichtige jüdische Studenten, die Yom

Kippur in der von essensbezogenen Stimuli freien Synagoge verbrachten, fiel das Fasten deutlich leichter als ihren normalgewichtigen Glaubensbrüdern. Übergewichtige Studenten der Columbia Universität waren deutlich intoleranter gegenüber der schlechten Qualität des Wohnheim-Essens als ihre normalgewichtigen Kommilitonen, fast 90% von ihnen kündigten nach kurzer Zeit ihre Essensabonnements gegenüber knapp 70% der schlanken Studenten. Und beim Flugpersonal zeigte sich, daß übergewichtige Stewardessen und Stewards nach transatlantischen Flügen mit dem Essen bis zur nächsten Mahlzeit nach Ortszeit warteten, während ihre normalgewichtigen Kolleginnen sich nach ihrer inneren Uhr richteten und wenigstens einen Imbiß zu sich nahmen. In allen drei Studien wurde die Hypothese, daß Übergewichtige in ihrem Eßverhalten stärker durch externe Reize beeinflußt werden als Normalgewichtige, also bestätigt - auf eine kurze Formel gebracht: "Fasting, fat, French freshmen fly farther for fine food" (Goldman, Jaffa, & Schachter, 1968, S. 123).

In der dritten Arbeit untersuchte Nisbett (1968a) *Essen nach Angebot*, indem er seine Versuchspersonen zunächst mit physiologischen Messungen beschäftigte und ihnen dann als Entschädigung für die wegen dieser Untersuchungen ausgefallene Mahlzeit Sandwiches anbot. Die Versuchsbedingung wurde so variiert, daß entweder nur ein oder aber drei Sandwiches sichtbar waren, in beiden Fällen wurde aber darauf hingewiesen, daß genügend weitere belegte Brote im Kühlschrank vorrätig seien. Übergewichtige Probandinnen aßen in der 3-Sandwich-Situation deutlich mehr, in der 1-Sandwich-Situation deutlich weniger als normalgewichtige. Übergewichtige können offenbar nur schwer widerstehen, wenn sie mit sichtbaren Essensreizen konfrontiert werden, sie zeigen ein "plate cleaning syndrome" (Mayer, Monello, & Selter, 1965).

In der vierten Arbeit schließlich ging es um die *Schmackhaftigkeit des Essens* (Nisbett, 1968b). Dazu wurden zwei Sorten Eiscreme in einem vorgeblichen Geschmackstest verwendet, eine wohlschmeckende und teure, und eine billige, die mit Chinin versetzt war. Übergewichtige probierten von der schlecht schmeckenden Eiscreme etwa gleich viel wie Untergewichtige, während Normalgewichtige weniger davon aßen. Von der

Tabelle 3:
Experimente und Befragungen zur Externalitätshypothese

Externalitätshypothese bestätigt: *

Autorinnen	Außenreiz
Goldman et al., 1968	Fasten (Yom Kippur), Zeitzonenwechsel (Air France), Wohnheim-Verpflegung
Nisbett, 1968a	Essen nach Angebot
Nisbett, 1968b	Essen nach Geschmack
Schachter & Gross, 1968	manipulierte Uhrzeiten
Nisbett & Kanouse, 1969	Supermarkt
Ross, 1974	Zugänglichkeit von Cashew-Nüssen
Kozlowski & Schachter, 1975	Wassertemperatur
Rodin, 1975	Uhrzeit
Rodin & Slochower, 1976	Ferien im Zeltlager
Herman et al., 1983	Dessert im Restaurant
van Strien et al., 1985	Selbstaussagen[3]
Striegel-Moore et al., 1986 [1]	Selbstaussagen[3]
Wächter, 1986 [2]	Selbstaussagen[3]

Externalitätshypothese nicht bestätigt:

Autorinnen	Außenreiz
McKenna, 1972	Geschmackstest (2 Kekssorten)
S.C. Wooley, 1972	Preload, Geschmackstest (Kekse)
Pliner, 1973	Kalorieninformation
Price & Grinker, 1973	Geschmackstest (5 Kekssorten)
Adams et al., 1978	Lunch in Cafeteria
Coll et al., 1979	Essen im Restaurant
Meyers et al., 1980	Desserts in Cafeteria
Pliner et al., 1980	Auswahl an Hors d'œuvres
Stunkard et al., 1980	Essen in Fast-food Restaurants
Cheung et al., 1980	Zuckerglasur von Keksen

* Hier werden auch die Untersuchungen genannt, in denen die Externalitätshypothese in ihrer ursprünglichen Form - *jeder* externe Stimulus führt bei Übergewichtigen zu Nahrungsaufnahme - nicht bestätigt wurde, wohl aber in einer modifizierten Form, in der beispielsweise die Salienz externer Reize berücksichtigt wird.

1: Frauen, die angaben, sich dick zu fühlen, neigten auch zu extern stimuliertem Essen.
2: Nur bei Männern zeigte sich eine gewichtsabhängige Reaktion auf Außenreize.
3 Befrragte unterschiedlichen Gewichts sollten anhand von Skalenitems selbst ihre Neigung zu extern stimuliertem Essen einstufen.

gut schmeckenden hingegen verspeisten Übergewichtige weit mehr als die Probandinnen der beiden anderen Gewichtsgruppen. Neben dem "plate cleaning syndrome" also auch ein "taste seducing syndrome", ähnlich dem eben erwähnten Befund bei Wohnheim-Essensabonnements?

Viele Untersuchungen folgten, immer mit der Vorgabe, daß die Versuchspersonen über den Zweck des Experiments in der entscheidenden Phase nicht richtig informiert waren (Tabelle 3). Es ergab sich beispielsweise, daß Normalgewichtige im Supermarkt ihrem relativen Hungerzustand entsprechend um so mehr kaufen, je länger die letzte Mahlzeit zurückliegt, während Übergewichtige sich umgekehrt verhalten - je kürzer der Abstand zur letzten Mahlzeit, desto mehr kaufen sie ein (Nisbett & Kanouse, 1969). Teenager, die ihre Ferien in einem Zeltlager verbrachten, nahmen während der dort verbrachten Wochen dann an Gewicht zu, wenn sie eine vor Ferienbeginn festgestellte große generelle Reagibilität auf externe Stimuli aufwiesen (Rodin & Slochower, 1976). Beide Untersuchungen können als Bestätigung der Externalitätshypothese gedeutet werden.

Andere Experimente konnten diese Befunde jedoch nicht bestätigen. Über- und normalgewichtige Probandinnen aßen in vorgeblichen Geschmackstests keine unterschiedlichen Mengen (McKenna, 1972; Price & Grinker, 1973; S.C. Wooley, 1972). Auch Fehlinformationen über den Kaloriengehalt von Preloads bewirkten kein unterschiedliches Eßverhalten (Pliner, 1973), ebensowenig wie soziale Aufforderungen, die zur Nahrungsaufnahme ermutigten bzw. vom Essen abhielten oder Hinweise auf eine "angemessene" Nahrungsmenge erteilten (Nisbett & Storms, 1975). Beobachtungen unter quasi-naturalistischen Bedingungen in Restaurants und Cafeterias, wo, von den Gästen unbemerkt, der Kaloriengehalt der Mahlzeiten variiert oder die Zugänglichkeit zu Desserts mit unterschiedlichem Kaloriengehalt verändert wurde, ergaben keine wesentlichen Abweichungen im Eßverhalten Über- und Normalgewichtiger (Adams et al., 1978; Coll, Meyers, & Stunkard, 1979; Meyers, Stunkard, & Coll, 1980; Stunkard et al., 1980). Beim Trinken - angeboten wurde warmes versus gekühltes Wasser - gab es keine Unterschiede zwischen über- und normalgewichtigen Probandinnen, übergewichtige tranken aber mehr, wenn das Trinkglas leichter zugänglich war (Kozlowski & Schachter, 1975).

Kritische Einwände und alternative Erklärungsversuche

Diese widersprüchlichen Befunde riefen Kritik hervor und stellten die Externalitätshypothese in Frage. Insbesondere die langjährige Mitarbeiterin von Schachter, Judith Rodin, hat sich kritisch mit den Experimenten auseinandergesetzt und festgestellt: "... it now appears that the injunction of extreme discontinuity between internal-physiological and external-environmental stimuli is wrong, especially for eating behavior" (Rodin, 1981, S. 363; ähnlich Rodin, 1978).

Eine der zentralen Annahmen von Schachter war die einer prinzipiellen *Übereinstimmung von Magenkontraktionen und Hungergefühl*. Daß diese Annahme unzutreffend ist, konnten verschiedene Studien nachweisen (Janowitz, 1967; Sharma et al., 1961; Stunkard & S. Fox, 1971), nach denen bislang für keine Spezies Daten existieren, die nachweisen, daß die Nahrungsaufnahme ursächlich mit gastrischen Hungerkontraktionen zusammenhängt. Das bedeutet, daß man sich zur Erklärung unterschiedlichen Eßverhaltens von über- und normalgewichtigen Menschen auf die Wahrnehmung eines internen Reizes als diskriminatorischer Variable verließ, die offensichtlich keine zentrale Rolle für die Initiierung der Nahrungsaufnahme spielt (s.a. Abschnitt 1.1.1.).

Eine weitere Schwäche liegt in der unzureichenden *Definition von Externalität*, die in den verschiedenen Versuchen immer nur indirekt als Reaktion der Probandinnen auf Nahrungs- oder andere äußere Stimuli erhoben wurde. Rodin (1981) schlägt vor, externe Reagibilität als intraindividuellen Unterschied in der unmittelbaren Reaktionsstärke auf stark und schwach saliente Reize aus der externen Umwelt zu erheben. Die Salienz solle anhand unabhängiger Kriterien wie der Anzahl der Nahrungsstimuli oder des Grades der Erreichbarkeit von Speisen festgelegt werden und nicht anhand von individuellen Eßreaktionen.

Problematisch ist auch, welche Reize als *extern* und welche als *intern* zu klassifizieren sind. Für Schachter (1971) ist der Ort der Reizquelle das Klassifizierungskriterium: externe Reize sind alle nahrungsrelevanten Umgebungsreize wie der Anblick, der Geruch und der Geschmack von Speisen oder die Uhrzeit ihrer Verabreichung, während die physiologischen Begleiterscheinungen von Hunger und Sättigung als interne Signale definiert werden. Diese Auffassung impliziert starre und undurchlässige Grenzen des Organismus, obwohl er ein offenes System ist, das zum Überleben in einem permanenten Austausch mit seiner Umgebung steht. Und von welchem Zeitpunkt der Nahrungsaufnahme an hört eine Speise auf, Außenreiz zu sein, und beginnt, interner Reiz zu werden? "So gesehen kann man sich fragen, ob das Stück Schokolade, das in den Mund gelangt, noch 'außen' oder schon 'innen' ist, ob es, während es dort schmilzt, noch als Umweltbestandteil oder schon als Teil des Organismus anzusehen ist" (Clotz & Pudel, 1981, S. 134). Gerade beim Stimulus Geschmack ist es kaum gerechtfertigt, von einem externen Reiz zu sprechen - wie konnten beispielsweise die Probandinnen in Nisbetts Experiment (1968b) den beiden Sorten Vanille-Eiscreme ansehen, daß sie unterschiedlich schmecken würden? Es zählt die Bewertung von Hinweisreizen, die zwangsläufig immer intern erfolgt: kognitive Konzepte müssen mit Signalen in Verbindung gebracht werden, die dadurch überhaupt erst handlungsrelevant werden können - denn erst das kognitive Konzept "Kalorien sind Energieeinheiten" ermöglicht es beispielsweise einem Individuum, in seinem Eßverhalten auf die Kalorienangabe einer Mahlzeit zu reagieren.

Als Beleg für eine mangelhafte Beachtung interner Signale galten die Versuchsergebnisse, in denen Übergewichtige im Unterschied zu Normalgewichtigen auf den Verzehr von Preloads nicht mit einer geringeren Nahrungsaufnahme im anschließenden Geschmackstest reagierten (Nisbett, 1968b; Pliner, 1973; Schachter, Goldman, & Gordon, 1968). Dies muß aber nicht unbedingt auf eine mangelhafte Zugänglichkeit zu den eigenen Körperempfindungen zurückzuführen sein. Denkbar ist auch, daß die Kalorienmenge in diesen Vormahlzeiten zu gering war, um von den übergewichtigen Versuchspersonen als sättigend empfunden zu werden. Nach der set-point-Theorie (Nisbett, 1972) sind viele Übergewichtige physiologisch depriviert, weil sie häufig Diät halten und beim Essen Zurückhaltung üben. Wenn solche hungrigen Menschen an Experimenten teilnehmen, essen sie von den angebotenen Lebensmitteln schon deshalb mehr, weil weder ein 200-kcal- noch ein 500-kcal-Preload ihre Energiebedürfnisse befriedigen kann - in diesem Fall wären sie sogar außerordentlich aufmerksam gegenüber ihrem augenblicklichen inneren Zustand! Aber auch wenn man die set-point-Theorie nicht akzeptiert - und einiges spricht für ihre Ablehnung - gilt inzwischen als gesichert, daß übergewichtige Menschen andere Stoffwechseleigenschaften und endokrinologische Besonderheiten aufweisen als normalgewichtige (Sims et al., 1973), so daß sie vermutlich auch anders auf interne physiologische Signale reagieren. Dies wiederum kann bedeuten, daß sie erst auf höhere Kalorienkonzentrationen in Preloads reagieren als Normalgewichtige, heißt aber nicht, daß sie gar nicht darauf reagieren.

Inzwischen weiß man auch, daß selbst Menschen mit normalem Gewicht Schwierigkeiten haben, interne physiologische Signale zu erkennen und ihre Nahrungszufuhr entsprechend ihrem Kalorienbedarf zu regulieren. Auch sie sind offenbar auf externe Hinweise, z.B. über den Kaloriengehalt von Lebensmitteln, angewiesen (Campbell, Hashim, & Van Itallie, 1971; Spiegel, 1973; O.W. Wooley, 1971; S.C. Wooley, 1972).

Der letzte Einwand betrifft, wie bei den Untersuchungen zum emotionsbedingten Eßverhalten (s. Abschnitt 2.1.2.), das Stichprobenproblem: in den meisten Experimenten waren die Probandinnengruppen, die miteinander verglichen wurden, wegen der mehrfaktoriellen Designs sehr klein; der durchschnittliche Prozentsatz des Übergewichts der Experimentalgruppen variierte erheblich; auch waren die Probandinnen fast immer nur Studentinnen, so daß Generalisierungen auf die Gesamtbevölkerung fragwürdig sind. Außerdem wurde lediglich das Kriterium Körpergewicht bezogen auf Körpergröße zur Einordnung in übergewichtige Experimental- und normalgewichtige Kontrollgruppen herangezogen. Gerade hier ergibt sich ein neues Problem, da inzwischen bekannt ist, daß ein nicht unerheblicher Teil der Normalgewichtigen, die sogenannten "restraint eaters", unter bestimmten Umständen genau wie übergewichtige Versuchspersonen reagiert und deshalb als Kontrollgruppe ungeeignet ist (Herman & Mack, 1975, s. Abschnitt 2.2.2.).

Diese Kritik an der Externalitätshypothese ist auch eine Kritik am Paradigma der Adipositasforschung, die Ursachen für Übergewicht durch Vergleiche von übergewichtigen mit normalgewichtigen Menschen herauszufinden. Daß die Unterschiede im Eßverhalten von "Dicken" und "Dünnen" geringfügig sind, stützt die oben formulierte Annahme, daß viele Determinanten des Eßverhaltens im wesentlichen gewichtsunabhängig und also auch Bestandteil "ganz normalen" Eßverhaltens sind. Gleichzeitig haben die Experimente aber die Vermutung bestätigt, daß externe Hinweisreize Essenswünsche hervorrufen können. Die Kritik an der Externalitätshypothese und alternative Erklärungsversuche helfen, diesen Vorgang genauer zu beschreiben. Wesentlich ist dabei das Abrücken von einer extern-intern Dichotomie, die durch das Stichwort *Interaktionen von externen und internen Stimuli* ersetzt wird.

Interaktionen von externen und internen Stimuli

Das menschliche Eßverhalten ist das Produkt zentraler psychischer Verarbeitung von interagierenden internen, externen und intern/extern wirksamen Stimuli (s.a. Abschnitt 1.2.1.).

Ein Stimulus ist eine Veränderung in der Außenwelt (extern), im Organismus (intern) oder aus Gedanken heraus (mental), die durch einen kognitiven Prozeß der Wahrnehmung und Bewertung verhaltenswirksam werden kann. Nur aufgrund früherer Erfahrungen können Stimuli gedeutet werden. Erst wenn externe Stimuli vom wahrnehmenden Individuum Signalcharakter erhalten, können sie handlungsrelevant werden: der Anblick eines Käsekuchens ist nur dann ein externer Stimulus, wenn das wahrnehmende Individuum überhaupt weiß, was ein Käsekuchen ist, also eine kognitive Bewertung - eßbar, süß, kalorienreich, lecker, krümelig, etc. - vornehmen kann. Die Empfindungen jedoch, die beim Verzehr eines Stückes Käsekuchen über die Geschmacksrezeptoren der Zunge oder nach dem

Genuß mehrerer Stücke Käsekuchen über die Dehnungsrezeptoren der Magenwand ausgelöst werden, sind interne Stimuli. *Externe Stimuli bilden die Bewertungsgrundlage, interne Stimuli die Erlebnisgrundlage* für das Verhalten in einer gegebenen Situation. Eine Bewertung von Stimuli kann nicht ohne Rückgriff auf intern gespeicherte Erlebnisse, Erfahrungen und Erinnerungen - z.B. an den herbsüßen Geschmack einer "echten" Sachertorte - erfolgen, und dieser Prozeß ist die notwendige Bedingung für ein internes Erlebnis: erst nach dem Erkennen eines Tortenstücks als Sachertorte und der Entscheidung, davon zu essen, kann der herbsüße Geschmack auch tatsächlich erfahren/ empfunden werden - und nach mehreren Stücken dann der Kalorienreichtum.

Externe Stimuli können sowohl mit physiologischen Regulatoren als auch mit internen Befindlichkeiten nicht-physiologischer Art interagieren. Zu den physiologischen Regulatoren, die für die Nahrungsregulierung bzw. die Initiierung von Hungergefühlen verantwortlich sind, gehören beispielsweise die gastrische Motilität, Verdauungssaft, Aminostat oder Lipostat (Kunz, 1981; s.a. Abschnitt 1.1.1.). Das Hormon Insulin ist ein gutes Beispiel für die Interaktion zwischen externen Stimuli und internen Befindlichkeiten: sowohl bei Ratten (Powley, 1977; St.C. Woods et al., 1977) als auch beim Menschen genügt allein der Anblick von Lebensmitteln und Speisen, um die Insulinsekretion - eine der Voraussetzungen für Hungerempfindungen - zu erhöhen. Dadurch wird die Aktivierungsrate erhöht und die essensbezogene Reaktionstendenz verstärkt: Versuchspersonen, denen ein auf einem Grill brutzelndes Steak gezeigt wurde, wiesen eine gesteigerte Insulinsekretion weitgehend unabhängig vom Körpergewicht oder dem basalen Insulinspiegel auf (Rodin, 1978). Eine solche Reaktion hängt überdies von der Attraktivität, d.h. der individuellen Bewertung der angebotenen Speise ab. Als ein entsprechender diskriminativer Stimulus hat sich beispielsweise die unterschiedliche Farbe von Zuckerglasur auf Keksen herausgestellt (Cheung, T.R. Barnes, & M.J. Barnes, 1980).

Es gibt offensichtlich auch physiologisch bedingte Unterschiede in der Reaktion auf Geschmacksreize und visuelle Stimuli. Die Rezeptoren für Geschmack und Geruch sind an anderer Stelle im Gehirn lokalisiert als die für visuelle Stimuli (Pfaffmann, 1960). In der hypothalamischen Region finden sich spezifische Neuronen, die jeweils durch den Anblick oder den Geschmack von Essen aktiviert werden (Rolls, 1976). Experimente lassen darauf schließen, daß der Geschmack von Lebensmitteln als unkonditionierter Reiz in einem Lernprozeß eine biologische Funktion der Entwicklung von Präferenzen und Aversionen übernimmt (Cabanac, 1971; Rozin & Kalat, 1971). Externe Stimuli und physiologische Regulatoren interagieren demnach in vielfältiger Weise.

Innere Befindlichkeiten nicht-physiologischer Art können ebenfalls auf die Wahrnehmung externer Stimuli einwirken oder ihrerseits von Außenreizen beeinflußt werden. Das gilt insbesondere für Emotionen. Emotionen können die Bedeutung externer Stimuli für das Verhalten durch gesteigerte Aufmerksamkeit dem Umfeld gegenüber deutlich erhöhen. Tierexperimente, aber auch Untersuchungen mit Menschen zeigen (Robbins & Fray, 1980), daß Emotionen den Organismus so aktivieren können, daß er für externe, essensbezogene Stimuli empfänglicher wird und die Nahrungsaufnahme sich dadurch erhöht. Bei besonders schweren psychischen Belastungen tritt allerdings Appetitlosigkeit und Essensverweigerung meist auch bei den Menschen ein, die sonst Streßesser sind (March, 1969).

Weitere Einflußfaktoren auf das Ausmaß an Externalität

Die kognitive Interpretation von Umweltsignalen erfolgt also nicht im gleichen Ausmaß und nicht in einer für alle Angehörigen einer Spezies festgelegten Weise, und das Ausmaß der resultierenden Verhaltenstendenz ist individuell unterschiedlich. Sie hängt davon ab, inwieweit beim wahrnehmenden Individuum eine *Reaktionsbereitschaft* besteht. Diese Reaktionsbereitschaft auf externe und interne Stimuli ist ein individuell variierendes Merkmal und hängt offenbar nicht mit dem Körpergewicht, sondern mit anderen Variablen zusammen. Dazu gehören die allgemeine Aktivierungsrate und das basale Erregungsniveau, die individuell variieren und genetische Prädisposition aufweisen (Thayer, 1967). Beide können dafür verantwortlich sein, daß eine generell höhere Reaktionsbereitschaft in einer gegebenen Situation zu physiologischer Erregung führt, die dann ihrerseits die Reaktion auf externe Stimuli verstärkt. Daß es eine solche Verknüpfung auf neurochemischer Basis zwischen Reaktionsbereitschaft, Erregungsniveau und

Nahrungsaufnahme gibt, konnte in Tierversuchen gezeigt werden (Antelmann et al., 1975; Marshall, 1976). Die Tatsache, daß Externalität eine gewisse Korrelation mit Übergewicht aufweist, muß deshalb nicht unbedingt bedeuten, daß die Reagibilität auf Außenreize sich direkt auf essensbezogene Stimuli richtet.

Externalität kann generell als größere Empfänglichkeit für Außenreize gedeutet werden und bewirkt damit größere Ablenkbarkeit, z.B. beim Korrekturlesen oder bei Denksportaufgaben (Herman et al., 1978; Rodin, 1973). Ebenso kann stärkere Externalität die *soziale Beeinflußbarkeit* erhöhen. Bei einem Restaurantexperiment stellte sich heraus, daß übergewichtige Besucherinnen sehr viel stärker als normalgewichtige den Vorschlägen der Bedienung zur Auswahl eines Desserts folgten: "Dessert ordering... is less a matter of a fatal attraction to the lure of an irresistible-sounding pastry than a fawning compliance with the perceived wishes of the hard-selling waitress" (Herman, Olmstead, & Polivy, 1983, S. 927). Möglicherweise verlassen sich Menschen in einer wegen ihres erhöhten Körpergewichts nervlich angespannten Lage stärker auf die Hinweise anderer in ihrer Umgebung und bemühen sich um Konformität, weil sie ihren eigenen Empfindungen weniger trauen und sich deshalb um äußere Anhaltspunkte für ihr Verhalten bemühen. Diese Annahme wird gestützt durch einen Befund von Younger und Pliner (1976), daß Übergewichtige höhere Werte als Normalgewichtige auf der Self-Monitoring Scale erzielen, die als Indikator für soziale und situative Sensibilität gilt. Da aber die Kausalitätsrichtung bislang unbekannt ist, bleibt nur festzuhalten, daß Externalität, Ablenkbarkeit und Nachgiebigkeit zusammen mit Emotionen Nahrungsaufnahme bewirken können. *Externalität ist e i n Aspekt des Eßverhaltens zur Selbstregulierung von Emotionen.*

Impulsive Kaufentscheidungen

Das Konzept der *impulsiven Kaufentscheidung* aus der Theorie des Kaufverhaltens weist große Ähnlichkeit zum Konzept des außenreizabhängigen Eßverhaltens auf, da es in beiden Fällen um hauptsächlich extern ausgelöstes Verhalten unter geringer interner Kontrolle geht. Es wird daher im folgenden behandelt, um mögliche zusätzliche Aufschlüsse über extern stimuliertes Essen im Zusammenhang mit emotionsbedingtem Eßverhalten zu gewinnen.

In den gängigen Klassifikationen des Entscheidungsverhaltens von Konsumentinnen werden die Begriffe *Impulskauf* (Katona, 1962), *Spontanhandlung* (Raffée, 1969) oder auch *Reizkauf* (Wiswede, 1973) verwendet. Sie bezeichnen Vorgänge, die, verglichen mit anderen Formen der Kaufentscheidung, weder rational - wie extensive Kaufentscheidungen - noch gewohnheitsmäßig - wie habitualisierte Kaufentscheidungen - gesteuert sind.

Mit *impulsiv* wird in der Psychologie eine unüberlegte und unkontrollierte Verhaltens- oder Handlungsweise bezeichnet, die rasch und heftig einsetzt und, häufig nachträglich, als Folge eines unwiderstehlichen Dranges interpretiert wird (Fröhlich, 1987, S. 186). Impulsive Kaufentscheidungen wurden in den frühen 50er Jahren als ungeplante Kaufentscheidung operationalisiert: als die Differenz zwischen ursprünglich geplanten und tatsächlich getätigten Käufen in einer gegebenen Einkaufssituation (Clover, 1950; Katona & Muller, 1955, S. 33-80; West, 1951). Kaufentscheidungen, die erst durch die Präsentation der Waren am Verkaufsort selbst ausgelöst werden, haben große Bedeutung. Schätzungen gehen davon aus, daß nahezu 40% aller Warenhauseinkäufe ungeplant bzw. impulsiv sind, zwischen 27% und 62% je nach Produktgruppe (Bellenger, Robertson, & E.C. Hirschman, 1978). Dabei scheint eine gewisse Abhängigkeit von der allgemeinen wirtschaftlichen Lage zu bestehen. Assael (1987, S. 570) berichtet von einer US-amerikanischen Studie, nach der etwa ein Viertel der befragten Konsumentinnen angaben, zwischen 1980 und 1982 weniger Impulskäufe getätigt zu haben als in den Jahren zuvor. Man geht allgemein davon aus, daß impulsive Kaufentscheidungen hauptsächlich bei Niedrigpreiswaren und Produkten mit geringer Ich-Beteiligung erfolgen. Als typische Beispiele gelten Wühltische mit T-Shirts in Rolltreppennähe oder Süßwarenregale an der Registrierkasse. Schokoriegelkartons z.B. tragen oft den Hinweis für die Händler: "Achtung Impulsartikel! Sofort an der Kasse plazieren!". Erst vor kurzem wurde eine solche produktorientierte Marketingkonzeption mit der Bemerkung kritisiert, daß es die Menschen seien und nicht die Produkte, die Kaufimpulse verspüren (Rook & Hoch, 1985).

Später wurde erkannt, daß es problematisch ist, ungeplante Käufe pauschal mit impulsiven Käufen gleichzusetzen. Wer sich beispielsweise im Supermarkt beim Anblick der Milchflaschen daran erinnert, daß keine Milch mehr im Haus ist, kauft zwar ungeplant, aber nicht aus einem unwiderstehlichen Drang heraus. Deshalb werden neuerdings vier Arten von Impulskäufen unterschieden: *erinnerungsgesteuerte Impulskäufe* wie im eben erwähnten Milchflaschenbeispiel, *Impulskäufe durch Überredung von verkaufender Seite, geplante Impulskäufe* und *reine Impulskäufe* (Stern, 1962; vgl. Piron, 1991). Als geplant gelten Impulskäufe, bei denen Konsumentinnen a priori bereit sind, situativen Einflüssen spontan nachzugeben, sich "verführen" zu lassen und Stimmungen des "variety and novelty seeking" auszuleben. Geplante Impulskäufe sind häufig die Folge eines Zusammenwirkens von situativen Faktoren und internen Stimuli, die aus dem Streben nach Genuß heraus entstehen. Man spricht hier auch vom Freizeitverhalten des Konsumierens, vom "recreational shopper" (Bellenger & Korgaonkar, 1980). Reine Impulskäufe liegen vor, wenn spontan und emotionalisiert neue Kauferfahrungen gesammelt werden. Letztere werden als unmittelbar reizgesteuertes, reaktives Auswahlverhalten charakterisiert, das eng mit dem kognitiven Stil Reflektivität versus Impulsivität zusammenhängt (Kroeber-Riel, 1984, S. 328). Danach zeigt sich Impulsivität als rasche, jedoch unpräzise Informationsnutzung bei Wahrnehmungs- und Denkaufgaben (Kagan et al., 1964). Reine Impulskäufe weisen also ein hohes emotionales Engagement aus und sind häufig die Folge abstrakter Bedürfnisse nach Konsumerlebnissen.

Weinberg definiert impulsive Kaufentscheidungen als *Verhalten, das neben kognitiven und reaktiven vor allem affektive Prozesse involviert* (Weinberg, 1981, 1986; Weinberg & Gottwald, 1982). Danach sind impulsive Kaufentscheidungen gekennzeichnet durch eine starke emotionale Aktivierung des Individuums, eine geringe gedankliche Steuerung seines Verhaltens und eine besondere Reizsituation, die ein weitgehend automatisches Handeln in einer Entscheidungssituation auslöst.

Eine andere Definition bezieht sich stärker auf den psychologischen Begriff "impulsiv" und berücksichtigt mögliche negative, nicht aber positive Folgen impulsiven Kaufens (Rook, 1987, S. 191): "Impulse buying occurs when a consumer experiences a sudden, often powerful and persistent urge to buy something immediately. The impulse to buy is hedonically complex and may stimulate emotional conflict. Also, impulse buying is prone to occur with diminished regard for its consequences." In einer explorativen Untersuchung wurden Konsumentinnen aufgefordert, ihre Impulskäufe zu beschreiben. Sieben Merkmalsgruppen ließen sich unterscheiden (Rook & Hoch, 1985; Rook, 1987; die Zitate sind diesen beiden Artikeln entnommen, und es sind nur essensbezogene Beispiele angegeben):

- *Der spontane Wunsch zu kaufen, vornehmlich aufgrund eines visuellen Stimulus*:
  "I saw the ice cream and immediately wanted some."
- *Der dringende und intensive Wunsch, sofort zu handeln*:
  "I passed by a case containing brownies. I am depressed to begin with, so I bought four and ate them right there. I was glad I did it - it made me feel better."
- *Das Empfinden von Hochgefühl, Aufregung, Lust.*
- *Die Verlebendigung des Produktes,*
  "I was standing in the grocery store checkout line, and the candy bar was staring there at me."
- *Die Gefühle von Zufriedenheit, Befriedigung, Frivolität, "high" sein, aber auch von Unruhe, Hilflosigkeit und Nervosität.*
- *Das Bedürfnis, sich für den Widerstand gegenüber teureren Impulsen zu belohnen*:
  "I almost bought this Gucci handbag, but I resisted. Later I bought some expensive chocolate, treating myself to luxury. It was 'affordable' self-indulgence."
- *Die Negierung möglicher unangenehmer Konsequenzen des Kaufs.*

Wenn somit auch keine einheitliche Definition des Begriffs Impulskauf vorliegt, so steuert die Literatur zu diesem Bereich doch einige Aspekte zum Thema extern stimuliertes Konsumverhalten bei, die auch auf das Eßverhalten Anwendung finden können.

Impulsive Eßentscheidungen und emotionsbedingtes Essen

Extern stimuliertes Eßverhalten weist viele Parallelen zu impulsiven Kaufentscheidungen auf. Wesentliches Kennzeichen in beiden Fällen ist der Impuls als spontan aufkommender Wunsch nach Befriedigung eines Bedürfnisses durch (essensbezogenen) Konsum. Beispiele für extern stimulierte Essenswünsche sind im Fragebogen zum Ernährungsverhalten FEV (Grunert, 1989a, 1991) wie folgt operationalisiert: "Wenn ich an einer Imbißstube oder einem Café vorbeikomme, möchte ich mir am liebsten etwas Leckeres kaufen" oder "Wenn ich etwas Schmackhaftes sehe oder rieche, würde ich es am liebsten sofort essen." Es sind Reaktionen auf äußere Reize, die als *Spontanhandlung* nicht habitualisierte Entscheidungen bedingen und die als *ungeplante Reaktion* das augenblickliche Verhalten unterbrechen. Manche Befragte in der Untersuchung von Rook und Hoch (1985) setzten ihre Kaufimpulse mit dem Empfinden von physiologischen Antrieben gleich, einer beschrieb seinen Zustand gar als Hungergefühl.

Die Beschreibungen impulsiven Kaufverhaltens bei Weinberg (1981, S. 161-196) und Rook (1987) deuten an, daß bei extern stimuliertem Eßverhalten vermutlich zwei Fälle unterschieden werden können. Im ersten Fall liegt eine tendenzielle Reaktionsbereitschaft auf essensbezogene Stimuli vor, die durch unangenehme Emotionen aktiviert wird. Die Reagibilität auf Außenreize wird dann deutlich erhöht, Lebensmittel und Speisen erhalten einen starken Aufforderungscharakter und motivieren so zum Verzehr. Es erfolgen, in Sterns (1962) Terminologie, reine Impulskäufe bzw. reiner Impulsverzehr. Der zweite Fall hingegen bezieht sich auf "geplante" impulsive Eßentscheidungen: die Idee, ein noch nie gegessenes Gericht zu probieren, oder sich vor dem Stadtbummel bewußt vornehmen, sich durch eine attraktive Speisekarte verführen zu lassen, oder auch das Gefühl, sich etwas richtig Gutes gönnen zu wollen, wenn man es sieht, der gezielte Wunsch nach Genuß also, enthält sowohl emotionale Aktivierung als auch gedankliche Steuerung des Verhaltens. Eine Mischung von Aktion und Reaktion wird als stimulierend empfunden und bewußt gesucht (vgl. Scitovsky, 1977, S. 59-62). Impulsive Konsumhandlungen in diesem zweiten Fall haben häufig positive Emotionen zur Folge, da sie reflektiert zur Aufrechterhaltung oder Wiedererlangung der psychologisch-mentalen Homöostase eingesetzt werden. Negative Emotionen können auftreten, wenn das gekaufte Produkt bzw. das verzehrte Lebensmittel nicht den erwarteten Genuß vermittelt.

Diese Überlegungen werden gestützt durch Ergebnisse einer explorativen Untersuchung, in der 155 US-amerikanische Konsumentinnen über ihre Gefühle vor, während und nach einem Impulskauf berichteten (M.P. Gardner & Rook, 1988). Es ging in dieser Studie allerdings nicht explizit um Eßentscheidungen, sondern um Kaufentscheidungen allgemein. Die Befunde zeigen deutlich, daß impulsives Kaufen in den meisten Fällen zu angenehmer Stimmung führt:

- 75% der Befragten gaben an, sich anschließend besser zu fühlen; 16% sagten, sie verspürten keinen Unterschied; 8% meinten, sich schlechter zu fühlen.
- Die Auswertung einer 5 Punkte-Skala, auf der von starken Schuld- bis zu starken Glücksgefühlen der Zustand nach einem Impulskauf angegeben werden sollte, ergab, daß über 90% der Stichprobe sich im Bereich "etwas" bis "sehr" glücklich befanden.
- Aus einer Liste von 13 verschiedenen Emotionen sollte der Gefühlszustand ausgewählt werden, der höchstwahrscheinlich nach einem Impulskauf empfunden würde: nahezu 80% der ausgewählten Emotionen waren positive Gefühlszustände, nur etwas über 15% negative.

Die Untersuchung kann keine Repräsentativität beanspruchen und darf daher keinesfalls so interpretiert werden, daß Impulskäufe in der Regel keine negativen Folgen haben. Sie dokumentiert aber, daß Impulskäufe positive Emotionen zur Folge haben können. Man kann sich also gut vorstellen, daß Impulsivität einem Lustprinzip folgt - ein Argument, das in der Psychoanalyse schon lange verwendet wird (Freud, 1911/1952; nach Hilgard, 1962). Impulsivität gilt dort als der primäre Gedankenprozeß, der mit dem im "Es", im Unbewußten, regierenden Lustprinzip verknüpft ist. Demgegenüber steht der sekundäre Gedankenprozeß, die Reflektivität, die im "Es" im Sinne des Realitätsprinzips eine das Verhalten kontrollierende Funktion ausübt, dies jedoch in einer Weise, daß daraus Lustgewinn gezogen werden kann.

2.2.2. Restriktion: Unterdrückung von Eßgelüsten

Sie sind fast so häufig in Zeitschriften zu finden wie der Wetterbericht in der Tageszeitung: Diätvorschläge. Nahezu wöchentlich ist es ein anderes Nahrungsmittel, dem die Wunderwirkung der raschen Gewichtsabnahme ohne Verlust von Schmackhaftigkeit des Essens zugeschrieben wird. Ananas, Eier, Kartoffeln, Schweineschwarte oder Eis bewirken angeblich "in nur drei Tagen 4-5 Kilo weniger" - und wer wollte nicht schlank in den Frühling, Sommer, Herbst oder Winter? Fitness ist in, und schlank sein ist gleich fit sein.

Subjektiv empfundene Gewichtsprobleme sind einflußreiche individuelle Determinanten des Eßverhaltens. Sich Gedanken um das eigene Körpergewicht zu machen, den eigenen Körper mit der Figur anderer zu vergleichen, sich zu dick zu fühlen - dies alles führt dazu, daß zunehmend mehr Menschen, vor allem mehr Frauen, immer häufiger in ihren Ernährungsgewohnheiten zu Maßnahmen greifen, die nach ihrer Auffassung geeignet sind, das Körpergewicht zu reduzieren oder es auf einem bestimmten Niveau zu halten. Diese Maßnahmen sind entweder Einschränkungen in der Kalorienzufuhr oder Besonderheiten in der Nahrungsauswahl, wie z.B. der einseitige Verzehr bestimmter Nahrungsmittel. Damit sind Diätmaßnahmen nichts anderes als "the attempt to replace normal physiological controls with a cognitive agenda extracted from the latest diet book" (Herman & Polivy, 1984, S. 146). Wie eingangs erwähnt, kann solches Verhalten sowohl Folgeerscheinung als auch Auslöser emotionsbedingten Essens sein und soll im folgenden daher näher betrachtet werden. Dabei dient die Adipositasforschung wiederum als Ausgangspunkt.

Die "set-point"-Theorie

Nachdem in der Adipositasforschung zunächst vor allem Unterschiede im Körpergewicht als Determinante des Eßverhaltens untersucht worden waren, begann Mitte der 70er Jahre die Überprüfung der Hypothese, daß Unterschiede im Eßverhalten auch als Funktion einer versuchten Gewichtsreduktion erklärt werden können. Der Ursprung dieser Überlegung ist in Schachters (1968, 1971; s.a. Abschnitt 2.2.1.) und vor allem Nisbetts (1972) Adipositas-Theorien zu sehen. Nisbett hatte vorgeschlagen, daß jeder Mensch ein *individuell determiniertes und homöostatisch reguliertes*, damit biologisch ideales Körpergewicht hat, den sogenannten *"set-point"*. Übergewichtige Menschen hätten eben einen höheren Set-point als normalgewichtige, aber viele von ihnen würden wegen des vorherrschenden Schlankheitsideals versuchen, ihr Körpergewicht unterhalb ihres Set-points zu halten. Menschen, die nach sozialen und auch versicherungsmathematischen Kriterien - die Tabellen der US-amerikanischen Metropolitan Life Insurance Company von 1959 waren sehr lange der Standard für das Idealgewicht - übergewichtig sind, können nach biologischen Kriterien untergewichtig und deshalb depriviert sein. Die aus solchem Hungern resultierende biologische Deprivation kann nach Nisbett zu einer Reihe von Verhaltenskonsequenzen führen. Dazu gehört vor allem die von Schachter (1971) propagierte stark erhöhte Reagibilität auf externe Reize bei Übergewichtigen. Nisbett stützte seine Hypothese mit Befunden, wonach ein hungernder Organismus und übergewichtige Menschen gemeinsame Merkmale aufweisen, wie z.B. größere Geschmackssensibilität, stärkere Emotionalität und geringere Aktivität als gesättigte bzw. normalgewichtige Menschen. Unter Berufung auf die *Fettzellen-Hypothese* (Hirsch & Knittle, 1970) nahm er weiterhin an, daß der Set-point durch die Anzahl der Fettzellen im Körper eines Menschen bestimmt wird. Die Anzahl der Fettzellen wiederum ist abhängig von der genetischen Anlage und der Art der Ernährung im Kindesalter, und sie ist beim Erwachsenen unveränderlich: ein einmal festgelegter Set-point für das Körpergewicht kann nicht mehr, weder nach oben noch nach unten, verschoben werden.

Die Überprüfung dieser Hypothesen hat zu uneinheitlichen Ergebnissen geführt, schon wegen der Schwierigkeit, die Variable Set-point zu operationalisieren. Neben der Anzahl der Fettzellen versuchte man ihre Größe oder die Menge freier Fettsäuren im Blut zu bestimmen. Da diese Parameter aber schwierig zu messen sind, wurden meistens übergewichtige mit normalgewichtigen Personen unter der Annahme verglichen, daß Übergewichtige sich im Durchschnitt unterhalb ihres Set-point befinden, Normalgewichtige aber genau an diesem. Diese Annahme ist jedoch weder empirisch noch logisch zu halten. Nach Ruderman (1986) gibt es keine Belege dafür, daß Übergewichtige weiter von ihrem biologischen Idealgewicht entfernt sind als Normalgewichtige. Zwar ist das Argument plausibel, daß Menschen mit höherem Körpergewicht stärkerem sozialen Druck ausgesetzt sind, daraus folgt aber nicht zwingend, daß die meisten Übergewichtigen sich chronisch unterhalb ihres Set-point befinden. Und selbst wenn dem so wäre, dann doch nur in Abhängigkeit von den jeweils gängigen Schlankheitsidealen, die in nur einigen wenigen Epochen wie der Frührenaissance oder der zweiten Hälfte des 20. Jahrhunderts einen sehr schlanken Körper als ideal postulierten. Zu anderen Zeiten wie z.B. im Barock, im Klassizismus oder in der Romantik hätten heutige Normalgewichtige weit über ihr biologisches Ideal-Gewicht hinaus essen müssen, um den zeitgenössischen Schönheitsidealen zu entsprechen!

Nisbetts Set-point-Theorie hat sich demnach als nur bedingt überprüfbar herausgestellt. Die Grundidee einer biologischen Regulierung des Körpergewichts wurde jedoch nicht aufgegeben, und inzwischen gibt es Hinweise dafür, daß die Anzahl der Fettzellen doch veränderlich ist (Kirtland & Gurr, 1979) und der Set-point verschoben werden kann (Keesey & Corbett, 1984; ausführlicher Überblick bei Keesey & Powley, 1986). Vor allem aber gab die Set-point-Theorie den entscheidenden Anstoß für intensive Theorieentwicklung und empirische Forschung dadurch, daß sie das Interesse auf die *Rolle der Restriktion im Eßverhalten* lenkte.

Die Restriktionstheorie

Unter Restriktion wird eine "Zügelung des Essens" verstanden, also ein Diätverhalten, das nicht als therapeutische Maßnahme zur Heilung oder Linderung bestimmter Krankheiten dient, sondern zu einer subjektiv für erforderlich gehaltenen Reduktion des Körpergewichts führen soll (Diehl, 1981; Grunert, 1987). Das Konstrukt Restriktion, "restraint", wurde von Herman und Mack (1975) in die wissenschaftliche Diskussion um Verhaltensunterschiede von Über- und Normalgewichtigen eingeführt und definiert als kognitiv vermittelter Versuch, aufgrund physiologischer Hungersignale entstandene Essenswünsche zu unterdrücken (Herman & Polivy, 1980). Menschen unterscheiden sich in der

Häufigkeit, mit der sie Restriktion ausüben: restriktive Esserinnen, die sich beständig Gedanken machen darum, was und wieviel sie essen, die ihre Essenswünsche unterdrücken und permanent Diät zu halten versuchen, befinden sich an einem Ende des Restriktionskontinuums. Am anderen Ende finden sich die Menschen, die sich keinerlei Zwänge auferlegen und essen, wenn sie Appetit und Lust dazu haben.

Die Restriktionstheorie geht von drei Annahmen aus: erstens ist nicht das Körpergewicht, sondern Restriktion die entscheidende Variable, die zwischen dem Eßverhalten Über- und Normalgewichtiger diskriminiert. Zweitens bestimmen kognitive Faktoren die Regulierung der Nahrungsaufnahme. Drittens sind übergewichtige, nicht aber normalgewichtige Menschen durch ein Phänomen gekennzeichnet, das als *Antiregulierung*, "counterregulation", bezeichnet wird. Es bezieht sich auf den experimentellen Befund, daß restriktive Esserinnen in einem Geschmackstest nach einem Preload mehr essen als ohne Preload, während nicht-restriktive Esserinnen aufgrund des Preloads weniger essen. Die nicht-restriktiven Esserinnen regulieren also ihre Nahrungsaufnahme infolge des Preloads, während das Verhalten der restriktiven Esserinnen antiregulatorisch zu nennen ist. Aus diesen drei Annahmen wurden zwei zentrale Hypothesen zur Restriktion abgeleitet, die Disinhibitionshypothese und die Adipositas-Restriktionshypothese.

Die *Disinhibitionshypothese* besagt, daß restriktive Esserinnen zwischen Diäthalten und periodisch wiederkehrenden Eß"anfällen" schwanken, da ihre Selbstkontrolle der Nahrungsaufnahme vorübergehend durch sogenannte *Disinhibitoren* unterbrochen werden kann. Drei Arten von Disinhibitoren wurden beschrieben und ihre enthemmende Wirkung experimentell überprüft:

- kognitive Disinhibitoren wie z.B. Preloads oder ungeplante Mahlzeiten;
- pharmakologische Disinhibitoren wie z.B. Alkohol;
- emotionale Disinhibitoren wie z.B. dysphorische Emotionen, also ein durch Angst, Depression und Unruhe gekennzeichneter Zustand der Niedergeschlagenheit.

Die *Adipositas-Restriktionshypothese* wurde zunächst zur Erklärung des Externalitätsphänomens (siehe 2.2.1.) herangezogen. Man schrieb der

Reagibilität auf externe Reize eine Wechselbeziehung zur Restriktion zu, d.h. restriktive Esserinnen sind unter bestimmten Bedingungen anfälliger für externe nahrungsbezogene Stimuli als nicht-restriktive Esserinnen (Hibscher & Herman, 1977). Die Hypothese besagt, daß Unterschiede im Restriktionsniveau einhergehen mit den Verhaltensunterschieden, die zwischen Übergewichtigen und Normalgewichtigen beobachtet werden. Damit ist die Erwartung verknüpft, daß übergewichtige Individuen ein systematisch höheres Ausmaß an Restriktion des Essens aufweisen als normalgewichtige und daß nicht-restriktive Esserinnen immer normalgewichtig sind.

Experimente zur Disinhibitionshypothese

Ein Überblick über Experimente zur Disinhibitionshypothese ist in Tabelle 4 zu finden. Wie erwähnt, wurden drei Typen von Disinhibitoren untersucht: kognitive, pharmakologische und emotionale. Die Mehrzahl der Untersuchungen beschäftigte sich mit kognitiven Disinhibitoren.

Das grundlegende experimentelle Design dazu wurde durch eine Studie von Herman und Mack (1975) festgelegt: der Umfang der Nahrungsaufnahme von College-Studentinnen, die man anhand einer Medianhalbierung von Restriktionsscores - erhoben mit der "Restraint Scale" (Herman & Mack, 1975; Herman & Polivy, 1975) - in restriktive bzw. nicht-restriktive Esserinnen einteilte, wurde in einem vorgeblichen Eiscreme-Geschmackstest gemessen. Vor dem Geschmackstest erhielt eine Hälfte der Versuchspersonen einen Preload in Form von einem oder zwei Milkshakes. Experimente, die diesem Design folgten, fanden einen nach der Hypothese zu erwartenden Preload x Restriktion-Interaktionseffekt: restriktive Esserinnen mit Preload aßen deutlich mehr Eiscreme als restriktive ohne Preload, während nicht-restriktive Esserinnen in Abhängigkeit von der Größe des Preload abnehmende Mengen an Eiscreme verzehrten (Herman & Mack, 1975; Hibscher & Herman, 1977; Ruderman & Christensen, 1983). Das Verhalten der restriktiven Esserinnen wurde mit der enthemmenden Wirkung der Empfindung, zu viel gegessen zu haben, erklärt. Diese Erklärung gründet auf der Annahme, daß Menschen Diäten in einer alles-oder-nichts-Einstellung erleben und auf eine Verletzung ihrer Diät mit Gedanken wie "Das war schon zuviel, nun kann

Tabelle 4:
Experimente zur Disinhibitionshypothese

Autorinnen	Art der uV Disinhibitionsstimulus	n	St. [1]	n F	n M	Messung der uV Restriktion	Interaktionseffekt Disinhibition x Restriktion bestätigt	sonstige Effekte[2]
Herman & Mack, 1975	kognitiv: Preload	45	ja	45	0	Restraint Scale	ja	
Herman & Polivy, 1975	emotional: Angst	42	ja	42	0	Restraint Scale	ja	
Polivy & Herman, 1976	pharmakologisch: Alkohol	40	ja	40	0	Restraint Scale	nein	
Hibscher & Herman, 1977	kognitiv: Preload	86	ja	69	17	Restraint Scale	ja	Antiregulierung nur bei NG
Herman et al., 1978	emotional: 3 Zeitpunkte emotional: Angst	60 82	ja ja	60 82	0 0	Restraint Scale Restraint Scale	t_1: ja, t_2, t_3: nein ja	
Polivy et al., 1979	kognitiv: Preload emotional: sozialer Einfluß	86	ja	86	0	Restraint Scale	nein	sozialer Einfluß nur auf NR
Ruderman & Wilson, 1979	kognitiv: Preload	55	ja	55	0	Restraint Scale	nein	keine Antiregulierung
Spencer & Fremouw, 1979	kognitiv: Preload	60	ja	60	0	Restraint Scale	ja	
Baucom & Aiken, 1981	emotional: Depression	56	ja	38	18	-	ja	
Frost et al., 1982	emotional: Depression vs. Heiterkeit	68	ja	68	0	Restraint Scale	ja (Depression) nein (Heiterkeit)	
Ruderman & Christenson, 1983	Körpergewicht kognitiv: Preload	89	ja	89	0	Restraint Scale	nein ja	
Ruderman et al., 1985	kognitiv: Mahlzeit erwartet	60	ja	60	0	Restraint Scale	ja	
Polivy et al., 1986	kognitiv: Selbstaufmerksamkeit	96	ja	96	0	Restraint Scale	ja	
Herman et al., 1987	kognitiv: Angst	80	ja	80	0	Restraint Scale	nein	
Lowe & Maycock, 1988	emotional: Depression	60	ja	60	0	Three-Factor Eating Questionnaire	nein	
Polivy et al., 1988	kognitiv: Preload	78	ja	78	0	Restraint Scale	ja	
Wardle & Beales, 1988	kognitiv: Angst	27	nein	27	0	Dutch Eating Behavior Questionnaire	ja	

1: St. = Studentische Stichprobe, davon F = Frauen, M = Männer. 2: NR = nicht-restriktive Vpn, NG = Normalgewicht ich genausogut weiteressen" reagieren. Ein Milkshake als Preload, der von den Versuchsleiterinnen als kalorienreich beschrieben wird und auf den ein Eiscreme-Geschmackstest folgt, ruft diesen "what the hell"-Effekt (Herman & Polivy, 1984) hervor.

In den einzelnen Stichproben der Experimente mit Preload als kognitivem Disinhibitor (Tabelle 4) variierte der Anteil, den das antiregulatorische Verhalten der restriktiven Esserinnen, und der Anteil, den das regulatorische Verhalten der nicht-restriktiven Esserinnen zum jeweiligen Interaktionseffekt beitrug. Offenbar war er abhängig von der Anzahl teilnehmender Übergewichtiger. In den Experimenten von Herman und Mack (1975) gab es keine, bei Hibscher und Herman (1977) 30% und bei Ruderman und Christensen (1983) 50% übergewichtige Probandinnen. Je mehr übergewichtige Versuchspersonen aber in der Stichprobe waren, desto größer war der Anteil des regulatorischen Verhaltens der nicht-restriktiven Esserinnen am Interaktionseffekt.

Andere Experimente zu kognitiven Disinhibitoren wurden so durchgeführt, daß man den Probandinnen eine Verletzung ihrer Diät lediglich suggerierte. Ruderman und Wilson (1979) hatten, nachdem sie in einem Experiment zwar keine Antiregulierung der übergewichtigen Versuchspersonen feststellen konnten, wohl aber die für nicht-restriktive Esserinnen typische Appetitminderung als Folge eines Preloads, vermutet, daß "the anticipation of an imminent dietary violation might lead restrained eaters to give up and eat a great deal" (Ruderman, 1986, S. 251). Den Teilnehmerinnen in einem anderen Experiment wurde erklärt, daß zwei Geschmackstests durchgeführt würden und sie als Zwischenmahlzeit entweder nichts, einen Salat oder einen Milkshake erhielten (Ruderman, Belzer, & Halperin, 1985; ähnlich: Tomarken & Kirschenbaum, 1984). Hypothesengemäß aßen restriktive Esserinnen in Erwartung eines Milkshakes während des ersten Geschmackstests die größere Menge Cracker. Andere Experimente erbrachten weniger eindeutige Ergebnisse (Tomarken & Kirschenbaum, 1984) und führten deshalb zu den post hoc-Hypothesen, daß sowohl die Intensität als auch der Geschmack der Disinhibitoren von Bedeutung sind. In Erwartung eines hochkalorischen Abendessens und nach einem Milkshake-Preload hatten nämlich auch nicht-restriktive Esserinnen sehr viele Nüsse verzehrt, um deren Geschmack zu "testen". Und Eiscreme erwies sich, wohl wegen des süßen Geschmacks, der mit hohem Kaloriengehalt assoziiert wird, bei restriktiven Esserinnen als stärkerer Disinhibitor als salzige Nüsse.

Die dem "what the hell"-Effekt zugrundeliegenden psychologischen Prozesse wurden folgendermaßen erklärt: Als Folge der Wahrnehmung, daß die Diätvorschriften mißachtet werden bzw. würden, müßte, so wurde angenommen, zunächst eine Unterbrechung der Selbstbeobachtung und Selbstaufmerksamkeit erfolgen, bevor eine übergroße Nahrungsaufnahme eintreten könne. Diese Hypothese wurde im großen und ganzen bestätigt, ein "sich überessen" der restriktiven Versuchspersonen konnte durch die Induktion von Selbstbeobachtung und Selbstaufmerksamkeit verhindert werden (Kirschenbaum & Tomarken, 1982; Polivy et al., 1986).

Andere experimentelle Befunde deuten auf einen gewissen Einfluß sozialer Faktoren und situativer Gegebenheiten hin. Dazu gehört beispielsweise das Imitationsverhalten von Versuchspersonen. In einem Experiment war der mengenmäßige Verzehr von Sandwiches bei restriktiven und nichtrestriktiven Esserinnen deutlich abhängig vom Eßverhalten einer Kommilitonin und deren Aussagen über ihr eigenes Diätverhalten (Polivy et al., 1979). Dazu gehört auch das Phänomen der sozialen Erwünschtheit, hier als das Bestreben der Versuchspersonen bezeichnet, angenommenen Experimentalbedingungen zu genügen: wurden beispielsweise kleine Eisbecher im Geschmackstest verwendet, aßen die Teilnehmerinnen unter allen Versuchsbedingungen geringe Mengen, während große Behälter sie offensichtlich annehmen ließen, daß man von ihnen erwartete, viel zu essen - und sie aßen viel (Ruderman, 1986 als Erklärung für widersprüchliche Befunde von Kirschenbaum & Tomarken, 1982; Tomarken & Kirschenbaum, 1984). Leider gibt es außer den genannten Studien keine weiteren, die diesen Einflußfaktoren systematisch nachgegangen wären, obwohl gerade hier eine enge Verflechtung mit dem Externalitätsphänomen naheliegt. Denn schließlich ist die Form der Darbietung von Lebensmitteln im Geschmackstest ein Hinweisreiz, dessen Stärke mit der allgemeinen Reagibilität auf Umweltsignale interagiert.

Die Wirkung *pharmakologischer Disinhibitoren* wurde nur mit Alkohol getestet; Polivy und Herman veröffentlichten 1976 dazu zwei Artikel. Die Ergebnisse waren jedoch nicht eindeutig. Die von den Autorinnen gelieferten Erklärungen waren kompliziert und enthielten zahlreiche, sich zum Teil widersprechende Annahmen. Dieser Aspekt bedarf demnach weiterer Forschungsanstrengungen.

Als dritte Kategorie waren *emotionale Disinhibitoren* genannt worden. Die Experimente hierzu sind größtenteils bereits diskutiert worden (s. Abschnitt 2.1.2., Tabelle 2). Einige neuere Untersuchungen (Lowe & Maycock, 1988; Polivy, Heatherton, & Herman, 1988; Wardle & Beales, 1988) bestätigen weitgehend die Ergebnisse aus den Jahren 1975-1985, daß unangenehme Emotionen enthemmende Wirkung nicht nur auf übergewichtige Versuchspersonen, sondern auch auf die Selbstkontrolle von restriktiven Esserinnen haben. Weniger eindeutig ist bislang ihre Wirkung auf nicht-restriktive Esserinnen. Diese aßen im Experiment von Herman und Polivy (1975) unter Angst signifikant weniger, in der Studie von Baucom und Aiken (1981) geringfügig - $p < .06$ - weniger, und in der Untersuchung von Ruderman (1985a) zeigte sich kein statistisch signifikanter Effekt. Die Wirkung angenehmer Emotionen ist ebenfalls nicht eindeutig, die wenigen vorliegenden Ergebnisse weisen aber darauf hin, daß positive Erregungszustände keine disinhibierende Wirkung auf restriktive Esserinnen haben bzw. diese nicht zur Antiregulierung veranlassen (Baucom & Aiken, 1981; Frost et al., 1982).

Experimente zur Adipositas-Restriktionshypothese

Die Experimente zur Überprüfung der Adipositas-Restriktionshypothese überschneiden sich größtenteils mit denen zur Prüfung der Disinhibitionshypothese (vgl. Tabelle 4), des psychosomatischen Konzeptes (vgl. Tabelle 2) und des Externalitätskonstruktes (vgl. Tabelle 3). Grund dafür ist, daß die Adipositas-Restriktionshypothese ursprünglich als Alternative zu Schachters (1971) Auffassung entstand, nach der übergewichtige Menschen vor allem auf externe nahrungsbezogene Reize reagieren, während normalgewichtige ihre Nahrungsaufnahme vorwiegend mit Hilfe interner Signale steuern. Herman und Polivy (1980) meinten dagegen, daß *Restriktion die vermittelnde Variable zwischen Übergewicht und Externalität* ist. Sie vertraten die Auffassung, daß Externalität nicht Ursache für Übergewicht sei, sondern vielmehr die Konsequenz von Restriktion beim Essen und dem damit verbundenen Stress. So wandten sie eine Untersuchungsstrategie an, die nach Unterschieden im Eßverhalten von restriktiven und nicht-restriktiven Esserinnen suchte, und nahmen an, daß diese Unterschiede denen zwischen übergewichtigen und normalgewichtigen Individuen entsprechen - also beispielsweise in bezug auf Eßverhalten zur Regulierung von unangenehmen Emotionen.

Die experimentellen Designs, die zur Überprüfung des psychosomatischen Konzepts und der Externalitätshypothese entworfen worden waren, wurden also auch für den Test auf Unterschiede im Eßverhalten von restriktiven und nicht-restriktiven Esserinnen verwendet. Die Ergebnisse waren uneinheitlich. Bis zu einem gewissen Grad wurden tatsächlich Gemeinsamkeiten zwischen restriktiven Esserinnen und Übergewichtigen gefunden (Heatherton, Polivy, & Herman, 1987; Herman & Mack, 1975; Herman & Polivy, 1975; Herman et al., 1978). Wie angenommen aßen nicht-restriktive Esserinnen, genau wie normalgewichtige Versuchspersonen, in einem Geschmackstest weniger nach Verzehr eines Preload als ohne vorheriges Preload. Restriktive Esserinnen allerdings zeigten statt der leicht erhöhten Nahrungsaufnahme der Übergewichtigen nach einem Preload deutlich mehr Appetit im nachfolgenden Geschmackstest. Der Unterschied besteht offensichtlich nur in der Größenordnung des Effektes.

Die Aussagekraft dieser Untersuchungen in bezug auf die Adipositas-Restriktionshypothese wird allerdings dadurch eingeschränkt, daß meist nicht Körpergewicht und Restriktion gemeinsam als unabhängige Variable ins Design eingingen. Erst Ruderman und Christensen (1983) führten eine Studie durch, in der sowohl Körpergewicht als auch Restriktionsscores unabhängige Variable waren, d.h. es gab restriktive und nicht-restriktive übergewichtige sowie restriktive und nicht-restriktive normalgewichtige Versuchspersonen. Entgegen der Adipositas-Restriktionshypothese stellte sich heraus, daß nicht-restriktive Übergewichtige nach einem Preload mehr aßen als restriktive Übergewichtige, während es sich bei den Normalgewichtigen umgekehrt verhielt. Ruderman und Wilson (1979) waren zu ähnlichen Ergebnisse gekommen, nachdem sie die Variable Körpergewicht bei einer Reanalyse von zwei anderen Studien eingeführt hatten (Hibscher & Herman, 1977; Spencer & Fremouw, 1979). In beiden Studien kontrollierten übergewichtige Versuchspersonen ihre Nahrungsaufnahme besser als normalgewichtige, und nicht einmal Übergewichtige, die als restriktive Esserinnen klassifiziert worden waren, zeigten die erwartete Antiregulierung. Auch S.C. Wooley (1972) sowie Lowe und Kleifield (1988) und Westerterp et al. (1988) fanden keine Anzeichen von Antiregulierung bei übergewichtigen Versuchspersonen. Damit erweist sich die Annahme der Restriktionstheorie, daß das Eßverhalten übergewichtiger Individuen durch Antiregulierung gekennzeichnet ist, als nicht länger haltbar. Dadurch ist aber auch die Adipositas-Restriktionshypothese, die auf dieser Annahme beruht, in Frage gestellt.

Selbstaussagen über restriktives Eßverhalten

In den ersten zehn Jahren nach Aufkommen der Restriktionstheorie wurden zu ihrer Überprüfung fast nur Laborexperimente durchgeführt. Ab 1985 versuchte man dann, anhand von Befragungen Daten zu sammeln, die es erlauben, das Konstrukt Restriktion in einen breiteren theoretischen Rahmen zu stellen. Gleichzeitig dienten diese Untersuchungen dazu, Alternativen zum Restriktionsindikator "Restraint Scale" zu erproben.

In Tabelle 5 sind einige Befragungsuntersuchungen aufgeführt, die im wesentlichen drei Zwecken dienten: zum einen sollte das Ausmaß restriktiven Eßverhaltens erhoben werden (Greenfeld et al., 1987; R.L. Williams et al., 1986). Zweitens wurden Beziehungen zwischen restriktivem bzw. nicht-restriktivem Verhalten und anderen Variablen wie Persönlichkeitsmerkmalen (Dykens & Gerrard, 1986; Grunert, 1989b; Ruderman & Grace, 1988; Striegel-Moore, McAvay, & Rodin, 1986), Geschlechtsunterschieden (Greenfeld et al., 1987; Grunert, 1989c; Lundholm & Anderson, 1986) und Gewichtsdiskriminatoren (Björvell, Rössner, & Stunkard, 1986) untersucht. Drittens ging es um die Konstruktion von Indikatoren, die die bisherigen Erkenntnisse der psychologischen Adipositasforschung im Kontext des Konstruktes Restriktion berücksichtigen sowie um deren Validierung (Drewnowski, Riskey, & Desor, 1982; Ganley, 1988; Grunert, 1987, 1991; Schlundt & Zimering, 1988; Stunkard & Messick,

Tabelle 5:
Befragungen zum Phänomen Restriktion

Autorinnen [1]	n	St. [2]	n F	n M	Indikatoren	Befunde
1. Indikatorenkonstruktion und Indikatorenvalidierung						
Drewnowski et al., 1982	150	nein	88	62	Restraint Scale	Faktorenanalyse des Instrumentes ergab zwei Faktoren: Gewichtsschwankungen und Diätbewußtsein; Scores in Gewichtsschwankungen positiv korreliert mit Körpergewicht, Scores in Diätbewußtsein unabhängig vom Körpergewicht
Ganley, 1988	442	nein	442	0	Three-Factor Eating Questionnaire	Faktorenanalyse des Instrumentes; der Faktor 'Gewichtslabilität', neben dem Faktor 'emotionales Essen' entstanden aus dem Disinhibitionsfaktor diskriminierte zwischen zwei übergewichtigen Subgruppen
S.C. Grunert ,1987	72	nein	47	25	Fragebogen zum Ernährungsverhalten I	Übertragung des DEBQ in die deutsche Sprache
Schlundt & Zimering, 1988	362	nein	279	83	Dieter's Inventory of Eating Temptations	Konstruktion des Instrumentes, 6 Subskalen: zuviel essen, negative Emotionen, Sport, Versuchungen widerstehen, positiv sozial, Essensauswahl
Stunkard & Messick, 1985	300	nein	196	104	Three-Factor Eating Questionnaire	Konstruktion des Instrumentes, drei Subskalen: Kognitive Restriktion, Disinhibition, Hungersensibilität
van Strien et al., 1986b	110	nein	110	0	Dutch Eating Behavior Questionnaire	Messung der prognostischen Validität der Subskala Restriktion des Instrumentes (20% Varianzaufklärung)
Wardle, 1986	147	ja	102	45	Restraint Scale Dutch Eating Behavior Questionnaire	Psychometrischer Vergleich der beiden Instrumente, DEBQ bevorzugt

1: Autorinnen jeweils in alphabetischer Reihenfolge.
2: St. = Studentische Stichprobe, davon F = Frauen, M = Männer.

(Fortsetzung Tabelle 5)

2. Restriktives Eßverhalten und andere Variablen						
Björvell et al., 1986	183	nein	154	29	Three-Factor Eating Questionnaire	Übergewichtige Vpn in Therapie: hohe Werte in kognitiver Restriktion; Übergewichtige mit und ohne Therapie: hohe Werte in Disinhibition und Hungersensibilität, nicht mit Gewichtsveränderung korreliert: kognitive Kontrolle diskriminiert zwischen Über- und Normalgewicht
Dykens & Gerrard, 1986	424	ja	424	0	Tennessee Self-Concept Scale, MMPI, Locus of Control Scale	R wiesen geringes Selbstbewußtsein und ausgeprägte externale Kontrollorientierung auf
S.C. Grunert, 1989b	119	ja	68	51	Fragebogen zum Ernährungsverhalten II Skala der Selbst-Aufmerksamkeit Fragebogen zur Körperaufmerksamkeit	Signifikante Korrelationen zwischen R und öffentlicher Selbst-Aufmerksamkeit (positiv), öffentlicher Körperaufmerksamkeit (positiv) und Körperkompetenz (negativ)
Lundholm & Anderson, 1986	193	ja	91	102	Three-Factor Eating Questionnaire Eating Disorders Inventory	Signifikante Geschlechtsunterschiede in 8 von insgesamt 11 Subskalen, Frauen wiesen höhere Werte und deutlichere Tendenz zu Eßstörungen auf als Männer
Ruderman & Grace, 1988	136	ja	136	0	Restraint Scale Narcissistic Personality Disorder Body Cathexis Scale Tennessee self-Concept Scale	Prädiktoren für Restriktion: physisches Selbstbewußtsein, Narzißmus, moralisch tugendhaft
Striegel-Moore et al., 1986	72	ja	72	0	Three-Factor Eating Questionnaire Body Image Satisfaction Measure	Sich dick fühlen korreliert positiv mit emotionalem und externalem Eßverhalten, nicht mit kognitiver Restriktion
3. Das Ausmaß restriktiven Eßverhaltens						
Greenfeld et al., 1987	761	ja	337	424	Eating Habits Questionnaire	Weitverbreitete Beschäftigung mit Gewicht, Körperbild, Diäten und Essen, vor allem bei Mädchen
R.L. Williams et al., 1986	72	ja	72	0	Eating Attitudes Test Eating Disorders Inventory klinische Interviews	Häufigkeit von Eßstörungen: 25% hielten Diät, 60% verzichteten regelmäßig auf Mahlzeiten, 35% empfanden sich als übergewichtig, 22% berichteten von Freßanfällen, 4% nahmen Abführmittel

1985; van Strien et al., 1986b; Wardle, 1986). Man befaßte sich auch mit dem Vergleich von restriktiven Esserinnen und Bulimiepatientinnen, nachdem die Anzeichen sich mehrten, daß die für Restriktion typischen Verhaltensweisen denen für Bulimie sehr ähnlich sind (Habermas, 1990; Polivy & Herman, 1985; Ruderman, 1985b; A. Williams, Spencer, & Edelman, 1987).

Die Ergebnisse dieser Untersuchungen zeigten, daß Restriktion ein empirisch meßbares Phänomen ist. Einschränkungen in der Nahrungsaufnahme sind diesen Umfragen zufolge eine weitverbreitete Ernährungsgewohnheit. Sie wird offenbar altersabhängig - Faustregel: je jünger, desto "diätbewußter" - und häufiger von Frauen als von Männern praktiziert. Die Korrelationen mit Persönlichkeitsmerkmalen lassen darauf schließen, daß die der Disinhibitionshypothese zugrundeliegende Annahme eines "what the hell"-Effektes eng mit perfektionistischen und außenorientierten Überzeugungen zusammenhängt: öffentliche Selbst-Aufmerksamkeit (Fenigstein, Scheier, & Buss, 1975) und Körperaufmerksamkeit (L.C. Miller, Murphy, & Buss, 1981) korrelieren positiv mit Selbstaussagen zu restriktivem Eßverhalten (Grunert, 1989b). Restriktives Eßverhalten korreliert zudem deutlich mit dem Gefühl, dick zu sein, das seinerseits verbunden ist mit einem großen Ausmaß an selbstauferlegten Zwängen im Sinne von Perfektionismus (Burns, 1980) und dem Empfinden, sozialem Druck in Richtung Schlanksein ausgesetzt zu sein (Striegel-Moore, McAvay, & Rodin, 1986).

Der Einsatz der Umfrageforschung hatte im übrigen zur Folge, daß nicht wie im Labor ausschließlich das Eßverhalten von Collegestudentinnen - Studenten waren ein einziges Mal Versuchspersonen (Polivy, Herman, & Warsh, 1978) - untersucht wurde, sondern auch das von Teilnehmerinnen an Diätgruppen, Verbraucherinnen oder Leserinnen einer Zeitschrift. Damit bot sich gleichzeitig die bisher wenig genutzte Möglichkeit, die Hypothesen auch an männlichen Befragten zu erproben. Wegen der verschiedenen Ziel-setzungen der Untersuchungen zu Selbstaussagen über restriktives Eßverhalten verbieten sich derzeit noch zusammenfassende Bemerkungen, die über die Feststellung hinausgehen, daß die Unterdrückung von Eßgelüsten offenbar bei vielen Menschen, vor allem bei Frauen eine normale Form der Regulierung der Nahrungsaufnahme ist (vgl. Habermas, 1990).

Restriktion im Grenzmodell der Regulierung der Nahrungsaufnahme

Nach dem von Herman und Polivy (1984) vorgeschlagenen Grenzmodell (s. Abschnitt 1.2.2.) erfolgt die Regulierung der Nahrungsaufnahme über eine Hunger- und eine Sättigungsgrenze, zwischen denen die Zone biologischer Indifferenz liegt. Es wird angenommen, daß Menschen sich in der Breite dieser Zone, in der Essen durch psychologische Faktoren kontrolliert wird, unterscheiden und daß diese Unterschiede die Befunde zur Restriktionstheorie erklären können. Aufgrund von zahlreichen Untersuchungen in ihrem Labor kommen Herman und Polivy zu folgenden Thesen (s. Abbildung 11):

- Restriktive Esserinnen haben *eine niedrigere Hungergrenze*, da sie offenbar größere Nahrungsdeprivation länger aushalten können als nicht-restriktive Esserinnen. Dies wird damit erklärt, daß häufiges Diäthalten zur Gewöhnung an geringere Nahrungsmengen und/oder Nichtbeachtung von Hungergefühlen führt.

- Restriktive Esserinnen haben offenbar *eine höhere Sättigungsgrenze*, da sie im Falle starker Essenswünsche sehr viel mehr essen können als nicht-restriktive Esserinnen, ohne Unbehagen zu empfinden.

- Um das Phänomen der Antiregulierung bei restriktiven Esserinnen erklären zu können, wird das Grenzmodell um eine *Diätgrenze* ergänzt, die sich innerhalb der Zone der biologischen Indifferenz etwas näher an der Hungergrenze befindet. Sie wird auch *kognitive Grenze* genannt und bezeichnet die Nahrungsmenge, die sich die betreffende Person in einer gegebenen Situation zugesteht. Im Falle eines größeren Preload denkt die Versuchsperson, sie habe ihre Diätgrenze bereits überschritten, und ißt daher weiter bis zum Erreichen ihrer Sättigungsgrenze, die aber weiter außen liegt als bei nicht-restriktiven Esserinnen ohne Diätgrenze. Deshalb ist die aufgenommene Nahrungsmenge von restriktiven Esserinnen in den Laborexperimenten größer.

Das Grenzmodell erlaubt die Darstellung der verschiedenen Faktoren, die an einer Regulierung der Nahrungsaufnahme in der Form der Unterdrückung von Eßgelüsten beteiligt sind. Das Modell ist jedoch rein deskriptiv, nicht explanativ. Es liefert keine Aussagen darüber, wie weit die verschiedenen Grenzen auseinanderliegen oder welche Faktoren zur Entwicklung einer breiten Zone der biologischen Indifferenz führen. Die

Entwicklung eines explanativen Modells auf der Grundlage dieses Grenzmodells steht noch aus.

Abbildung 11:
Restriktion im Grenzmodell

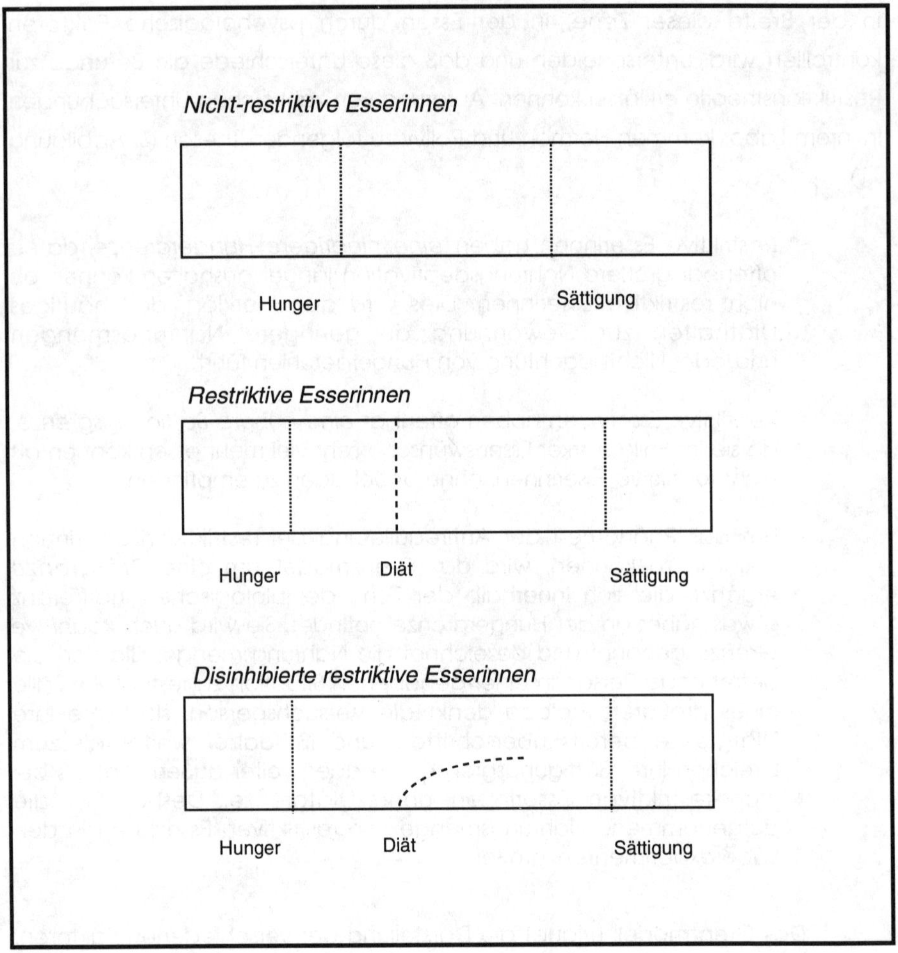

Kritische Anmerkungen zur Restriktionstheorie und der "Restraint Scale"

Die "Restraint Scale" und alternative Meßinstrumente

In der experimentellen Überprüfung der Disinhibitionshypothese und der Adipositas-Restriktionshypothese wurde zur Klassifizierung der Versuchspersonen in restriktive und nicht-restriktive Esserinnen der von Herman und Mack (1975) entwickelte und zweimal revidierte (Herman & Polivy, 1975; Polivy, Herman, & Warsh, 1978) Indikator "Restraint Scale" (RS) verwendet. Der Wortlaut der Items in der gegenwärtigen Fassung ist in Abbildung 12 wiedergegeben.

Die RS weist eine Reihe von Schwächen auf. Eine davon ist ihre mangelnde Konstruktvalidität. In vier psychometrischen Untersuchungen (F.A. Blanchard & Frost, 1983; Drewnowski, Riskey, & Desor, 1982; Lowe, 1984; Ruderman, 1983) zeigte sich, daß das Instrument nicht eindimensional das Konstrukt Restriktion mißt, sondern die zwei Dimensionen Diätbewußtsein, "concern for dieting", und Gewichtsschwankungen, "weight fluctuation". Auch drei Dimensionen (Johnson, Lake, & Mahan, 1983; Lowe, 1984) und, in einer Stichprobe von Übergewichtigen, vier Dimensionen (Ruderman, 1983) wurden gefunden. Gewichtsschwankungen sind ein typisches Kennzeichen der Adipositas und korrelieren hoch mit dem prozentualen Übergewicht (Bray, 1976). Die zwischen Restriktionsscores und prozentualem Übergewicht gefundene Korrelation könnte daher auf dem Faktor Gewichtsschwankungen beruhen. In der Tat wurde anhand einer Stichprobe von 150 nicht-studentischen Frauen und Männern gezeigt, daß allein zwei der vier Items zur Messung von Gewichtsschwankungen 70% der Varianz in den Gesamtscores der RS erklärten und daß übergewichtige Personen, die die Hälfte der Stichprobe ausmachten, deutlich niedrigere Werte in der Dimension Diätbewußtsein hatten (Drewnowski, Riskey, & Desor, 1982). Ruderman (1986) zieht daraus die Schlußfolgerung, daß die RS nur in Stichproben normalgewichtiger Individuen ein psychometrisch solides Instrument darstellt. Je mehr übergewichtige Personen in einer Stichprobe sind, desto geringer wird die interne Konsistenz der Skala, desto mehr Faktoren werden in Faktorenanalysen gefunden, und desto größer wird die Varianzaufklärung durch die Items der Dimension Gewichtsschwankungen.

Abbildung 12:
Die Items der Restraint Scale

" 1. How often are you dieting?
Never rarely sometimes often always

2. What is the maximum amount of weight (in pounds) that you have ever lost within a month?
0-4 5-9 10-14 15-19 20+

3. What is your maximum weight gain within a week?
0-1 1.1-2 2.1-3 3.1-5 5.1+

4. In a typical week, how much does your weight fluctuate?
0-1 1.1-2 2.1-3 3.1-5 5.1+

5. Would a weight fluctuation of 5 lb affect the way you live your life?
Not at all slightly moderately very much

6. Do you eat sensibly in front of others and splurge alone?
Never rarely often always

7. Do you give too much time and thought to food?
Never rarely often always

8. Do you have feelings of guilt after overeating?
Never rarely often always

9. How conscious are you of what you are eating?
Not at all slightly moderately extremely

10. How many pounds over your desired weight were you at your maximum weight? "
0-1 1-5 6-10 11-20 21+"

(aus: Polivy, Herman, & Warsh, 1978, S. 504)

Offenbar traten auch Probleme mit dem Ausfüllen des Fragebogens auf. Wardle (1986) berichtet, daß nur 65% der Frauen und 40% der Männer alle 10 Fragen der RS beantworteten, dabei galten die Antwortverweigerungen fast ausschließlich der Dimension Gewichtsschwankungen. Die Items der Dimension Diätbewußtsein wurden dagegen von 98% der Frauen und von 88% der Männer beantwortet. Die Kommentare der Befragten wie "Ich wiege mich nicht" oder "Ich weiß nicht, wie sehr mein Gewicht sich verändert" zeigen, daß die Schwierigkeiten weniger auf Unwillen, sondern vielmehr auf Unwissen beruhen. Menschen, die mit ihrem Körper insgesamt zufrieden sind, werden sich weniger Gedanken über ihr Körpergewicht machen, sich selten oder auch gar nicht wiegen und dann eben auch nicht die gewünschten Angaben machen können. Im übrigen weist Wardle darauf hin, daß es mit der aus dem Dutch Eating Behavior Questionnaire DEBQ (van Strien et al., 1986a) entnommenen Subskala zur Erhebung restriktiven Eßverhaltens diese Probleme der Antwortverweigerung nicht gegeben habe.

Besonders Item 5 der RS scheint problematisch. Die Frage "Would a weight fluctuation of 5 lb affect the way you live your life?" mißt wohl weniger das Ausmaß an Restriktion selbst als das aktuelle Körpergewicht: eine Gewichtsschwankung von 5 Pfund dürfte unbekümmerte Esserinnen wenig stören, fällt mit zunehmendem Körpergewicht immer weniger auf und veranlaßt wohl nur restriktive Normalgewichtige zu Veränderungen im Eßverhalten. Einen Hinweis darauf, daß diese Vermutung nicht unbegründet ist, liefern die bereits erwähnten faktorenanalytischen Untersuchungen der RS. Während in den normalgewichtigen Samples Item 5 zum Faktor Diätbewußtsein gehörte (F.A. Blanchard & Frost, 1983; Ruderman, 1983), lud es in einer gemischten Stichprobe auf einem Mischfaktor aus Diätbewußtseins- und Gewichtsschwankungsitems (Johnson, Lake, & Mahan, 1983) und in einer übergewichtigen Stichprobe auf dem Faktor Gewichtsschwankungen (Ruderman, 1983).

Andererseits ist es wahrscheinlich, daß übergewichtige Befragte ihr Körpergewicht zwar besser kennen, aber nur sehr ungern darüber Auskunft geben, daß also die Dimension Gewichtsschwankungen bei ihnen besonders vom Problem der sozialen Erwünschtheit betroffen ist. Es gibt keine Auskunft hierüber in der Literatur, wohl aber hat sich in zwei Untersuchungen gezeigt, daß die Beantwortung der RS insgesamt durch soziale Erwünschtheit beeinflußt wird - wie erwartet nur bei übergewichtigen, nicht bei normalgewichtigen Befragten (Johnson, Lake, & Mahan, 1983; Ruderman & Christensen, 1983).

Es gibt auch Hinweise darauf, daß die RS nicht die kognitive Restriktion der Nahrungsaufnahme erhebt, sondern deren Disinhibition. Wardle (1980) fand keinen Zusammenhang zwischen Kalorienzufuhr und Restriktionsscores. Stunkard und Messick (1985) stellten bei einem Vergleich ihres Instruments, des Three-Factor Eating Questionnaire TFEQ, mit der RS fest, daß diese mit der Subskala "cognitive restraint of food intake" nicht korreliert war, wohl aber, und zwar hochsignifikant (r= .840), mit der Subskala "disinhibition of cognitive restraint".

Ein weiteres Problem der RS betrifft ihre prognostische Validität im Zusammenhang mit Veränderungen im Eßverhalten bei unangenehmen Emotionen. Während in einer Studie die Dimension Gewichtsschwankungen der eindeutig bessere Prädiktor für Essen in Folge von Depressionen war (Frost et al., 1982), verhielt es sich in einer anderen Untersuchung genau umgekehrt: dort war die Dimension Diätbewußtsein der bessere Prädiktor (Ruderman, 1985a).

Als Alternative zur RS wurden verschiedene andere Indikatoren herangezogen. Nahezu gleichzeitig mit der Entwicklung der Restriktionstheorie und der RS wurde von einer bundesdeutschen Forschergruppe ein ähnliches Konzept entworfen, das der "latenten Adipositas" (Pudel, Metzdorff, & Oetting, 1975). In einem Experiment hatte man herausgefunden, daß sich die Verzehrsgeschwindigkeit einer Mahlzeit zwischen übergewichtigen und normalgewichtigen Versuchspersonen unterschied. Erstere verlangsamten ihr Eßtempo während einer 20-minütigen Beobachtung im allgemeinen nicht, während normalgewichtige ihr Tempo kontinuerlich reduzierten. Allerdings zeigte sich auch, daß ein Teil der normalgewichtigen Probandinnen sich ebenso wie die Gruppe der Übergewichtigen verhielt (J.E. Meyer & Pudel, 1977). Unter Rückgriff auf Nisbetts (1972) set-point Theorie wurde erklärt, daß es sich hier um sogenannte latent Adipöse handelt, die biologisch als übergewichtig programmiert sind, die aber ihr Körpergewicht durch bestimmte Orientierungshilfen im Normbereich halten können. Zur Identifizierung dieser Individuen wurde ein Fragebogen mit 40 Items entwickelt, der Fragebogen zur latenten Adipositas FLA (Pudel, Metzdorff, & Oetting, 1975). Es ist eine recht heterogene Zusammenstellung von Items zu Gewichtsbewußtsein, Hunger und Sättigung, extern stimuliertem Essen u.ä., über deren psychometrische Eigenschaften kaum etwas bekannt ist. Van Strien et al. (1986a) berichten, daß in einer Stichprobe von 108 Personen bei einer Faktorenanalyse der mit dem FLA erhobenen Daten nicht weniger als 10 Faktoren mit Eigenwerten > 1 gefunden wurden. Nicht nur diese Multidimensionalität des Instrumentes ist ein Problem, auch das theoretische

Konzept hat eine wesentliche Schwäche: es unterscheidet im Gegensatz zur Restriktionstheorie nicht zwischen Körper-gewicht und Restriktion als zwei unabhängig voneinander variierenden Variablen, sondern vermischt diese Dimensionen. Dadurch wird es unmöglich, die wichtige Gruppe der restriktiven Übergewichtigen zu erfassen.

Vor kurzem und nahezu gleichzeitig wurden in den Niederlanden der bereits erwähnte Dutch Eating Behavior Questionnaire (DEBQ; van Strien et al., 1986a) und in den USA der Three-Factor Eating Questionnaire (TFEQ ; Stunkard & Messick, 1985) entwickelt. Beim DEBQ geht es um Selbstaussagen zum Eßverhalten in den drei Bereichen emotionales, externales und restriktives Essen, beim TFEQ um Selbstaussagen zu den drei Themen kognitive Restriktion der Nahrungsaufnahme, Disinhibition der kognitiven Restriktion und Hungersensibilität. Inzwischen haben andere Wissenschaftlerinnen diese Indikatoren verwendet und zufriedenstellende Ergebnisse berichtet (z.B. Ganley, 1988; Lundholm & Anderson, 1986; Lowe & Maycock, 1988; Wardle, 1986). Der TFEQ liegt inzwischen auch in einer reliablen schwedischen Bearbeitung (Björvell, Rössner, & Stunkard, 1986) und in einer leider weniger reliablen und nur bedingt validen deutschen Fassung vor (Pudel & Westenhöfer, 1989). Der DEBQ wurde als Fragebogen zum Ernährungs-verhalten FEV ins Deutsche übertragen, dabei geringfügig im Wortlaut modifiziert und erwies sich in mehreren Stichproben als reliabel und intern valide (Grunert, 1987, 1989a, 1989c, 1991). In Abbildung 13 sind die Items der drei Subskalen der Indikatoren DEBQ (van Strien et al., 1986a, S. 752), TFEQ (Stunkard & Messick, 1985, S. 81-83) und FEV (Grunert, 1989a, S. 171) wiedergegeben, die das Konstrukt Restriktion erheben sollen. Diese neueren Instrumente sind im Gegensatz zur RS nicht in erster Linie zur Einteilung von Probandinnen in Experimental- und Kontroll-gruppen entwickelt worden, sondern für Befragungen von Individuen, deren Selbstaussagen zu ihrem Eßverhalten als aufschlußreich für Grundlagen-forschung und therapeutische Interventionen angesehen werden. Sie können aber natürlich auch in experimentellen Untersuchungen eingesetzt werden. Es liegen damit gute Voraussetzungen vor, um die Rektriktionstheorie empirisch umfassender zu testen.

Abbildung 13
Alternativen zur Restraint Scale

DUTCH EATING BEHAVIOR QUESTIONNAIRE DEBQ

"1. When you have put on weight, do you eat less than you usually do?
2. Do you try to eat less at mealtimes than you would like to eat?
3. How often do you refuse food or drink offered because you are concerned about your weight?
4. Do you watch exactly what you eat?
5. Do you deliberately eat foods that are slimming?
6. When you have eaten too much, do you eat less than usual the following day?
7. Do you deliberately eat less in order not to become heavier?
8. How often do you try not to eat between meals because you are watching your weight?
9. How often in the evenings do you try not to eat because you are watching your weight?
10. Do you take into account your weight with what you eat?"

THREE-FACTOR EATING QUESTIONNAIRE TFEQ

"1. When I have eaten my quota of calories, I am usually good about not eating any more.
2. I deliberately take small helpings as a means of controlling my weight.
3. Life is too short to worry about dieting.
4. I have a pretty good idea about the number of calories in common food.
5. While on a diet, if I eat food that is not allowed, I consciously eat less for a period of time to make up for it.
6. I enjoy eating too much to spoil it by counting calories or watching my weight.
7. I often stop eating when I am not really full as a conscious means of limiting the amount that I eat.
8. I consciously hold back at meals in order not to gain weight.
9. I eat anything I want, any time I want.
10. I count calories as a conscious means of controlling my weight.
11. I do not eat some foods because they make me fat.
12. I pay a great deal of attention to changes in my figure.
13. How often are you dieting in a conscious effort to control your weight?
14. Would a weight fluctuation of 5 lbs affect the way you live your life?
15. Do your feelings of guilt after overeating help you to control your food intake?
16. How conscious are you about what you are eating?
17. How frequently do you avoid 'stocking up' for tempting food?
18. How likely are you to shop for low calorie food?
19. How likely are you to consciously eat slowly in order to cut down how much you eat?
20. How likely are you to consciously eat less than you want?
21. On a scale from 0 to 5, where 0 means no restraint in eating (eating whatever you want, whenever you want it) and 5 means total restraint (constantly limiting food intake and never 'giving in'), what number would you give yourself?"

FRAGEBOGEN ZUM ERNÄHRUNGSVERHALTEN FEV

"1. Ich versuche oft, zwischen den Mahlzeiten nicht zu essen, weil ich auf mein Gewicht achte.
2. Wenn ich in letzter Zeit zugenommen habe, esse ich weniger als sonst.
3. Ich denke an mein Gewicht bei der Entscheidung, was ich esse.
4. Ich versuche während der Mahlzeiten weniger zu essen, als ich gerne essen würde.
5. Ich esse bewußt weniger, um nicht zuzunehmen.
6. Ich esse bewußt kalorienarme Lebensmittel.
7. Ich achte genau auf das, was ich esse.
8. Ich versuche oft, am Abend nichts zu essen, weil ich auf mein Gewicht achte.
9. Ich lehne oft Speisen und Getränke ab, weil ich um mein Gewicht besorgt bin.
10. Wenn ich an einem Tag zu viel gegessen habe, esse ich am nächsten Tag weniger."

Zu den Untersuchungsdesigns der Herman & Polivy-Arbeitsgruppe

Ein großer Teil der Kritik, die an den Untersuchungen zur Externalität formuliert wurde (s. Abschnitt 2.2.1.), gilt auch hier: die getesteten Hypothesen bezogen sich ohne irgendwelche Einschränkungen auf "Dicke" und "Dünne" oder "Diätsüchtige" und ihr allgemeines Eßverhalten. Es wurden keine Annahmen zu Variablen wie Alter, Geschlecht oder sozioökonomischen Rahmenbedingungen formuliert, die potentiell die Generalisierbarkeit der Ergebnisse einschränken. Das vorherrschende Preload-Disinhibitions-Untersuchungsparadigma berücksichtigt nur die folgenden Aspekte:

- Versuchspersonen waren bis auf eine einzige Ausnahme immer nur Studentinnen, in der Regel Undergraduates im Fach Psychologie. Bei der einzigen Ausnahme handelte es sich um ein Experiment, in dem ausschließlich Studenten eingesetzt wurden, vermutlich weil zur Induzierung eines positiven Erregungszustandes ein Dia mit einer nackten Frau gezeigt wurde (Polivy, Herman, & Warsh, 1978).

- Wegen der aufwendigen mehrfaktoriellen Designs war die Anzahl der Probandinnen je Versuchsbedingung klein, in der Regel 7-10 pro Zelle. Für Argumentationen mit statistischer Nicht-Signifikanz ist dies nicht ausreichend.

- Als Nahrungsmittel wurden ausnahmslos Milkshakes als Preload und Eiscremes für Geschmackstests angeboten. Über die Geschmacksrichtung der Milkshakes werden keine Angaben gemacht, Eiscreme aber gab es mit Vanille-, Schokoladen- und Erdbeergeschmack: "Three different flavors were provided so as to maximize the likelihood of there being at least one desirable flavor" (Herman & Mack, 1975, S. 651). Menschen, die nicht gerne Süßigkeiten essen, sind für solche Experimente denkbar ungeeignet.

Damit ist die externe Validität der Untersuchungsergebnisse nicht ausreichend, denn sie wurden um den Preis einer für Laborbedingungen typischen Eliminierung der Alltagsphänomene erzielt, die durch starke Variabilität gekennzeichnet sind.

Gelegentliche kritische Einwände gegen die Arbeiten der Herman-Polivy-Arbeitsgruppe (Lowe, 1986; Ruderman, 1986) wurden von dieser immer mit dem Hinweis auf eigene Untersuchungen abgewehrt (Polivy & Herman,

1986; Heatherton et al., 1988), andere Literatur wurde kaum berücksichtigt und wird dies zunehmend weniger, da der eigene Output an wissenschaftlichen Artikeln über die vergangenen Jahre hinweg eine beeindruckende Menge erreicht hat. Hilfreich für eine den Erkenntnisfortschritt fördernde Diskussion ist dies nicht. Ein erfahrener Adipositasforscher hat einmal angemerkt, daß es wenig glücklich sei, daß die Bestätigung der Externalitätshypothese immer nur von der Arbeitsgruppe um Schachter gekommen ist (Stunkard, 1975). Eine entsprechende Anmerkung zur Bestätigung der aus der Restriktionstheorie abgeleiteten Hypothesen durch die Arbeitsgruppe um Herman und Polivy ist nicht völlig abwegig.

Was ist "kognitive Kontrolle der Nahrungsaufnahme"?

Nicht nur die Herman-Polivy-Arbeitsgruppe, sondern auch andere Wissenschaftlerinnen, die sich mit der Regulierung der Nahrungsaufnahme beschäftigt haben, sprechen von *"kognitiver"* gegenüber *"physiologischer" Kontrolle beim Essen*. Was genau sie darunter verstehen und wie diese beiden Begriffe voneinander abgegrenzt werden, bleibt unklar. Zurückzuführen ist diese Unterscheidung vermutlich auf die kognitiv-physiologische Theorie der Emotion von Schachter und Singer (1962, s. Abschnitte 2.2.1., 3.1.2.), die besagt, daß in einer gegebenen Situation Emotionen die Funktion eines physiologischen Erregungszustandes und einer diesem Zustand angemessenen Kognition sind. Emotionale Zustände werden beschrieben als Erregung des vegetativen Nervensystems und "it is suggested that one labels, interprets, and identifies this stirred-up state in terms of the characteristics of the precipitating situation and one's apperceptive mass" (Schachter & Singer, 1962, S. 380). Dieses Benennen, Interpretieren und Identifizieren einer Erregung ist der kognitive Prozeß, der durch die augenblickliche Situation in Gang gesetzt wird und im Lichte früherer Erfahrungen erfolgt. In den meisten emotionsauslösenden Situationen, so die beiden Autoren, sind physiologische und kognitive Faktoren vollständig miteinander verflochten. Diese Verflechtungshypothese ist dann jedoch bald und ohne Begründung aufgegeben worden. Mit dazu beigetragen hat vermutlich die von Schachter (1967) aus seiner Emotionstheorie abgeleitete Externalitätshypothese über die Beachtung interner Signale und externer Reize, in der interne Signale mit physiologischen Erregungszuständen - Hunger, Sättigung - gleichgesetzt wurden. Aus den externen Reizen, bei Schachter im Kontext Essen vor allem Geschmack, Geruch und Aussehen von Speisen, wurden dann bald "kognitive Faktoren".

S.C. Wooley (1972) umschrieb den Begriff "kognitiv" mit Ausdrücken wie "complete knowledge", "belief" oder "voluntary control" und bezeichnete in ihrer Versuchsanordnung als kognitiven Faktor das Wissen um den Kaloriengehalt des Preload, der den Probandinnen einmal als hoch und einmal als niedrig angegeben wurde. Von diesem kognitiven Faktor unterschied sie die Wahrnehmung interner physiologischer Stimuli, obwohl eine Wahrnehmung ohne kognitive Interpretation nicht handlungsrelevant werden kann. Ähnlich unpräzise übernahm Pudel (1973) diese Begriffe: "gelernte Signale", "'Wissen'" und "externe Reize mit Signalfunktion" werden als "Störvariable" im physiologischen Regelkreis der Appetit- und Sättigungsregulierung begriffen, wobei diese Störvariable beispielsweise als Kalorienangabe auf Suppentüten operationalisiert wurde. In späteren Versuchen verzichtete man ganz auf nähere Erklärungen, welcher Art die kognitiven Faktoren sind, die über-gewichtige bzw. restriktive Versuchspersonen zum Essen veranlassen. Offenbar waren damit alle in der Versuchsbedingung vorhandenen Reize gemeint.

Im Grenzmodell der Regulierung der Nahrungsaufnahme (Herman & Polivy, 1984) wurden ebenfalls physiologische und kognitive Einflußfaktoren unterschieden. Während Hunger- und Sättigungssignale physiologische Determinanten genannt werden, bezeichnen Herman und Polivy (1984, S. 144) "social, cognitive and other psychological influences" als nicht-physiologische Determinanten. Diese Aufzählung entspricht nicht den sonst üblichen Einteilungskriterien, und es fehlt, auch in allen nachfolgenden Aufsätzen, eine Erläuterung der "sonstigen psychologischen Einflüsse".

Als *kognitive Prozesse* bezeichnet man in der Kognitionspsychologie Prozesse der *menschlichen Informationsverarbeitung*. Sie betreffen generell die Arten von Informationen, die im Gedächtnis vorhanden sind, und die Vorgänge, die sich auf die Aufnahme, die Speicherung und die Verwendung solcher Informationen beziehen. Informationsverarbeitung liegt allen Aktivitäten von Aufmerksamkeit, Wahrnehmung, Erinnerung, Lernen, Verstehen und Problemlösen zugrunde (z.B. Wessels, 1984). Das zentrale Stichwort heißt *Wahrnehmung*. Während in allen drei zentralen Konzepten zum Eßverhalten - Emotionalität, Externalität, Restriktion - das Normalverhalten als bedingt durch die Wahrnehmung von internen physiologischen Signalen angesehen wird, gilt Fehlverhalten als von nicht näher bezeichneten kognitiven Faktoren gesteuert. Damit wird unterstellt, daß die Wahrnehmung physiologischer Signale kein kognitiver Prozeß ist, keiner weiteren Verarbeitung unterliegt und deshalb unmittelbar handlungsrelevant wird. Die Wahrnehmung und Bewertung von physiologischen Signalen ist aber ebenso wie die von Umweltsignalen Teil von Informationsverarbeitungsprozessen (vgl. Arnold, 1960a; Lazarus, Averill, & Opton, 1970).

Beispiel hierfür ist der folgende Befund: in einem Experiment, in dem Angst vs. Nicht-Angst, Restriktion vs. Nicht-Restriktion und Preload vs. Nicht-Preload die unabhängigen Variablen und der Verzehr im üblichen Eiscreme-Geschmackstest die abhängige Variable darstellte, wurde ein signifikanter Interaktionseffekt der drei unabhängigen Variablen gefunden (Herman et al., 1987). Bei den nicht-restriktiven Esserinnen unterdrückte Angst Hungergefühle nur dann, wenn sie vorher schon hungrig waren, für die restriktiven Esserinnen steigerte Angst den Appetit nur, wenn sie bereits hungrig das Experiment begannen. Dieses Ergebnis wird mit dem Grenzmodell erklärt. Zunächst zu den nicht-restriktiven Esserinnen: befindet sich die Versuchsperson zum Zeitpunkt des Experiments in der Hungerzone, dann gerät sie durch Angst aufgrund der damit verbundenen physiologischen Erscheinungen in die Zone biologischer Indifferenz, verspürt also keinen Hunger mehr und ißt im nachfolgenden Geschmackstest nur gerade so viel, daß die Aufgabe des Testens erfüllt wird. Restriktive Esserinnen hingegen, die hungrig sind, sich also außerhalb ihrer selbstauferlegten Diätgrenze befinden, werden durch Angst zum Überschreiten eben dieser Grenze gebracht, also disinhibiert, und essen daher im nachfolgenden Geschmackstest mehr. Demnach schließen kognitive Prozesse beim Essen die Wahrnehmung des eigenen Hunger- bzw. Sättigungsniveaus ebenso ein wie die Bewertung anderer situativer Variablen und bewirken so erst ein entsprechendes Eßverhalten.

Die begriffliche Vermischung beim Ausdruck "kognitiv" hat somit eher verhindert, daß Informationsverarbeitungsprozesse beim Eßverhalten näher untersucht wurden. Eine solche Untersuchung wäre aber geboten, um das Zusammenwirken interner Signale und externer Stimuli bei der Nahrungsaufnahme zu klären. Daß die Unterscheidung von physiologischen und kognitiven Faktoren zur Erklärung der Ergebnisse von Experimenten zur Restriktionstheorie nicht unbedingt nötig ist, zeigt folgendes Beispiel. Baucom und Aiken (1981) schlagen eine Erklärung vor, die sich auf die Theorie der erlernten Hilflosigkeit (Seligman, 1975; L.Y. Abramson, Seligman, & Teasdale, 1978) bezieht, nach der Kontrollverlust eine zentrale Komponente von Depressionen ist, und die die Beobachtung von Costello (1972) berücksichtigt, daß Verstärker ihre Wirksamkeit in depressiven Zuständen verlieren. Bei restriktiven Esserinnen wirken Überzeugungen über Körperbild oder Gesundheit als Verstärker für eine Kontrolle der Eßgewohnheiten, während für nicht-restriktive Esserinnen die Nahrungsaufnahme selbst verstärkende Wirkung hat. In depressiven Phasen verlieren die Dinge, die im Leben der Betroffenen sonst wichtig sind, ihre Bedeutung - Körperbild oder Gesundheit zählen nicht mehr, und deshalb werden Essenseinschränkungen aufgehoben oder Essen selbst wird unwichtig, und nicht-restriktive Esserinnen verringern deshalb die Nahrungszufuhr. Diese Überlegung umgeht die problematische Trennung von kognitiv und physiologisch.

Die Dichotomie "physiologisch - kognitiv" wird der Komplexität menschlichen Eßverhaltens nicht annähernd gerecht. Nur die physiologischen Hunger- und Sättigungssignale als Einflußfaktoren für "normales" Eßverhalten verantwortlich zu machen, ist mit dem gegenwärtigen Kenntnisstand nicht vereinbar (Diehl, 1980; s.a. Abschnitt 1.2.1.). Ebensowenig ist einzusehen, warum die als "Abweichlerinnen" angesehenen Individuen, also Übergewichtige und/oder Restriktive, auf so viele Reize reaktionsfähig sein sollen, während die "Normalen" nur für so wenige Stimuli offen sind. Die Suche nach Persönlichkeitsmerkmalen könnte hier hilfreich sein, der Aspekt des Kontrollverlustes und der gelernten Hilflosigkeit ist ein Beispiel. In einigen der Befragungen, die in Tabelle 5 genannt sind, wurde nach möglichen Zusammenhängen zwischen Eßverhalten und Persönlichkeitsmerkmalen gesucht. Meistens handelt es sich allerdings um klinische Samples oder um Teilnehmerinnen an Programmen zur

Gewichtsreduktion. Nichtklinische Stichproben und Befragte ohne offensichtliche oder selbstempfundene Gewichtsprobleme sind selten (Grunert, 1989b).

Restriktion und emotionsbedingtes Eßverhalten

Restriktion als eine freiwillige und bewußte Einschränkung der Nahrungsaufnahme mit dem Ziel der Gewichtsstabilisierung oder -verringerung ist ein weitverbreitetes und wachsendes Phänomen, das eng mit dem in westlichen Wohlfahrtsgesellschaften vorherrschenden Schönheits- und Gesundheitsideal zusammenhängt. Mehrere Untersuchungen haben darauf aufmerksam gemacht (Greenfeld et al., 1987; Niebel, 1987a, 1987b; Tiggemann & Pennington, 1990; Westenhöfer et al., 1987; R.L. Williams et al., 1986), daß immer mehr, vor allem junge Frauen einem Schlankheitsdiktat folgen, das Störungen im Eßverhalten bewirkt und schließlich zu Krankheiten wie Anorexie oder Bulimie führen kann. Allmählich wird die Gefahr erkannt, daß eine Therapieform, die ursprünglich nur für starkes Übergewicht mit potentiellen chronischen Krankheitskonsequenzen gedacht war, nun zur Verhaltensrichtschnur für sehr viele nicht übergewichtige Menschen wird. Polivy und Herman (1987) sprechen von "Diagnosis and treatment of normal eating", O.W. Wooley und S.C. Wooley (1982) beschreiben "The Beverly Hills eating disorder: The mass marketing of anorexia nervosa" und beziehen sich dabei auf ein in den USA sehr erfolgreiches Diätbuch, das anorektisches und damit stark gesundheitsgefährdendes Eßverhalten als Lösung aller Gewichts-, Körper- und Selbstwert-Probleme propagiert und das einige Jahre später dennoch in einer wissenschaftlich betreuten (Pudel, 1987) deutschen Zeitschriften-Serie mit dem Titel "ABC der modernen Ernährung" empfohlen wurde. Dabei wurde schon in den 70er Jahren Einspruch gegen den Diät"wahn" erhoben. Bücher erschienen mit Titeln wie "The psychologist's eat-anything diet" (Pearson & Pearson, 1973), "Das Anti-Diätbuch" (Orbach, 1979), "Breaking the diet habit" (Polivy & Herman, 1983), "Durch dick und dünn" (Schwarzer, 1986) oder "Muß der Speck weg?" (Grauer & Schlottke, 1987). Einige davon waren feministisch motiviert und vielleicht auch deshalb weniger erfolgreich als die wöchentlich wechselnden Diätvorschläge in Zeitschriften mit Massenauflage.

Restriktion, die Unterdrückung von Eßgelüsten, funktioniert nicht immer, wie die in diesem Abschnitt referierten Untersuchungen deutlich belegen. Gelegentliche bis häufige Unterbrechungen durch sogenannte Disinhibitoren kommen vor. Restriktion und Disinhibition können sich abwechseln. Dabei haben die Experimente gezeigt, daß Emotionen besonders erfolgreiche Disinhibitoren sein können.

Restriktives Eßverhalten und emotionsbedingtes Essen können offenbar zusammenhängen - doch in welcher Kausalrichtung? In den beschriebenen Experimenten wurde eine kausale Beziehung in Richtung Restriktion - Disinhibition - Essen angenommen. In diesem Fall wäre Restriktion die *Voraussetzung* für eine Nahrungsaufnahme, die beispielsweise emotionsbedingt ist. Die *Kontrollfunktion* restriktiven Eßverhaltens, die präventiv zur Vermeidung von Gewichtsveränderungen und therapeutisch zur Verringerung von übermäßigem Körpergewicht dient, kann mithin durch Emotionen unterlaufen werden. Emotionsbedingtes Eßverhalten ist daher unter bestimmten Voraussetzungen ein Disinhibitionsvorgang. Damit können Restriktion und Emotionsregulierung durch Essen sich immer wieder abwechseln und für manche Individuen zu einem Teufelskreis werden.

Ein besseres Verständnis der Zusammenhänge von Restriktion, Disinhibition und Emotionen kann jedoch erst erlangt werden, wenn die Informationsverarbeitungsprozesse bei der Wahrnehmung interner und externer Signale gründlicher untersucht und in einem umfassenden Modell explizit gemacht werden. Dann wäre es zum Beispiel möglich, komplexere Kausalzusammenhänge zu analysieren. So ist etwa denkbar, daß Restriktion als *Folge* emotionsbedingten Essens auftritt und damit eine *Regulativfunktion* übernimmt, die übermäßige Nahrungsaufnahme aufgrund von Emotionen kompensiert. Das Unterdrücken von Eßgelüsten selbst kann außerdem als Streß empfunden werden und damit als negative Emotion, die deshalb, nur scheinbar paradox, von Zeit zu Zeit zu emotionsbedingtem Essen führt, das dann fälschlicherweise als Disinhibitionseffekt interpretiert wird.

2.3. Nahrungseinflüsse auf Psyche, Gehirn und Verhalten

Essen wird zur Regulierung von Emotionen eingesetzt, aber hat eine solchermaßen induzierte Nahrungsaufnahme auch die intendierte Wirkung? Diese Frage berührt zwei Ebenen: zum einen den Einfluß des *Essens als Vorgang,* also die vorwiegend psychologische Wirkung durch den Verzehrsakt selbst, zum anderen den *Effekt bestimmter Nahrungsbestandteile,* also die mehr psychophysiologische Wirkung im Anschluß an die Nahrungsaufnahme.

Die psychologische Wirkung des Essens

Dem psychosomatischen Konzept zufolge entstehen Essenswünsche von (übergewichtigen) Menschen aus dem Bedürfnis nach Angstreduzierung. Eine solche Erregungsminderung durch Essen kann zum Beispiel dadurch ermöglicht werden, daß die Aufmerksamkeit vom angsterregenden Stimulus abgelenkt wird, indem sie sich der Zubereitung und/oder dem Verzehr von Essen zuwendet. Damit kann auch ein länger anhaltendes Gefühl der Entspannung eintreten. In einigen wenigen der weiter oben beschriebenen Experimente zu emotionsbedingtem Essen wurde deshalb überprüft, ob die Versuchspersonen, bei denen Angstzustände induziert worden waren, sich nach der Nahrungsaufnahme beim vorgeblichen Geschmackstest ruhiger fühlten (Herman & Polivy, 1975; McKenna, 1972; Schachter, Goldman & Gordon, 1968; Slochower, 1976; Slochower & Kaplan, 1983). Diese Überprüfung erfolgte mittels prä- und postexperimentell gestellter Fragen nach dem Erregungsgrad, die auf mehrstufigen Ratingskalen beantwortet wurden. Für alle Gewichtsgruppen zeigte sich in der Regel eine Erregungsverminderung, die bei den Übergewichtigen etwas deutlicher ausfiel.

Aus der psychosomatischen Hypothese der essensbedingten Verminderung von Angstgefühlen kann überdies ein positiver Zusammenhang zwischen der Menge der verzehrten Nahrung und dem Ausmaß der Angstreduzierung abgeleitet werden. Diesem Zusammenhang wurde in drei der genannten Experimente nachgegangen. Er wurde bestätigt sowohl in einer Gruppe normalgewichtiger nicht-restriktiver Probandinnen ($r = 0.80$, $p <$

0.01, Herman & Polivy, 1975) als auch in Gruppen von Übergewichtigen ($r = 0.63$, $p < 0.005$, Slochower, 1976; und $r = 0.22$, $p < 0.10$, Slochower & Kaplan, 1983). In allen diesen Experimenten wurde die Angstreduzierung immer nach der Nahrungs-aufnahme durch Befragung erhoben, niemals während des Essens, z.B. als Messung der physiologischen Erregungsveränderung. Damit läßt sich keine Aussage darüber machen, ob sich die streßmindernde Wirkung auf den Verzehr des Essens selbst und/oder auf einen - möglicherweise begrenzten - Zeitraum nach der Nahrungsaufnahme bezieht. Zusätzlich kompliziert wird der Sachverhalt dadurch, daß in den Experimenten vor der Befragung das Essen, also der "distractor", entfernt wurde, während die physische oder Ego-Bedrohung aber noch so lange anhielt, bis die Versuchspersonen am Ende des Experimentes über die Versuchsanordnung informiert wurden (vgl. Spitzer, Marcus, & Rodin, 1980). Zwischen diesen beiden Ereignissen wurde der Erregungsgrad gemessen, der zu diesem Zeitpunkt noch von der Streßsituation beeinflußt gewesen sein muß. In einem anderen Experiment wurde direkt die Möglichkeit untersucht, die in einer Testsituation bei den Teilnehmerinnen vorhandene Testangst durch das Anbieten von Sandwiches zu vermindern (Pines & Gal, 1977). Erwartungsgemäß aß die sich in der angstinduzierenden Testsituation befindende Studentinnengruppe mehr Sandwiches als die Kontrollgruppe, vor allem aber ergaben die Selbstbeurteilungen der unter der Angstbedingung arbeitenden Teilnehmerinnen, daß die Nahrungsaufnahme eine Verringerung des anfänglichen Erregungsniveau bewirkt hatte.

Diese Befunde ergeben ein uneinheitliches Bild. Möglicherweise hängt dies wiederum mit der Art der induzierten Emotionen zusammen. In den Experimenten, in denen sich keine signifikante Angstreduzierung durch Essen zeigte, wurde physische Gewalt angekündigt, bei Pines und Gal (1977) und Slochower (1976) fand jedoch eine Ego-Bedrohung statt. Bei dieser Art von Belastung ist eine Angstreduktion durch Essen offensichtlich wirkungsvoller, und es scheint, als ob dadurch häufiger Essenswünsche induziert werden.

Analog zur kurvilinearen Beziehung zwischen Erregung und Verstärkung (Berlyne, 1967) argumentieren Robbins und Fray (1980, S. 127; vgl. Averill, 1973) für eine *kurvilineare Beziehung zwischen Essen und Streß*: das Appetitsystem wird mit steigender Stimulusintensität aktiviert, ab einem bestimmten Schwellenwert der Stimulusintensität wird jedoch zusätzlich ein aversives System aktiviert, so daß als Resultat dieser entgegengesetzt wirkenden Kräfte bei sehr hohen Intensitäten die Tendenz zum Essen wieder abnimmt. Ob diese Annahme einer umgekehrt U-förmigen Beziehung zwischen Intensität des empfundenen Streß' und Umfang der Nahrungsaufnahme tatsächlich zutrifft, kann bislang weder auf der Grundlage der Befunde zum psychosomatischen Konzept noch der zur Externalitätshypothese entschieden werden, weil in den Untersuchungen nur absolute, nicht aber graduelle Erregungsniveaus mit der verzehrten Nahrungsmenge in Beziehung gesetzt wurden.

Zwei ältere Untersuchungen sind der Frage nach der Wirkung des Essens auf Einstellungen nachgegangen und haben untersucht, ob Menschen während des Verzehrs von ihnen wohlschmeckenden Speisen und Getränken aufgrund des damit verbundenen Wohlbefindens für beeinflussende Botschaften empfänglicher sind (Dabbs & Janis, 1965; Janis, Kaye, & Kirschner, 1965). Erwartungsgemäß zeigte sich, daß die Personengruppen, denen während des Essens die beeinflussende Botschaft übermittelt wurde, im Durchschnitt eine größere Einstellungs- und Meinungsänderung aufwiesen. Die Autoren sprechen von "momentary compliance": Der Verzehr der angebotenen Speisen bewirkt eine vorübergehende Bereitschaft zur Nachgiebigkeit gegenüber den Gastgeberinnen, die während des Essens am stärksten ist und nach Beendigung der Mahlzeit rasch an Intensität verliert. Damit bestätigt sich sowohl der Nutzen von sogenannten Arbeitsessen, sei es nun bei EG-Gipfeln, Lobbyistenlunches oder gemeinsamen Abendessen von Politikerinnen und Journalistinnen, als auch die Vermutung, daß Essen nicht nur emotionsregulierend eingesetzt werden, sondern auch unabhängig, aus einer eher neutralen Befindlichkeit heraus emotionsinduzierend wirken kann.

Die psychophysiologische Wirkung von Nahrungsbestandteilen

Die Essenswünsche, die durch Emotionen hervorgerufen werden, sind, so muß angenommen werden, ebenso wie Hungergefühle und Appetit in ihrer Befriedigung gegenstandsbezogen: nicht jedes Lebensmittel wird vom betroffenen Individuum als geeignet zur Modifizierung einer spezifischen emotionalen Lage angesehen. Einige Studien zeigten folgende Zusammenhänge auf: Schokolade und andere Süßigkeiten werden von Frauen in Abhängigkeit vom Stadium des Menstruationszyklus präferiert (Tomelleri & Grunewald, 1987). Salzige Lebensmittel werden von jüngeren, normalgewichtigen, sich gestreßt fühlenden Menschen bevorzugt, während ältere, gestreßte, übergewichtige Nichtraucherinnen offenbar niedrigkalorische Lebensmittel vorziehen (Willenbring, Levine, & Morley, 1986). Von 34 Befragten einer Untersuchung gaben 19 an, bei Streß eine Vorliebe für etwas "Süßes" und 7 für etwas "Handfestes" zu haben, während 8 von wechselnden Präferenzen sprachen (March, 1969). Versuche, das Rauchen einzustellen, führen häufig zu gesteigertem Appetit auf Süßigkeiten (Grunberg, 1982) ebenso wie nach der Geburt auftretende Depressionen (Dalton, 1980) oder streßreiche Phasen während des Studiums (Spillman, 1990). Auch Übergewichtige zeigten eine Verminderung ihres depressiven Zustandes nach dem Verzehr kohlehydratreicher Snacks, während eine Kontrollgruppe erhöhte Depression nach proteinreichen Snacks berichtete (Lieberman, J.J. Wurtman, & Chew, 1986). Studentinnen gaben an, bei angenehmen Emotionen eher als gesund einzustufende Lebensmittel, bei negativen Emotionen hingegen "junk food" als Stimmungsregulatoren zu bevorzugen (Lyman, 1982). Jahreszeitlich bedingten Depressionen begegneten 23 von 29 Patienten mit sogenanntem "carbohydrate craving" (Rosenthal et al., 1984) ebenso wie 43 von 57 stark übergewichtigen Frauen mit depressiven Syndromen (Hopkinson & Bland, 1982). Es ist daher durchaus denkbar, daß solche Vorlieben eine Art Selbstmedikation darstellen, die auf der Erfahrung der psychophysiologischen Wirkung bestimmter, in den bevorzugten Lebensmitteln enthaltenen Nährstoffen beruht - wobei diese Erfahrung durchaus unbewußt sein kann, d.h. nichtwissentlich die Auswahl des emotionsmodifizierenden Lebensmittels, der luststeigernden Speise oder der entspannenden Mahlzeit bestimmt.

Während man bislang vor allem bei Genußmitteln wie Kaffee und Alkohol von einem direkten Einfluß auf die Psyche ausgehen konnte, belegen neuere Forschungen, daß schon alltägliche Schwankungen im Verzehr von Grundnahrungsmitteln die Funktion des Zentralnervensystems beeinflussen. Ein solcher Effekt galt lange als unwahrscheinlich, weil das Gehirn, das zwar nur 2 % des Körpergewichts ausmacht, aber immerhin 20 - 30% des Grundumsatzes beansprucht, auch bei starker Unterernährung auf Kosten des übrigen Körpers die meisten Nährstoffe verbraucht. Inzwischen steht jedoch fest, daß die Bereitstellung bestimmter Neurotransmitter - Hirnbotenstoffe, die wichtige Informationen von Nervenzelle zu Nervenzelle weitergeben - vom Angebot ihrer biochemischen Vorstufen in der Nahrung abhängt (Lieberman & R.J. Wurtman, 1986; R.J. Wurtman, 1982).

Die vorliegenden Untersuchungen über Nahrungseinflüsse auf Gehirn und Psyche konzentrieren sich im wesentlichen auf die Auswirkungen des Verhältnisses von Kohlehydraten und Proteinen zueinander in Mahlzeiten, auf die damit verbundenen Folgen unterschiedlicher Tryptophan- bzw. Serotoninversorgung des Gehirns (Überblick bei Spring, Chiodo, & Bowen, 1987) sowie auf den Einfluß von Vitaminen und Mineralstoffen insbesondere auf die Intelligenz (Überblick bei Diehl, im Druck).

Zunächst zum derzeitigen Wissensstand über die *Folgen des Verzehrs von Kohlehydraten und Proteinen*: "Can sugar pick you up? Will pasta push you down?" (Chollar, 1988, S. 30). Das sogenannte Wurtman-Modell beschreibt die physiologischen Effekte als eine Kette biochemischer Ereignisse, die über die Blut-Hirn-Schranke erfolgen, die gleichzeitig Sperre und Vermittler des Stoffaustausches zwischen Blut und den Neuronen des Gehirns ist. Zu den Stoffen, die um den Zutritt zum Gehirn konkurrieren, gehört die langkettige Aminosäure Tryptophan, die im Hirn in Serotonin umgewandelt wird. Der Verzehr von Kohlehydraten erhöht die Tryptophankonzentration relativ zu der seiner Konkurrenten, so daß mehr Serotonin produziert wird (Fernstrom & R.J. Wurtman, 1971). Dabei gilt, daß die eingenommenen Mahlzeiten nicht nur kohlehydratreich, sondern gleichzeitig auch proteinarm sein müssen, um diese Wirkung zu erzielen. Eine eiweißreiche Mahlzeit hat hingegen einen Schwund des Hirnserotonins zur Folge, weil Protein nur wenig Tryptophan enthält, das dann vergeblich mit den anderen, in Eiweiß reichlich vorhandenen langkettigen Aminosäuren (Leucin, Isoleucin, Valin, Tyrosin und Phenylalanin) um den Zugang zum Zentralnervensystem wetteifert.

Serotonin ist am Einschlafen, an der Gemütsaufhellung, der Schmerzlinderung und der Libido beteiligt, d.h. Tryptophangaben können beispielsweise die Einschlafzeit verkürzen (Lehnert, 1985), zu einem ausgeglichenen Seelenzustand beitragen (Christensen et al., 1985; Gelenberg & Gibson, 1984), die Schmerzempfindlichkeit verringern (Lieberman et al., 1982) oder auch die sexuelle Aktivität zumindest von Ratten beeinträchtigen (Lieblich, Shaviv, & Cohen, 1985). Ein Serotoninmangel geht dagegen mit Depressionen, erhöhter Schmerzempfindlichkeit und Eßlust auf Kohlehydrate einher. Letzteres Phänomen tritt offenbar besonders bei Übergewichtigen auf, die eine bis zu 25 % verminderte Tryptophansynthese haben, da bei ihnen vermutlich die Serotonin-Neurone des Gehirns zu wenig arbeiten (Ashley et al., 1985).

Verschiedene Konzentrations- und Reaktionsleistungen werden durch kohlehydratreiche Mahlzeiten geringer, während proteinreiche Mahlzeiten zu leichterer Ablenkbarkeit führen können (Smith et al., 1988), in der Regel aber wohl höhere Konzentrationsleistungen zur Folge haben (Lieberman, J. Wurtman, & Chew, 1986; Spring, Chiodo, & Bowen, 1987). Die Biochemikerin J. Wurtman (nach Chollar, 1988, S.34) glaubt, daß dieses Wissen für die Gestaltung der eigenen intellektuellen Fähigkeiten genutzt werden kann, aber auch "to use the carbohydrate connection to outfox business competitors. One of her clients took a businessman to a restaurant that served delicious homemade bread. While they were negotiating a tricky deal, Wurtman's client passed on the bread and sat back and watched as the man, initially wary, stuffed himself and mellowed in front of her eyes. 'She told me that she felt like a spider enticing a fly into a trap,' Wurtman says. 'And she made sure they shook hands on the deal while he was still under the influence of all that serotonin.'"

Während diese Zusammenhänge von den meisten Menschen vermutlich nur intuitiv für ihre Emotionsregulierung genutzt werden, bestehen für die Wirkungen von Vitaminen und Mineralstoffen auf die Leistungsfähigkeit weitverbreitete Laienannahmen. Sie sind nicht zuletzt darauf zurückzuführen, daß durch Forschungsergebnisse belegte negative Folgen eines - häufig massiven - Nährstoffmangels in eine positive Wirkung umgedeutet werden. Danach ermöglicht eine zusätzliche Zufuhr bei bisheriger Normalversorgung physische und psychische Leistungssteigerung: eine Auffassung, die durch entsprechende Verbreitung in den Medien und Werbemaßnahmen für sogenannte Nahrungsergänzungsmittel noch gefördert wird.

Die Ergebnisse mehrerer älterer Studien haben die Auffassung der Ernährungswissenschaft und -psychologie gestützt, nach der bei einer ausreichenden Versorgung mit Vitaminen und Mineralstoffen eine zusätzliche Einnahme entsprechender Präparate weder eine Leistungssteigerung noch eine Befindlichkeitsverbesserung bewirkt (nach Diehl, im Druck: Bernhardt Northway, & Tatham, 1948; Huber, 1960; Kubala & Katz, 1960; Yudkin, 1944). Die Befunde einer neueren Untersuchung (Benton & Roberts, 1988) wiesen jedoch nach, daß bei Schulkindern die Verabreichung eines Multi-Vitamin-Mineralstoff-präparates über einen Zeitraum von acht Monaten zu einer signifikanten Steigerung der nonverbalen Intelligenz führte. Mehrere anschließend als Replikationen durchgeführte Experimente zeigten uneinheitliche Ergebnisse mit einer leichten Tendenz zu positiven Wirkungen auf die Intelligenzleistung (Benton & Buts, 1990; Naismith et al., 1988; Schoenthaler et al., 1991ab). Eysenck (1991) und Yudkin (1991) argumentieren deshalb, daß auch ohne erkennbare äußerliche körperliche Symptome eine suboptimale Versorgung des Gehirns vorliegen könne, die zu einer Behinderung der vollen Entfaltung intellektueller Fähigkeiten führe. Dies kann auch dann der Fall sein, wenn die üblichen Empfehlungen zur Nährstoffversorgung befolgt werden, denn diese seien am Kriterium der körperlichen Gesundheit orientiert, nicht aber an dem der maximalen geistigen Leistungsfähigkeit.

Dieser Abschnitt ist als Ergänzung zu den in diesem Kapitel beschriebenen verschiedenen Aspekten des emotionsbedingten Essens gedacht und soll eine Brücke zum ersten Kapitel - Stichwort "spezifischer Hunger und Selbstauswahl" - schlagen, in dem das Zusammenspiel von biochemischen Konsequenzen bestimmter Nahrungsinhaltsstoffe und ihrer Wirkungen auf Psyche, Gehirn und Verhalten an einigen Beispielen dargestellt wurde. Zusammenfassend läßt sich zum einen festhalten, daß Vitamine und Mineralstoffe unter bestimmten Voraussetzungen geistige Leistungsfähigkeit verbessern können und damit vielleicht auch die emotionale Befindlichkeit als Folge von Erfolgserlebnissen. Zum anderen sind es Kohlehydrate und

Tryptophan, die offensichtlich die Hirnbiochemie modifizieren und dadurch Stimmung und Verhalten beeinflussen können. So kann beispielsweise ein Individuum in unangenehmem emotionalem Zustand mit gleichzeitiger Serotoninunterfunktion zufällig und unbeabsichtigt herausfinden, daß kohlehydratreiche und proteinarme Lebensmittel zu einer Verbesserung seiner Stimmung führen, weil solche Lebensmittel die Zufuhr von Tryptophan ins Gehirn fördern und damit die Serotoninsynthese erhöhen. Diese Herbeiführung einer angenehmen Stimmungslage wirkt dann als Verstärker eines selektiven Verzehrs von Süßem, der gewohnheitsmäßige Formen annehmen kann: "As individuals administer drugs to modulate behavioral symptoms and mood, so may they learn to select and self-administer foods to achieve the same result." (Spring, Chiodo, & Bowen, 1987, S. 254).

2.4. Zusammenfassung des 2. Kapitels

In diesem Kapitel wurde der größte Teil der Forschungsbefunde gesichtet und kommentiert, die zur Zeit zum Themenbereich emotionsbedingtes Essen vorliegen.

Zunächst wurde auf den *emotionalen Symbolgehalt* des Essens eingegangen, dem auch in der Konsumforschung wachsende Aufmerksamkeit zuteil wird, wobei insbesondere die *Semiotik* ein vielversprechender Zugang zu sein scheint. Fünf Klassifikationsversuche emotionaler Essenskonnotationen psychologischen, psychoanalytischen und sozialanthropologischen Ursprungs wurden vorgestellt. Es gelang, die dabei deutlich gewordene Vielgestaltigkeit des Symbolgehalts auf vier grundlegende Dimensionen zu reduzieren: Essen kann *Sicherheit, Lust, Geltung* und *Zugehörigkeit* vermitteln. Vor allem die ersten beiden Dimensionen haben Bedeutung für das Eßverhalten zur Selbstregulierung von Emotionen.

Betrachtet man allerdings die experimentellen Befunde zur Selbstregulierung von Emotionen durch Essen näher, so zeigt sich, daß fast ausschließlich negative Emotionen (Streß), also der Einsatz von Essen zur (Wieder-) Erlangung von *Sicherheit,* untersucht wurden, und das nahezu ausschließlich im Kontext der Adipositasforschung, d.h. solches Verhalten wurde als nur für Übergewichtige typisch angesehen. Die zahlreichen Untersuchungen zu diesem *psychosomatischen Konzept der Adipositasgenese* zeigen in der Tat, daß Übergewichtige auf Streß häufig mit vermehrter, Normalgewichtige eher mit verminderter Nahrungsaufnahme reagieren. Die Aussagekraft dieser Untersuchungen ist jedoch in mehrfacher Hinsicht begrenzt. Es wurde in der Regel nicht untersucht, welche Emotionen eigentlich experimentell induziert wurden. Die Essensmöglichkeiten beschränkten sich auf schnell verfügbare Snacks. Alternative Streßbewältigungsmöglichkeiten waren in der Regel nicht gegeben. Schließlich wurden fast ausschließlich Psychologiestudentinnen untersucht. Als gesicherter Befund bleibt schließlich nur, daß Streß in bestimmten Situationen zu erhöhter Nahrungsaufnahme führen kann.

Ein Faktor, der für die Auslösung solchen Verhaltens möglicherweise bedeutsam ist, ist das Vorhandensein von nahrungsbezogenen Außenreizen. Ebenfalls aus der Adipositasforschung stammt die Hypothese, daß Übergewichtige ein höheres Maß an *Externalität* aufweisen, d.h. stärker als Normalgewichtige auf nahrungsbezogene Außenreize reagieren, während ihr Eßverhalten entsprechend weniger durch interne Hunger- und Sättigungssignale gesteuert wird. Zahlreiche Untersuchungen mit sich widersprechenden Befunden liegen dazu vor. Ihr Hauptproblem ist, daß die Dichotomie von externen und internen Reizen nicht haltbar ist. Sowohl externe als auch interne Reize müssen vom Individuum erkannt und bewertet werden, ehe sie verhaltenswirksam werden können, d.h. in allen Fällen vermitteln auf Erfahrung beruhende kognitive Prozesse die Verhaltenssteuerung. Nur eine Interaktion von externen und internen Stimuli bewirkt Verhalten. Die Analyse von impulsiven Kaufentscheidungen in der Konsumforschung ist in diesem Zusammenhang hilfreich. Dort geht man davon aus, daß impulsive Kaufentscheidungen durch einen starken Außenreiz auf der einen und eine große Emotionalisierung der Käuferin auf der anderen Seite gekennzeichnet sind. Die Verfügbarkeit nahrungsbezogener Außenreize könnte somit die Wahrscheinlichkeit emotionsbedingten Essens erhöhen, aber nur eine genauere Analyse der Informationsverarbeitungsprozesse bei der Wahrnehmung und Verarbeitung dieser Informationen würde näheren Aufschluß geben, auch über die Frage nach möglichen interindividuellen Unterschieden in der Reagibilität auf Außenreize.

Eine dritte Gruppe von Untersuchungen aus der Adipositasforschung, die diskutiert wurde, betrifft das Phänomen der *Restriktion* - den verbreiteten Versuch, aufgrund physiologischer Hungersignale entstandene Essenswünsche zu unterdrücken. Zwei Hypothesen verbinden dieses Phänomen mit dem emotionsbedingten Essen. Die *Disinhibitionshypothese* besagt, daß bestimmte Faktoren, darunter emotionale, die Restriktion disinhibieren und dann zu übermäßigem Essen führen - d.h. emotionsbedingtes Essen wäre bei restriktiven Esserinnen besonders verbreitet. Die *Adipositas-Restriktionshypothese* besagt, daß die eben erwähnte erhöhte Reagibilität auf Außenreize, die *Externalität,* nur bei restriktiven Esserinnen auftritt und mit dem durch fortdauernde Restriktion ständig erhöhten Streßniveau zusammenhängen kann. Zu beiden Hypothesen gibt es wiederum eine Reihe von Experimenten und Felduntersuchungen. Auch hier wurden verschiedene methodische Mängel diskutiert, inbesondere in bezug auf die Messung des Konstruktes Restriktion. Eine detailliertere Analyse der Informationsverarbeitungsprozesse bei der Wahrnehmung interner und externer Signale, die auch emotionale Prozesse einschließt, hat aber bisher nicht stattgefunden. Eine solche Analyse würde es erlauben, komplexere Kausalzusammenhänge zwischen Emotion, Restriktion, Externalität und Essen zu untersuchen.

Schließlich ist für alle beschriebenen Untersuchungen die Frage entscheidend, ob die emotionale Befindlichkeit durch Essen auch tatsächlich verbessert wurde. Erstaunlicherweise wurde diese Frage nur selten untersucht. Es sind jedoch eine Reihe psychophysiologischer Prozesse bekannt, die belegen, daß bestimmte Nährstoffe Stimmungen und Gefühle beeinflussen können.

Im nächsten Kapitel wird versucht, einer detaillierten Analyse der Informationsverarbeitungsprozesse im Zusammenhang mit Emotionen und ihrer Regulierung näherzukommen. Dabei soll auch die in diesem Kapitel deutlich gewordene Begrenzung auf die Analyse nur negativer Emotionen überwunden werden.

3. Essen und Emotionen: ein schematheoretischer Erklärungsansatz

Die Diskussion der ernährungspsychologischen Literatur im vorigen Kapitel hat deutlich gemacht, daß eine Kombination von Emotions- und Kognitionspsychologie eine nähere Analyse der bei der Emotionsregulierung ablaufenden Informationsverarbeitungsprozesse ermöglicht, um so zu einem umfassenden Erklärungsansatz für emotionsbedingtes Eßverhalten zu gelangen. In diesem Kapitel wird nun versucht, den theoretischen Rahmen für diesen Erklärungsansatz abzustecken. Dazu werden in Abschnitt 3.1. zunächst einige emotionspsychologische Theorien beschrieben, in denen Emotionen als Input in den kognitiven Prozeß der Informationsverarbeitung aufgefaßt werden. In Abschnitt 3.2. wird dann das Konzept der kognitiven Repräsentanz von Emotionen eingeführt, das auf einer Verknüpfung der als relevant herausgearbeiteten Aspekte dieser Emotionstheorien mit dem Schemakonstrukt der Gedächtnispsychologie gründet. Es wird gezeigt, wie diese Verknüpfung Eßverhalten zur Selbstregulierung von positiven und negativen Emotionen erklären kann.

3.1. Emotionsbegriff und Emotionstheorien

Bisher wurde der Begriff Emotion in dieser Arbeit ohne nähere Erläuterung benutzt. In diesem Abschnitt soll diese Erläuterung nachgeholt werden: einer Darstellung der mit der *Definition von Emotionen* verbundenen Schwierigkeiten (Abschnitt 3.1.1.) folgen ein Abriß über verschiedene *Emotionstheorien* und Versuche ihrer Klassifikation und Integration (Abschnitt 3.1.2.). Außerdem werden *Gesetzmäßigkeiten emotionaler Befindlichkeiten* und die Unterscheidung zwischen *positiven und negativen Emotionen* in ihrer Bedeutung für das emotionsbedingte Eßverhalten untersucht (Abschnitt 3.1.3.). Dadurch sollen eine problemrelevante Emotionsdefinition gefunden und solche Emotionstheorien diskutiert werden, die zur Erklärung emotionsbedingten Eßverhaltens beitragen. Sie sind die Grundlage für das in den weiteren Abschnitten dieses Kapitels beschriebene Zusammenspiel zwischen Emotionen und Kognitionen bei der Entstehung von emotionsbedingten Essenswünschen.

3.1.1. Das Problem, "Emotionen" zu definieren

Überblicksartikel, Monographien und psychologische Lehrbücher, die dem Thema "Emotion" gewidmet sind, beginnen in der Regel mit dem Hinweis auf die bislang wenig erfolgreichen Bemühungen um eine allgemein akzeptierte Definition und auf die Vielzahl von Definitionen und Theorien der vergangenen 100 Jahre (s. Bottenberg, 1972; Ewert, 1983; Izard, 1977; Leventhal & Tomarken, 1986; Plutchik, 1980; Schmidt-Atzert, 1981).

Obwohl M.F. Meyer 1933 in seinem Aufsatz "That whale among the fishes: The theory of emotions" das Aussterben des Begriffes "emotion" bis 1950 prophezeite und Duffy wiederholt vorgeschlagen hat, den Begriff "Emotion" völlig aus dem psychologischen Wortschatz zu streichen, da er keinerlei Erklärungswert besitze (z.B. 1941), haben P.R. und A.M. Kleinginna (1981) anhand von Publikationen aus den Jahren 1928 bis 1980 nicht weniger als 101 Definitionen dieses Begriffes zusammengestellt. Eine solche Uneinigkeit ist nicht nur auf die Komplexität emotionalen Geschehens zurückzuführen. Sie hängt auch mit dem Unwillen zusammen, Emotionen einen unabhängigen konzeptuellen Status zuzugestehen. Dieser Unwille wird nach Leventhal und Tomarken (1986) aus drei Quellen gespeist: erstens aus dem behavioristischen Erbe mit seinem Argwohn gegenüber subjektivistischen Konzepten, zweitens aus der Auffassung von Emotionen als einer Kombination von Aktivierung und Kognition und drittens aus der kognitivistischen Überzeugung, daß Emotionen lediglich die Funktion von unwillkommenen Unterbrechungen mentaler Prozesse zukommt.

Dieser Unwille spiegelt sich in manchen der Definitionen, die von P.R. Kleinginna und A.M. Kleinginna (1981) evaluiert wurden, deutlich wieder. Die Autorinnen haben die Definitionen nach dem in den Begriffsbestimmungen zentralen Merkmal in 11 Kategorien eingeteilt, die in Abbildung 14 zusammen mit jeweils einem Beispiel aufgeführt werden. Die ersten beiden Kategorien betonen den subjektiven Aspekt von Emotionen, entweder in ihrer *affektiven Dimension,* ausgedrückt durch die Antagonismen Erregung - Beruhigung oder Lust - Unlust, oder in ihrer *kognitiven Dimension,* ausgedrückt durch die mentale

Abbildung 14:
Kategorien von Emotionsdefinitionen

SUBJEKTIVE ASPEKTE VON EMOTIONEN:

1. Affektive Dimensionen

"All of them... are 'felt' experiences or experiences of inner state of the organism. The main characteristic which justifies the inclusion of feelings and emotions in the category of experiences of inner status is the fact that they occur when an intraorganismic state is subjectively experienced. These experiences become motivational factors because the awareness of what is pleasant elicits behavior aimed at searching for or retaining pleasure. On the other hand, the awareness of what is unpleasant elicits behavior which tends to avoid or discontinue the experience." (Arieti, 1970, S. 136)

2. Kognitive Dimensionen

"In any case, it is my basic assumption that the labels one attaches to a bodily state, how one describes his feelings, are a joint function of... cognitive factors and of a state of physiologic arousal." (Schachter, 1967, S. 120)

S-O-R - PARADIGMA:

3. *Externe emotionsgenerierende Stimuli*

"An emotion is a patterned bodily reaction of either protection, destruction, reproduction, deprivation, incorporation, rejection, exploration or orientation, or some combination of these, which is brought about by a stimulus." (Plutchik, 1970, S. 12)

4. *Interne physiologische Emotionsmechanismen*

"Within and near the thalamus the neurones concerned in an emotional expression lie close to the relay in the sensory path from periphery to cortex. We may assume that when these neurones discharge in a particular combination, they not only innervate muscles and viscera but also excite afferent paths to the cortex by direct connection or by irradiation. The theory which naturally presents itself is that the peculiar quality of the emotion is added to simple sensation when the thalamic processes are roused." (Cannon, 1927, S. 120)

5. *Beobachtbare Emotionsreaktionen*

"A class of qualities which is inherently linked to the motor system, so that its uniqueness is complete only with the inclusion of the dynamics of the motor system as an integral part of their spatio-temporal existence... Emotion and its expression form an existential unit, a system." (Clynes, 1977; nach Kleinginna & Kleinginna, 1981, S. 367)

FUNKTIONALE KONSEQUENZEN VON EMOTIONEN:

6. *Disruptive Eigenschaften*

"In the disruptive state called emotional the victim can be said, in one sense, 'not to know what to do'... Acompaying this disruptive condition we have those strange visceral and vegetative phenomena commonly recognized as characteristic of the emotional condition." (Howard, 1928; nach Kleinginna & Kleinginna, 1981, S. 367)

(Fortsetzung Abbildung 14)

7. *Adaptive Eigenschaften*

"An emotion may thus be provisionally defined as a somatic readjustment which is instinctively aroused by a stimulating situation and which in turn promotes a more effective adaptive response to that situation." (Carr, 1929; nach Kleinginna & Kleinginna, 1981, S. 367)

REICHWEITE DER DEFINITIONEN:

8. "Multiaspect" Definitionen

"Our model... must put together the following key elements: (1) a mechanism for interpreting situations which turns on emotional reactions; (2) an expressive reaction system whose feedback further defines the subjectivity and quality of the emotional state; (3) an instrumental action system which is concerned with manipulating the emotion-provoking situation; and (4) the bodily reaction system which sustains the instrumental action. All of these components are active and thoroughly mixed and integrated in the production of emotional behavior." (Leventhal, 1974; nach Kleinginna & Kleinginna, 1981, S. 367)

9. *Restriktive Definitionen*

"In technical psychology, the term emotion refers to one kind of affective process and not to all. Among the varieties of affective processes are the following: Simple sensory feelings... Persistent organic feelings... Emotions are acutely disturbed affective processes which originate in a psychological sitation and which are revealed by marked bodily changes in the glands and smooth muscles... Moods... Affect... Sentiments... Interests and aversions... Temperament." (Young, 1961, S. 352)

10. *Motivationale Definitionen*

"...emotions... their role as motives... in arousing and sustaining activity, in producing exploratory reactions, in facilitating learning in situations in which no adequate means of serving such emotional motives has been aquired previously, in governing performance or habit-use, in helping produce problem-solving learning, in helping govern choices between alternatives, in producing willingness to endure penalties to reach some goal or in a willingness to forego some reward, and in influencing thought-content and sensory perceptions." (Leeper, 1970, S. 153)

SKEPSIS GEGENÜBER DEM EMOTIONSKONZEPT:

11. *Skeptische Aussagen*

"I am aware of no evidence for the existence of a special condition called 'emotion' which follows different principles of action from other conditions of the organism. I can therefore see no reason for a psychological study of 'emotion' as such. Emotion has no distinguishing characteristics. It represents merely an extreme manifestation of characteristics found in some degree in all responses." (Duffy, 1941)

Bewertung und/oder Klassifizierung von Emotionen. Die folgenden drei Kategorien folgen dem S-O-R-Paradigma; dazu gehören die Definitionen, die die Rolle *externer emotionsgenerierender Stimuli* betonen, solche, die *interne physiologische Emotionsmechanismen* beschreiben, und solche, die sich auf *beobachtbare Emotionsreaktionen* konzentrieren. Zwei weitere Kategorien befassen sich mit den Konsequenzen von Emotionen, und zwar einerseits als *disruptive* Eigenschaften, die den Effekt der Fehlanpassung aufgrund von Emotionen berücksichtigen, und andererseits als *adaptive* Eigenschaften, die davon ausgehen, daß Emotionen die Wahrscheinlichkeit der Bedürfniserfüllung erhöhen. Die nächsten drei Kategorien beziehen sich auf die Reichweite der Definitionen; dabei wird unterschieden zwischen "*multiaspect*" Definitionen, die den Facettenreichtum von Emotionen erfassen sollen, *restriktiven* Definitionen, die Emotionen von anderen Prozessen wie Motivationen abgrenzen wollen, und *motivationalen* Definitionen, die die Überschneidung von Motivation und Emotion betonen. Als letzte Kategorie werden die *skeptischen* Auffassungen genannt, die die Sinnhaftigkeit des Konzeptes "Emotion" in Frage stellen oder ganz leugnen.

Bei der Einordnung der Definitionen in diese Kategorien wurde also der jeweils vorrangig betonte Aspekt berücksichtigt, doch schließen sich die einzelnen Kategorien nicht notwendigerweise gegenseitig aus. Dazu ein Beispiel: die Informationstheorie der Emotion von Simonov (1970) konzentriert sich auf interne physiologische Emotionsmechanismen, umfaßt aber auch kognitive, adaptive, motivationale und externe Aspekte: "From the physiological point of view, emotions constitute a special nervous mechanism which ensures the adaptive behavior of higher living beings in situations which disrupt their habit systems, that is, when there is a lack of the information required for reaching a goal and satisfying a need" (Simonov, 1970, S. 149).

Durch die Auswertung der von ihnen zusammengestellten 101 Definitionen gelangten P.R. und A.M. Kleinginna (1981, S. 355) schließlich zu einer Begriffsbeschreibung, die die verschiedenen Aspekte von Emotionen zu integrieren sucht und dementsprechend breit angelegt ist:

> Emotion ist ein komplexes Interaktionsgefüge von subjektiven und objektiven Faktoren, das von neuronalen und hormonalen Systemen vermittelt wird. Diese Systeme können
> (a) affektive Erfahrungen wie Gefühle der Erregung oder Lust/Unlust bewirken;
> (b) kognitive Prozesse wie Wahrnehmungen, Bewertungen und Klassifikationen hervorrufen;
> (c) physiologische Anpassungen an die erregungsauslösenden Bedingungen verursachen und
> (d) zu Verhalten führen, das häufig, aber nicht immer, expressiv, zielgerichtet und adaptiv ist.

Für emotionsbedingtes Essen sind alle vier in dieser Begriffsbeschreibung angeführten Gesichtspunkte von Bedeutung. In bezug auf die in 2.1.2. formulierte Definition von Essen zur Selbstregulierung von Emotionen kann die unter (a) erwähnte "affektive Erfahrung" sowohl Emotionen angenehmer Art - Lust - als auch unangenehmer Art - Frust - einschließen. Die in (b) genannten "kognitiven Prozesse" betreffen die Zuordnung von Strategien der Emotionsbewältigung zu der erkannten "affektiven Erfahrung". Das in (d) angesprochene "Verhalten" ist dann die Folge eines emotionsbedingten Essenswunsches. Die unter (c) angeführten "physiologischen Anpassungen" können darin bestehen, daß Nahrungsmittel wegen bestimmter Nährstoffe in emotional belastenden Situationen ausgewählt werden (s. Abschnitt 2.3.). Die integrierende Definition von P.R. und A.M. Kleinginna ist daher ein guter Ausgangspunkt für die weiteren Überlegungen.

Emotionen sind Gefühle, sind Stimmungen, sind Affekte

In der Umgangssprache wie auch in der wissenschaftlichen Literatur werden nebeneinander der aus dem Lateinischen emovere = heraustreiben, aufwühlen hergeleitete Begriff *Emotion*, ebenso wie die Bezeichnungen Gefühl, Stimmung und Affekt verwendet - analog dazu im Englischen "emotion", "feeling", "mood" und "affect". Mit diesen verschiedenen Termini wurden und werden in den vielen Emotionstheorien nicht immer einheitliche Sachverhalte bezeichnet. Emotion gilt in der Regel als Sammelbezeichnung für die enger definierten Begriffe Gefühl, Stimmung und Affekt. Das Kriterium der

Emotionsintensität kann zunächst zur Unterscheidung zwischen diesen verschiedenen Emotionsklassen herangezogen werden.

Als *Gefühl* wird die spürbar einsetzende Erlebnisweise und eine auf Erfahrungen beruhende Erlebnisqualität von Emotionen bezeichnet (Fröhlich, 1987). Der zeitliche Ablauf von Gefühlen ist befristet, er stellt sich als ein Auftauchen, Entfalten und Abklingen dar. Ewert (1983) bezeichnet Gefühle als "Figuren", die sich gegen einen "Grund" von Stimmungen abheben. Gefühle sind ein soziales Phänomen und beziehen sich auf die erlebte Umwelt, also auf Personen und personenrelevante Ereignisse und Situationen (Arnold, 1960a). Die mit dem jeweiligen Gefühl verknüpfte motorische Komponente ist die Handlungsbereitschaft, die die Person-Umwelt-Transaktionen beeinflußt. Dazu gehört die Möglichkeit, im Ausdrucksverhalten des Menschen Gefühle zu erkennen und zu unterscheiden (Ekman & Friesen, 1971). Kulturelle Einflüsse prägen den Ausdruck von Gefühlen bis hin zu einer Ritualisierung des Gefühlsausdrucks, z.B. von Trauer (Lazarus, Averill, & Opton, 1970).

Länger andauernde Erlebnistönungen, die keinen klaren Reiz-, Situations-, Handlungs- oder Bedürfnisbezug aufweisen, werden *Stimmungen* genannt: "a disposition to react with a certain emotion during a period of time greater than a few moments but less than a lifetime" (Klinger, 1982, S. 131). Sie sind atmosphärisch-diffus, ungegliedert, ohne intentionale Richtung und mit somatischer Verwurzelung und geben als "relativ überdauerndes Zumutesein für alle anderen Erlebnisse einen Bezugsrahmen ab, von dem her diese interpretiert werden" (Ewert, 1983, S. 400). Stimmungen sind subjektiv erfahrene Befindlichkeiten, die sich auf der Dimension Wohlsein/Unwohlsein beschreiben lassen und deren Ursache nicht notwendigerweise Aufmerksamkeit erlangt (Schwarz, 1987, S. 2). Nach M.S. Clark und Isen (1982, S. 75) ist das durch die Stimmung beeinflußte Verhalten nicht auf die Ursache der Stimmung gerichtet: "...feelings have neither specific behavioral impulses nor specific targets associated with them. Rather, the behavior affected by feeling-states is likely to be determined by what in the environment a person's attention is directed to, after the feeling-state has been induced".

Unter *Affekten* sind intensive, kurzzeitige Emotionen mit potentiell desorganisierenden oder einengenden Wirkungen auf Erleben und Verhalten zu verstehen (Fröhlich, 1987). Dazu gehören z.B. Freudentaumel, Lachanfall, Wutausbruch oder Panikattacken. Wegen ihres sehr kurzzeitigen Auftretens und ihrer Heftigkeit, die im gegebenen Augenblick andere Verhaltensweisen ausschließt, können Affekte keine unmittelbare Wirkung auf das Eßverhalten haben. Es ist jedoch denkbar, daß nach Abklingen eines Affektes eine Gefühlslage entsteht, die emotionsbedingtes Essen stimuliert.

Die drei Emotionsklassen Gefühle, Stimmungen und Affekte werden nicht nur nach der *Intensität*, mit der sie erlebt werden, unterschieden, sondern auch nach ihrer *zeitlichen Verlaufsgestalt im Erleben*. Dementsprechend unterscheidet sich auch das Ausmaß ihrer *Einflußnahme auf das Verhalten*. Stimmungen bilden wegen ihres diffusen Charakters, ihres geringen Aktivierungsgrades und ihrer Persistenz den Rahmen für das Erleben der Umwelt, sie beeinflussen in einer Art Vorauswahl, welche Gefühle und Affekte als Reaktion auf ein Ereignis geäußert werden. Sie bestimmen auch die Bewertung von Situationen: an sonnigen Tagen angerufene Versuchspersonen berichteten, zufriedener und glücklicher zu sein als solche, die an regnerisch-kalten Tagen befragt wurden (Schwarz, 1987, S. 40). Gefühle dagegen sind eine nachdrückliche Antwort auf Sinnesempfindungen und/oder kognitive Prozesse der Bewertung, Vorstellung oder Erwartung, und zwar immer in situativem Bezug.

Für den Einfluß von Stimmungen und Gefühlen auf emotionsbedingtes Eßverhalten wird daher folgendes angenommen (Abbildung 15): Als Hintergrund für andere Erlebnisinhalte können *Stimmungen* sowohl einen *unmittelbaren* als auch einen *mittelbaren Einfluß auf das Eßverhalten* ausüben. Bei unmittelbarem Einfluß können Wohlsein oder Unwohlsein selbst den Wunsch nach Essen wecken, im Sinne einer Aufrechterhaltung bzw. Verstärkung der bestehenden Stimmungslage oder ihrer Veränderung. Der mittelbare Einfluß kommt über *Gefühle* zustande, die auf der Eigenschaft von Stimmungen beruhen, das Situationserleben gemäß der Stimmungslage als angenehm oder unangenehm zu bewerten. Unwohlsein führt dann zu unangenehmen Gefühlen, Wohlsein hingegen fördert das Empfinden angenehmer Gefühle.

Darüberhinaus können Gefühle emotionsbedingtes Eßverhalten auch dann auslösen, wenn sie nicht im Kontext entsprechender Stimmungen auftreten.

Abbildung 15:
Affekte, Stimmungen, Gefühle und Eßverhalten

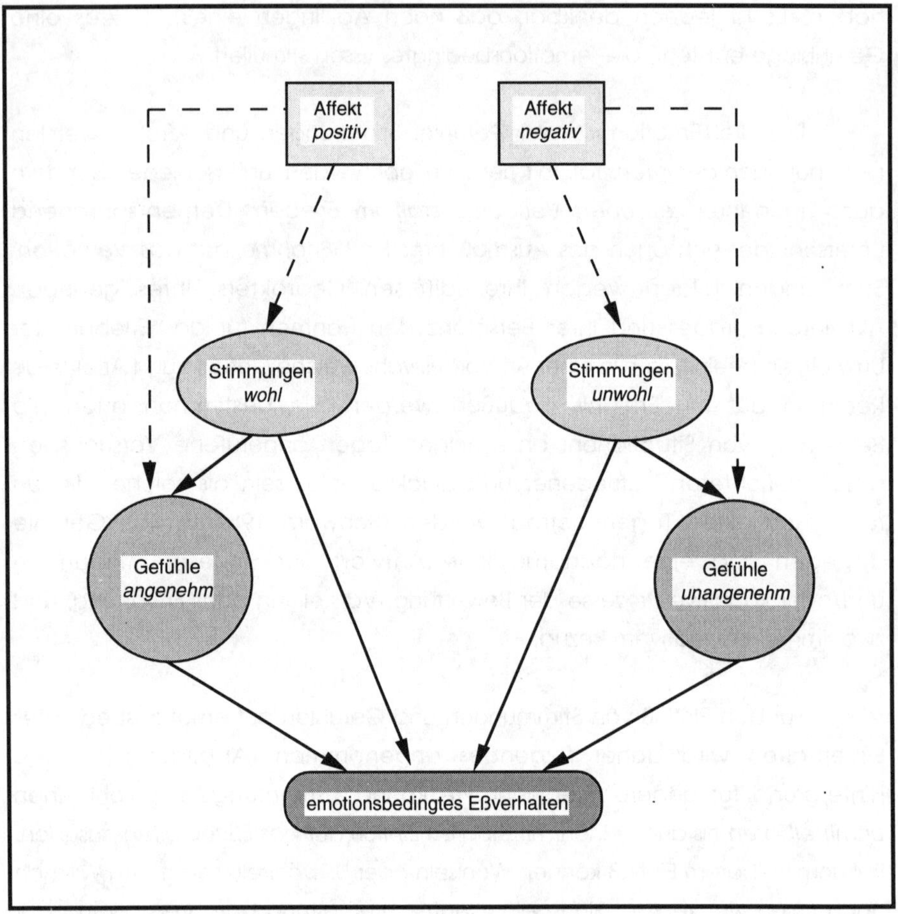

Da die grundsätzlichen Wirkungen von Stimmungen und Gefühlen auf das Eßverhalten analog verlaufen, kann der in der Definition des emotionsbedingten Eßverhaltens benutzte Sammelbegriff *Emotion* weiterhin

emotionsbedingtes Essen bewirkend angesehen, wohl aber kann im Anschluß an einen Affekt eine Stimmung entstehen, aus der Essenswünsche hervorgehen: einem Ausbruch von Jubel und Freude folgt eine fröhliche Stimmung, die man gerne aufrechterhalten möchte und deshalb z.B. ein italienisches Restaurant besucht, wo das Saltimbocca alla Romana genau so zubereitet wird, wie man es am liebsten mag.

3.1.2. Viele Emotionsdefinitionen, viele Emotionstheorien

Definitionen sind Bausteine für theoretische Aussagen über Ursache/Wirkungs-Zusammenhänge auf dem Weg zu umfassenden Theorien über ein bestimmtes Phänomen in der Realität. Dementsprechend haben die zahlreichen Definitionen von "Emotion" zu fast ebenso vielen Emotionstheorien geführt: "Chaos im Sinne von Unübersichtlichkeit und schlechter theoretischer Integration herrscht auch heute noch in der Emotionspsychologie. Die Zahl der einander widersprechenden oder einander ignorierenden Emotionstheorien ist groß; Strongman (1978) stellt allein 28 verschiedene Theorien vor und spricht dennoch von einer Auswahl! Die Publikationen auf diesem Gebiet sind nicht mehr zu überschauen. Vor allem fehlt ein allgemein anerkanntes Emotionskonzept" (Schmidt-Atzert, 1981, S. 11).

Dieses Problem kann auch hier nicht gelöst werden. Statt dessen werden solche Theorien oder Theorieansätze ausgewählt und vorgestellt, die einen Beitrag zur Erklärung von Eßverhalten zur Selbstregulierung von Emotionen leisten können. Dazu müssen sie Hinweise auf die Beantwortung einer oder mehrerer der folgenden Fragen enthalten, die aus der Definition des emotionsbedingten Eßverhaltens abgeleitet wurden:

- Wie entstehen Emotionen?
- Wie werden Emotionen verhaltenswirksam?
- Wie werden Emotionen reguliert oder bewältigt?
- Wie interagieren Emotionen und Kognitionen?
- Wie wirken angenehme und unangenehme Emotionen?

Als Ausgangspunkt für eine solche Auswahl dienen die Tabellen 6 und 7. In der ersten sind Klassifikationsversuche von fünf Autorinnen (Benesch, H. von Saalfeld, & K. von Saalfeld, 1987; Ewert, 1983; Fröhlich, 1987; Leventhal & Tomarken, 1986; Schmidt-Atzert, 1981) aufgeführt, die sich an der Schwerpunktsetzung der verschiedenen Emotionstheorien orientieren. Inhaltlich weitgehend übereinstimmende Klassen sind nebeneinander gestellt. Die zweite Tabelle enthält Beispiele für Thesen, Modelle und Theorien aus den verschiedenen Klassen unter Angabe der wichtigsten Vertreterinnen.

Für die Betrachtung von Eßverhalten zur Selbstregulierung von Emotionen sind Theorien, die sich mit dem Ausdrucksverhalten bei Emotionen befassen, ebenso wie phylogenetische Theorien nicht relevant: weder die Auffassung, daß Emotionen Teil der Stammesentwicklung sind, noch die Unterscheidung von differenten Erscheinungsformen der Gesichtsmimik können zur Erklärung des emotionsbedingten Essens beitragen. Auch erlebnisdeskriptive und Differenzierungstheorien sind nur zum Teil hilfreich. Sie betrachten Emotionen in deren Situations- und Bedürfnisbezug - ein interessanter Aspekt für die *Beschreibung* emotionsbedingten Essens - aber sie beschränken sich lediglich auf eine Klassifikation verschiedener Emotionen und auf den Versuch, diese auf einige wenige grundlegende Dimensionen zurückzuführen. Ob es für die Theoriebildung nützlich ist, universale Dimensionen wie Beruhigung und Erregung zu bestimmen, sei dahingestellt: solche bipolaren Dimensionen lassen sich auf nahezu jedes Konzept anwenden (vgl. Osgood, Suci, & Tannenbaum, 1957). Ihre Erklärungskraft für spezifisches Verhalten zur Selbstregulierung von Emotionen wird daher gering sein.

Neurophysiologische Theorien dagegen sind von Interesse, weil sie die Rolle von verschiedenen Gehirnmechanismen und von biochemischen Körpersubstanzen bei Emotionen untersuchen. Dieser Aspekt wurde in Abschnitt 2.3. bereits kurz angesprochen.

Tabelle 6:
Klassen von Emotionstheorien

Benesch et al., 1987	Ewert, 1983	Fröhlich, 1987	Leventhal und Tomarken, 1986	Schmidt-Atzert, 1981
Phylogenetische Theorien			Emotion and expressive behavior	Die Betonung des Ausdrucksverhalten
Begleittheorien		Neurophysiologische Erklärungsansätze		Die Betonung physiologischer Vorgänge
Kontexttheorien	Psychophysiologische Theorien	Bewertungstheorien	Cognition-arousal theory	
Differenzierungstheorien		Erlebnisdeskriptive Ansätze		Die Betonung subjektiven Erlebens
	Psychologische Theorien im engeren Sinne			
			Lateralization and emotion	
			Emotion and memory	

Tabelle 7:
Beispiele für Emotionstheorien

Schwerpunkt	Thesen, Modelle, Theorien	Autorinnen
Phylogenetische Theorien	Emotionen als intraindividuelle Prozesse sind angeboren und individuell	Darwin, 1872
	Mittel der Anpassung im Rahmen der Evolution	Plutchik, 1970, 1980
	Ausdruck eines biologisch notwendigen Offensiv/Defensiv-Systems	D.C. & R.J. Blanchard, 1988
Emotion and expressive behavior Betonung des Ausdrucksverhaltens	Facial feedback theories	Ekman, 1982; Izard, 1971; Tomkins, 1962
	Mimik im Emotionsverhalten	Wallbott, 1986
	Emotionen als Bestandteil interpersoneller Kommunikation	Sypher et al., 1988
Begleit-Theorien Neurophysiologische Ansätze Betonung physiologischer Vorgänge	Viszerale Emotionstheorie	James, 1884; Lange, 1887
	Notfall-Theorie: Emotionen als Begleitphänome von Situationen	Cannon, 1927, 1931
	Aktivierungstheorie der Emotionen	Duffy, 1957; Lindsley, 1951
Kontexttheorien Psychophysiologische Theorien Bewertungstheorien	Kognitiv-physiologische Interpretationstheorie der Emotion	Schachter & Singer, 1962
	Wahrnehmungstheorie der Emotion	Arnold, 1960ab
	Kognitive Streßtheorie	Lazarus, 1966; Lazarus et al., 1970
	Perzeptiv-motorische Emotionstheorie	Leventhal, 1980
	Multikomponenten-Emotionstheorie	Scherer, 1984
	Informationstheorie der Emotionen	Simonov, 1970
Differenzierungstheorien Erlebnisdeskriptive Ansätze Betonung subjektiven Erlebens	Die Emotionsvielfalt variiert interindividuell	Izard, 1981
	Schrittweisen Differenzierung der Emotionen ab der Geburt	Bridges, 1932
	Emotionen in einem dreidimensionalen Bezugssystem	Wundt, 1911
Lateralization and emotion	Entwicklungsmodell der hemisphärischen Emotionssubstrate	N.A. Fox & Davidson, 1984
Emotion and memory	Mood-state dependent and mood-congruent memory	Bower, 1981; Bower & Gilligan, 1979
	Netzwerkmodell der Interaktion von Emotion und Kognition	Spies & Hesse, 1986

Emotionstheorien, die von einer Interaktion von Emotionen und Kognitionen ausgehen, scheinen der vielversprechendste Erklärungsansatz für emotionsbedingtes Eßverhalten zu sein, und zwar deshalb, weil die Selbstregulierung von Emotionen durch Eßverhalten voraussetzt, daß das Individuum, bewußt oder unbewußt, seinen emotionalen Zustand erkennt, bewertet und einem bestimmten Verhalten zuordnet: aufgrund von Erfahrungen erwartet man nämlich, daß dieses Verhalten den emotionalen Zustand in gewünschter Weise verändert, erhält oder verstärkt. Solche *Informationsverarbeitungsprozesse* stehen bei kognitiven Erklärungsansätzen im Vordergrund. Die wichtigsten von ihnen sollen in den für das emotionsbedingte Eßverhalten relevanten Aspekten näher vorgestellt werden. Dies erfolgt so weit wie möglich in chronologischer Reihenfolge.

Die Wahrnehmungstheorie: Emotion als Objekt- und Ereignisbewertung

Die Wahrnehmungstheorie von Arnold (1960a, b, 1970) zählt zu den kognitiven Emotionstheorien und stellt die *bewertende Funktion von Emotionen* in den Vordergrund der Überlegungen. Emotionen sind danach als Antwort auf Begegnungen mit der Außenwelt eine dynamische Disposition, die den Übergang zu einer Handlung ermöglicht.

Emotionen resultieren aus einer Folge von Ereignissen, die Arnold mit den Begriffen Wahrnehmung und Bewertung bezeichnet. Wahrnehmung bedeutet für sie das Erfassen eines Objektes und somit das Wissen über die Art des Objektes. Dieses Wissen ist unabhängig von potentiellen Auswirkungen des Objektes auf das wahrnehmende Individuum. Die Bewertung hingegen berücksichtigt diese Effekte und ist damit Voraussetzung für das Erleben einer Emotion. Bewertung ist dabei nicht das Ergebnis von Reflexion oder Überlegung, sondern erfolgt intuitiv und unmittelbar nach der Wahrnehmung. Zajonc (1980) hat diese Ansicht später mit seinen Überlegungen aufgegriffen, daß Emotionen ohne kognitive Inferenzen auskommen. Arnold vergleicht den Vorgang mit der Art und Weise, mit der man die Geschwindigkeit eines Tennisballs und die eigene Schnelligkeit abschätzt, um den Ball sofort parieren zu können. Emotionen bestehen nach dieser Theorie aus zwei Komponenten, einer statischen der Bewertung und einer dynamischen der Anziehung oder Abstoßung, die auf die Bewertung als gut oder schlecht folgt: "... the emotion becomes *a felt tendency toward anything appraised as good, and away from anything appraised as bad*. This definition allows us to specify how emotion is related to action: if nothing interferes, the felt tendency will lead to action" (Arnold, 1970, S. 176). Diese Auffassung schließt die Unterscheidung von Emotion und Motiv ein, nach der Emotion eine erlebte Handlungstendenz darstellt, während ein Motiv Handlungsimpuls und Kognition ist. Eine motivierte Handlung ist somit die Folge sowohl von Emotionen als auch von kognitiven Prozessen.

Die Wahrnehmungstheorie stellt den ersten Versuch dar, dem Emotionserleben isomorphe Hirnprozesse zuzuordnen; unter isomorph ist hier die Entsprechung zwischen kortikalen Prozessen der Erregungsverarbeitung aufgrund sensorischer Reizung und der Wahrnehmungserfahrung zu verstehen. Arnold nimmt an, daß emotional erregende Reize zugleich eine Aktivierung des Zwischenhirns und kortikale intuitive Bewertungen auslösen. Die Erregungsveränderungen werden an das Zwischenhirn gemeldet, führen über thalamische Relaisstationen zu sympathischen bzw. parasympathischen peripheren Reaktionen, die ihrerseits über den Thalamus rückgemeldet werden und Körperempfindungen bewirken. Diese erfahren eine Bewertung unter Einbeziehung sensorisch-motorischer Gedächtnisfunktionen. Gleichzeitig ziehen die Impulse via limbisches System zum Vorderlappen. Wenn sie in den präfrontalen Feldern ankommen, wird eine Emotion bewußt erlebt (Arnold, 1960b, Kap. 2 und 3, 1971).

Diese Überlegungen beziehen sich u.a. auf die Papez'sche (1937) Beschreibung und Funktionsanalyse des limbischen Systems. Unter Papez-Kreis wird die Verbindung des limbischen Systems über den Thalamus zur Kortex hin und von der Kortex her verstanden: Stressoren, die entweder Emotionen hervorrufen oder selbst Emotionen sind, wirken auf das limbische System ein und beeinflussen so über vegetative und hormonale Regulationen die Gedächtnisspeicher.

Dieses Geschehen hat nach Arnold (1960a; Kap. 9 und 11) anhaltende und bleibende Wirkung. Die erlebten Handlungstendenzen werden zu Gedächtniskategorien, die die Wahrnehmung und Bewertung von nachfolgenden Interaktionen zwischen Individuum und Umwelt organisieren und beeinflussen. Zum einen bewirkt dies, daß eine einmal erfolgte, bestimmte Emotionsreaktion auf ein Objekt oder ein Ereignis unter ähnlichen Konstellationen immer wieder erfolgt. Andererseits besteht die Neigung, die Bewertung eines bestimmten Objektes und die darauffolgende Emotionsreaktion auf eine ganze Klasse von Objekten zu verallgemeinern.

Solche emotionalen Lernprozesse haben große Bedeutung für emotionsbedingtes Eßverhalten. Wenn die Handlungstendenz "Essen" als Emotionsreaktion einmal als Gedächtniskategorie etabliert ist, wird sie nach Arnold bei ähnlichen Person-Umwelt-Transaktionen immer wieder auftreten. Darüberhinaus kann diese Reaktion im Laufe der Zeit auf eine immer breitere Klasse von Person-Umwelt-Transaktionen verallgemeinert werden.

Die kognitiv-physiologische Theorie: Emotion als Interpretation von Erregung

Untersuchungen von Marañon (1924) trugen wesentlich zur Formulierung der kognitiv-physiologischen Emotionstheorie von Schachter und Singer (1962) bei. Der Endokrinologe Marañon hatte 210 Patienten Adrenalin injiziert und sie dann aufgefordert, ihre Empfindungen zu beschreiben. Etwa 70% der Patienten beschrieben lediglich die für eine Adrenalinerhöhung typischen physiologischen Erscheinungen wie beschleunigten Herzschlag, schnellere Atmung, leichtes Zittern. Einige Patienten berichteten von Emotionen, und zwar in einer "als ob"-Form, z.B. "es ist, als ob ich Angst hätte". Nur sehr wenige Patienten verspürten "echte" emotionale Reaktionen. Dabei wurden so unterschiedliche Emotionen wie Angst, Ärger oder Euphorie genannt. Schachter und Singer interpretierten dies als Beweis dafür, daß die Annahme einer Identität von physiologischem und emotionalem Zustand, wie sie die James-Lange-Emotionstheorie (James, 1884; Lange, 1885) postuliert, nicht haltbar ist.

In ihrem klassischen Experiment, das in nahezu jedem Lehrbuch der Psychologie oder Sozialpsychologie beschrieben wird (z.B. Grabitz & Gniech, 1978; Herkner, 1986, S. 369-370), untersuchten Schachter und Singer (1962), was passieren würde, wenn man Probandinnen verdeckt Adrenalin injiziere, indem man sie glauben ließ, es handle sich um ein Vitaminpräparat. Die betreffenden Probandinnen würden dann Anzeichen physiologischer Erregung verspüren, ohne eine angemessene Erklärung für ihren Zustand zu haben. In Anlehnung an Festingers (1954) Theorie der sozialen Vergleichsprozesse stellten sie die Hypothese auf, daß (1) ein Bedürfnis nach Bewertung entstehe, d.h. ein Bestreben, die körperlichen Erscheinungen zu verstehen und zu kennzeichnen, und daß (2) dieser Interpretationsversuch mit Hilfe von kognitiven und situativen Faktoren erfolgen würde. Die Untersuchungsergebnisse bestätigten dies: nach Verabreichung einer als Vitaminpräparat deklarierten geringen Dosis von Adrenalin bzw. Epinephrin wurden die dann eintretenden Zustandsveränderungen in Anwesenheit einer sich als heiter-ausgelassen gebenden Person als freudige Erregung, bei einer sich wütend und empört gebenden hingegen als Ärger etikettiert.

Zum zentralen Punkt dieser Bewertungs- oder Interpretationstheorie von Schachter und Singer (1962) wurde infolgedessen die Annahme, daß *Emotionen eine Funktion sowohl kognitiver und/oder situativer Faktoren als auch physiologischer Erregung sind.* Drei Hypothesen wurden daraus abgeleitet:

- Befindet sich ein Individuum in einem Zustand physiologischer Erregung, für den es keine naheliegende Erklärung hat, wird es diesen Zustand mit Hilfe der zur Verfügung stehenden Kognitionen beschreiben. Deshalb kann derselbe physiologische Erregungszustand, jeweils abhängig von den kognitiven Situationsaspekten, völlig unterschiedlich interpretiert werden.

- Befindet sich ein Individuum jedoch in einem Zustand physiologischer Erregung, für den es eine Erklärung hat, so besteht weder ein Bedürfnis nach Bewertung noch wird nach alternativen Interpretationen gesucht.

- Sind emotionsbezogene Kognitionen vorhanden, so wird das Individuum nur dann emotional reagieren oder emotionales Erleben berichten, wenn gleichzeitig ein Zustand physiologischer Erregung vorhanden ist.

Die kognitiv-physiologische Theorie hat die Emotionsforschung lange Zeit stark beeinflußt und vor allem in der Ernährungspsychologie zahlreiche Untersuchungen zum Externalitätsphänomen veranlaßt (s. Abschnitt 2.2.1.). Angewandt auf emotionsbedingtes Essen würde die Theorie besagen, daß hier eine durch Außenreize und/oder Erfahrung gesteuerte Fehlinterpretation emotionalen Erlebens vorliegt: der empfundene Erregungszustand wird fälschlicherweise als Hunger interpretiert, obwohl er andere Ursachen hat.

Inzwischen ist erwiesen, daß die Aktiviertheit des Organismus keine hinreichende Bedingung für das Erleben von Emotionen ist, Aktiviertheit also nicht notwendigerweise zum Erleben von Emotionen führt. Die aus der Schachter-Singer-Theorie abgeleitete Hypothese von der Gleichsetzung von Emotionalität mit der Intensität physiologischer Erregung kann daher nicht aufrechterhalten werden (Reisenzein, 1983), wohl aber ist physiologische Erregung eine notwendige Basiskomponente in der Interaktion von Emotionen und Kognitionen.

Die kognitiv-physiologische Theorie unterstreicht somit einmal mehr die Bedeutung kognitiver Prozesse für die Wahrnehmung von und Reaktionen auf Emotionen; zur Erklärung emotionsbedingten Essens ist sie jedoch nicht ausreichend.

Die kognitive Streß- und Bewältigungstheorie:
Emotion als Ergebnis von Person-Umwelt-Transaktionen

Der Zusammenhang zwischen der Bewertung eines Objektes und/oder eines Ereignisses und emotionalen Reaktionen, wie er von Arnold (1960ab) beschrieben wurde, ist Ausgangspunkt der kognitiven Streß- und Bewältigungstheorie (Lazarus, Averill, & Opton, 1970). In bezug auf die Bewertung werden drei Komponenten von Person-Umwelt-Transaktionen unterschieden, die primäre Einschätzung, "primary appraisal", die sekundäre Einschätzung, "secondary appraisal", und die Neueinschätzung, "reappraisal".

Einschätzung ist das zentrale Konstrukt dieser Theorie und wird als situations- und dispositionsbedingte Kognition verstanden: "... the person... must be regarded as an evaluating organism, one who searches his environment for cues about what he needs and wants, and evaluates each stimulus as to its personal relevance and significance. Emotions should be regarded as a function of such cognitive activity, each particular emotion presumably associated with a different evaluation. Biological and cultural determinants of emotion, as well as the individual's own past history and psychological structure, can operate only through his immediate perception of objects and their significance for him" (Lazarus, Averill, & Opton, 1970, S. 217).

Die drei Formen kognitiver Einschätzung werden als Prozeß aufgefaßt (Lazarus, Kanner, & Folkman, 1980). Die *primäre Einschätzung* besteht in der Evaluierung der Person-Umwelt-Transaktion im Hinblick auf deren Relevanz für das individuelle Wohlbefinden. Es werden die drei Evaluierungen *irrelevant*, *benign-positiv* und *belastend* unterschieden. Die primäre Einschätzung dient dazu, die Menge eingehender Informationen aus der Umwelt auf die einheitlichen und organisierenden Begriffe Herausforderung, Bedrohung oder Wohlsein zu reduzieren. Die *sekundäre Einschätzung* besteht in der Beurteilung alternativer Verhaltensweisen, die eine Bewältigung der Situation erlauben. Die *Neueinschätzung* ist ein Feedback-Prozeß, in dem Veränderungen der primären und der sekundären Einschätzung während des Bewältigungsprozesses, "coping response", vorgenommen werden. Diese Neueinschätzung ist ein kontinuierliches Geschehen, in dem Informationen über die sich verändernden Person-Umwelt-Transaktionen und Bewertungen der innerpsychischen Streßbewältigung verarbeitet werden.

Emotionen werden von Lazarus und seinen Mitarbeitern als komplexe Reaktionssyndrome definiert, die aus kognitiven Einschätzungen, Handlungsimpulsen und somatischen Reaktionsmustern bestehen. Jede Emotionsqualität läßt sich durch bestimmte Muster dieser drei Komponenten kennzeichnen. Die drei Komponenten werden subjektiv als Ganzheit erlebt, also als ein einziges Erlebnis. Fehlt eine der Komponenten im Wahrnehmungsprozeß, so ist das Erleben keine "echte" Emotion. Die kognitivistische Konzeption von Emotionen als Konsequenz aus Transaktionen betont die aktive Verarbeitung von

Informationen, die emotionalen Reaktionen inhärent sind, und unterstreicht die Bedeutung von person- und umweltbezogenen Variablen, die diese Verarbeitung beeinflussen (Lazarus, Coyne, & Folkman, 1984).

Während sich die kognitive Streßtheorie zunächst (Lazarus, Averill, & Opton, 1970) auf die Beschreibung des Umgangs mit negativen Emotionen - in Form von Gefühlen - beschränkte, versuchte man später (Lazarus, Kanner, & Folkman, 1980), auch positive Emotionen - gemeint waren wiederum Gefühle, nicht Stimmungen - in der Theorie zu berücksichtigen. Schon 1948 hatte Leeper darauf hingewiesen, daß Emotionstheorien sich ungerechtfertigterweise nur auf negative Empfindungen konzentrieren und positive Gefühle ignorieren. Hauptgrund für diese einseitige Sichtweise war, daß Emotionen lange Zeit im Kontext biologisch-evolutiver Anpassung als wesentlich für die Überlebensfähigkeit in Notfallsituationen angesehen wurden (z.B. Darwin, 1872; Cannon, 1927; Plutchik, 1970). Notfallsituationen werden jedoch immer mit unangenehmen Emotionen wie Schreck, Angst, Furcht oder Panik verbunden.

Bei der Integration positiver Emotionen in die kognitive Streßtheorie ergaben sich im wesentlichen zwei Gesichtspunkte: zum einen die Frage, warum bei angenehmen Emotionen physiologische Erregung erfolgt ("Why jump for joy?"), zum anderen das Problem, wie angenehme Emotionen und Streßbewältigungsstrategien zusammenhängen: "Coping and positively toned emotions do not, at first, seem like suitable bedfellows" (beide Zitate aus Lazarus, Kanner, & Folkman, 1980, S. 204 und S. 205).

Daß auch positive Emotionen von physiologischer Erregung begleitet sind, ist nach Lazarus et al. (1980) aus folgenden Gründen plausibel: Neugierde und Erkundungsdrang sind für die Entwicklung von Persönlichkeit und Fähigkeiten unerläßlich, bedürfen aber nach Tolman (1941) und Harlow (1953) eines sich behaglich und sicher fühlenden, nicht von einer homöostatischen Krise bedrohten Organismus. Wären nun positive Emotionen durch die völlige Abwesenheit von Aktivierung gekennzeichnet, so gäbe es ebendiese Neugierde nicht. Zum anderen sollten positive Emotionen, zum Beispiel Freude, nicht als Ergebnis und Endzustand von Anpassungsprozessen angesehen werden, wie es in der Regel geschieht, sondern ebenso wie negative Emotionen als transitorisch. Damit verknüpft ist die Vorstellung, daß angenehme Empfindungen, die im Anschluß an einen erfolgreichen Bewältigungsprozeß auftreten, diesen Erfolg betonen und damit gleichzeitig einen Beitrag zu zukünftigen Bewältigungsanstrengungen darstellen, beispielsweise, indem sie die notwendgien Energien mobilisieren, um sich einer neuen Aufgabe zuzuwenden: "... if an author's work is favorably reviewed, she or he is likely to begin the next writing task in a more enthusiastic state of mind" (Lazarus, Kanner, & Folkman, 1980; S. 205).

Angenehme Emotionen erfüllen drei grundlegende psychologische Funktionen im Copingprozeß (Lazarus, Kanner, & Folkman, 1980): erstens als Unterbrecher in Streßphasen, "*breathers*", zweitens als Verstärker von Bemühungen um Bewältigung, "*sustainers*", und drittens als Restauratoren, "*restorers*". Breathers sind die Momente des Atemholens, um für kurze Zeit von anstrengenden Situationen abzulenken und neue Kraft zu schöpfen. Das Bedürfnis nach solchen Verschnaufpausen ist allgemein institutionalisiert als Kaffeepause, Siesta, Kurz-an-die-frische-Luft-gehen oder auch als Ferien. Mit Sustainers werden die Erregungszustände bezeichnet, die die Durchführung einer Aufgabe oder Leistung aufrechterhalten statt sie zu unterbrechen. Dazu gehören beispielsweise die Aufregung, die mit einer intellektuellen oder körperlichen Herausforderung verbunden ist, oder die Hoffnung, die sich in Optimismus ausdrückt. Das Gefühl von Herausforderung scheint sich eher dann einzustellen, wenn die Kontrollmöglichkeit über eine Situation beim betreffenden Individuum selbst liegt, während hoffnungsvolle Emotionen häufig dann auftreten, wenn die Situation nicht beherrschbar erscheint (Rotter, 1966). Die dritte Funktion, die der Restorers, tritt in der letzten Phase der Streßbewältigung als Unterstützung von Erholung und Heilung in Kraft. Angenehme Emotionen helfen so beim Wiederaufbau verbrauchter Ressourcen oder der Entwicklung neuer Kräfte, sie haben auch den Charakter einer Belohnung für erfolgte Mühen.

Diese drei Funktionen positiver Emotionen im Copingprozeß können teilweise auf die Vorgänge bei emotionsbedingtem Eßverhalten übertragen werden. Einschränkungen ergeben sich daraus, daß die Überlegungen von Lazarus et al. (1980) nichts darüber aussagen, welche Verhaltensweisen oder

Vorgänge auf die Einschätzung einer Situation als angenehm folgen. Im Falle der Breathers wurde die Kaffeepause als typisches Beispiel genannt, hier wird Essen bzw. Trinken eingesetzt, um negative Emotionen zwischenzeitlich durch positive zu ersetzen. Im Falle von positiven Emotionen als Sustainers ist das Auftreten von Essenswünschen nur schwer vorstellbar. Sowohl das Empfinden von Herausforderung als auch das von Hoffnung unterstützen einen sich in Gang befindlichen Bewältigungsprozeß; Essen würde diesen unterbrechen, nicht aber verstärken. Dagegen sind Restorers besonders geeignet, Essenswünsche zu induzieren. Positive Emotionen in der letzten Bewältigungsphase können Eßverhalten bedingen, sowohl aus psychologischen Gründen, z.B. ein schmackhaftes Essen in einer entspannten Atmosphäre mit guten Freundinnen, als auch aus physiologischen Gründen als Energieaufnahme zum "Auftanken" beispielsweise der Serotoninreserven im Gehirn.

Die kognitive Streßtheorie trägt viel zur Erklärung des Eßverhaltens zur Selbstregulierung von Emotionen bei, da sie zentrale Elemente des emotionsbedingten Essens anspricht (s.a. Abschnitt 3.2.2.): die Wahrnehmung von Emotionen, ihre Einschätzung, ihren auslösenden Charakter für die Suche nach Bewältigungsformen der Erregung und den biologischen und kulturellen Kontext, in dem nicht nur Emotionen, sondern auch Bewältigungsprozesse ablaufen. Kultur, das sind auch die Normen und Standards, die bestimmen, wie emotionale Reaktionen erfolgen dürfen, die aufzeigen, welche emotionsrelevanten Bewältigungsmöglichkeiten dem Individuum offenstehen, und die helfen, die Angemessenheit der Reaktion auf die Situation zu beurteilen (Lazarus, Averill, & Opton, 1970). Essen ist eine vergleichsweise unauffällige Bewältigungsform, sie kann sowohl unter "Ausschluß der Öffentlichkeit", zum Beispiel als nächtliche Kühlschrankplünderung, erfolgen als auch mit deren Kenntnis und Billigung. Der Begriff "Kummerspeck" weist auf die gesellschaftliche Akzeptanz einer, in der Regel zeitlich begrenzten, Streßbewältigung durch Essen hin.

Die perzeptiv-motorische Theorie: Emotion als hierarchische Verarbeitung von Wahrnehmungen

Die von Leventhal (1980, 1984) entwickelte Emotionstheorie baut auf mehreren früheren Emotionstheorien auf, so auf der Theorie der körperlichen Reaktion (James, 1884), der zentralnervösen Emotionstheorie (Cannon, 1927), der kognitiv-physiologischen Theorie (Schachter & Singer, 1962) und einigen Theorien des Ausdrucksverhalten (z.B. Izard, 1971). Emotion wird als subjektives Wahrnehmungserleben definiert, dessen Grundlage ein konstruktiver Prozess ist.

Dieser Prozeß umfaßt drei hierarchisch angeordnete Mechanismen, die zusammen das Emotionserleben bewirken: eine expressiv-motorische Verarbeitung, "expressive motor processing", eine schematische Verarbeitung, "schematic processing", und eine vorstellungsgeleitete Verarbeitung, "conceptual processing". Trotz der postulierten Hierarchie wird den drei Mechanismen ein simultanes Interagieren in der Konstruktion emotionalen Erlebens unterstellt (Leventhal, 1980, S. 159f). Dabei ist die *expressiv-motorische Verarbeitung* der elementare Motor für Emotionen, sie stützt sich auf eine genetisch vorgegebene Menge zentraler neuromotorischer Programme, die distinkte Empfindungen und Ausdrucksverhalten als Reaktionen auf Stimuli hervorrufen.

Die *schematische Verarbeitung* stellt ein Gedächtnissystem dar, das spezifische Situationswahrnehmungen mit autonomen, expressiven und instrumentalen Reaktionen integriert und dadurch die Erinnerung an emotionale Erfahrungen ermöglicht. Als *Schema* gilt die organisierte Repräsentation mehrerer elementarer Kategorien im Gedächtnis. Die Aufgabe emotionaler Gedächtnisschemata besteht in der Stimuluserkennung, die durch einen Vergleich der Merkmale des neuen situativen Inputs mit den gespeicherten Merkmalen früherer emotionaler Erfahrungen erfolgt. Infolgedessen wirken Emotionsschemata als selektive Vorrichtungen, die die Aufmerksamkeit auf bestimmte Stimulusmerkmale lenken und Erwartungen über nachfolgendes Erleben generieren. Situationen mit vielfältigen Hinweisreizen können mehrere Schemata aktivieren und so zu widersprüchlichem und konfligierendem emotionalen Erleben führen (Leventhal, 1980, S. 172).

Der *vorstellungsgeleitete Verarbeitungsmechanismus* funktioniert sequentiell und willensgesteuert. Er reguliert die vorausgegangenen Verarbeitungsmechanismen, indem Aufmerksamkeit und Handeln kontrolliert werden. Das System enthält eine verbale und eine durchführende Komponente. Erstere wird für die Speicherung und Interpretation von Informationen über emotionale Erfahrungen genutzt. Die durchführende Komponente dient der willentlich gesteuerten Erzeugung und Kontrolle emotionaler Reaktionen. Die zwei Komponenten sind flexibler als die beiden vorgeschalteten Verarbeitungsmechanismen. Sie enthalten Informationen in einer sequentiellen Form, um zeitlich begrenzte Handlungssequenzen regulieren zu können. Sie ermöglichen das Nachdenken über Situationen, regulieren laufendes Verhalten, richten die Aufmerksamkeit auf bestimmte Ereignisse und bewirken spezifische Reaktionen für den Umgang mit diesen Ereignissen (Leventhal, 1980, S. 182).

Diese Konzeption von Emotionen als Folge interagierender expressiver und kognitiver Verarbeitungssysteme gibt wichtige Hinweise darauf, wie Emotionen verhaltenswirksam werden. Dabei sind Ähnlichkeiten mit dem Einschätzungskonstrukt der Streß- und Bewältigungstheorie unverkennbar, in der jedoch nicht näher ausgeführt wird, welche Prozesse diesen Einschätzungen zugrundeliegen und wie sie verlaufen. Andererseits konzentriert sich die perzeptiv-motorische Theorie auf die Generierung emotionalen Erlebens und sagt kaum etwas über dessen Regulierung aus, sie verzichtet auf eine Unterscheidung zwischen positiven und negativen Emotionen, und sie teilt nur sehr wenig über Inhalt und Wirkungsweise des vorstellungsgesteuerten Verarbeitungssystems mit. Auch der Schema-Begriff bleibt vage.

Die Informationstheorie
Emotion als Ausdruck von Bedürfnissen

Mit seiner Informationstheorie der Emotion hat Simonov (1970) versucht, einen auf neurophysiologischen Befunden basierenden Ansatz zu formulieren, der in einigen Aspekten für das emotionsbedingte Eßverhalten nicht uninteressant ist. Emotionen werden hier erklärt als Interaktion zwischen einem Bedürfnis und der Wahrscheinlichkeit der Zielerreichung, d.h. der Bedürfnisbefriedigung. Negative Emotionen werden aufgefaßt als ein spezieller nervöser Mechanismus, der einsetzt, wenn ein Organismus nicht die notwendigen und ausreichenden Informationen für die Organisation von Aktivitäten besitzt, die zur Befriedigung eines Bedürfnisses erforderlich sind. Emotionen sind demnach die Funktion zweier Faktoren: zum einen eines gegebenen Bedürfnisses und zum anderen der Differenz zwischen der voraussichtlich notwendigen Information zur Befriedigung dieses Bedürfnisses und der Information, die dem Individuum zugänglich ist. Als Formel ausgedrückt:

$$E = N\,(I_n - I_a),$$

d.h. die Emotion E ist gleich dem Bedürfnis N multipliziert mit I, der Differenz zwischen voraussichtlich erforderlicher Information I_n und verfügbarer Information I_a. Der Wert für die Information I wird bestimmt durch die Änderung der Wahrscheinlichkeit der Zielerreichung als Ergebnis des Empfangens dieser Information.

Negative Emotionen entstehen nach der Informationstheorie aufgrund eines Mangels an Information, also wenn I_n größer als I_a ist. Entsprechend kommen positive Emotionen bei einem Überschuß an I_a gegenüber I_n in Situationen auf, in denen neu eintreffende Informationen die Wahrscheinlichkeit der Bedürfnisbefriedigung relativ zur bestehenden Prognose erhöhen. Nach Simonov (1970, S. 147) können positive Emotionen nicht mit Bedürfnisbefriedigung gleichgesetzt werden, da bei Eintreten der Befriedigung die emotionale Erregung nachläßt und durch Ruhe, Schläfrigkeit und Gleichgültigkeit ersetzt wird. Angenehme Empfindungen nach einer Bedürfnisbefriedigung sind seiner Meinung nach nur möglich, weil sich im Gedächtnis noch Spuren der Erinnerung an die vorausgegangene Situation finden, in der das Bedürfnis bestand.

Die Informationstheorie weist Analogien zur Theorie lebender Systeme (Miller, 1978) auf, die weiter oben zur Definition von Bedürfnissen und zur Erläuterung von Kompensationsverhalten herangezogen wurde. Nach dieser

Theorie sind Emotionen Signale dafür, daß der Zustandswert einer Variablen gestört ist, weil diese ihren Stabilitätsbereich verlassen hat. Emotionen sind Ausdruck der Bedürfnisse eines lebenden Systems. Stress ist dabei definiert als die interne Verarbeitung emotional gefärbter Information. Im Falle des Empfindens von Angst wäre dieser Zustand beispielsweise als bedrohlich für das System zu bezeichnen (Miller, 1978, S. 431).

3.1.3. Emotionsprinzipien und Emotionsgesetze

Die beschriebenen kognitiven Emotionstheorien weisen - mit Ausnahme von Simonovs Theorie, die nur im weitesten Sinne als kognitiv zu bezeichnen ist - eine Reihe von Gemeinsamkeiten auf. Übereinstimmend werden Emotionen als aus mehreren interagierenden Komponenten bestehend aufgefaßt (vgl. Scherer, 1984a, b). Uneinigkeit gibt es über die Art ihres Zusammenwirkens. Diese Komponenten sind Voraussetzung für die Vorgänge der Selbstregulierung von Emotionen:

- die Komponente der kognitiven Bewertung von Stimulus oder Situation;
- die Komponente der physiologischen Aktivierung oder Erregung;
- die Komponente des motorischen Ausdrucks;
- die Komponente der Handlungsbereitschaft und -absicht;
- die Komponente des subjektiven Gefühlszustandes.

Die kognitiv orientierten Emotionstheorien leisten einen wesentlichen Beitrag zum Verständnis der Informationsverarbeitungsprozesse, die emotionsbedingtes Eßverhalten auslösen. Sie weisen übereinstimmend darauf hin, daß die *erfahrungsgeleitete Bewertung* einer Person-Umwelt-Transaktion entscheidend ist sowohl für das Entstehen einer Emotion als auch für die Wahl einer Bewältigungsform. Zentral für die Erklärung emotionsbedingten Essens wird damit die Gedächtnisrepräsentanz von früherem emotionalem Erleben und darauf folgendem Bewältigungsverhalten.

Diese Auffassung findet sich auch in zwei Versuchen, das Wesen emotionalen Erlebens, seine Handlungsrelevanz und seine Bedeutung für die persönliche Entwicklung zu Prinzipien (Izard, 1977/1981) bzw. zu Gesetzen

(Frijda, 1988) zu verdichten. Damit sollen die vielen Erkenntnisse der Emotionspsychologie auf einige wenige zentrale Merkmale reduziert und damit leichter beschreibbar werden.

Abbildung 16:
Carroll E. Izards Emotionsprinzipien

DIE NEUN PRINZIPIEN

1. *Das Prinzip der differentiellen Emotionen*
Emotionen können unterschieden werden nach ihren neurophysiologischen Grundlagen, ihren mimischen Ausdrucksmustern und ihren erlebnishaft-motivationalen Charakteristika.

2. *Das Prinzip der interagierenden Emotionskomponenten*
Die neurale, die expressive und die erlebnishafte Komponente von Emotionen besitzen einen gewissen Grad an Unabhängigkeit, interagieren aber grundsätzlich miteinander.

3. *Das Prinzip der Emotionsmuster*
Eine Emotion kann eine andere auslösen, und Emotionen treten oft in Mustern oder Kombinationen auf.

4. *Das Prinzip der Emotionskommunikation*
Die expressive Komponente von Emotionen ist eine Quelle von Signalen von beträchtlicher Bedeutung für soziale Interaktionen.

5. *Das Prinzip des persönlichen Wachstums und der persönlichen Bindung*
Emotionserlebnisse beeinflussen individuelle und soziale Entwicklungen und spielen eine entscheidende Rolle bei der Bildung zwischenmenschlicher Beziehungen.

6. *Das Prinzip der inhärenten adaptiven Funktionen*
Jede von anderen unterschiedene Emotion vermag adaptive Handlungen zu erleichtern.

7. *Das Prinzip der interaktiven Systeme*
Das Emotionssystem interagiert mit den Funktionen des homöostatischen, des Trieb-, des Wahrnehmungs,- des kognitiven und des Handlungssystems und beeinflußt sie.

8. *Das Prinzip der emotionalen Ansteckung*
In vielen Situationen wird Emotion von einem Menschen auf einen anderen übertragen.

9. *Das Prinzip der Selbstregulierung und Nutzbarmachung von Emotionen*
Jede Emotionskomponente und jedes Subsystem, das mit Emotionen interagiert, ist ein potentielles Vehikel für Emotionskontrolle.

(nach Izard, 1981, Kap. 5)

Izard (1977/1981) spricht beispielsweise vom *Prinzip der interagierenden Emotionskomponenten*. Es ist eines von neun von ihm formulierten Prinzipien des Emotionsgeschehens (Abbildung 16), von denen insbesondere die Prinzipien 2, 5, 7 und 9 für Eßverhalten zur Selbstregulierung von Emotionen relevant sind.

Einen ähnlichen Versuch unternimmt Frijda (1988). Er stellt zehn *Emotionsgesetze* auf, die er als empirische Regelmäßigkeiten der grundlegenden Abläufe und Eigenschaften von Emotionen versteht (Abbildung 17). Sie beschäftigen sich mit der Emotionsinduzierung, der Dauer von Emotionen, ihrem Modularitätscharakter und ihrer Regulierung. Emotionen werden, ähnlich wie in der Streß- und Bewältigungstheorie und in der perzeptiv-motorischen Theorie, als Folge einer situationsbedingten Einschätzung aufgefaßt, die zu einer Veränderung der Bewußtheit der Handlungsbereitschaft, "*awareness of state of action readiness*", führt (Frijda, 1987). Eine solche Veränderung kann bestehen:

- in der Bereitschaft, eine bestimmte Handlung zu vollziehen oder ihr auszuweichen oder die Aufmerksamkeitsrichtung zu wechseln;
- in reiner Erregung, die Handlungsbereitschaft signalisiert, ohne daß das Individuum weiß, welche Handlung es begehen soll;
- in der Unterbrechung des gerade ausgeübten Verhaltens oder im Verlust des Interesses daran.

Diese drei Veränderungsmöglichkeiten der Handlungsbereitschaft beschreiben die motivationale Lage eines Individuums unter emotionaler Erregung. Es ist genau diese Handlungsbereitschaft, die Voraussetzung für den Wunsch nach Essen und damit für emotionsbedingtes Eßverhalten ist. Es sind die Gesetze 1, 2, 3, 6 und 8, die besonders bei diesem spezifischen Verhalten Anwendung finden.

Abbildung 17:
Nico H. Frijdas Emotionsgesetze

THE 10 LAWS OF EMOTION

The five laws describing emotional elicitation:

1. *The law of situational meaning*
"Emotions arise in response to the meaning structures of given situations, and different emotions arise in response to different meaning structures."

2. *The law of concern*
"Emotions arise in response to events that are important to the individual's goals, motives or concerns."

3. *The law of apparent reality*
"Emotions are elicited by events appraised as real, and their intensity corresponds to the degree to which this is the case."

4. *The laws of change, habituation, and comparative feeling*
"Emotions are elicited not so much by the presence of favorable or unfavorable conditions, but by actual or expected changes in favorable or unfavorable conditions.
Continued pleasure wears off; continued harships lose their poignancy. The intensity of emotion depends on the relationship between an event and some frame of reference against which the event is evaluated."

5. *The law of hedonic asymmetry*
"Pleasure is always contingent upon change and disappears with continuous satisfaction. Pain may persist under persisting adverse condition."

The law formulating emotion persistence:

6. *The law of conservation of emotional momentum*
"Emotional events retain their power to elicit emotions indefinitely, unless counteracted by repetitive exposures that permit extinction or habituation, to the extent that these are possible."

The law expressing the modularity of emotion:

7. *The law of closure*
"Emotions tend to be closed to judgments of relativity of impact and to the requirements of goals other than their own."

The three laws pertaining to emotion regulation:

8. *The law of care for consequence*
"Every emotional impulse elicits a secondary impulse that tends to modify it in view of its possible consequences."

9. *The law of lightest load*
"Whenever a situation can be viewed in alternative ways, a tendency exists to view it in a way that minimizes negative emotional load."

10. *The law of greatest gain*
"Whenever a situation can be viewed in alternative ways, a tendency exists to view it in a way that maximizes emotional gain."

(aus Frijda, 1988, S. 349-356)

3.1.4. Sind angenehme und unangenehme Emotionen unabhängig voneinander?

Nur wenige der beschriebenen Theorien sagen etwas über die Qualität von Emotionen als positiv oder negativ aus. Diese Unterscheidung aber ist für das Eßverhalten zur Selbstregulierung von Emotionen wichtig, da angenommen wird, daß Regulierungsprozesse abhängig von der jeweiligen emotionalen Lage entweder zur Veränderung oder zur Aufrechterhaltung und Verstärkung eines emotionalen Zustandes eingesetzt werden. Im folgenden werden deshalb Forschungsbefunde zu Intensität, Häufigkeit und gegenseitiger Unabhängigkeit dieser beiden prinzipiellen Emotionsqualitäten dargestellt.

In einer Untersuchung, in der psychisches Befinden u.a. anhand von Aussagen über angenehme und unangenehme Emotionen erhoben wurde, zeigte sich entgegen den Erwartungen, daß die beiden Konstrukte statistisch unabhängig voneinander waren. Außerdem waren sie auch unterschiedlich mit anderen Variablen assoziiert: unangenehme Emotionen, nicht aber angenehme, korrelierten signifikant mit Selbstaussagen über Angst, Sorgen, Gesundheitsprobleme und Schwierigkeiten im zwischenmenschlichen Bereich. Angenehme Emotionen wiederum korrelierten signifikant mit einem höheren Niveau sozialer Kontakte und der Teilnahme an neuen Aktivitäten, Merkmale, die bei unangenehmen Emotionen nicht vorkamen (Bradburn, 1969; nach Warr, Barter, & Brownbridge, 1983).

Dieser Befund der *statistischen Unabhängigkeit von positiven und negativen Emotionen* wurde wiederholt aufgegriffen, besonders in der Forschung über Lebensqualität, individuelle Wohlfahrt und subjektives Wohlbefinden als Zufriedenheit mit und Glück im Leben (Abbey & Andrews, 1986; Andrews & McKennell, 1980; Costa & McCrae, 1980; Glatzer & Zapf, 1984; Schwarz, 1987). Dabei zeigte sich wiederholt das gleiche Muster: trotz unterschiedlicher Operationalisierung der Variablen waren negative Emotionen mit streßgenerierenden Erfahrungen verbunden und positive mit kürzlich erlebten angenehmen Ereignissen; die Maße der beiden Emotionsformen jedoch waren unkorreliert.

Zunächst zu den Begriffen positive bzw. angenehme und negative bzw. unangenehme Emotionen. Positive Emotionen bestehen in dem Ausmaß des Gefühls von Lebensfreude, wobei ein hoher Intensitätsgrad durch Worte beschrieben werden kann, die Energie und angenehme Tätigkeiten ausdrücken wie aktiv, aufgeregt, lebhaft und enthusiastisch. Ein niedriger Intensitätsgrad wird durch Begriffe wie ruhig und entspannt gekennzeichnet. Im Gegensatz dazu bestehen negative Emotionen in dem Ausmaß, in dem ein Individuum unangenehm erregt ist. Zu einem hohen Intensitätsgrad zählen eine Reihe aversiver Zustände, wie Streß, Nervosität, Ärger, Schuldgefühl und Anspannung, während ein niedriger Intensitätsgrad durch Begriffe, die Müdigkeit signalisieren, wie schläfrig und träge, beschrieben wird (L.A. Clark & Watson, 1988; Diener et al., 1985).

Wichtige Befunde über die Korrelate von positiven und negativen Emotionen gibt die nachfolgende knappe Aufzählung wieder (Abbey & Andrews, 1986; Andrews & McKennell, 1980; Brandstätter, 1983; L.A. Clark & Watson, 1988; Costa & McCrae, 1980; Isen et al., 1982; Kuhl, 1983; Schwarz & Clore, 1983; Warr, Barter, & Brownbridge, 1983; s.a. Abschnitt 3.2.3.). Bei dieser Aufzählung ist zu berücksichtigen, daß die Untersuchungen sich einmal mehr mit Emotionen, die als Stimmungen anzusehen sind, ein anderes Mal mehr mit Emotionen in Form von Gefühlen befaßt haben - in der Regel, ohne diesen Unterschied zu berücksichtigen.

- Positive Emotionen sind verbunden mit einer Fülle von spezifischen Ereignissen, sozialen und zwischenmenschlichen Beziehungen, mit sozialer Unterstützung, psychischem Wohlergehen, subjektivem Wohlbefinden, besonders in Form von Glück, mit Extraversion, interner Kontrolle, vereinfachender Urteilsbildung, intuitiv-holistischer Verarbeitung von Informationen und mit Sonnenschein.

- Negative Emotionen sind verbunden mit einer eher geringen Anzahl von Alltagserlebnissen, mit physisch bedingten Gesundheitsproblemen, Depression, Angst, Streß durch ambivalente Rollenerwartungen, Unzufriedenheit, Neurotizismus, sozialen Konflikten, analytisch-sequentieller Informationsverarbeitung und mit Regenwetter.

Warr, Barter und Brownbridge (1983) haben drei "separate but mutually compatible" Erklärungen für die statistische Unabhängigkeit von positiven und negativen Emotionen angeboten und in drei Studien mit insgesamt 520 Befragten überprüft. Die erste Erklärung schlägt vor, daß die statistische Unabhängigkeit auf einem höheren Abstraktionsniveau verständlich wird, d.h. daß angenehme und unangenehme Episoden im Alltagsleben allgemein unkorreliert sind. Die zweite Erklärung bezieht sich auf mögliche Unterschiede in den Auswertungsverfahren, es wird vermutet, daß die Unabhängigkeit der beiden Emotionen eine Funktion von Reaktionsmodus und Scoring-Prozedur ist. Die dritte Erklärung besagt, daß Emotionen unterschiedlicher Art Ausdruck relativ stabiler Persönlichkeitsmerkmale sind. Alle drei Erklärungen werden durch die Ergebnisse der Befragungen gestützt. So ist die Anzahl berichteter angenehmer und unangenehmer Erlebnisse statistisch unkorreliert, hängt aber jeweils mit dem Erleben von positiven und negativen Emotionen in der erwarteten Weise zusammen. Positive Emotionen sind mit Extraversion und negative mit Neurotizismus signifikant assoziiert, nicht aber umgekehrt. Eine Veränderung der Auswertung, bei der statt des Auszählens von positiven und negativen Erfahrungen die Zeiteinheiten erfaßt werden, in denen diese Erfahrungen gemacht wurden, ergab eine Korrelation von -.54 statt der ursprünglichen von -.01. Mit diesem letzten Befund wird die Unabhängigkeitshypothese allerdings hinfällig.

In einer dreimonatigen Längsschnittuntersuchung über Alltagsereignisse und Stimmungen von 18 japanischen Studentinnen (L.A. Clark & Watson, 1988) zeigte sich, daß positive Emotionen deutlich häufiger vorkommen als negative und offensichtlich besonders wichtig für die täglichen Stimmungsschwankungen und damit für das Wohlbefinden sind. Positive Emotionen sind mit dem Erfahren von Belohnungen, "rewards", und negative mit dem Erfahren von Bestrafungen, "punishments", assoziiert. Die zeitliche Ausdehnung von positiven und negativen Emotionen ist entsprechend verschieden: "... PA (positive affect) ebbs and flows with the daily tide of events, whereas NA (negative affect) crashes upon us in times of trouble only to disappear just as quickly when the storm is over" (L.A. Clark & Watson, 1988, S. 305; dieses Zitat zeigt auch, daß die Autorinnen nicht zwischen Stimmungen und Gefühlen unterscheiden). Unter Hinweis auf Allport (1961), Maslow (1954) und Rogers (1961), die betont haben, daß positives psychisches Wohlergehen mehr ist als nicht krank zu sein, sondern vielmehr ein aktives und enthusiastisches Engagement im Alltagsleben bedeutet, bestätigen L.A. Clark und Watson (1988) deren Auffassung, da aus ihren Daten die zentrale Bedeutung von positiven Emotionen für das tägliche Leben hervorgeht. Die bislang in der psychologischen Forschung weit verbreitete Nichtbeachtung angenehmer Emotionen ist nach diesen Befunden empirisch nicht gerechtfertigt. Cunninghams (1988a, b) Vorschlag eines "separate process model of mood and behavior" greift diese Befunde auf und ergänzt sie um eigene experimentell gewonnene Erkenntnisse, denen zufolge angenehme Stimmungen mit einer sozialen, offenen und Annäherungsmotivation einhergehen, während unangenehme Stimmungen durch Rückzug, Ruhebedürfnis und egozentrische Tendenzen gekennzeichnet sind. Ellsworth und Smith (1988) konnten außerdem zeigen, daß verschiedene angenehme Emotionen mit entsprechend unterschiedlichen Einschätzungsmustern einhergehen und so auch zu differenziertem emotionalen Erleben innerhalb der positiven Emotionsqualität führen.

Diese Untersuchungen unterstreichen, wie wichtig es ist, positive Emotionen bei der Untersuchung emotionsbedingten Essens mit zu berücksichtigen. Sie legen auch nahe, daß die Regulierungsmuster, durch die Eßverhalten emotionsmodifizierend wirkt, bei positiven und negativen Emotionen unterschiedlich sind.

3.2. Das Konzept der kognitiven Repräsentanz von Emotionen

Die im vorigen Abschnitt beschriebenen Theorien weisen den Weg zu einer Erklärung des Phänomens emotionsbedingten Eßverhaltens, wie es im 2. Kapitel beschrieben wurde. Es sind nun die Gedächtnisstrukturen und Informationsverarbeitungsprozesse zu untersuchen, die bewirken, daß aus einer erlebten Emotion Essen als Selbstregulierungsmaßnahme folgt. Nach einem kurzen Plädoyer für die Gleichstellung von Emotionen und Kognitionen in Gedächtnisprozessen werden daher zunächst allgemeine Kategorien von Emotionsregulierungs- und Streßbewältigungsstrategien vorgestellt, um zu zeigen, wie emotionsbedingtes Essen solchen Problemlösungsbemühungen zugeordnet werden kann (Abschnitt 3.2.2.). Eine solche Kategorisierung erklärt aber noch nicht, wie der Prozeß der Auswahl einer bestimmten Bewältigungsform erfolgt. Diese Erklärung wird möglich, wenn man Gedächtnisinhalte samt Handlungsanweisungen als Schemata auffaßt, die durch Person-Umwelt-Transaktionen aktiviert werden. Es wird gezeigt, daß die Aktivierung eines oder mehrerer Schemata in Abhängigkeit von Emotionsqualität und Emotionsintensität auf zwei prinzipielle Weisen, nämlich automatisch oder strategisch, erfolgen kann (Abschnitt 3.2.3.). Damit ist ein wichtiger Zugang zur Erklärung emotionsbedingten Essens gewonnen.

3.2.1. Wider die Dreiteilung der menschlichen Psyche

Platons Dreiteilung der menschlichen Psyche in Kognitionen, Emotionen und Konationen hat alle sozialwissenschaftlichen Untersuchungen über das menschliche Wesen und Verhalten nachhaltig beeinflußt. Dabei ist den drei Komponenten im wissenschaftlichen Denken verschiedener historischer Epochen sehr unterschiedliches Gewicht beigemessen worden (vgl. Scherer, 1984a). Im 20. Jahrhundert konzentrierte sich das behavioristische und neobehavioristische Paradigma darauf, Erleben und Verhalten nur in äußerlich beobachtbaren und registrierbaren Erscheinungsformen zu erforschen. Es folgte die sogenannte *kognitive Wende* in den 60er Jahren, die zur Berücksichtigung der kognitiven Prozesse aufrief, die in den Individuen bei der Auseinandersetzung mit ihrer Umwelt ablaufen. Damit wurde die Psychologie zu einer Wissenschaft von der menschlichen Informationsverarbeitung deklariert (Bower, 1975; Lindsay & Norman, 1977). Die kognitive Psychologie erklärt menschliches Verhalten durch Informationsverarbeitungsprozesse, in denen akkumuliertes Wissen über die Umwelt dazu benutzt wird, eingehende Informationen zu interpretieren und die Umwelt nach relevanten Stimuli abzusuchen, um zu zielorientiertem Handeln zu gelangen. Dabei spielt es keine Rolle, ob diese Informationsverarbeitungsprozesse bewußt oder unbewußt ablaufen (Hilgard, 1980). In dieser Tradition ist der Mensch nicht länger ein von seinen Trieben beherrschtes Individuum, sondern wird zum kühlen Kopf, der der Umwelt nüchtern begegnet, sie logisch zergliedert und seine Handlungen nach Kosten-Nutzen-Erwägungen plant und ausführt.

Emotionen werden dabei als bedauerlicher Störfall in einer ansonsten einwandfrei funktionierenden kognitiven Maschine angesehen (Simon, 1967).

Seit gut zehn Jahren deutet sich eine *emotionale Wende* in der Psychologie an, die den Emotionen ihren wichtigen Platz im menschlichen Verhalten zurückerobern will. Um einem Rückfall in ein Paradigma des von seinen Emotionen beherrschten Individuums vorzubeugen, nehmen seit einigen Jahren die Versuche zu, Emotionen und Kognitionen in ihren Interaktionen zu erforschen (Hamilton, Bower, & Frijda, 1988; Izard, Kagan, & Zajonc, 1984; Mandl & Huber, 1983; Scherer & Ekman, 1984).

Informationsverarbeitung umfaßt *Daten unterschiedlicher Qualität*, d.h. dem Individuum stehen in der Auseinandersetzung mit der Umwelt Daten über die äußere Situation, frühere Erfahrungen, aktuelle Bedürfnisse, zukünftige Erwartungen, individuelle und soziale Bewertungsmaßstäbe, augenblickliche Stimmungen und physiologische Erregung zur Verfügung. Diese Daten sind offensichtlich nicht nur "kalt", sondern enthalten auch die Erinnerung an Emotionen oder können emotionale Erregung bewirken. Soll der Prozeß der Informationsverarbeitung verstanden werden, so muß man Emotionen als einen unerläßlichen Bestandteil berücksichtigen.

Der Ausdruck "kognitive Repräsentanz von Emotionen" spiegelt diese Auffassung von einer *Emotionsverarbeitung als Informationsverarbeitung* wider. Dieses Auffassung ist Grundlage für die Beschreibung der Prozesse, mit denen Eßverhalten zur Selbstregulierung von Emotionen erklärt werden kann.

3.2.2. Emotionen, Selbstregulierung, Bewältigung und Eßverhalten

"The major theme ... is that the person is constantly guiding his thoughts and actions in such a way as to control potentially disruptive, and even positive emotional states, and that to understand the normal ebb and flow of emotional reactions and the adaptive behavior associated with them, we need to give more attention to these self-regulatory devices" (Lazarus, 1975, S. 47).

Selbstorganisation, Selbstregulierung, Selbstkontrolle

Es gibt verschiedene, sich überschneidende Begriffe bzw. Konzepte, mit denen beschrieben wird, wie Menschen ihre Emotionen regulieren und kontrollieren: Selbstorganisation, "self-management" (Karoly & Kanfer, 1982), Selbstregulierung, "self-regulation" (Morris & Reilly, 1987; Carver & Scheier, 1982), Selbstkontrolle, "self-control" (Mahoney & Arnkoff, 1978 nach Rodin, 1982) oder Bewältigung, "coping" (Lazarus, 1966; Pearlin & Schooler, 1978).

Selbstorganisation ist nach Kanfer und Karoly (1982, S. 576-581) die Kontrolle eines Individuums über sein Verhalten als aktive Zielbestimmung und Zielbeurteilung, als aktive Aufmerksamkeit gegenüber internen und externen Reizen und als aktiver Einsatz kognitiver Prozesse zur Verbesserung der Anpassungseffizienz. Die Autoren sehen *Selbstregulierung* als zentral für die Selbstorganisation an und bezeichnen damit die integrierte Organisation einer Serie von Prozessen, die der Erreichung von Zielen dienen. *Selbstkontrolle* wird als Ergebnis solcher Prozesse in einer spezifischen Situation aufgefaßt; ihre wesentlichen Merkmale sind das Vorhandensein einer oder mehrerer Verhaltensalternativen, deren Konsequenzen konfligieren können und die daher einer kontrollierenden Reaktion bedürfen. Diese Selbstkontrolle wird von Thoits (1984) als Puffereffekt, "buffering effect", bezeichnet, der das Ergebnis erfolgreicher Bemühungen um emotionales Selbstmanagement ist.

Ähnlich definiert Rodin (1982) Selbstregulierung als die Fähigkeit, verhaltenswirksame, selbstkontrollierende Prozesse zu initiieren oder aufrechtzuerhalten, und zwar vor allem dann, wenn eine Diskrepanz zwischen dem aktuellen und dem optimalen Zustand empfunden wird. Die Autorin bezeichnet Homöostase als eine Metapher für alle Formen der Selbstregulierung. Carver und Scheier (1982; Scheier & Carver, 1982) benutzen Selbstregulierung als zusammenfassenden Begriff dafür, wie Menschen ihr Verhalten steuern, indem sie entscheiden, wie sie agieren wollen und wie sie diese Intentionen in Handlungen umsetzen.

Gemeinsam ist diesen Konzepten die Auffassung von *Prozessen* als Steuerung des allgemeinen Verhaltens mit dem Ziel, die optimale Anpassung an sich verändernde Umweltbedingungen zu finden. Genau dies kommt auch in der Theorie der lebenden Systeme zum Ausdruck, derzufolge Organismen selbstregulierende und zielgerichtete Systeme sind, die eine bevorzugte Struktur von Systemwerten entwickeln. Diese Struktur bewirkt verhaltenswirksame Entscheidungsregeln über die Aufrechterhaltung eines internen Fließgleichgewichts, das durch den Input bzw. Output verschiedener Ressourcen ermöglicht wird (Miller, 1978, Kap. 2; s.a. Abschnitt 1.3.1.).

Ein Stufenmodell der Selbstregulierung von Emotionen

Die Theorien, die kognitiven Prozessen eine zentrale Rolle bei der Entstehung von Emotionen zuschreiben, unterscheiden sich - gelegentlich erheblich - in den Annahmen über die kognitiven Prozesse, die im Verlauf von Person-Umwelt-Transaktionen auftreten. Ohne diese theoretischen Unterschiede nivellieren zu wollen, lassen sich dennoch Gemeinsamkeiten finden, die in das *Prinzip des dynamischen Interaktionismus* (Dörner et al., 1988) von Emotion und Kognition münden. So ist es möglich, die wesentlichen Aspekte dieser Ansätze soweit miteinander zu verknüpfen, daß sich daraus eine sinnvolle Grundlage für die Erklärung des Eßverhaltens als Selbstregulierung von Emotionen ergibt. Dabei werden alle die Aspekte ausgeklammert, die für das emotionsbedingte Essen keinen Erklärungsbeitrag leisten, ohne daß ihnen dadurch Gültigkeit für andere Verhaltensweisen abgesprochen werden soll.

Die Abfolge des Prozesses der Selbstregulierung von Emotionen durch Eßverhalten läßt sich in mehreren Stufen beschreiben, die zwar aufeinanderfolgen, von der zweiten Stufe an jedoch rekursiv sein können. Dabei sind den einzelnen Stufen jeweils die Autorinnen zugeordnet, die sich besonders um deren Beschreibung und Erklärung bemüht haben:

1. Die *Wahrnehmung* eines Stimulus oder mehrerer Stimuli in der Umwelt einer Person, wobei diese Stimuli Ereignisse, Personen oder Gegenstände sein können (Arnold, 1960a; Ortony, Clore, & Collins, 1988);

2. die *Stimulusbestimmung* durch Prüfung auf (a) Neuheit, (b) intrinsisches Gefallen, (c) Bedeutung für Ziele und Bedürfnisse, (d)

Bewältigungspotential und (e) Normen- und Selbstkompatibilität (Scherer, 1984a, b);

3. die *Einschätzung* des stimulusinduzierten Person-Umwelt-Encounters als für die psychische Homöostase irrelevant, benign-positiv oder belastend (Lazarus & Folkman, 1984; Ortony, Clore, & Collins, 1988); diese Stufe benennt das Ergebnis der einzelnen Prüfkomponenten in Stufe 2;

4. das *Auftreten von Emotionen* als Gefühle oder Stimmungen, als negative oder positive Empfindungen, und mit unterschiedlicher Intensität der Erregung (Leventhal, 1980, 1984);

5. die *Handlungsbereitschaft* (Frijda, 1987; Lantermann, 1983);

6. die *Bewältigung* der Situation, indem emotionsorientiert oder nach dem Verursacherprinzip über eine Regulierungs- bzw. Bewältigungsstrategie entschieden wird (Hamilton, 1988; Lazarus, 1966; Carver Scheier, & Weintraub, 1989).

Die beiden ersten Stufen werden nicht weiter analysiert, sondern beim emotionsbedingten Eßverhalten als gegeben vorausgesetzt. Zudem wird angenommen, daß ein Stimulus entweder als benign-positiv oder als belastend eingeschätzt wurde, da die Bewertung als irrelevant logischerweise weder zu einer Veränderung des emotionalen Zustandes führt noch Handlungsbereitschaft impliziert oder eine wie auch immer geartete Regulierung bzw. Bewältigung erfordert.

Die Unterscheidung zwischen *Regulierung* und *Bewältigung* in Stufe 6 beruht auf den in der Literatur verwendeten Begriffen (s.a. Abschnitt 3.2.1.) und wirkt etwas willkürlich. Von Regulierung bzw. Selbstregulierung wird mehr im Zusammenhang mit der Kontrolle des alltäglichen Handelns bei geringeren Schwankungen in der Homöostase oder bei Emotionen in Form von Stimmungen gesprochen. Der Begriff Bewältigung findet sich dagegen in bezug auf das Verhalten bei mehr einschneidenden Ereignissen, die mit Emotionen als Gefühlen einhergehen und daher eine ausgeprägtere Störung der Homöostase bewirken. Die oben beschriebene Prozeßabfolge dürfte aber in beiden Fällen die gleiche sein, nur ihr Ergebnis, die Auswahl einer Strategie und das damit verbundene Verhalten, ist abhängig von der Qualität und Intensität der involvierten Emotion. Der hier im Kontext des Eßverhaltens benutzte Begriff der Selbstregulierung von Emotionen soll daher beides, Regulierung und Bewältigung, umfassen.

Im folgenden werden verschiedene Ansätze zur Kategorisierung von Strategien der Regulierung und Bewältigung von Emotionen beschrieben. Anschließend soll versucht werden, emotionsbedingtes Essen diesen Kategorien zuzuordnen.

Stimmungen und ihre Regulierung

Die tägliche Kleinarbeit im Umgang mit sogenannten Mikrostressoren (McLean, 1976), zu denen die weniger intensiven Emotionen, die Stimmungen, gehören, wird von Hochschild (1985) "emotion work" und das Selbst "emotion manager" genannt: Individuen arbeiten gewohnheitsmäßig an ihren Emotionen, absichtsvoll gestalten sie ihre Wahrnehmungen, ihre körperlichen Empfindungen und/oder ihr Ausdrucksverhalten, um Emotionen in Ausmaß oder Qualität zu verändern. In einem Übersichtsartikel befassen sich Morris und Reilly (1987; s.a. M.S. Clark & Isen, 1982) mit Untersuchungen zur Selbstregulierung von Stimmungen. Aufgrund ihrer Literaturdurchsicht gelangen sie zu vier Klassen von Aktivitäten, mit denen Stimmungen entweder aufrechterhalten oder - zum "Guten" hin - verändert werden:

- *Selbstbelohnung*, "self-reward": der Versuch, durch geeignete Maßnahmen angenehme Stimmungen aufrechtzuerhalten oder zu verstärken und unangenehme Stimmungen zu beseitigen, also Lust- und Wohlgefühle zu erzeugen (Scitovsky, 1976, Kap. 4). Dazu gehört beispielsweise, sich selber etwas zu schenken (Mick & DeMoss, 1990; M.P. Gardner & Rook, 1988; M.P. Gardner & Scott, 1990) oder sich an einer guten Mahlzeit zu erfreuen (A.O. Hirschman, 1982, S. 27-31), aber auch, anderen Menschen zu helfen (Cialdini et al., 1987).

- *Alkohol*: Die "tension-reduction"-Hypothese (Conger, 1951) besagt, daß Menschen trinken, um negative Emotionen oder Anspannung zu verringern. Tatsächlich kann durch Alkohol eine Stimmungsverbesserung, aber auch eine Aggressionserhöhung bewirkt werden (Hull & Bond, 1986). Alkohol wirkt psychisch erleichternd, da er die Selbstwahrnehmung einschränkt (Hull, 1981). Individuen mit hoher Selbst-Aufmerksamkeit (Fenigstein et al., 1975) trinken nach Versagenserlebnissen mehr als Personen mit geringer Selbst-Aufmerksamkeit (Hull & R.D. Young, 1983).

- *Zerstreuung,* "distraction": der Versuch, sich von unangenehmen Stimuli abzulenken. Eine weithin übliche Möglichkeit der Zerstreuung scheint das Fernsehen zu sein. Dabei wird die Programmwahl vom Erregungsniveau beeinflußt - Langeweile verlangt nach spannenden Filmen, Stress nach eher beruhigenden TV-Sendungen (Bryant & Zillman, 1984; Zillman & Bryant, 1985). Auch der Menstruationszyklus der Frau scheint Auswirkungen auf die TV-Programmwahl zu haben; so bevorzugten in einem Experiment Frauen in der prämenstruellen Phase das, was im anglo-amerikanischen Fernsehen unter "comedy" läuft (Meadowcroft & Zillman, 1987).

- *Ausdrucksverhalten,* "expressive behaviour": die "facial feedback"-Hypothese (D.L. Bem, 1967; Izard, 1977) besagt, daß emotionale Erregung durch ausgeprägtes Ausdrucksverhalten erhöht und durch geringes verringert wird. Experimentell hat sich gezeigt, daß Probandinnen, denen mitgeteilt wurde, daß sie während der Verabreichung von Elektroschocks beobachtet würden, weniger Schmerzausdruck zeigten und weniger Schmerz berichteten als die Versuchspersonen, denen dies nicht mitgeteilt worden war (Kleck et al., 1976). Weitere Beispiele, wie das bewußte Zähnezusammenbeißen oder die gegenüber dem allmählich betrunken werdenden Fluggast immer noch lächelnde Stewardeß, können bei Hochschild (1985) nachgelesen werden. Die Regulierung des mimischen und körperlichen Ausdrucksverhaltens dürfte häufig parallel zu anderen Bewältigungsstrategien verlaufen.

Bei den drei letztgenannten Umgangsformen mit Stimmungen geht es fast ausschließlich um unangenehme Emotionen, während Selbstbelohnung den Aspekt der Aufrechterhaltung und Verstärkung angenehmer Emotionen einschließt. Sich selbst etwas zu schenken, "self-gifts", die man sich zur Selbstbelohnung macht, bezeichnet B. Schwartz (1967) als *emotionale Nahrung.* In der Konsumforschung werden Eigengeschenke definiert als "(1) personally symbolic self-communication through (2) special indulgences that tend to be (3) premeditated and (4) highly context bound" (Mick and DeMoss, 1990 S. 328). Als Gründe dafür, sich selbst etwas zu schenken, nennen die Autorinnen folgende:

- Sich selbst für eine individuelle oder mit anderen vollbrachte Leistung belohnen;
- sich in gute Stimmung versetzen, wenn man sich schlecht fühlt;
- einen gesellschaftlichen oder persönlichen Feiertag festlich begehen;

- sich einen Anreiz für das Erreichen eines selbstgesteckten Zieles verschaffen;
- sich etwas gönnen, wenn man Geld übrig hat;
- sich etwas gönnen, um einfach einmal nett zu sich selbst zu sein;
- Stress abbauen, nachdem man eine Situation überstanden oder ausgehalten hat.

Selbstbezogene Geschenke sind hier von besonderem Interesse, weil sie häufig mit Nahrungsaufnahme verbunden sind. Zwei Beispiele aus einer Interviewstudie von Mick und DeMoss (1990, S. 327) von Eigengeschenken in Form von Essen bzw. Trinken veranschaulichen nicht nur die Funktion der Selbstregulierung, sondern auch den Symbolcharakter, der Nahrungsmitteln eigen ist (s.a. Abschnitt 2.1.1.): "I was extremely frustrated and hapless at work... I needed to have lunch with a friend and drink Masala tea at the Indian restaurant. The taste and experience of drinking this tea is very nurturing and calming" und: "Eating ice cream makes me calm and happy. It's smooth and cool. I felt more rational, more in control, ready to work my problem out. Eating ice cream has always been something I enjoyed. It was always a special treat as a child".

Gefühle und ihre Bewältigung

Im Gegensatz zu der eben vorgestellten Systematisierung von Stimmungsregulierungen konzentriert sich die *Streß- und Bewältigungstheorie* (s. Abschnitt 3.1.2., vgl. Manstead & Tetlock, 1989) auf eher einschneidende Erlebnisse im Leben und berücksichtigt weniger die täglichen kleinen Schwankungen im Gefühlsleben eines Individuums. Diese Theorie behandelt Gefühle vor allem als Produkt der aus Person-Umwelt-Transaktionen resultierenden kognitiven Einschätzung eines Encounters als belastend im Sinne von Bedrohung oder von Schaden und Verlust. Mit dem Ausdruck Transaktion soll betont werden, daß es nicht objektive Merkmale eines Stimulus sind, die eine bestimmte emotionale Reaktion hervorrufen, sondern die subjektive Einschätzung eines Stimulus in Relation zu den Bedürfnissen und Bewältigungskapazitäten des betroffenen Individuums.

Die transaktionalistische Streß- und Bewältigungstheorie von Lazarus und seinen Mitarbeiterinnen (1966; Folkman et al., 1986; Folkman & Lazarus, 1985,

1988) faßt Bewältigung, "coping", als Verhalten zur Veränderung einer zeitweise gestörten Person-Umwelt-Beziehung auf, in der das bevorzugte interne Fließgleichgewicht durcheinandergeraten ist. Eine solche Situation wird als "stressful encounter" bezeichnet, als Begegnung des Individuums mit einem oder mehreren Stressoren. Problemlösungsbemühungen, "coping responses", sind all die Reaktionen, die dazu dienen, emotionale Belastungen zu meiden, vorbeugend zu verhindern oder zu kontrollieren. Dazu steht jedem Individuum ein bestimmtes Bewältigungsrepertoire zur Verfügung, das sich aus sozialen Ressourcen, psychologischen Ressourcen und spezifischen Bewältigungsreaktionen zusammensetzt (Pearlin & Schooler, 1978).

Belastung oder Stress wird bestimmt durch die individuelle Interpretation von Umweltereignissen (Lazarus, 1966): Individuen, die einer potentiell belastenden Situation ausgesetzt sind, bewerten diese Situation und entscheiden, ob sie in irgendeiner Form für sie selbst bedrohlich ist ("primary appraisal"). Wird sie als bedrohlich empfunden, erfolgt eine zweite Einschätzung ("secondary appraisal"), bei der es um die Evaluierung verschiedener Bewältigungsstrategien geht. Die Wahrnehmung von Gefahr motiviert also die Suche nach Gefahren mindernden Reaktionen. Emotionen werden in der kognitiven Streßtheorie von Lazarus et al. (1970) als Funktion solcher kognitiven Aktivitäten der Einschätzung und Bewältigung aufgefaßt, d.h. Emotionen, Kognitionen und Motivationen sind interdependente Aspekte der Beziehungen eines Individuums zu seiner Umwelt (Lazarus et al., 1984). Nach dieser Auffassung sind Emotionen daher weniger Antezedenzien von Bewältigungsprozessen, sondern die Reaktion auf kognitiv vermittelte Transaktionen zwischen Individuum und Umwelt: "Emotions are thus of tremendous diagnostic value, because their intensity and quality reveal how people think they are managing what is important to them in any particular context. As a person's appraisals of a transaction changes, so too will his or her emotions" (Folkman & Lazarus, 1985, S. 152).

In der ersten Einschätzung urteilt ein Individuum, ob der Encounter irrelevant, benign-positiv oder belastend ist. Die Einschätzung "belastend" wird durch drei Merkmale charakterisiert: Bedrohung, Herausforderung und Verlust-

Schaden. *Bedrohung*, "threat", bezieht sich auf einen potentiellen Schaden oder Verlust, *Herausforderung*, "challenge", auf potentielles personales Wachstum, Gewinn oder Der-Situation-Gewachsen-Sein und *Verlust-Schaden*, "harm-loss", auf eine bereits erfolgte Verletzung (Lazarus, 1975; McCrae, 1984).

Bewältigung, um die es in der zweiten Einschätzung geht, wird definiert als kognitive und verhaltenswirksame Bemühungen eines Individuums, mit spezifischen externen und/oder internen Anforderungen umzugehen, die als Beanspruchung oder Überforderung der persönlichen Ressourcen bewertet werden (Lazarus & Folkman, 1984). Diese Definition enthält drei wesentliche Merkmale. Erstens wird Bewältigung als *Prozess* und nicht als stabiles Merkmal betrachtet und ist daher abhängig von der aktuellen Einschätzung spezifischer Situationen. Zweitens wird Bewältigung als *kontextbezogen* interpretiert, d.h. individuelle und situative Variablen haben gemeinsamen Einfluß auf die Bewältigungsanstrengungen. Drittens wird keine Annahme über die *Adaptionsgüte* getroffen, es wird also nicht bewertet, ob die Bewältigung gut oder schlecht, erfolgreich oder erfolglos verläuft.

Die Streß- und Bewältigungstheorie unterscheidet acht verschiedene *Bewältigungsstrategien* und erfaßt diese mit dem "Ways of Coping Questionnaire" (Folkman & Lazarus, 1985; Folkman et al., 1986):

- *Konfrontierende Bewältigung*
  "confrontive coping": aggressive Bemühungen zur Veränderung der Situation;
- *Distanzieren*
  "distancing": Bemühungen, sich von der Situation zu lösen oder sie nicht an sich herankommen zu lassen;
- *Selbstkontrolle*
  "self-control": Bemühungen, die auftretenden Emotionen und nachfolgenden Handlungen maßvoll zu regulieren;
- *Suche nach sozialer Unterstützung*
  "seeking social support": Bemühungen um Informationen zum Verständnis der Situation, um greifbare Hilfe oder um emotionalen Beistand durch andere Menschen;
- *Akzeptieren von Verantwortung*
  "accepting responsibility": Anerkennung des eigenen Beitrags zur Problementstehung und entsprechendes Handeln;

- *Flucht oder Vermeidung*
  "escape - avoidance": Wunschdenken und Bemühungen, der Situation zu entfliehen und ihre Auswirkungen zu meiden;
- *Gezielte Problemlösung*
  "planful problem-solving": problemorientierte Bemühungen zur Veränderung der Situation;
- *Positive Neueinschätzung*
  "positive reappraisal": Bemühungen, der Situation eine positive Seite abzugewinnen, indem beispielsweise ihre Bedeutung für die Entfaltung der eigenen Persönlichkeit hervorgehoben wird.

Diesen verschiedenen Bewältigungsstrategien sind zwei generelle *Bewältigungsarten* immanent: *problemorientierte* Bewältigung und *emotionsorientierte* Bewältigung. Erstere zielt auf die Lösung des aufgetretenen Problems oder die Beseitigung der Streßursache und wird vor allem dann eingesetzt, wenn die betreffende Person meint, etwas Konstruktives tun zu können. Bei der zweiten Art geht es um die Minderung des mit der Situation verknüpften Stress. Diese Bewältigung tritt dann auf, wenn der Stressor als etwas beurteilt wird, das ertragen werden muß (Folkman & Lazarus, 1985). Zusätzlich kann noch die *wahrnehmungsorientierte* Bewältigung genannt werden, bei der es um die Veränderung der persönlichen Bedeutung einer Situation geht (Pearlin & Schooler, 1978; Thoits 1984). Allerdings sind die Übergänge zwischen emotionsorientierter und wahrnehmungsorientierter Bewältigung fließend, da eine Uminterpretation der Situation in der Regel auch eine veränderte emotionale Lage mit sich bringt.

Zu den problemorientierten Bewältigungsarten gehören die Strategien der konfrontierenden Bewältigung und der gezielten Problemlösung, zu den emotionsorientierten das Distanzieren, die Selbstkontrolle, das Akzeptieren der Verantwortung, die Flucht- oder Vermeidungsreaktion und die positive Neueinschätzung. Die Suche nach sozialer Unterstützung kann beiden Kategorien zugeordnet werden, je nachdem, ob die Betonung auf der Suche nach erhellenden Informationen oder auf der Suche nach emotionaler Zuwendung liegt. Beide Bewältigungsarten wurden in mehr als 98% der etwa 1300 streßerzeugenden Situationen gefunden, über die 100 US-amerikanische Frauen und Männer im Verlauf eines Jahres berichteten (Folkman & Lazarus, 1980).

Abbildung 18:
Emotionen im Bewältigungsprozeß

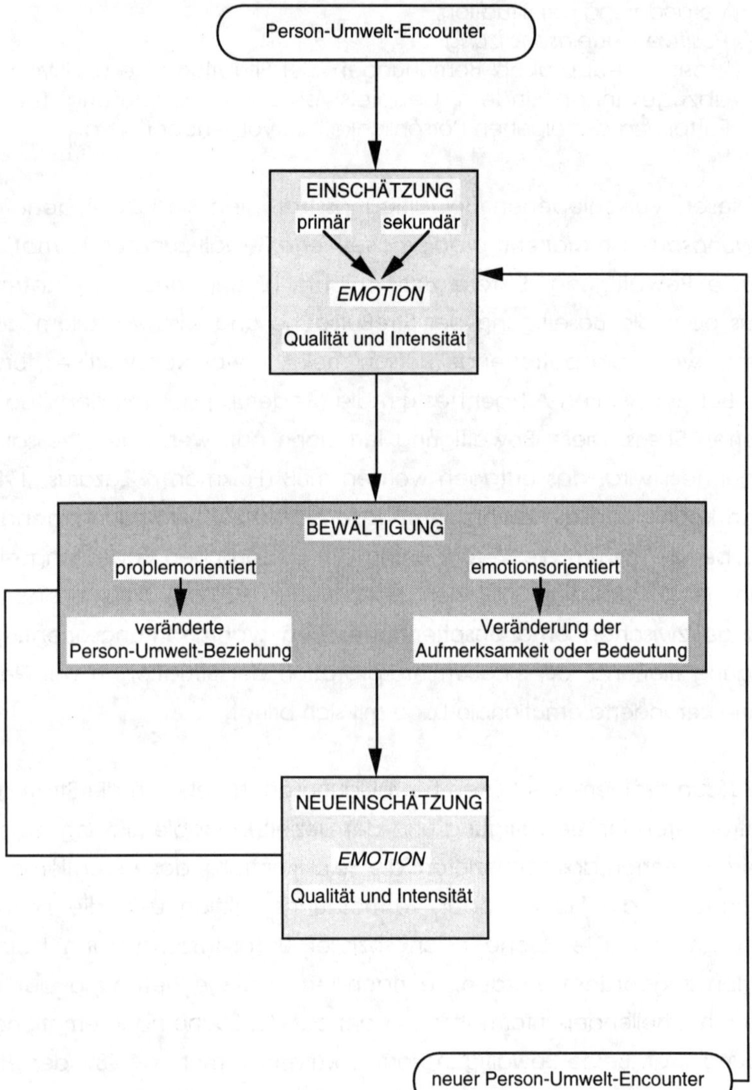

(nach Folkman & Lazarus, 1988)

Die Beziehungen zwischen Bewältigung und Emotionen sind wechselseitig, d.h. Bewältigung wird von Emotionen ausgelöst, bewirkt aber auch Veränderungen in den einzelnen Einschätzungsstufen im Encounter und damit der zugehörigen Emotionen (s. Abbildung 18). Experimentell konnte nachgewiesen werden, daß vor allem die Strategien der konfrontierenden Bewältigung, des Distanzierens, der gezielten Problemlösung und der positiven Neueinschätzung mit deutlichen Veränderungen des emotionalen Erregungszustandes, sowohl bei positiven als auch bei negativen Emotionen, einhergehen (Folkman & Lazarus, 1988).

Aufbauend auf der Streß- und Bewältigungstheorie haben Carver, Scheier und Weintraub (1989) den Katalog der Bewältigungsstrategien auf 13 erweitert, die von ihnen mit dem Indikator "COPE" gemessen werden. Dabei werden der problemorientierten Bewältigung die folgenden fünf Strategien zugeordnet:

- *Aktive Bewältigung*
  "active coping": der Versuch, aktiv etwas zu unternehmen, um den Stressor zu beseitigen oder zu umgehen oder seine Wirkungen zu mildern;
- *Planung*
  "planning": das Nachdenken darüber, wie man mit einem Stressor umgehen soll;
- *Unterdrückung konkurrierender Tätigkeiten*
  "suppression of competing activities": der Versuch, Ablenkung durch andere Arbeiten bewußt zu vermeiden oder auch andere Aufgaben zu vernachlässigen, um sich mit dem Stressor auseinandersetzen zu können;
- *Eingeschränkte Bewältigung*
  "restraint coping": das Bemühen, sich zurückzuhalten und auf eine günstige Gelegenheit zur Handlung zu warten;
- *Suche nach sozialer Unterstützung aus instrumentellen Gründen*
  "seeking social support for instrumental reasons": das Ersuchen um Ratschläge, Unterstützung oder Informationen.

Zur emotionsorientierten Bewältigung werden die sechs folgenden Strategien gezählt:

- *Suche nach sozialer Unterstützung aus emotionalen Gründen*
  "seeking social support for emotional reasons": der Versuch, moralische Unterstützung, Sympathie oder Verständnis zu erhalten;
- *Konzentrieren auf und Auseinandersetzen mit Gefühlen*
  "focusing on and venting of emotions": die ausgeprägte Tendenz zu Gefühlsarbeit, indem man sich in die empfundenen Emotionen versenkt und sie immer wieder durchlebt und bewertet;
- *Positive Neueinschätzung und Wachstum*
  "positive reinterpretation and growth": die Bemühungen, der Situation eine positive Seite abzugewinnen, indem ihre Bedeutung für die Entfaltung der eigenen Persönlichkeit hervorgehoben wird. Sie dienen der Vorbereitung auf eine mehr problemorientierte Bewältigung;
- *Verleugnung*
  "denial": die Negierung der Existenz eines Stressors oder das Verhalten, so zu tun, als ob der Stressor nicht real sei;
- *Akzeptanz*
  "acceptance": das Gegenteil der Verleugnung, ein Verhalten, das gewählt wird, wenn man sich an das Vorhandensein des Stressors in jedem Fall gewöhnen muß;
- *die Hinwendung zu einer Religion*
  "turning to religion": die Tendenz, sich in persönlich schwierigen Zeiten auf einen religiösen Glauben zu besinnen.

Zwei weitere Strategien, die eher emotions- als problemorientiert sind, bestehen einmal im *Nichtagieren*, "behavioral disengagement", wobei die Bewältigung des Stressors aufgegeben wird oder man sich sogar bemüht, Ziele zu erreichen, die mit dem Stressor konfligieren. Die zweite Strategie besteht im *mentalen Abrücken*, "mental disengagement", bei der die Person sich durch andersartige Tätigkeiten oder auch Gedankenspiele vom Stressor und seinen Folgen ablenkt.

Während Carver, Scheier und Weintraub (1989) ihre fünf problemorientierten Bewältigungsstrategien als ergebnisneutral beschreiben, d.h. keine Aussage über deren Funktionalität treffen, stellen sie bei der Emotionsorientierung die Frage nach den Konsequenzen dieser Strategien. Implizit schreiben sie der emotionsorientierten Bewältigung das Potential für Fehlanpassung und Disfunktionalität zu (S. 269), ohne näher darauf einzugehen, worin diese Nachteile bestehen könnten. Die Streß- und Bewältigungstheorie von Lazarus und Mitarbeiterinnen verzichtet dagegen auf eine solche Wertung.

Folkman und Lazarus (1985) haben beispielsweise den Streßbewältigungsprozeß von Studentinnen während einer Examensperiode untersucht. Ihre Ergebnisse zeigen vier zentrale Merkmale dieses Prozesses. Erstens ist der Encounter ein dynamischer, sich entfaltender Prozeß und nicht ein statischer Zustand. Zweitens können Individuen zu jedem gegebenen Zeitpunkt des Encounters offensichtlich widersprüchliche mentale und emotionale Zustände empfinden. Drittens werden Streßsituationen häufig auf komplexe Weise bewältigt, indem verschiedene Strategien wechselweise eingesetzt werden. Viertens gibt es zu jedem gegebenen Zeitpunkt des Encounters deutliche individuelle Unterschiede in den empfundenen Emotionen, die individuelle Unterschiede in der kognitiven Einschätzung und in der Bewältigung widerspiegeln.

Andere Wissenschaftlerinnen konnten nachweisen, daß bei der Auswahl von Bewältigungsstrategien *Persönlichkeitsmerkmale* eine Rolle spielen. So neigen Individuen mit hoher interner Kontrollüberzeugung eher zu Strategien der direkten Bewältigung, während hohe externe Kontrollüberzeugung zu mehr abwehrbetonter Bewältigung führt (Parkes, 1984). Auch das Ausmaß an Extraversion und Neurotizismus differenziert - im Zusammenspiel mit situativen Faktoren - zwischen Einschätzungen und Bewältigung von Encounters (Parkes, 1986). Optimistinnen tendieren zu problemorientierter Bewältigung, zu Suche nach sozialer Unterstützung und zu positiver Neueinschätzung, während Pessimistinnen eher emotionsorientierte Strategien der Verleugnung, des Distanzierens und des Disengagement wählen (Scheier, Weintraub, & Carver, 1986).

Eßverhalten und die Selbstregulierung von Emotionen

Die dargestellten Ansätze zur Beschreibung von Selbstregulierungsmechanismen und Bewältigungsstrategien von Emotionen können überwiegend auch auf emotionsbedingtes Eßverhalten angewendet werden. Einige Aspekte werden jedoch nicht abgedeckt, wie die folgenden Anmerkungen zeigen.

Die Streß- und Bewältigungstheorie beschäftigt sich nur mit Encountern, die als belastend, weil Bedrohung oder Verlust-Schaden in sich tragend, eingeschätzt werden. Positive Emotionen werden nur insofern berücksichtigt, als ihnen drei Funktionen der Unterstützung des Bewältigungsprozesses bei Streß zugeschrieben werden (s.a. Abschnitt 3.1.2.): als "breather" erlauben sie eine Verschnaufpause, als "sustainer" wirken sie verstärkend auf die Durchführung einer gewählten Strategie und als "restorer" ermöglichen sie die Regeneration der im Bewältigungsprozeß verbrauchten Kräfte. Die Streß- und Bewältigungstheorie von Lazarus und seinen Mitarbeiterinnen macht also keine Aussagen darüber, wie ein Individuum sich im Anschluß an die Transaktionseinschätzung "benign-positiv" verhält. Ebensowenig äußern sich Scheier und Carver (1982) in ihrer Selbstregulierungstheorie über die Rolle von positiven Emotionen in der Verhaltensregulierung. Gerade sie aber sind im Alltag einflußreiche Determinanten des Wohlbefindens und Handelns (s. Abschnitt 3.1.4.).

Auch werden zwar verschiedene Handlungsalternativen als Bewältigungsstrategien angeführt, sie werden aber selten konkretisiert: "I concentrate my efforts on doing something about it" und "I ask people who have had similar experiences what they did" (aus COPE von Carver, Scheier, & Weintraub, 1989, S. 272) oder "I let my feelings out somehow" und "I made a plan of action and followed it" (aus WCQ von Folkman & Lazarus, 1985, S. 996). Die konkrete Möglichkeit, als Antwort auf Emotionen etwas zu essen, wird nur in einem einzigen Item des Ways of Coping Questionnaire WCQ unter der Kategorie Flucht- und Vermeidungsstrategie miterwähnt: "Tried to make myself feel better by eating, drinking, smoking, using drugs or medication, and so forth" (Folkman & Lazarus, 1985, S. 996). Hier wird indirekt auf die weiter oben erwähnte "tension-reduction" - Hypothese (Conger, 1951; Hull & Bond, 1986) Bezug genommen.

Als Bewältigungsstrategie kann Eßverhalten zur Selbstregulierung von unangenehmen Emotionen aber nicht nur als emotionsorientiertes Flucht- oder Vermeidungsverhalten praktiziert werden, sondern auch als Hinleitung zu problemorientierten Strategien. Das bedeutet beispielsweise, daß ein Individuum Selbstkontrolle auf dem Weg über Essen praktiziert, wie es das

WCQ-Item "I tried not to act too hastily or follow my first hunch" beschreibt oder auch die COPE-Kategorie des "restraint coping", wo ein günstiger Moment der Bewältigung abgewartet wird. Man kann sich aber auch dem Essen zuwenden, um dabei Strategien der gezielten Problemlösung oder Planung zu überdenken. Und schließlich kann die Suche nach sozialer Unterstützung durch eine Einladung zum Essen erfolgen, bei dem man sich über das aufgetretene Problem austauscht.

Eßverhalten zur Selbstregulierung von angenehmen Emotionen kann mit der Strategie der Selbstbelohnung erklärt werden, die im weitesten Sinne Essensaktivitäten mit dem Ziel einer Verstärkung positiv bewerteter Transaktionen bedeutet. Dieser Vorgang wird von M.S. Clark und Isen (1982) als Versuch der "mood maintenance" bezeichnet.

Die beiden vorgestellten Regulierungs- bzw. Bewältigungstheorien deuten lediglich an, wie der Zugriff auf die jeweilige Bewältigungsstrategie erfolgt, wie also die Entscheidung für bzw. gegen eine mögliche "coping response" gefällt wird. In beiden Theorien wird kurz die Möglichkeit der *Schema-Verarbeitung*, "schematic processing", als plausibler kognitiver Prozeß der Emotionsbehandlung erwähnt. Die Lazarusgruppe spricht in einer frühen Arbeit (Speisman et al., 1964) von einer komplexen Interaktion zwischen der Stimuluskonfiguration, den früheren Erfahrungen des Individuums und der Art, wie es im Regelfall bestimmte Stimulustypen interpretiert. Später nehmen Lazarus und Smith (1988) unter Berufung auf Leventhal (1984) an, daß Emotionen schematisch, "schematic", verarbeitet werden, nämlich schnell, automatisch, konkret und häufig unbewußt - "That is, the personal significance of an encounter is often appraised automatically, and nearly instantaneously, on the basis of past experiences with similar encounters" (S. 285). Darüberhinaus vermuten sie aber auch, daß abstrakte, bewußte und überlegte kognitive Prozesse auf der Basis komplexer Wissensstrukturen eine Rolle spielen, die "conceptual processing" (Leventhal, 1984) genannt werden. Ebenfalls auf Leventhal (1980) beziehen sich Scheier und Carver (1982, S. 178), wenn sie vorschlagen, daß ein Schema nicht nur Verhaltensspezifikationen enthält, sondern auch emotionsbezogene Informationen, die dann gemeinsam durch einen Stimulus evoziert werden können.

Auf diese Möglichkeit der Emotionsverarbeitung über Schemata, die anschließendes Eßverhalten bewirkt, geht der folgende Abschnitt ein.

3.2.3. Emotionsverarbeitung als kognitiver Prozeß der Problemlösung

Emotionen sind integrierter Teil von Problemlösungsprozessen. Hamilton (1988) bezeichnet Emotionen sogar als den Problemlösungsprozeß selbst und Toda (1980, S. 141) als "decision routine". Dies ist auch die Kernaussage der Streß- und Bewältigungstheorie. Problemlösung bezieht sich dabei auf:

(1) aktivierende Systeme, die
(2) sich bemühen, einen Stimulus oder eine neue Verknüpfung von Stimuli zu identifizieren, um
(3) die Gruppe denkbarer Reaktionen zu bestimmen, indem
(4) die eintreffenden Daten mit dem verfügbaren Gedächtnisinhalt verglichen werden, um so
(5) eine angemessene Reaktionsstrategie auswählen zu können, von der
(6) ein erfolgreicher Abschluß einer Aufgabe erwartet wird - "That is, how to get from A to B with minimum delay and discomfort" (Hamilton, 1988, S. 427).

Problemlösung wird hier als kognitiver Prozeß aufgefaßt. Die kognitive Wende in der Psychologie hat zur Entwicklung verschiedener Modelle über den Ablauf der menschlichen Informationsverarbeitung geführt. Auch wenn sich diese Modelle in einigen Aspekten deutlich unterscheiden (vgl. Anderson, 1980), so gehen sie doch alle von der Annahme aus, daß Menschen ihre Erfahrungen mehr oder weniger kontinuierlich speichern und daß die resultierenden Informationen in bestimmter Art und Weise über Zeit und Erfahrungen hinweg organisiert sind (z.B. Anderson & Bower, 1973; Norman & Rumelhart, 1975; Posner & Keele, 1968). Denn jedes angepaßte und gerichtete Verhalten beruht auf der aktiven Organisation von Erfahrungen, seien sie nun phylogenetischer oder ontogenetischer Herkunft, zu strukturierten Einheiten, die man als Selbstüberwachungssysteme bezeichnen könnte (v. Cranach & Ochsenbein, 1985). Diese Erfahrungen umfassen nicht nur "kalte" Daten, sondern auch die mit Ereignissen verknüpften Emotionen. Sie haben Einfluß auf die Wahrnehmung, Wiedererkennung und Kategorisierung späterer Erfahrungen. Wenn einzelne Kennzeichen einer neuen Situation bestimmten

Aspekten einer gespeicherten Wissensstruktur entsprechen, dann ruft diese neue Situation die Wissensstruktur ganz oder teilweise ab. Dies führt zu einer Identifikation der Erfahrung und erleichtert den Zugriff auf andere Wissensstrukturen. Dadurch werden Schlußfolgerungen und Erwartungsbildungen möglich, die nicht nur das Verständnis des Ereignisses erleichtern, sondern auch Handlungen einleiten.

Zur Beschreibung und Erklärung kognitiver Prozesse ist eine Konzipierung des Gedächtnisses erforderlich, die die genannten Arbeitsleistungen zuläßt: "Sensory, experiential, emotional, and cognitive aspects of information must all be present. We would like a homogeneous representational format so that information can be used in similar manner by all mental processes regardless of its initial source or eventual use" (Norman & Rumelhart, 1975, S. 8).

Schemata und Informationsverarbeitung

Ein Konzept, das diesen Anforderungen gerecht wird, ist das der *Schemata als Organisationsform von Wissen.* Bereits 1781 finden sich in Kants "Kritik der reinen Vernunft" Überlegungen, die dem heutigen Schemakonzept verwandt sind. In die experimentelle Psychologie wurde der Begriff erstmals von dem deutschen Psychologen Otto Selz (1913, 1922) eingeführt. Ein Schema ist bei Selz ein antizipierter, kognitiver Komplex, der durch Erinnern, Schlußfolgern oder kreatives Denken vervollständigt wird. Für Graumann und Sommer (1984, S. 54) ist diese Auffassung das vollständigste Schemakonzept, denn es ist sowohl *strukturell,* bestehend aus miteinander verknüpften Strukturen, die zum Teil ausgefüllt, zum Teil offen sind, als auch *repräsentativ,* da spezifisches Wissen über assoziierte Fakten enthaltend. Gleichzeitig ist es *dynamisch,* weil es eine Ausfüllung der Lücken in der Wissensrepräsentation zuläßt, und es ist *direktiv,* da es die Prozeduren zur Vervollständigung des kognitiven Komplexes bestimmt.

In der aktuellen, überwiegend US-amerikanischen Diskussion beruft man sich in der Regel auf den britischen Psychologen Frederick Bartlett (1932). Er vertrat die Auffassung, daß eingehende Informationen nicht in der objektiv vorliegenden Form gespeichert würden, so daß zum Erinnern nur ein bloßes Abrufen erforderlich wäre, sondern daß der Erinnerungsvorgang ein kreativer und aktiver Prozeß sei, bei dem die zu erinnernden Inhalte erst rekonstruiert werden müßten. Dieser aktive (Re-)Konstruktionsprozeß erfolge auf der Grundlage von Schemata.

Northway (1940, S. 317) hat darauf hingewiesen, daß Bartlett dem Schemabegriff unterschiedliche Sachverhalte zuordnet. Sie hat aus seiner Theorie vier zentrale Zuordnungen extrahiert:

- Schemata sind die *Kräfte*, "forces", innerhalb eines Individuums, die die Art und Weise der Rekonstruktion bestimmen: "Determination by schemata is the most fundamental of all ways by which we can be influenced by reactions and experiences which occurred sometime in the past" (Bartlett 1932, S. 201);

- Schemata bilden die *Form*, in der Individuen Gedächtnismaterial aufbewahren: "It looks as if that preservation of material which is required in recognizing is normally a preservation of schemes, of general settings, of order or form of arrangement" (Bartlett, 1932, S. 105);

- Schemata sind eine Art *Lager*, "storehouses", in denen Inhaltliches während seiner Strukturierung aufbewahrt wird: "In fact this is one of the great functions of images in mental life: to pick items out of the 'schemata', and rid the organism of over-determination by the last preceding member of a given series" (Bartlett, 1932, S. 209);

- Schemata ähneln dem, was unter *apperzeptiver Masse* verstanden wird: "The influence of the 'schemata' is influenced by the past. In its schematic form the past operates en masse, or, not strictly en masse because the latest incoming constituents which go to build up a 'schema' have a predominant influence (Bartlett; 1932, S. 202).

Das Schema-Konzept geht von der Annahme aus, daß *die Anwendung von Schemata eine notwendige Bedingung für alle Prozesse des Wahrnehmens, Handelns und Denkens ist*. Diese Annahme steht im Einklang mit aktuellen Theorien der menschlichen Entwicklung (Piaget & Inhelder, 1980) und verschiedenen Theorien der Informationsverarbeitung (Neisser, 1967; Rumelhart, 1977; Schank & Abelson; 1977). Aus kognitiver Sicht ist das handelnde Individuum aktiv, zielgerichtet und erwartungsgelenkt (Bower, 1975). Gerichtetheit des Verhaltens besagt, daß künftige Ereignisse vom informationsverarbeitenden Individuum im Rahmen seiner mentalen subjektiven Welt in einem kognitiven Vorgang antizipiert und bewertet werden und Handlungsabläufe sich auf dieses Ziel ausrichten (Tolman, 1951). So wirkt das Individuum auf seine Umwelt ein und bemüht sich, diese in Richtung eines von ihm höher bewerteten Zustandes zu verändern (Bandura, 1988; Newell & Simon, 1972). Die von Arnold (1960a) und Frijda (1987) postulierte Eigenschaft von Emotionen, eine Veränderung der Bewußtheit der Handlungsbereitschaft herbeizuführen, ergänzt diese rein kognitive Sicht der Informationsverarbeitung um den ebenso wichtigen emotionalen Aspekt. Folgerichtig sollte deshalb von emotional-kognitiven oder kognitiv-emotionalen Strukturen und Prozessen die Rede sein, Begriffe, die bislang aber kaum Verwendung finden.

Das Flußdiagramm in Abbildung 19 zeigt die wichtigsten Prozeßschritte der Wahrnehmung und Einprägung eines Ereignisses, bei dem die Aktivierung und Anwendung von Schemata zur Strukturierung ereignisbezogener Informationen erfolgt (Hastie, 1981). Ein Schema ist danach geeignet, die Erinnerungen und Erwartungen eines Menschen über die Struktur vergangener und zukünftiger Ereignisse zu repräsentieren.

Theorien, die mit Schema-ähnlichen Konstrukten arbeiten, benutzen dafür auch die Bezeichnungen Rahmen ("frames", Minsky, 1975), Skripte ("scripts", Schank & Abelson, 1977), Prototypen ("prototypes", Rosch, 1978) oder Deskriptionen ("descriptions", Bobrow & Norman, 1977). Gemeinsam ist diesen Konstrukten die Ablehnung der atomistischen Annahmen von Netzwerktheorien, die Wissen als Ansammlungen separater Kleinstfragmente auffassen (Brewer & Nakamura, 1984). Für die verschiedenen Schema-Theorien gelten übereinstimmend die folgenden Kennzeichen (Thorndyke & Hayes-Roth, 1979):

- Schemata sind prototypische Abstraktionen der komplexen Konzepte, die sie repräsentieren;
- Schemata werden abgeleitet aus früheren Erfahrungen, die mehrere Beispiele des komplexen Konzeptes enthalten;

Abbildung 19:
Flußdiagramm der schematischen Wahrnehmung und des Systems der Informationsverarbeitung

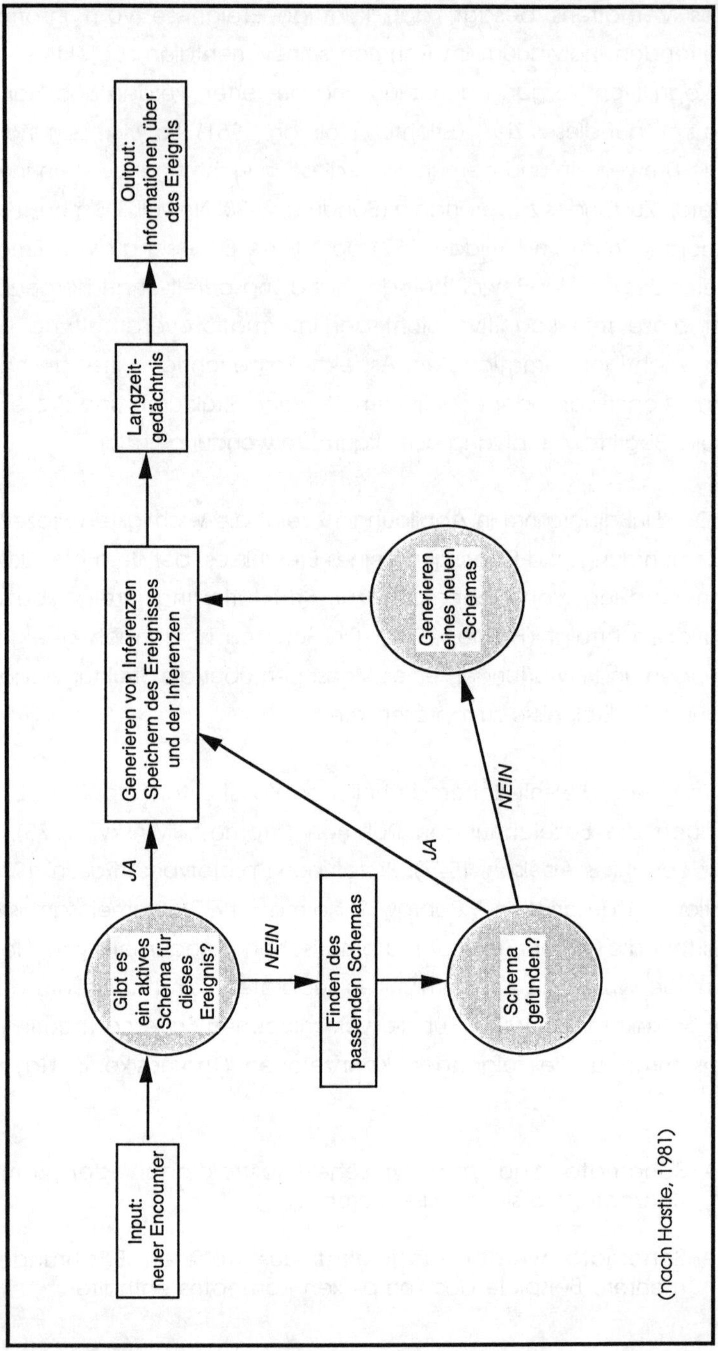

- die Instantiierung von Schemata ist eine zielgerichtete Informationsverarbeitung;

- Schemata enthalten Standardwerte, "default values".

Ähnlich machen nach Rumelhart und Ortony (1977; S. 101) vier allgemeine Merkmale das Konstrukt der Schemata so geeignet für die Wissensrepräsentation im Gedächtnis: "(1) schemata have variables; (2) schemata can embed one within the other; (3) schemata represent generic concepts; and (4) schemata represent knowledge, rather than definitions".

Allgemeine Merkmale von Schemata

"Der Kellner brachte den beiden Kaffee und Kognak. Anschließend gingen sie ins Kino." - Was weiß man, nachdem man diese beiden Sätze gelesen hat? Man kann annehmen, daß zwei Personen in einem Restaurant eine umfangreiche Mahlzeit bestellt und zu sich genommen haben und daß es sich bei dem Restaurant nicht um eine Imbißstube handelte. Weiterhin kann man sich vorstellen, daß eine der beiden Personen um die Rechnung gebeten und sie bezahlt hat, daß die beiden zu Fuß zum Kino gingen und daß sie dort zwei Karten kauften, bevor sie sich einen Film ansahen. Keine dieser Handlungen wird in den beiden obigen Sätzen explizit erwähnt, dennoch kann man sich seiner Annahmen ziemlich sicher sein. Warum? Alle genannten Handlungen sind Bestandteil des *Alltagswissens* über Restaurantbesuche: Kellner gibt es in Restaurants, nicht in Imbißstuben, Kaffee und Kognak folgen in der Regel den anderen Gängen einer Mahlzeit, und die Rechnung wird normalerweise bezahlt, bevor man geht. Dieses Alltagswissen wird beim Lesen eines Satzes, in dem ein Kellner Kaffee und Kognak serviert, aktiviert und erlaubt Schlußfolgerungen, die über den tatsächlichen Inhalt der obigen Sätze hinausgehen. Dieses Beispiel verdeutlicht Bartletts Auffassung vom Verstehen als konstruktivem Prozeß, bei dem außer der objektiv gegebenen Information weitere Informationen aus dem Gedächtnis abgerufen werden. Gleichzeitig erlaubt die Heranziehung dieses Wissens Schlußfolgerungen, die in der konkreten Information nicht enthalten sind und die Teil des Verstehensprozesses sind.

Die Struktur von Schemata kann gut am häufig zitierten Restaurant-Schema aufgezeigt werden (z.B. Bower, Black, & Turner 1979; Schank & Abelson, 1977). Das in Abbildung 20 dargestellte Schema enthält vier Hauptkomponenten des Handelns: Ankunft, Bestellung, Essen und Aufbruch. Jede dieser Komponenten läßt sich in Subkomponenten unterteilen, die ihrerseits ein organisiertes Wissenssystem darstellen: "zum Tisch gehen", "Essen auswählen" oder "Trinkgeld geben". Die Requisiten der Handlung sind Tisch und Stuhl, Speisekarte, Essen, Rechnung, Geld und Trinkgeld. Die zu vergebenden Rollen sind die der Gäste, der Bedienung, des Küchenpersonals und der Restaurantbesitzerin(nen). Es gibt Eingangsbedingungen und Ergebnisse, von Bower, Black und Turner (1979, S. 179) prägnant so beschrieben: "Entry conditions: Customer hungry, customer has money. Results: Customer has less money, owner has more money, customer is not hungry".

Schemata sind also *allgemeine Wissens-* oder *Datenstrukturen*, die im Gedächtnis gespeicherte generische Konzepte von Objekten, Situationen, Ereignissen und Handlungen repräsentieren. Schemata enthalten deshalb nicht nur das Wissen selbst, sondern auch Informationen darüber, wie dieses Wissen angewendet werden kann. Sie bilden die wichtigsten Merkmale des Gegenstandsbereiches ab und geben zugleich an, welche Beziehungen zwischen diesen Merkmalen bestehen. Diese Beziehungen können räumlicher, zeitlicher oder kausaler Art sein.

Schemata werden verglichen mit Theaterstücken, Theorien oder auch EDV-Prozeduren (Neisser, 1976; Rumelhart, 1984). Sie repräsentieren Wissen auf einem höheren Abstraktionsniveau als dem der Erinnerung an konkrete Ereignisse, denn sie enthalten *Variablen* oder Leerstellen, "slots", die durch verschiedene konkrete Akteure oder Gegenstände ausgefüllt, *instantiiert*, werden: "An instantiated schema is a cognitive structure that results from the interaction of the old information of the generic schema and the new information of the episodic input. The generic schema contains some fixed structural relations and some slots that accept a range of specific input information from the environment" (Rumelhart & Ortony, 1977; S. 109). Im Falle des Restaurantschemas könnten "Marcel" und "Espresso und Hennessy" die Variablen "Kellner" und "Kaffee und Kognak" einnehmen bzw. instantiieren.

Abbildung 20:
Ein hypothetisches Restaurant-Schema

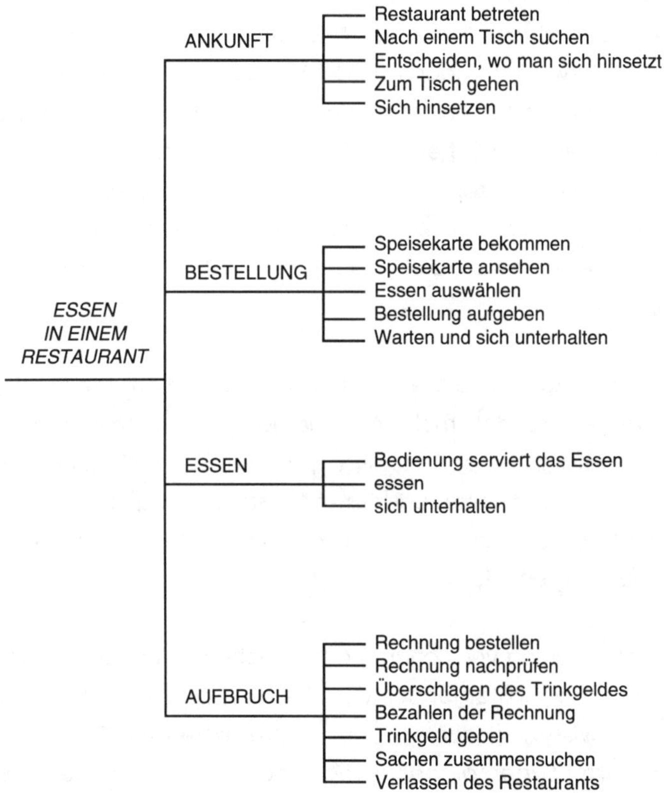

(nach Wessels, 1984, S. 328)

Doch nicht jede beliebige Person oder jedes beliebige Objekt kann eine Variable instantiieren. Es würde keinen Sinn machen, wenn ein Elefant als Kellner aufträte oder der Kellner mit einer Rüstung bekleidet wäre. Schemata haben also *Variablenbegrenzungen*, "variable constraints", die die Menge möglicher Instantiierungen einschränken. Sind durch das Ereignis keine konkreten Instantiierungen vorgegeben, so werden *Standardwerte*, "default values", eingesetzt.. Diese Werte werden bestimmt durch Kontext- und Situationsfaktoren und dem zu interpretierenden Stimulus, außerdem kann die Instantiierung einer Variablen die Art nachfolgend eingesetzter Werte beeinflussen. Für die Bedienung in einem Restaurant könnten als Standardwerte obligatorische Werte gelten (sie muß lebendig sein), fakultative Werte (weiblich oder männlich) und Werte mit größerer Reichweite (Alter oder Kleidungsstil). Gleichzeitig sind Schemata wegen der Leerstellen offen für nicht bereits im Schema enthaltene Informationen, die das Wissen über ein bestimmtes Konzept erweitern: so kann das Speisenangebot eines Restaurants nicht nur auf einer Karte notiert sein, die jeder Gast erhält, sondern es kann auf einer einzigen Tafel geschrieben stehen, die von Tisch zu Tisch weitergereicht wird.

Schließlich können diese Leerstellen auch durch weitere Schemata ausgefüllt werden, so daß mehrere Schemata eine *hierarchische Struktur* bilden. Schemata höherer Ordnung, z.B. "Restaurantbesuch", enthalten Subschemata wie "Bestellung" und "Essen". Erstere sind globaler als die ihnen untergeordneten, sie können diese erwartungsgeleitet kontrollieren und von ihnen Rückmeldung erhalten.

Die Instantiierung von Schemata bzw. Schemahierarchien erfolgt durch aufsteigende und absteigende Verarbeitungsprozesse. Der Zugriff auf vorhandenes Wissen geschieht als konvergierender Prozeß zwischen *datengesteuerter Schemaidentifikation* und *konzeptgesteuerter Schema-anwendung* (Rumelhart & Ortony, 1977). Es ist ein Inferenzprozeß der Mustererkennung, in dem die Merkmale der eintreffenden Stimuli mit Merkmalen verfügbarer Schemata verglichen werden: "schemata are recognition devices whose processing is aimed at the evaluation of their goodness of fit to the data being processed" (Rumelhart, 1984, S. 169). Bei der konzeptgesteuerten, absteigenden Schemaanwendung werden von einem übergeordneten Schema ausgehend die konstituierenden Subschemata aktiviert, dabei beeinflussen vorstellungsgeleitete Erwartungen die Verarbeitung des Dateninputs. Datengesteuerte, aufsteigende Schemaidentifikation findet statt, wenn Aspekte des Stimulusinputs direkt korrespondierende Schemata aktivieren und diese wiederum übergeordnete Schemata, deren Komponenten sie sind.

Für die Instantiierung eines Schemas müssen nicht alle Merkmale eines Dateninputs durchgeprüft werden, ob sie im Schema und in seinen Subschemata Entsprechung finden. Die hierarchische Struktur impliziert zentrale und periphere Schema-Komponenten, wobei die Aktivierung einer zentralen Komponente häufig für die Aktivierung des gesamten Schemas ausreicht (Abelson, 1981). Damit ist es möglich, die großen Datenmengen des Alltags zu verarbeiten, indem statt aller Details die Konsistenzen und Regelmäßigkeiten von verschiedenen Erfahrungen zusammengefaßt werden (Barclay, 1986).

Einige Wissenschaftlerinnen postulieren, daß Schemata neben Variablen und deren Standardwerten ein prototypisches Beispiel konkreter Instantiierung für das repräsentierte Konzept enthalten, das den Standardwerten sehr ähnlich ist (Crocker, Fiske, & Taylor, 1984; Rosch, 1978). Ein Protoyp entspricht dabei einer Instantiierung, bei der alle Variablen ausgefüllt wurden.

Die gängigen Schematheorien gehen nicht näher auf die Beschaffenheit der kognitiven Prozesse ein, die zur Instantiierung von Schemata führen. Allgemein beziehen sich kognitive Prozesse auf die Art und Weise, wie kognitive Strukturen aufgrund von Informationen aus der inneren oder äußeren Umwelt des Individuums gebildet oder verändert werden, und darauf, wie das in den kognitiven Strukturen gespeicherte Wissen für die Verhaltenssteuerung nutzbar gemacht werden kann. Dabei wird zwischen zwei Arten von kognitiven Prozessen unterschieden (Bargh, 1984; Posner & Snyder, 1975): Zum einen gibt es *automatische Prozesse*, die unbewußt ablaufen, keinen Kapazitätsbeschränkungen unterliegen und, einmal erworben, nur schwer zu verändern sind. Diese Prozesse lassen Gedanken und Gefühle im Gedächtnis auftauchen, ohne daß sie mit Absicht hervorgerufen worden wären. Zum anderen gibt es *strategische Prozesse*, die bewußt erfolgen, durch die kognitive Kapazität begrenzt sind und flexibel an Anforderungen angepaßt werden können. Ihre Durchführung erfordert Zeitaufwand und mentale Anstrengung. Beide Prozesse könnten bei der Instantiierung von Schemata eine Rolle spielen. Nähere Aussagen hierzu wären gerade für die Streßbewältigung wichtig.

Funktionen von Schemata

Schemata erfüllen zwei zentrale Funktionen (Anderson, 1980, S. 128-160; Rumelhart, 1984; Taylor & Crocker, 1981):

- *Speicher- und Repräsentationsfunktionen*: Schemata strukturieren Ereignisse, legen fest, welche Informationen gespeichert und aus dem Gedächtnis abgerufen werden, und bestimmen die Geschwindigkeit der Verarbeitung, des Informationsflusses und des Problemlösens;

- *Interpretations- und Inferenzfunktionen*: Schemata sind die Grundlage für Problemlösungsprozesse, Ereignisbewertungen, Planungen, Zielsetzungen oder Erwartungsbildungen und für die Entwicklung von Verhaltensroutinen beim Umgang mit Erfahrungen.

Alle diese Funktionen können durch Schemata erfüllt werden, weil diese als komplexe Wisseneinheiten konzipiert sind, in denen zentrale und periphere Komponenten von Erfahrungen und damit auch deren emotionale Merkmale gespeichert sind.

Schemata können sich auf sehr verschiedenartige Erfahrungen beziehen. So kann beispielsweise unterschieden werden zwischen *visuell-sensorischen Schemata* von Formen, Farben oder Szenen, *sozialen Schemata* von Gruppen- und Personenstereotypen, *individuellen Schemata* von Eigenschaften und Persönlichkeitsmerkmalen oder auch *Standpunktschemata* von Einstellungen und Auffassungen (Hastie, 1981). Mehr objektbezogen ließe sich differenzieren zwischen *prozeduralen Schemata* (Neisser, 1976), *Personen- und Selbstschemata* (Markus, 1982) und *sozialen Schemata*, die sowohl Situationen, wie z.B. Fakultätsratssitzungen und

Cocktailparties, betreffen (Taylor & Crocker, 1981) als auch soziale Rollen, wie die der Geschlechterrollen (S.L. Bem, 1985) oder Einstellungen zu anderen Menschen und deren Lebensstilen (Snyder & Uranowitz, 1978).

Fehlerquellen bei der Schema-Instantiierung

Bei der Ausübung der einzelnen Funktionen von Schemata können mehrere Probleme auftreten. So gibt es beipielsweise für das Mißverstehen eines Konzeptes, sei es eine Situation, eine Person oder ein Objekt, mehrere Gründe (Rumelhart, 1984, S. 176):

- es ist kein passendes Schema vorhanden, so daß das Konzept nicht verstanden werden kann;
- es wird ein Schema instantiiert, das zu einer konsistenten, nicht aber zutreffenden Interpretation des Konzeptes führt.
- es gibt ein passendes Schema, aber die mit dem Konzept vermittelten Hinweise reichen nicht aus, um das Schema zu instantiieren;

In der Literatur finden sich für diese drei Phänomene viele Beispiele. Mit der letztgenannten Problemursache haben sich insbesondere Bransford und Johnson (1973; nach Rumelhart, 1984) befaßt: sie überprüften das Verstehen von Texten, für die die Versuchspersonen zwar das passende Schema hatten, in den vorgelegten Texten jedoch nicht genügend Hinweise fanden, es zu instantiieren. Dazu folgendes Bespiel:

> "Das Vorgehen ist eigentlich ganz einfach. Zuerst müssen Sie die Dinge in verschiedenen Gruppen anordnen. Natürlich kann auch ein Stapel ausreichen, denn es kommt darauf an, wieviel zu machen ist. Wenn Sie aus Mangel an Möglichkeiten woanders hingehen müssen, dann ist dies der nächste Schritt, sonst kann es losgehen. Es ist dabei wichtig, die Dinge nicht zu übereilen. D.h. es ist besser, zu wenige Dinge auf einmal zu tun als zu viel. Kurzfristig mag das als nicht besonders wichtig erscheinen, aber es könnten leicht Komplikationen entstehen. Ein Fehler kann einem dabei teuer zu stehen kommen. Es wird Ihnen bald in Fleisch und Blut übergehen. Es ist dabei nicht vorherzusehen, ob diese Aufgabe in unmittelbarer Zukunft überflüssig sein wird, aber das kann man ja nie sagen. Wenn der ganze Vorgang abgeschlossen ist, muß man das Material wieder in verschiedene Gruppen sortieren;

danach kann man sie zu ihren angestammten Plätzen tun. Irgendwann werden sie dann wieder gebraucht, so daß dann der ganze Kreislauf wiederholt werden muß. Wie auch immer, es ist eben ein Teil des Lebens" (Bransford & Johnson, 1973, S. 400; dt. aus Wessels, 1984, S. 330).

Die wenigsten Menschen können mit diesem Abschnitt etwas anfangen. Sobald sie aber erfahren, daß es um eine Anleitung zum Wäsche waschen geht, können sie ihr prozedurales Schema "Wäsche waschen" aktivieren und die Handlungsanweisungen nachvollziehen. Andere finden alternative Schemata und gelangen so zu einer anderen Interpretation. Rumelhart (1984, S. 177) berichtet: "Perhaps the most interesting interpretation I have collected was from a Washington bureaucrat who had no difficulty with the passage. He was able to interpret the passage as a clear description of his job. He was, in fact, surprised to find that it was supposed to be about 'washing clothes' and not about 'pushing papers'."

Da Schemata selektiv auf Wahrnehmung, Speicherung und Abruf einwirken, können sie auch zu Informationsverlusten beitragen. Alle genannten Eigenschaften von Schemata sind unter bestimmten Bedingungen hilfreich, können unter anderen Bedingungen aber zu unwillkommenen Einschränkungen der kognitiven Prozesse führen (vgl. Kahnemann & Tversky, 1973). Taylor und Crocker (1981) haben auf die vier folgenden Fehlertypen bei der Schemainstantiierung hingewiesen:

- Fehler aufgrund der Instantiierung des falschen Schemas;

- Fehler, die bei der allzu enthusiastischen Verwendung des richtigen Schemas auftreten, wenn Interpretationen und Inferenzen aus Stimuli abgeleitet werden, die mehr von den Merkmalen des instantiierten Schemas bestimmt sind als von den tatsächlich vorhandenen Merkmalen der Stimuli;

- Fehler der ersten Art, wenn nämlich Stimuli als konsistent mit einem Schema interpretiert werden, obwohl sie neutral oder sogar inkonsistent sind;

- Fehler, die als illusionäre Korrelation bezeichnet werden und auftreten, wenn der Grad der Kovarianz zwischen zwei Ereignissen systematisch falsch beurteilt wird.

Schemata und die Selbstregulierung von Emotionen

Die Konzipierung von Schemata als Datenstrukturen mit zu instantiierenden Variablen für deklaratives und prozedurales Wissen ist offen genug, um die Gedächtnisleistungen des Wahrnehmens, Erinnerns, Bewertens, Nachdenkens und Handelns ebenso zu berücksichtigen wie mögliche Fehlschaltungen während der kognitiven Inferenzprozesse: "Schemata attempt to represent knowledge in the kind of way which reflects human tolerance for vagueness, imprecision and quasi-inconsistencies" (Rumelhart & Ortony, 1977, S. 111). In einem Schema werden die *Struktur* des Gedächtnisses und der *Prozeß* der Gedächtnisleistungen zu einer Einheit zusammengefaßt, innerhalb derer die Form der analogen Darstellung möglich ist. Schemata sind deshalb besonders gut geeignet, den Weg von einer Person-Umwelt-Transaktion, die Bewertung(en) erfordert und dadurch Emotion(en) generiert, über die Wahl von Regulierungs- und Bewältigungsmöglichkeiten bis zum Handeln aufzuzeichnen - und so Eßverhalten zur Selbstregulierung von Emotionen zu erklären.

Dieser Weg wird nach Struktur- und Prozeßkomponenten getrennt dargestellt und als *Informationsverarbeitung mit dem Ziel einer Problemlösung im Sinne von Aufrechterhaltung oder Veränderung des emotionalen Zustandes durch Handlungen* aufgefaßt. Die Informationen werden durch den oder die Stimuli (exterozeptiv, interozeptiv oder mental), die Einschätzung des Encounters, die auftretenden Emotionen und die potentiellen Bewältigungsressourcen bereitgestellt. Die Problemlösung besteht im Auffinden der Bewältigungsform, die *protektiv* eine Aufrechterhaltung oder Verstärkung positiver Emotionen oder *modifikatorisch* eine Veränderung negativer Emotionen bewirken kann. Die eigentliche Handlung, hier das Essen, ist dann das Resultat dieses Prozesses.

Struktur- und Prozeßkomponenten, die beim Eßverhalten zur Selbstregulierung von Emotionen wirksam sind, werden auf der Grundlage der vorausgegangenen Darstellung der kognitiven Emotionstheorien, vor allem der Streß- und Bewältigungstheorie und der perzeptiv-motorischen Emotionstheorie, und der Schematheorie beschrieben. In dieser Arbeit wird nun ein Integrationsversuch unternommen, für den in der Literatur bislang nur Andeutungen und relativ grobe Skizzierungen existieren: während in den Emotionstheorien auf eine ausführliche Untersuchung der der Emotionsentstehung und -regulierung zugrundeliegenden Prozesse verzichtet wird, konzentrieren sich schematheoretische Anwendungsansätze in der Regel auf Wahrnehmungs- und Erinnerungsleistungen und vernächlässigen die Übersetzung von kognitiven Prozessen in Handlungsbereitschaft ebenso wie die Verarbeitung von Emotionen mit Hilfe von Schemata.

Außerdem soll die gängige Aufteilung in "heiße" emotionale und "kalte" kognitive Prozesse durch die Annahme überwunden werden, daß *Emotionen als Informationen aus Person-Umwelt-Transaktionen oder inneren Vorgängen unverzichtbarer Bestandteil kognitiver Prozesse und daher an allen Verhaltensentscheidungen beteiligt sind.* Eine solche weniger strikte Aufteilung wird zunehmend in Betracht gezogen: Dörner und Mitarbeiterinnen (1988) beschreiben einen dynamischen Interaktionismus zwischen Emotionen und Kognitionen, Lantermann (1983) nennt ein emotionales und ein kognitives Handlungskontrollsystem, die interagieren, LeDoux (1989) spricht von interdependenten affektiven und kognitiven Schätzvorgängen im Gedächtnis, und Abele (1991) postuliert, daß Emotionen den Handlungsfluß beeinflussen, indem sie auf die Generierung von Absichten einwirken.

Nur sehr wenige Autorinnen haben sich um eine Präzisierung der Gedächtnisprozesse bemüht, die der "cognitive-emotional fugue" (Lewis, Sullivan, & Michalson 1984) zugrunde liegen, und sie sind dabei immer von zwei verschiedenen Systemen ausgegangen. Bower und Cohen (1982; ähnlich Fiske & Pavelchak, 1986) trennen zwischen der in einer Situation zunächst erfolgenden kognitiven und der sich daran anschließenden emotionalen Interpretation. Sie gehen von einer semantischen Netzwerkstruktur im Gedächtnis aus und postulieren, daß Emotionen als Konzeptknoten repräsentiert sind, der sich in zwei Unterknoten gliedert, von denen einer den Namen der Emotion repräsentiert und der andere die subjektiv erlebte Emotion (ähnlich Lang, 1984; Spies & Hesse, 1986). M.S. Clark und Isen (1982; Isen, 1984) haben vorgeschlagen, daß affektive Zustände funktionieren können "like category name or other organizing unit as a cue to prime related cognitive material, and this implies that affective tone may be an important dimension of cognitive organization" (M.S. Clark & Isen, 1982, S. 82).

In seinem handlungstheoretischen Ansatz befaßt sich Lantermann (1983) mit dem Einfluß von Emotionen auf problemlösendes Handeln und sieht als erste Stufe dieses Prozesses die Aktivierung eines *Transaktionsschemas* an, das die Gedächtnisrepräsentation von Person-Umwelt-Transaktionen darstellt. Es enthält deklarative, prozedurale und emotionale Wissenskomponenten über Handlungsbedingungen, -möglichkeiten und -begrenzungen sowie über Erfahrungen, die mit Handlungswissen in Verbindung stehen. Für den weiteren Verlauf der Handlungskontrolle zuständig geht Lantermann von der Existenz eines emotionalen und eines kognitiven Handlungskontrollsystems aus, deren Strukturen er jedoch nicht spezifiziert. Das *emotionale Kontrollsystem* hat drei Funktionen: erstens die Komponenten des Encounters auszuwählen, denen besondere Aufmerksamkeit zukommen soll, zweitens Signale über Diskrepanzen zwischen bestehendem und gewünschtem Zustand zu geben und drittens zu bestimmen, welche kognitiven Kontrollprozesse ablaufen sollen. Diese Auffassung wird von Befunden von Straumann und Higgins (1987) gestützt, denen zufolge solche Zustandsdiskrepanzen - wie z.B. zwischen dem wirklichen und dem idealen Selbst - kognitive Strukturen darstellen, deren automatische Aktivierung emotionalen Stress induzieren kann. Das *kognitive Kontrollsystem* wird bewußt durch den Akteur eingesetzt und dient einmal der Entwicklung eines Handlungsplanes, zum anderen der Kontrolle der ablaufenden Handlungen. Die Interaktion zwischen beiden Systemen wird durch den Erregungsgrad des emotionalen Kontrollsystems bestimmt: je stärker die Erregung, desto mehr dominiert das emotionale über das kognitive Kontrollsystem und desto weniger optimal ist infolgedessen die Handlungskontrolle. Damit betrachtet Lantermann Emotionen und deren Bewältigung letztendlich als Störfaktoren in Problemlösungsprozessen (ähnlich wie z.B. Simon, 1967; anders Leeper, 1948, 1970).

Eine andere Darstellung stützt sich auf neurophysiologische Untersuchungen und geht von der Existenz eines *emotionalen Systems im Gehirn* aus. Dessen Aufgabe wird als Schätzung der affektiven Bedeutung auftretender Stimuli beschrieben, die exterozeptiv bzw. interozeptiv sein können oder dem Gedächtnis als Gedanken und Erinnerungen entstammen (LeDoux, 1986, 1989). Dieser Schätzvorgang, "computation", verläuft wie alle Gedächtnisprozesse vorbewußt, nur die Konsequenzen dieser Prozesse erreichen das Bewußtsein (Kihlstrom, 1987; Lashley, 1956). Emotionales Erleben ist eine solche Konsequenz von Verarbeitungsprozessen und resultiert aus dem gleichzeitigen Auftreten dreier Arten von Repräsentationen im Kurzzeitgedächtnis: Stimulusrepräsentationen, affektive Repräsentationen, die durch die Stimulusrepräsentationen aktiviert wurden, und Repräsentationen des Selbst (LeDoux, 1989). Diese letzte Kategorie ist erforderlich, um erklären zu können, warum man über Emotionen reden kann, ohne sie zu empfinden. Dieselbe Funktion hat der oben erwähnte Unterknoten, der den Namen der Emotion trägt, der Emotionskonzeptknoten bei Bower und Cohen (1982).

Unabhängig davon, ob theoretisch eine strikte Zweiteilung in Emotionen und Kognitionen angenommen wird oder nicht, müssen Emotionen, um die ihnen zugeschriebenen Verhaltensimplikationen bewirken zu können, im Gedächtnis in der einen oder anderen Weise kognitiv repräsentiert sein. Dabei bedeutet *kognitive Repräsentanz die Kodierung und Integration der Informationen aus exterozeptiven, interozeptiven oder mentalen Stimuli in ein System von Symbolen, Vorstellungen, Bedeutungen und Regeln.* Dieses System kann man sich aus Schemata aufgebaut denken: "Data do not have meaning unless they fit into a cognitive context, a schema about the meaning of the stimulus" (Taylor & Crocker, 1981, S. 91). Eine solche Konzipierung ist mit dem oben beschriebenen Stufenmodell der Selbstregulierung von Emotionen kompatibel (Abschnitt 3.2.2.) und berücksichtigt Izards Emotionsprinzipien ebenso wie Frijdas Emotionsgesetze (Abschnitt 3.1.3.).

Die Strukturkomponenten

Die Ausgangsvoraussetzung für einen Emotionsregulierungsprozeß ist eine Transaktion, die zwei prinzipielle Formen annehmen kann: eine *Person-Umwelt-Transaktion*, bei der die Umwelt ein Ereignis, eine oder mehrere Personen oder ein Objekt sein kann, oder eine *Person-Selbst-Transaktion*, die aus mentalen Vorgängen wie Erinnerungen, Tagträumen oder dem sich Ausmalen von bevorstehenden Situationen besteht.

Eine Transaktion führt zur Aktivierung von Strukturkomponenten, die als *Bewertungsschema, Emotionsschema* und als ein einziges oder mehrere *Regulierungsschema(ta)* vorhanden sind. Bewertungs- und Emotionsschema sind sehr eng miteinander verknüpft, da die Bewertung einer Transaktion außer im Fall der Irrelevanz automatisch emotionsgenerierend wirkt. Emotionsschema und Bewältigungsschema(ta) sind ihrerseits stark assoziiert, weil Emotionen so auf den Zustand der Handlungsbereitschaft einwirken, daß die psychologisch-mentale Homöostase mit Hilfe von Regulierungs- bzw. Bewältigungsstrategien gewährleistet werden kann.

Das *Bewertungsschema* enthält deklaratives Wissen über Situationen, Personen und Objekte, deren Merkmale mit denen der aktuellen Transaktion abgeglichen werden. Dadurch wird das Schema instantiiert und so die Evaluierung einer Transaktion auf hohem Abstraktionsniveau ermöglicht: als positiv-angenehm, als negativ-unangenehm oder als irrelevant-neutral. Im Falle einer Bewertung als irrelevant-neutral folgen keine weiteren Inferenzprozesse, da sich weder die emotionale Lage noch der Zustand der Handlungsbereitschaft verändern.

Die Bewertung einer Transaktion als positiv-angenehm oder negativ-unangenehm bewirkt unmittelbar die Instantiierung eines *Emotionsschemas.* Emotionsschemata integrieren das Wissen über und die Erinnerung an psychophysiologische Zustandsveränderungen bei emotionalen Erfahrungen. Dadurch wird die Identifizierung der bewerteten Transaktion mit dem emotionalen Zustand möglich. Emotionen entstehen also als Ergebnis der Art und Weise, wie die Transaktion, die sie hervorruft, vom Individuum ausgelegt wird. Mit anderen Worten: wenn ein Individuum eine Transaktion in einer bestimmten Form bewertet, dann besteht die Möglichkeit für eine entsprechende Emotion. Deshalb werden Emotionen determiniert durch die Struktur und den Inhalt der Wissensrepräsentationen und durch die Prozesse, die auf diese Repräsentationen einwirken.

Abbildung 21:
Strukturkomponenten der Emotionsregulierung

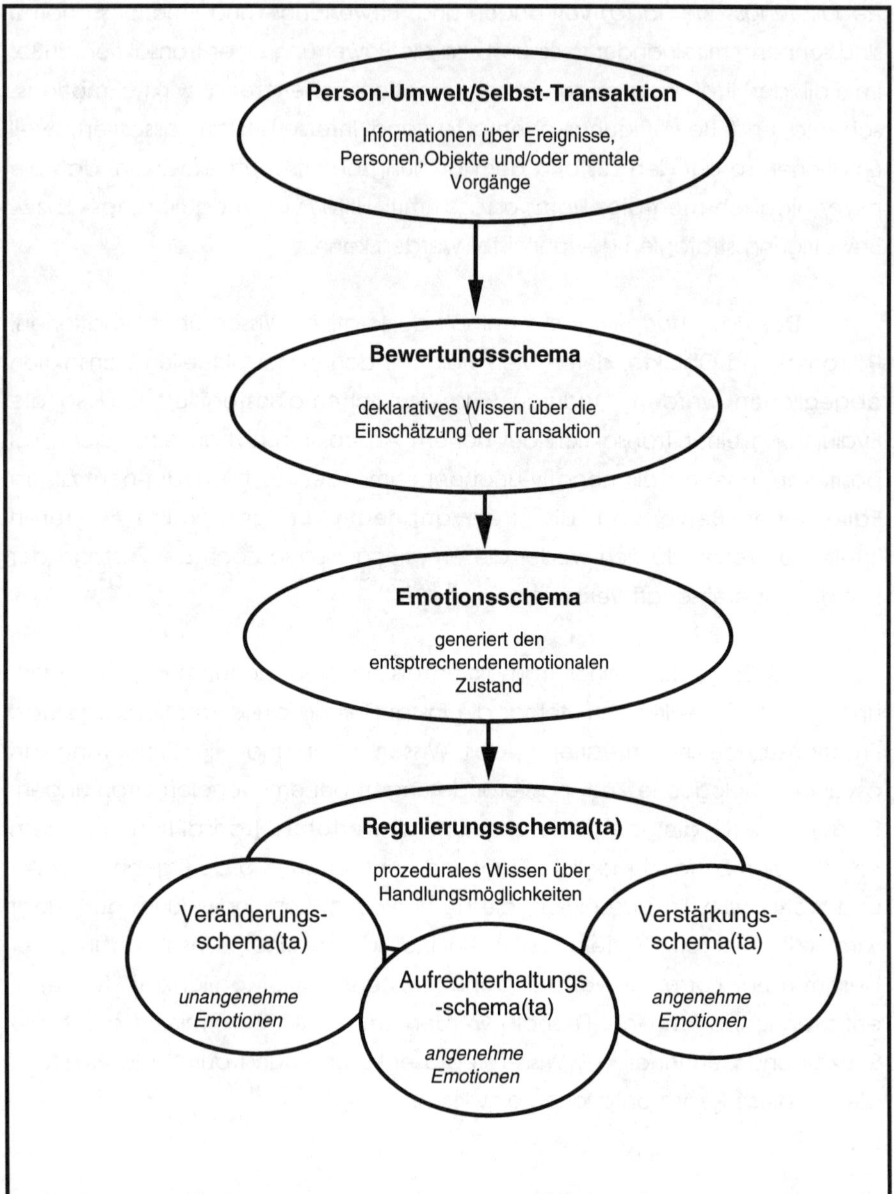

Sobald das der Transaktion entsprechende Emotionsschema instantiiert worden ist, wird auf ein oder mehrere *Regulierungsschemata* zugegriffen, die prozedurales Wissen über den Umgang mit dieser Emotion enthalten. Beim Auftreten einer negativen Emotion wird nach Regulierungsschemata gesucht, die Handlungsanweisungen für die Bewältigung und damit Veränderung des als unangenehm empfundenen Zustandes enthalten. Positive Emotionen führen zur Instantiierung von Regulierungsschemata mit Vorschlägen zur Aufrechterhaltung oder Verstärkung dieser angenehmen emotionalen Lage. Abbildung 21 stellt diese Strukturkomponenten dar.

Die Prozeßkomponenten

Bei der Instantiierung von Schemata handelt es sich um kognitive Prozesse der Inferenz. Prinzipiell können zwei Arten von Inferenzen unterschieden werden, die *intraschematischen* und die *interschematischen* (Graumann & Sommer, 1984). Intraschematische Inferenzen erlauben die Instantiierung der Variablen eines Schemas, die durch den sensorischen Input nicht ausgefüllt werden konnten. Das gesamte Schema ist dann der durch Inferenzprozesse zu instantiierende kognitive Komplex, wobei die bereits instantiierten Teile der Struktur Einfluß darauf haben, wie die nicht ausgefüllten Variablen instantiiert werden. Interschematische Inferenzen sind solche, bei denen Schemata gleichen Abstraktionsniveaus abgeleitet werden, auf Subschemata deduktiv zurückgegriffen wird oder übergeordnete Schemata induktiv instantiiert werden.

Intraschematische Inferenzen erfolgen, wenn Emotionsschema und Regulierungsschema eine kognitive Einheit bilden, d.h. wenn aufgrund mehrfach wiederholter Erfahrungen das Auftreten einer bestimmten Emotion immer eine spezifische Regulierung bzw. Bewältigung einschließt. Interschematische Inferenzen sind dann anzunehmen, wenn die Instantiierung eines Emotionsschemas nicht automatisch zu einer bestimmten Verhaltensroutine führt, sondern wenn auf ein oder mehrere Regulierungsschemata zurückgegriffen werden, bevor eine Handlung erfolgt.

Diesen beiden Inferenzarten können, wie oben erwähnt, zwei Formen kognitiver Prozesse beim Zugriff auf Schemata zugeordnet werden, die *automatischen* und die *strategischen kognitiven Prozesse*. Diese Unterscheidung geht zurück auf Experimente von Schneider und Shiffrin (1977) und kann folgendermaßen charakterisiert werden:

- Kontrollierte, strategische Prozesse sind serielle kognitive Vorgänge, die bewußtseinsfähig sind, nicht aber bewußt ablaufen müssen, die den Kapazitätsbeschränkungen des Kurzzeitgedächtnisses unterliegen, die prinzipiell verschiedene Vorgehensweisen ermöglichen und die flexibel an Situationserfordernisse angepaßt werden können (vgl. Strube, 1984, S. 190-201).

- Automatische Prozesse sind parallel und unbewußt ablaufende kognitive Vorgänge, die durch Lernerfahrungen entwickelt werden, die nicht von Kapazitätsbeschränkungen beeinträchtigt sind, die durch externe oder interne Stimuli aktiviert werden, ohne daß sie aktiv kontrolliert werden, und die, einmal ausgebildet, nur schwer zu modifizieren, unterdrücken oder ignorieren sind (vgl. Bargh, 1984; K.G. Grunert, 1990).

Beide Formen können interagieren, wobei automatische Prozesse die erste Analyse der eingehenden Stimuli durchführen und deren Ergebnisse dann strategischen Prozessen zur Verfügung stehen, da von einem bestimmten Punkt an die kognitiven Vorgänge das Bewußtseinsniveau erreichen und dann vom Individuum kontrolliert werden können (Logan, 1980; Posner & Snyder, 1975). Weiterhin haben Untersuchungen von Schneider und Fisk (1982; nach Bargh, 1984) gezeigt, daß automatische Prozesse zwar auch bei einer nicht vollständigen Übereinstimmung zwischen Stimulus und Erfahrung in Gang gesetzt werden können, daß sie jedoch um so ausgeprägter sind, je konsistenter die eigenen Erfahrungen mit dem Stimulus sind. Experimente von Fazio und Mitarbeiterinnen (1986) deuten darauf hin, daß Stimuli, zu denen Individuen eine affektive Beziehung haben, im Gedächtnis die automatische Aktivierung von Emotionen in der Weise hervorrufen können, wie sie für semantisches Wissen beschrieben worden ist.

Übertragen auf das Modell zum emotionsbedingten Eßverhalten bedeutet die Unterscheidung zwischen automatischen und strategischen kognitiven Prozessen, daß die Strukturkomponenten Bewertungsschema und

Emotionsschema automatisch und unbewußt instantiiert werden, während der Übergang vom Emotionsschema zu einem oder mehreren Regulierungsschemata entweder automatisch abläuft oder aber strategisch als kontrollierte Auswahl unter alternativen Handlungsmöglichkeiten erfolgt. Diese beiden Wege werden als *automatische Anpassungsmechanismen* und *strategische Stabilisierungsprozesse* bezeichnet (Grunert, 1990).

Welche der verfügbaren Schemata durch diese Inferenzen instantiiert werden, hängt sowohl von der Kompatibilität der Schemavariablen mit den Merkmalen des Stimulusinputs ab als auch von der kognitiven Verfügbarkeit eines Schemas (vgl. Wyer & Srull, 1980). Ein Schema ist umso eher verfügbar, je weniger Zeit seit seiner letzten Instantiierung verstrichen ist, je elaborierter es ist und je häufiger es benutzt wird. Es bietet sich daher an, zwischen *Schematikerinnen*, "schematics", und *Aschematikerinnen*, "aschematics", zu unterscheiden, d.h. zwischen Menschen, bei denen spezifische Wissenseinheiten über bestimmte Ereignisse und Erfahrungen deutlich ausgeprägt sind, und solchen Individuen, bei denen dieser weniger deutlich oder gar nicht ausgebildet sind (Markus, 1982; Markus, Hamill, & Sentis, 1987). Schemata reflektieren damit auch Invarianzen individuellen Verhaltens.

Automatische Anpassungsmechanismen vs. strategische Stabilisierungsprozesse

Automatische Anpassungsmechanismen der Selbstregulierung von Emotionen sind unbewußt ablaufende Bewältigungsvorgänge, die durch Lernerfahrungen entwickelt wurden und ohne aktive Kontrolle von seiten des betroffenen Individuums, d.h. unreflektiert, eingesetzt werden. Im Falle emotionsbedingten Eßverhaltens bedeutet dies, daß unter gegebenen Voraussetzungen - der Instantiierung bestimmter Emotions- und Bewertungsschemata - Essen immer die naheliegendste Reaktion für das Individuum darstellt. Je leichter entsprechende Regulierungsschemata mit deutlich elaborierten Slots für Essen kognitiv verfügbar sind, desto größer ist die Wahrscheinlichkeit, daß der Weg über Bewertungs- und Emotionsschemata *automatisch* zur Emotionsregulierung in Form von Essen führt. Dies bedeutet auch, daß lediglich ein einziges Regulierungsschema instantiiert wird, dessen

Handlungsanweisung zur Veränderung oder Aufrechterhaltung des unangenehmen bzw. angenehmen Zustandes "Essen" lautet. Weder werden andere Regulierungsschemata aktiviert, noch wird nach alternativen Handlungsanweisungen gesucht.

Analog zu den Eigenschaften strategischer kognitiver Prozesse sind strategische Stabilisierungsprozesse der Selbstregulierung von Emotionen reflektiert angewandte Bewältigungsmuster, die flexibel an die Situationserfordernisse angepaßt werden und prinzipiell verschiedene Vorgehensweisen erlauben. Emotionsbedingtes Essen ist dann nur eine von mehreren Möglichkeiten, die psychologisch-mentale Homöostase wiederzuerlangen oder aufrechtzuerhalten. Nicht nur ein, sondern mehrere Regulierungsschemata werden im Anschluß an die Instantiierung eines Emotionsschemas aktiviert und erlauben dadurch die Auswahl zwischen alternativen Handlungsweisen. Dies wird möglich, weil das Individuum entweder gleich bewußt überlegt, was es alles tun könnte, um Streß abzubauen oder eine angenehme Emotion weiter zu genießen, oder aber weil die erste "in den Sinn kommende" Handlungsanweisung nicht gefällt oder auch in der gegebenen Situation einfach nicht durchführbar ist. Anders ausgedrückt erfordert die Instantiierung mehrerer Regulierungsschemata einen strategischen Prozeß der Auswahl zwischen alternativen Verhaltensweisen zur Selbstregulierung von Emotionen.

Wie dieser Vorgang der Selbstregulierung von Emotionen durch Eßverhalten aussehen könnte, wird in den Abbildungen 22 und 23 beispielhaft an den Emotionen Ärger und Freude gezeigt. Fettgedruckte Pfeile stellen automatische Inferenzprozesse der Schemainstantiierung dar, während die dünngedruckten strategische Alternativen symbolisieren. Die Bezeichnungen für die Regulierungsschemata und ihre Handlungsanweisungen im Beispiel "Ärger" lehnen sich an den oben erwähnten "Ways of Coping Questionnaire" (Folkman et al., 1986) an und beschreiben empirisch belegte Bewältigungsreaktionen. Etwas Vergleichbares für positive Emotionen findet sich nicht, da sie, wie erwähnt, bislang wenig Beachtung gefunden haben. Rechteckige Felder entsprechen den manifesten, beobachtbaren Teiles des Vorganges, Kreise hingegen den latenten, der Beobachtung nicht zugänglichen Strukturen des Gedächtnissen. Aus Gründen der Übersichtlichkeit wurde darauf verzichtet, die einzelnen Slots der verschiedenen Schemata und der Subschemata zu spezifizieren.

Emotionsbedingtes Essen kann also die Folge sowohl strategischer als auch automatischer Inferenzprozesse der Schemainstantiierung sein. Nach den bislang vorliegenden, experimentell gewonnenen Erkenntnissen über die Interaktionen von Emotionen und Kognitionen ist anzunehmen, daß beide Prozesse bei der Selbstregulierung von positiven und negativen Emotionen ablaufen können:

- Unangenehme emotionale Zustände erhöhen die Handlungsbereitschaft für Selbstbelohnung (Underwood et al., 1973).

- Positive Emotionen scheinen Hinweisreize zu sein, die den Zugang zu positiv gefärbtem Gedächtnismaterial erleichtern, das als umfassender und vielfältiger als anderes Material gilt (z.B. Boucher & Osgood, 1969). Dadurch wird ein komplexer kognitiver Kontext geschaffen, der kreative Problemlösungsprozesse begünstigt (Isen et al., 1978; Isen, Daubmann, & Nowicki, 1987).

- Depression und Streß verringern die Kapazität für strategische kognitive Prozesse, ohne auf automatische kognitive Prozesse einzuwirken (Hasher & Zacks, 1979).

- Versuchspersonen, bei denen negative, neutrale oder positive emotionale Zustände ausgelöst wurden, wählten bewußt solche Fernsehprogramme aus, die versprachen, unangenehme Empfindungen zu beseitigen und angenehme Erregung aufrechtzuerhalten (Zillman, Hezel, & Medoff, 1980).

- Versuchspersonen in angenehmem emotionalem Zustand trafen in Entscheidungssituationen schneller Entscheidungen, zogen weniger der verfügbaren Informationen zu Rate, benutzten weniger entscheidungsrelevante Merkmale und betrachteten mehr Merkmale als unwichtig als eine Kontrollgruppe in neutralem emotionalen Zustand (Isen & Means, 1983).

- Stimmungen beeinflussen die Einschätzung des Ergebnisses von Bewältigungsstrategien und damit die Auswahl von Handlungsalternativen in Richtung zu mehr sozial orientiertem oder zu eher egozentrischem Verhaltens (Cunningham, 1988a).

Abbildung 22:
Ein Schema-Modell der Selbstregulierung von negativen Emotionen

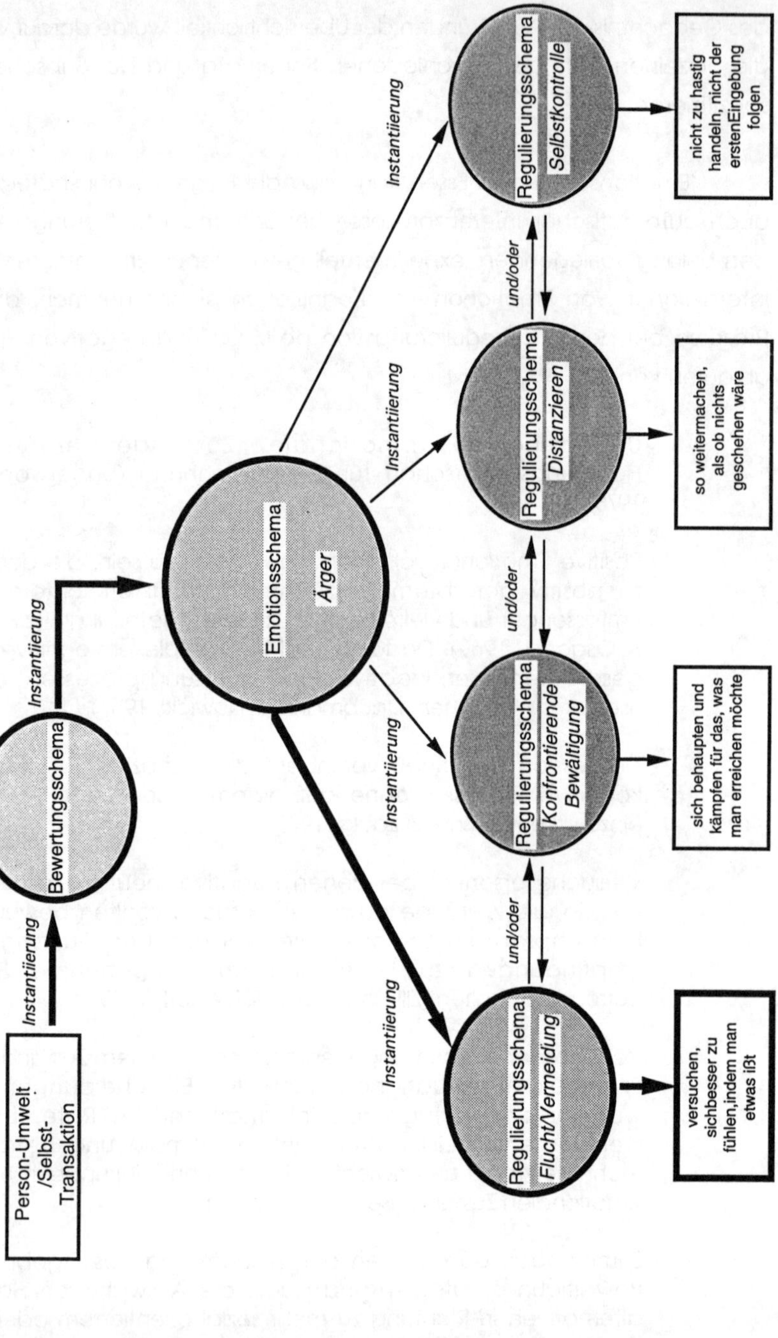

Abbildung 23:
Ein Schema-Modell der Selbstregulierung von positiven Emotionen

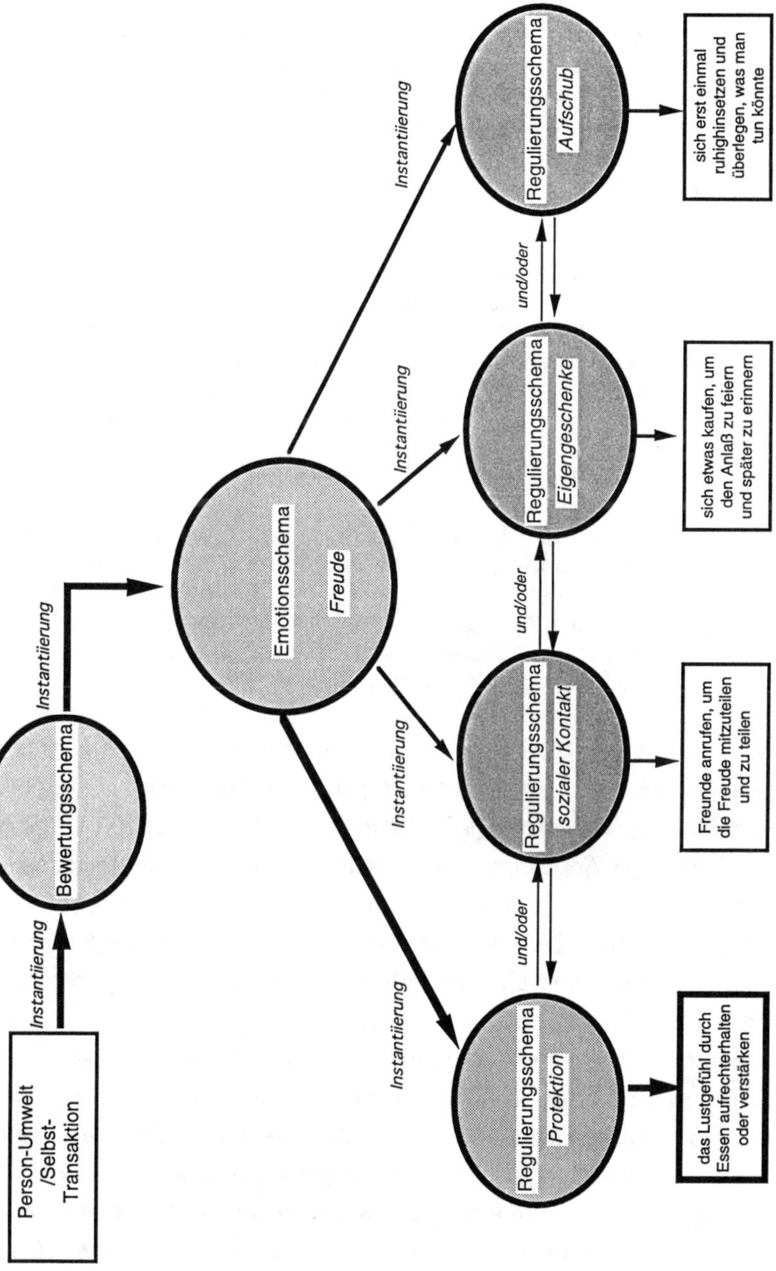

- Wird nach den beiden primären Emotionsdimensionen angenehm und erregt ("pleasantness", "arousal") unterschieden, so zeigen Befunde aus Entscheidungsexperimenten, daß eine angenehme emotionale Lage abwägende, informationssuchende und zeitintensive Entscheidungsstrategien begünstigt, während der Erregungsgrad keinen deutlichen Einfluß hat (Mano, 1990).

- Problemstellungen, die strategisches Denken erforderten, wurden von Versuchspersonen, die unter Lärmstreß arbeiten mußten, analytisch angegangen, indem sie das Gesamtproblem in viele Teilprobleme zerlegten. Gleichzeitig zeigten die Probandinnen eine geringere Fähigkeit, sich auf die spezifischen Erfordernisse der einzelnen Spiele einzustellen und neigten mehr zu effektvollen, aber wenig produktiven Maßnahmen als eine nichtgestreßte Kontrollgruppe (Dörner & Pfeifer, 1990).

- In bezug auf die kognitive Verarbeitung und Strukturierung personenbezogener Informationen fördern positive Emotionen eine breitere und mehr integrierende Strukturierung von Gedächtnismaterial, während negative Emotionen die Verwendung begrenzter Kategorien und Detailorientierung begünstigen (Bless, Hamilton, & Mackie, 1991).

Diese empirischen Befunde erlauben unter Rückgriff auf die Überlegungen zum Konzept der kognitiven Repräsentanz von Emotionen die Formulierung von Aussagen darüber, unter welchen Bedingungen eher automatische Anpassungsmechanismen oder eher strategische Stabilisierungsprozesse zur Selbstregulierung von Emotionen durch Eßverhalten erfolgen werden. Zentrale Aspekte sind dabei zum einen Emotionsqualität, Emotionsklassen und Emotionsintensität, zum anderen die Existenz, Differenziertheit und Verfügbarkeit essensbezogener und anderer Regulierungsschemata ebenso wie beispielsweise das Wissen um den emotionalen Symbolgehalt des Essens. Hinzu kommen andere Einflußvariablen, insbesondere situativer Art, wie die Anwesenheit äußerer essensbezogener Reize oder das Hunger- bzw. Sättigungsniveau. Dadurch werden Aussagen über bivariate Zusammenhänge zwischen einzelnen Einflußfaktoren und einer Tendenz zu automatischen Anpassungsmechanismen oder strategischen Stabilisierungsprozessen schwierig. Es ist jedoch möglich, Hypothesen über die

Auswirkungen typischer Variablengruppen aufzustellen. Tabelle 8 faßt diese Vorschläge zusammen.

Offenbar ist zunächst die *Emotionsqualität* wichtig: positive Emotionen begünstigen kreative kognitive Prozesse, die durch eine strategische Auswahl unter Handlungsalternativen gekennzeichnet sind. Negative Emotionen können, besonders wenn sie in einer bestimmten Form, wie zum Beispiel Einsamkeit, häufig oder über einen längeren Zeitraum hinweg auftreten, automatische Mechanismen auslösen. Aber auch strategische Prozesse sind hier denkbar, da sie die gezielte Suche nach Modifizierungsmöglichkeiten erlauben. Auch die *Emotionsklasse* hat Einfluß auf den Bewältigungsprozeß. Stimmungen, weil von diffusem Charakter, erfordern weniger kognitive Anstrengung für Ursachenerforschung und Auswahl und ziehen, sofern sie einen Schwellenwert des Regulierungsbedarfs erreichen, eher automatische Anpassungsmechanismen nach sich. Gefühle hingegen erfordern genau diese kognitive Anstrengung, weil sie ein deutlicherer Ausdruck der emotionalen Lage sind. Damit ergibt sich auch ein Interaktionseffekt zwischen Emotionsqualität und Emotionsklasse, d.h. positive und negative Gefühle bewirken eher strategische Stabilisierungsprozesse, während negative Stimmungen eher automatische Anpassungsmechanismen verursachen. Positive Stimmungen führen in der Regel kaum zu Handlungsbedarf, da sie aber den Bezugsrahmen für andere Erlebnisse abgeben, können sie Gefühlslagen veranlassen, die ihrerseits die beiden möglichen Inferenzprozesse der Schemainstantiierung bewirken. Ein dritter Aspekt, der eng mit Emotionsklasse und Emotionsqualität zusammenhängt, ist der der *Intensität* der erlebten Emotion. Bei sehr hohen Intensitäten, insbesondere negativer Zustände wie Streß, ist mit Eßverhalten als Regulierungsmaßnahme nicht zu rechnen. Niedrige Emotionsintensität, wie sie beispielsweise für Stimmungen typisch ist, wird eher automatische Anpassungsmechanismen hervorrufen.

Alle diese Vorhersagen gründen auf der Annahme, daß Eßverhalten als Regulierungsmöglichkeit von Emotionen in Regulierungsschemata enthalten ist. Ob ein solches Eßregulierungsschema auch tatsächlich instantiiert wird, hängt von der *kognitiven Verfügbarkeit* dieses Schemas ab, d.h. davon, wie häufig es benutzt wird und wieviel Zeit seit seiner letzten Instantiierung vergangen ist. Je leichter verfügbar ein bestimmtes Schema ist, desto größer ist die Wahrscheinlichkeit, daß ein automatischer Anpassungsmechanismus erfolgt. Gleiches gilt für den Grad der Übereinstimmung zwischen Merkmalen der emotionsauslösenden Transaktion und den Merkmalen der verfügbaren Regulierungsschemata: je größer die Übereinstimmung, desto eher erfolgt eine automatische Instantiierung. *Essensbezogene Hinweisreize* in der Umgebung werden eine solche Handlungsbereitschaft zur Nahrungsaufnahme begünstigen. Entsprechend umgekehrt verhält es sich bei geringer Verfügbarkeit und niedrigem Kompatibilitätsgrad, so daß in diesen Fällen strategische Stabilisierungsprozesse wahrscheinlicher sind. Diese Argumentation stützt sich auch auf die bereits erwähnte, u.a. am Beispiel des Körperbildes empirisch belegte Unterscheidung zwischen *Schematikerinnen* und *Aschematikerinnen* (vgl. Markus, Hamill, & Sentis, 1987). Neben den eben genannten Faktoren wird auch die Anzahl insgesamt vorhandener Schemata zur Regulierung von Emotionen ebenso eine Rolle spielen wie das Ausmaß, in dem die Schemata jeweils mit bestimmten Emotionen assoziiert sind. Je mehr alternative Bewältigungsmöglichkeiten durch frühere Erfahrungen gelernt wurden - mit anderen Worten: je mehr unterschiedliche Ressourcen zur Wiederherstellung der psychologisch-mentalen Homöostase bekannt sind - desto wahrscheinlicher ist ein strategischer Auswahlprozeß. Diese Wahrscheinlichkeit wird noch erhöht, wenn Individuen nicht nur verschiedene Regulierungsmaßnahmen gespeichert haben, sondern diese auch jeweils mit vielfältigen Emotionen verknüpft sind.

Ein anderer Aspekt bezieht sich auf den *emotionalen Symbolgehalts* des Essens. Vier Symboldimensionen waren genannt worden, die die Funktionen des Eßverhaltens in den Person-Umwelt-Beziehungen betreffen: Sicherheit, Lust, Geltung und Zugehörigkeit (s. Abschnitt 2.1.1.). Es wird angenommen, daß diese Symboldimensionen, sofern sie vom Individuum gelernt wurden und damit prinzipiell kognitiv verfügbar sind, als Subschemata eine potentielle Verbindung zwischen Emotions- und Regulierungsschema darstellen und dadurch beeinflussen können, welche Inferenzprozesse ablaufen. Das Streben nach Sicherheit und emotionalem Gleichgewicht dient der Ich-Verteidigung und wird daher vor allem mit automatischen Anpassungsmechanismen verbunden sein. Ich-Erweiterung zum Zwecke der

Tabelle 8:
Hypothesen über das Auftreten von automatischen Anpassungsmechanismen und strategischen Stabilisierungsprozessen beim Eßverhalten zur Selbstregulierung von Emotionen

	automatische Anpassungsmechanismen	strategische Stabilisierungsprozesse
Emotionsqualität		
positiv-angenehm		X
negativ-unangenehm	X	X
Emotionsklasse		
Stimmungen	X	
Gefühle		X
Emotionsklasse x Emotionsqualität		
Stimmungen, positiv-angenehm	(X)	(X)
Stimmungen, negativ-unangenehm	X	
Gefühle, positiv-angenehm		X
Gefühle, negativ-unangenehm		X
Emotionsintensität		
niedrig	X	
mittel	X	X
hoch	-	-
kognitive Verfügbarkeit		
niedrig		X
hoch	X	
Vorhandensein von Schemata		
Schematikerinnen	X	
Aschematikerinnen		X
essensbezogene Hinweisreize		
vorhanden	X	
nicht vorhanden		X
emotionaler Symbolgehalt		
Ich-Verteidigung	X	
Ich-Erweiterung		X
Ich-Verstärkung	X	X
Ich/Umwelt-Integration	X	X
physiologischer Zustand		
Hunger	X	
Sättigung		X

Luststeigerung erfordert strategische Prozesse der Auswahl zwischen verschiedenen Möglichkeiten und damit auch ein gewisses Maß an Kreativität. Sowohl Ich-Verstärkung (Geltung) als auch Ich/Umwelt-Integration (Zugehörigkeit) können beide Bewältigungsmöglichkeiten veranlassen: automatische Anpassungsmechanismen im Falle internalisierter und nicht länger reflektierter Verhaltensreaktionen bzw. strategische Stabilisierungsprozesse bei flexibler Anpassung an Situationserfordernisse.

Ein weiterer Einflußfaktor ist der *physiologische Zustand* des Individuums zum fraglichen Zeitpunkt. Ein Individuum, das sich in der Hungerzone befindet oder in deren Nähe, wird eher zu automatischen Anpassungsmechanismen neigen als eines, das gesättigt oder zumindest nahe an der Sättigungszone ist. Im letztem Fall kann man sich vorstellen, daß möglicherweise zunächst eine Handlungsbereitschaft zur Nahrungsaufnahme besteht, aufgrund fehlenden Hungergefühls jedoch nach einer anderen Regulierungsmöglichkeit gesucht wird. Andererseits ist auch denkbar, daß eine so enge Verbindung zwischen bestimmten Emotionsschemata und essensbezogenem Regulierungsschema besteht, daß Hunger- bzw. Sättigungssignale des Organismus gar nicht wahrgenommen werden.

Alle diese Vorschläge sind sehr bedingte Hypothesen folgender Art: "Wenn X und/oder Y und/oder Z, dann begünstigt diese Bedingungskonstellation emotionsbedingtes Eßverhalten durch automatische Anpassungsmechanismen bzw. durch strategische Stabilisierungsprozesse".
Bedingte Hypothesen deshalb, weil sich die einzelnen Parameter der Emotionsregulierung durch Eßverhalten zwischen den Individuen unterscheiden und damit zu verschiedenartigem Verhalten von Personen in unterschiedlichen Situationen führen, dahinter aber ein allgemeines "erzeugendes System menschlichen Handelns" (Dörner & Pfeifer, 1990) steht. Dessen Hauptmerkmale finden sich im Stufenmodell der Emotionsregulierung über eine schematische Gedächtnisorganisation, das hier als Konzept der kognitiven Repräsentanz von Emotionen dargestellt wurde.

3.3. Zusammenfassung des 3. Kapitels

In diesem Kapitel wurde versucht, ein Theorienschema zur Erklärung emotionsbedingten Eßverhaltens abzustecken. Dieses Theorienschema sollte speziell die Informationsverarbeitungsprozesse bei Entstehung und Regulierung von Emotionen erfassen.

Zunächst wurden die Schwierigkeiten bei der Eingrenzung des Begriffs *Emotion* aufgezeigt, und es wurde eine allgemeine, breite Definition gewählt. Emotionen werden weiterhin allgemein in *Gefühle, Stimmungen* und *Affekte* unterteilt, wobei hier Affekte ausgeklammert wurden, da sie nicht direkt emotionsbedingtes Eßverhalten verursachen, während Gefühle direkt und Stimmungen direkt und indirekt emotionsbedingtes Eßverhalten auslösen können. Es wurde dann ein Überblick über verschiedene Emotionstheorien gegeben, und diejenigen wurden näher beschrieben, die sich speziell mit der Interaktion von Emotionen und Kognitionen befassen. Dies waren die Wahrnehmungstheorie von Arnold, die kognitiv-physiologische Emotionstheorie von Schachter und Singer, die kognitive Stress- und Bewältigungstheorie von Lazarus und Mitarbeiterinnen und schließlich Leventhals perzeptiv-motorische Emotionstheorie.

Zentraler Gesichtspunkt aller dieser Theorien ist, daß Emotionen im Verlauf der erfahrungsgeleiteten Bewertung einer Person-Umwelt- oder Person-Selbst-Transaktion entstehen, und daß Emotionsentstehung und Emotionsbewältigung durch die Gedächtnisrepräsentanz früheren emotionalen Erlebens und darauf folgenden Regulierungsverhaltens bestimmt werden. Entsprechend diesem *Prinzip des dynamischen Interaktionismus* von Emotion und Kognition wurde ein Stufenmodell der Selbstregulierung von Emotionen vorgestellt, das die Stufen *Wahrnehmung eines Stimulus, Stimulusbestimmung, Einschätzung, Auftreten von Emotionen, Handlungsbereitschaft* und *Bewältigung* umfaßt.

Verschiedene Klassifikationen von Bewältigung bzw. Regulierung von Emotionen wurden anschließend vorgestellt, wobei vor allem auf die Stress- und Bewältigungstheorie von Lazarus et al. zurückgegriffen wurde. Dabei wurde erneut die einseitige Beschäftigung mit negativen Emotionen deutlich, ein Mangel, der um so schwerer wiegt, als gezeigt werden konnte, daß positive Emotionen mehr als negative zu Alltagserlebnissen in Beziehung stehen und Einfluß auf das psychische Wohlbefinden des Individuums haben.

Die vorgestellten Emotionstheorien geben nur sehr allgemein Auskunft darüber, *wie* eine Bewältigungsstrategie zur Emotionsregulierung ausgewählt wird, so daß auch kaum Aussagen darüber möglich sind, wann Essen zur Emotionsregulierung eingesetzt wird. Um diesem Mangel abzuhelfen wurde die *Schematheorie* aus der Gedächtnispsychologie herangezogen. Schemata, ein ursprünglich auf Selz und Bartlett zurückgehendes Konzept, sind Gedächtnisstrukturen, die das Erkennen von Umweltstimuli leiten, Erwartungen an die Umwelt formulieren, Hypothesen über fehlende Informationen generieren und Handlungsmöglichkeiten aufzeigen. Ausgehend von dem vorgestellten Stufenmodell der Selbstregulierung von Emotionen werden *Bewertungsschemata, Emotionsschemata* und *Regulierungsschemata* vorgestellt und unterschieden. Bewertungsschemata dienen der Erkennung der Person-Umwelt- oder Person-Selbst-Transaktion und ihrer Bewertung als positiv, negativ oder neutral. Bei einer Bewertung als positiv oder negativ rufen sie ein Emotionsschema auf, das den entsprechenden emotionalen Zustand generiert. Dieses Emotionsschema wiederum aktiviert eines oder mehrere Regulierungsschemata, die die verschiedenen Anweisungen über die Emotionsveränderung, -aufrechterhaltung oder -verstärkung enthalten.

Die in bezug auf das emotionsbedingte Essen zentrale Frage, *welches* Regulierungsschema aktiviert wird, wurde dadurch angegangen, daß bei der Schemainstantiierung, einer allgemeinen Unterscheidung aus der kognitiven Psychologie folgend, *automatische* und *strategische* Prozesse unterschieden werden. Eine automatische Instantiierung eines Regulierungsschemas ist ein unbewußter Prozeß, während eine strategische Instantiierung ein bewußter Problemlösungsprozeß ist, der in der Regel die Auswahl unter mehreren konkurrierenden Regulierungsstrategien umfaßt. Im einen Fall wird Essen automatisch, ohne Reflexion zur Emotionsregulierung eingesetzt, während es im anderen Falle erst nach bewußtem Abwägen verschiedener Handlungsmöglichkeiten erfolgt.

Zur Frage, wann automatische Anpassungsmechanismen und wann strategische Stabilisierungsprozesse erfolgen, wurden abschließend einige Hypothesen formuliert. Diese setzen die Wahrscheinlichkeit einer der beiden Prozesse in Beziehung zu der Art der auslösenden Emotion, ihrer Qualität und Intensität, dem emotionalen Symbolgehalt von Essen, der kognitiven Verfügbarkeit von Regulierungsschemata, der Anwesenheit essensbezogener Hinweisreize in der Umgebung und dem physiologischen Zustand des Individuums.

4. Schluß

In dieser Arbeit ist ein interdisziplinärer Ansatz vorgestellt worden, der sich bemüht, anhand der Integration von Beschreibungs- und Erklärungsansätzen insbesondere aus der Psychophysiologie und der Ernährungs-, Emotions- und Kognitionspsychologie das Phänomen des *Eßverhaltens zur Selbstregulierung von Emotionen* zu untersuchen. Abschließend sollen hier Zielsetzungen und Ertrag der Diskussion, die in das Konzept der kognitiven Repräsentanz von Emotionen als schematheoretischem Erklärungsansatz mündete, in 10 Thesen zusammengefaßt werden.

These 1: Eßverhalten zur Selbstregulierung von Emotionen ist ein alltägliches Phänomen.

Die ernährungspsychologische Forschung ist bis jetzt davon ausgegangen, daß emotionsbedingtes Eßverhalten ein Phänomen ist, das hauptsächlich bei Übergewichtigen auftritt, und sie hat ihre Untersuchungen daher meist als Vergleich von übergewichtigen mit normalgewichtigen Versuchspersonen konzipiert. Die kritische Sichtung der Befunde hat jedoch gezeigt, daß dieser Ausgangspunkt nicht haltbar ist. Emotionsbedingtes Eßverhalten ist Bestandteil des ganz normalen Eßverhaltens und prägt die vielfältigen menschlichen Eßgewohnheiten, die das Sich-Zurechtfinden des Individuums in seiner Umwelt erleichtern sollen.

These 2: Eßverhalten zur Selbstregulierung von Emotionen erfolgt in der Zone biologischer Indifferenz.

Die Regulierung der Nahrungsaufnahme ist sowohl durch physiologische als auch durch psychologische Faktoren bestimmt. Das Zusammenwirken physiologischer und psychologischer Determinanten der Nahrungsaufnahme kann durch das Grenzmodell von Herman und Polivy (1984) illustriert werden. Danach haben Menschen zwischen den beiden physiologisch bestimmten Hunger- und Sättigungsgrenzen eine Zone biologischer Indifferenz, innerhalb derer die Nahrungsaufnahme durch psychologische Faktoren bestimmt wird. Emotionsbedingtes Eßverhalten wird vornehmlich innerhalb dieser Zone auftreten.

These 3: Eßverhalten zur Selbstregulierung von Emotionen ist Ausdruck eines Bedürfnisses nach Wiedererlangung oder Aufrechterhaltung der psychologisch-mentalen Homöostase.

So wie das Eßverhalten außerhalb der Zone biologischer Indifferenz der Aufrechterhaltung der physiologischen Homöostase dient, kann emotionsbedingtes Eßverhalten innerhalb dieser Zone entsprechend als an der psychologisch-mentalen Homöostase orientiert interpretiert werden. Dies kann anhand der Theorie der lebenden Systeme erläutert werden: wenn einzelne Variablen eines lebenden Systems ihren Stabilitätsbereich verlassen, wird Streß induziert, der eine Suche nach Bewältigungsstrategien auslöst. Essen kann eine solche Bewältigungsstrategie sein.

These 4: Eßverhalten zur Selbstregulierung von Emotionen greift zurück auf den über Lernprozesse erfahrenen Symbolgehalt des Essens.

Daß Essen Veränderungen der psychologisch-mentalen Homöostase bewirken kann, beruht in hohem Maße auf dem emotionalen Symbolgehalt des Essens. Die Vielgestaltigkeit dieses Symbolgehalts kann auf vier grundlegende Dimensionen reduziert werden: Essen kann Sicherheit, Lust, Geltung und Zugehörigkeit vermitteln. Vor allem die beiden ersten Dimensionen haben Bedeutung für das Eßverhalten zur Selbstregulierung von

Emotionen. Sicherheit betrifft Essen aus Frust als Streben nach Veränderung der als unangenehm empfundenen Emotionen. Lust betrifft Essen aus Freude als Streben nach Aufrechterhaltung oder Verstärkung von Emotionen, die als angenehm empfunden werden.

These 5: Eßverhalten zur Selbstregulierung von Emotionen hat auch physiologische Aspekte.

Es ist nicht nur der emotionale Symbolgehalt, der den Einsatz von Essen zur Emotionsregulierung hervorruft. Es gibt Untersuchungen, die zumindest plausibel erscheinen lassen, daß bestimmte Nährstoffe auf physiologischem Wege Stimmungen und Gefühle beeinflussen können und daß manche Individuen daher Essen gezielt als Form von Selbstmedikation einsetzen.

These 6: Eßverhalten zur Selbstregulierung von Emotionen steht in Wechselbeziehung zu extern stimuliertem und zu restriktivem Essen.

Externalität und Restriktion sind zwei Konstrukte, die die ernährungspsychologische Forschung zur Kennzeichnung des Eßverhaltens Übergewichtiger entwickelt hat. Externalität betrifft eine erhöhte Reagibilität auf nahrungsbezogene Außenreize, die vor allem für Übergewichtige typisch sei. Restriktion bezieht sich, nicht nur bei Übergewichtigen, auf eine permanente Unterdrückung von Hungersignalen, die u.a. durch Emotionen disinhibiert werden könne und zur Ausbildung erhöhter Externalität führe. Eine Sichtung der Befunde und ein Vergleich mit den Ergebnissen der Forschung zu impulsiven Kaufentscheidungen in der Konsumforschung führt jedoch zu der Überlegung, daß externe Reize und emotionale Disposition zusammen erst verhaltensauslösend sind und eine genauere Analyse der emotionsbezogenen Informationsverarbeitung daher erforderlich ist.

These 7: Eßverhalten zur Selbstregulierung von Emotionen kann nur dann erklärt werden, wenn Emotionen als Bestandteil von Informationsverarbeitungsprozessen aufgefaßt werden.

Die genauere Analyse der emotionsbezogenen Informationsverarbeitung erfordert eine Aufgabe der Zweiteilung der menschlichen Psyche in einen kognitiven und einen emotionalen Bereich. Die theoretischen Bezugsrahmen mußten erweitert werden, um sie auf die Fragestellung anwenden zu können. Kognitiv orientierte Emotionstheorien, die den emotionalen Prozeß als ichbezogene Bewertung von Umweltsituationen mit einer nachfolgenden Suche nach Bewältigungsmustern interpretieren, sind als Ausgangspunkt für eine Analyse des emotionsbedingten Eßverhaltens besonders geeignet. Dabei wird zur zentralen Frage, wie frühere Bewertungen, früheres emotionales Erleben und frühere Bewältigungsversuche mental gespeichert werden und wie sie künftiges emotionales Erleben und dessen Regulierung beeinflussen.

These 8: Eßverhalten zur Selbstregulierung von Emotionen erfolgt sowohl bei positiv-angenehmen als auch bei negativ-unangenehmen Emotionen.

Die Emotionsforschung und speziell die Forschung zu Bewältigungsstrategien hat sich fast ausschließlich mit negativen Emotionen beschäftigt, obwohl es genügend Indizien dafür gibt, daß positive Emotionen für die allgemeine psychische Befindlichkeit im Alltag wichtiger sind. Die Untersuchung von emotionsbedingtem Eßverhalten darf daher keinesfalls auf die Analyse negativer Emotionen beschränkt bleiben.

These 9: Eßverhalten zur Selbstregulierung von Emotionen ist ein Problemlösungsprozeß, der über die Aktivierung von Gedächtnisschemata verläuft.

Zur genaueren Klärung der Frage, wie frühere Bewertungen, früheres emotionales Erleben und frühere Bewältigungsversuche mental gespeichert werden und wie sie speziell die Auswahl einer Bewältigungsstrategie, also etwa Essen, beeinflussen, kann mit Vorteil das Konstrukt eines Gedächtnisschemas herangezogen werden. Im Stufenmodell der Selbstregulierung von Emotionen können Bewertungs-, Emotions- und Regulierungsschemata unterschieden werden. Bewertungsschemata dienen der Bewertung einer

Situation als positiv, negativ oder neutral und rufen entsprechend ein Emotionsschema auf, das den passenden emotionalen Zustand generiert. Das Emotionsschema ruft dann eines oder mehrere Regulierungsschemata auf, die Anweisungen über die Emotionsveränderung, -aufrechterhaltung oder -verstärkung enthalten. Essen kann als Handlungsalternative in einem von mehreren solcher Regulierungsschemata enthalten sein.

These 10: Eßverhalten zur Selbstregulierung von Emotionen kann bewußt oder unbewußt erfolgen.

Die Instantiierung eines Regulierungsschemas kann durch einen automatischen (unbewußten) oder einen strategischen (bewußten) Prozeß erfolgen. Eine strategische Instantiierung umfaßt in der Regel die Auswahl unter mehreren konkurrierenden Regulierungsstrategien, also ein bewußtes Abwägen verschiedener Handlungsmöglichkeiten. Ob Essen als Emotionsregulierung automatisch oder strategisch erfolgt, hängt u.a. von der Art der auslösenden Emotion, ihrer Qualität und Intensität, dem emotionalen Symbolgehalt des Essens, der kognitiven Verfügbarkeit von Regulierungsschemata, der Anwesenheit essensbezogener Hinweisreize in der Umgebung und dem physiologischen Zustand des Individuums ab.

Der hier vorgestellte schematheoretische Ansatz zur Erklärung emotionsbedingten Eßverhaltens weist einige offene "Slots" auf, deren "Instantiierung" nur angedeutet werden konnte. Dieses Manko findet seine Entsprechung in einigen bisher nicht gelösten Problemen gängiger Schematheorien (vgl. Bower, Black, & Turner, 1979; Schwarz, 1985; Thorndyke & Yekovich, 1980), zu denen vor allem die Aspekte Schemaentstehung, Schemaerhaltung und Schemamodifikation gehören. Einige Überlegungen dazu, die sich aus dem Konzept der kognitiven Repräsentanz von Emotionen ableiten lassen, sollen hier kurz umrissen werden und geben gleichzeitig Hinweise auf zukünftige Forschungsaufgaben zu diesem Thema - wenn man akzeptiert, daß emotionsbedingtes Eßverhalten ein interessantes Phänomen und das hier vorgestellte Konzept ein vielversprechender Erklärungsansatz sind.

Eine zentrale Frage ist die nach der *Schemaentstehung*. Der vorliegende Erklärungsansatz ging implizit von existierenden Schemata bei erwachsenen Menschen aus, und es wurde angedeutet, daß es Individuen mit ausgeprägten Schemata für bestimmte Datenkonstellationen und andere mit geringen Vorgaben für solche Situationserfahrungen gibt. Die meisten Schematheorien nehmen an, daß Schemata durch Induktion aufgrund früherer Erfahrungen mit verschiedenen Versionen des generischen Konzeptes gebildet werden, doch es gibt kaum detailliertere theoretische Überlegungen oder empirische Untersuchungen zu den Details dieses Vorganges (Neisser, 1976; Posner & Keele, 1970; Thorndyke & Yekovich, 1980). Es ist aber wohl plausibel anzunehmen, daß es sich hierbei um einen Sozialisationsprozeß handelt, in dessen Verlauf durch Imitation, Identifikation und Internalisierung Gedächtnisstrukturen ausgebildet werden, die die im Kontext des emotionsbedingten Eßverhaltens erforderlichen Schemata bereitstellen für die Bewertung einer Person-Umwelt/Selbst-Transaktion, für die daraus resultierende Verbindung zu einem Emotionsschema und für die nachfolgenden Regulierungsbemühungen. Eine Spezifizierung der einzelnen Variablen dieser Schemata überschneidet sich mit dem Aufgabenbereich der Entwicklungspsychologie (z.B. Piaget & Inhelder, 1980). Hier können nur einige allgemeine Anregungen gegeben werden. So kann die Entstehung von essensbezogenen Regulierungsschemata auf solchen Lernerfahrungen beruhen, bei denen Nahrungsaufnahme als häufige und übliche Tröstungs- oder Belohnungsstrategie eingesetzt wurde (vgl. Babcock, 1948; Bruch, 1969). Denkbar ist auch, daß Affektkontrolle als so wichtig gelernt wurde, daß bestimmte Emotionen nicht mehr unmittelbar gezeigt werden dürfen und deshalb in andere Handlungsweisen umgeleitet werden, die keine oder weniger soziale Sanktionen zur Folge haben, so daß ein solchermaßen reduziertes Emotionsschema automatisch die Bewältigungsstrategie Essen aufruft, die damit möglicherweise sogar einen Teil der physiologischen Reaktionen ersetzt. Dieser Effekt kommt auch bei Rollenerwartungen zum Tragen und scheint insbesondere bei Frauen eine Rolle zu spielen (vgl. Habermas, 1990; Rodin, Silberstein, & Striegel-Moore, 1985). Sozialisationsprozesse können möglicherweise auch dazu führen, daß bestimmte emotionale Symbolgehalte des Essens und individuelle Nahrungspräferenzen mit der Emotionsregulierung durch Eßverhalten assoziiert werden.

Eine weitere Frage ist die nach der *Schemamodifikation*, die eng verknüpft ist mit dem Aspekt der *Schemaerhaltung*. Beide beziehen sich vor allem auf die kognitive Verfügbarkeit von Regulierungsschemata, sowohl was deren Inhalt als auch was deren Anzahl anbelangt. Existierende Schemata werden erhalten durch ihre regelmäßige Instantiierung. Diese fördert automatische Anpassungsmechanismen: je häufiger ein bestimmtes Regulierungsschema oder eine bestimmte Kombination von Emotions- und Regulierungsschema aktiviert werden, desto öfter wird eine entsprechende Verhaltensreaktion automatisch, ohne Reflexion erfolgen. Entsprechend werden, sofern vorhanden, alternative Regulierungsschemata verblassen, d.h. in ihrer kognitiven Verfügbarkeit schwächer werden, bis sie einer Instantiierung kaum noch zugänglich sind. Damit werden strategische Stabilisierungsprozesse fast unmöglich. In bezug auf das emotionsbedingte Eßverhalten kann deshalb angenommen werden, daß eine Schemaerhaltung die Habitualisierung von essensbezogenen Regulierungsstrategien zur Folge hat, die unter bestimmten Bedingungen zu problematischen, weil die psychische und physische Gesundheit gefährdenden Eßgewohnheiten führt. Es ist auch interessant zu prüfen, ob diese Annahme übertragen werden kann auf andere Formen des Konsumverhaltens, die emotionale Erfahrungen einschließen und zu denen extremes Verhalten wie das der Kaufsucht zählen könnte (vgl. Scherhorn, Reisch, & Raab, 1990).

Schemamodifikation hingegen bezieht sich auf die Veränderung existierender Regulierungsschemata und ihrer Verbindungen zu Emotionsschemata sowie auf das Hinzufügen neuer Schemata und Subschemata. Zum einen kann diese Modifikation durch eine sukzessive Verfeinerung bei prinzipiell schemakongruenten Erfahrungen erfolgen, so etwa, wenn man feststellt, daß die stimmungsverbessernde Wirkung einer Mahlzeit dadurch beeinträchtigt wird, daß sie an einem lauten und hektischen Ort eingenommen wird. Zum anderen kann Schemamodifikation durch den Umgang mit schemainkongruenten Informationen erfolgen, wenn etwa die intendierte Aufrechterhaltung eines positiven emotionalen Zustandes durch eine festliche Mahlzeit statt dessen zum Streit mit dem Ehepartner, zu Frust oder Ärger ausartet (vgl. Crocker, Fiske, & Taylor, 1984; Miall, 1989). Schemamodifikation kann vermutlich einmal intraschematisch ablaufen und bezieht sich dann auf verschiedene Merkmale von Schemata, insbesondere auf ihre Standardwerte, Variablenbegrenzungen und die Beziehungen zwischen den Variablen, ist aber auch durch Fehler bei der Schemainstantiierung möglich. Interschematische Modifikation betrifft die vertikale und horizontale Struktur von übergeordneten Schemata und untergeordneten Subschemata. Auch zu diesen Vorschlägen finden sich in der Literatur keine ausführlichen Beschreibungs- und Erklärungsversuche. Im Kontext des Eßverhaltens zur Selbstregulierung von Emotionen kann derzeit nur angenommen werden, daß eine Schemamodifikation dem oben erwähnten Habitualisierungsprozeß entgegenwirken könnte, indem beispielsweise weitere, nicht essensbezogene Strategien der Regulierung von Emotionen gelernt werden. Ein solcher Lerneffekt kann zufällig durch neue Erfahrungen erfolgen oder gezielt durch Therapiemaßnahmen herbeigeführt werden. Dadurch würde auch erreicht werden, daß vermehrt strategische Stabilisierungsprozesse bei der Emotionsregulierung eingesetzt werden. Eine Begründung solcher Maßnahmen durch den hier vorgeschlagenen Erklärungsansatz ist aber erst dann möglich, wenn er einer - noch ausstehenden - empirischen Prüfung standhält.

Ein weiterer Einflußfaktor auf den Prozeß der Emotionsregulierung durch Essen, wie ihn das Konzept der kognitiven Repräsentanz von Emotionen beschreibt, ist in verschiedenen *Persönlichkeitsmerkmalen* zu sehen. Einige von ihnen sollen kurz erwähnt werden und könnten Anhaltspunkte für weitere Forschungsanstrengungen geben. Das Persönlichkeitsmerkmal *Selbst-Aufmerksamkeit* kann beispielsweise dafür verantwortlich sein, welches Regulierungsschema instantiiert wird: die generelle Tendenz zu großer Aufmerksamkeit gegenüber den eigenen inneren Zuständen könnte eine strategische Suche nach Verhaltensalternativen mit dem Ziel der Emotionsregulierung fördern, andererseits aber auch das Bedürfnis nach Ablenkung durch automatisch ausgelöste Verhaltensweisen erhöhen (vgl. Hull, 1981; Grunert, 1989b; Mayer & Salovey, 1988). Auch das Persönlichkeitsprofil der *Kausalitätsorientierungen* (vgl. Deci & Ryan, 1985; Scherhorn & Grunert, 1988) könnte einen Beitrag zur Erklärung der essensbezogenen Emotionsregulierung leisten: Autonomieorientierung, die als Ausdruck selbstbestimmten Handelns betrachtet wird, müßte strategische Stabilisierungsprozesse, impersonale

Orientierung, die eng mit Hilflosigkeitsgefühlen und demotivierenden Bedingungen einhergeht, dagegen automatische Anpassungsmechanismen begünstigen. Kontrollorientierung, die durch das Bestreben, sich selbst und die Umwelt "im Griff zu haben", gekennzeichnet ist, zielt u.a. auf Affektkontrolle ab und kann somit unter bestimmten Bedingungen eine Tendenz zu emotionsbedingtem Essen bewirken. Ein anderer Aspekt sind die Persönlichkeitszustände *Emotionalität* und *Temperament*, die die individuelle Intensität des emotionalen Erlebens umfassen (vgl. Flett et al, 1986; Harris & Moore, 1990; Mehrabian, 1987). Sie könnten die Schemaaktivierung dahingehend beeinflussen, daß Individuen mit generell höherem emotionalem Erregungsniveau nicht nur einen größeren Regulierungsbedarf haben, sondern auch weniger Optionen auf strategisch kontrollierte Stabilisierungsprozesse. Auch die *Ursachenzuschreibung* kann eine Rolle dabei spielen, ob man sich als Regulierungsmaßnahme etwas Schönes, z.B. zum Essen, gönnt (vgl. Weiner, 1986): im Falle einer unangenehmen Emotion wird die Wahrscheinlichkeit eines solchen Eigengeschenkes davon abhängen, ob man den negativen Zustand internen oder externen Ursachen zuschreibt. Bei interner Attribuierung - "ich bin es selbst schuld" - wird eine solche tröstende Regulierung viel weniger wahrscheinlich sein als bei externer Attribuierung - "die Welt ist eben schlecht". Bei angenehmen Emotionen hingegen wird eine interne Attribuierung das Gefühl, etwas verdient zu haben, viel eher hervorrufen als eine externe Attribuierung.

All dies sind Vermutungen, die in Ermangelung empirischer Evidenz auf einem allgemeinen, abstrakten und andeutenden Niveau erfolgen müssen, anstatt spezifisch und präzise zu sein. Die mangelnde empirische Evidenz hängt nicht nur mit dem Neuigkeitswert des hier vorgestellten Erklärungsansatzes zusammen, sondern auch mit der Schwierigkeit, das Konstrukt der Gedächtnisschemata empirischer Prüfung zu unterziehen. Während deutlich geworden sein müßte, daß dieses Konstrukt *plausibel* ist - also intuitiv einleuchtend unter Berücksichtigung der verfügbaren Erkenntnisse das zu untersuchende Verhalten schildert - und einen hohen *Beschreibungswert* besitzt, ist seine *Vorhersagekraft* bislang ebenso begrenzt wie seine *Überprüfbarkeit*. Dies liegt einmal daran, daß Plausibilität und Beschreibungswert groß genug und gleichzeitig Struktur- und Prozeßannahmen vage genug formuliert sind, um das Finden inkonsistenter Daten schwierig zu gestalten. Zum anderen haben sich einfach nur sehr wenige Forschungsbemühungen mit einer empirischen Überprüfung befaßt. Als Ausnahmen können die detaillierten Untersuchungen von Bower und Mitarbeitern (1979) zu verschiedenen Aspekten der Benutzung von Skripten, einem schemaähnlichen Konstrukt, genannte werden. S.L. Bem (z.B. 1985) hat sich eingehend mit Geschlechterrollenschemata befaßt, und Markus und Mitarbeiterinnen (1987) haben die Unterschiede zwischen Schematikerinnen und Aschematikerinnen bei Körperbild und Körpergewicht empirisch überprüft. Es gibt auch Computersimulationen zu Skripten (Schank & Abelson, 1977) und zur Emotionsgenerierung (Frijda & Swagerman, 1987; Ortony, Clore, & Collins, 1988), die zumindest einfachere Prozeßabläufe der Informationsverarbeitung nachprüfen können. Die Erfahrungen und Ergebnisse dieser verschiedenen Ansätze lassen es möglich erscheinen, auch das Konzept der kognitiven Repräsentanz von Emotionen am Beispiel des emotionsregulierenden Eßverhaltens unter Einbeziehung der aufgestellten Hypothesen empirisch zu überprüfen.

Die Stimulusgebundenheit des Konsums

Nachwort
von
Gerhard Scherhorn

I.

Hunger und Sättigung haben in wirtschaftswissenschaftlichen Gedankengängen lange als Paradigma für den Zusammenhang zwischen Bedürfnissen und Konsumgütern gedient: Man erlebt das Gefühl eines Mangels, es zeigt an, daß der Körper Nahrung braucht, man führt sich die Nahrung zu und erlebt ein Gefühl der Befriedigung; dieses zeigt an, daß das innere Gleichgewicht erreicht und der Bedarf gedeckt ist. Bedürfnisse galten als Defizite im Triebhaushalt, die durch Güter vermittelte Bedürfnisbefriedigung wurde als Triebreduktion aufgefaßt, die den gestörten Ruhestand des Organismus wiederherstellt.

So schienen die menschlichen Bedürfnisse gleichsam auf objektiv gegebene, mit elementaren Funktionen des Menschen verbundene Antriebe gegründet zu sein. Die Wirtschaftswissenschaft hat sich mit ihnen denn auch nicht weiter beschäftigt, sondern darauf vertraut, daß die Konsumentenentscheidungen von einem (vielleicht zum Teil unbewußten und sicher nur ungefähren) Wissen der Konsumenten darüber gesteuert würden, was für ihr Wohlbefinden und ihre Wohlfahrt am besten sei.

In den letzten Jahrzehnten hat die Wohlstandsentwicklung das triebtheoretische Erklärungsmuster mehr und mehr obsolet werden lassen. Mit zunehmendem Wohlstand lösen sich die Bedürfnisse von der funktionalen Grundlage, mit der sie verbunden zu sein schienen. Nicht nur beim Essen, auch beim Autofahren, Einkaufen u.a.m. orientieren sich die Konsumenten weniger an den primären Zwecken der Güter und mehr an dem Verlangen nach Erleben, Stimulation, Bestätigung, an einer Hoffnung auf Befriedigung durch Symbolgehalte, durch Phantasien und Tagträume, durch einlullende oder belebende Emotionen. Immer weniger werden Güter um ihres Gebrauchswertes oder ihres Grundnutzens willen gekauft.

II.

Damit lösen sich auch die Maßstäbe auf, von denen man dachte, daß die Konsumenten sie in sich trügen. Das Gefühl der Konsumenten für das, was sie brauchen, was für sie gut ist, was ihnen nützt, ist offenbar weitgehend von äußeren Signalen abhängig und durch diese manipulierbar. Die Konsumgesellschaft scheint sich jenem Zustand der Maßstabs- und Orientierungslosigkeit zu nähern, für den Durkheim den Begriff Anomie eingeführt hat (Fischler, 1980; Ilmonen, 1987).

Die Auswirkungen werden immer deutlicher sichtbar. Bei den Konsumenten gehören suchthafte Tendenzen des Kaufens und Konsumierens schon zur Normalität, auf der Anbieterseite scheint es zusehends weniger Hemmungen vor der willkürlichen Beeinflussung menschlicher Einstellungen und Emotionen zu geben, beide beteiligen sich aktiv und passiv an den fortschreitenden Eingriffen in naturgegebene Zusammenhänge und Abläufe.

Unverkennbar steht die Anomietendenz in ursächlichem Zusammenhang mit der heute zwar angefochtenen, aber nicht überwundenen theoretischen Orientierung, die die Bedürfnisse der Menschen für gegeben hält und die Bestimmung der natürlichen Mitwelt darin sieht, der Befriedigung menschlicher Bedürfnisse zu dienen. Denn in dieser Orientierung ist kein Platz für die Frage, was gut für die Menschen und verträglich mit der übrigen Natur sei.

III.

Doch ist es nicht in erster Linie das Unbehagen an der Anomie, was die Suche nach einer anderen theoretischen Orientierung antreibt; neue Erklärungsversuche werden vor allem deshalb hervorgebracht, weil mit dem Fortschritt der empirischen Forschung die Unzulänglichkeit des alten Paradigmas immer offenkundiger wird. So wurde spätestens in Whites bahnbrechendem Aufsatz von 1959 sichtbar, daß die sozialwissenschaftliche Forschung dabei ist, das atomistische Triebmodell durch Erklärungen zu ersetzen, in denen das ganzheitliche Konstrukt des "Selbst" eine zentrale Rolle spielt.

Auch die ökonomische Diskussion kann von diesem Erklärungsmuster profitieren. Doch fällt es ihr nicht leicht, die vertrauten Denkfiguren zu zerbrechen. Vorerst wird auf Teilgebieten erst einmal erprobt, wie ein ganzheitlicher Ansatz beschaffen sein und was er leisten kann.

Eines dieser Teilgebiete ist die Theorie des Nahrungsverhaltens. Das Beispiel des Eßverhaltens hat, wie erwähnt, die überholte triebtheoretische Bedürfnisauffassung gestützt. Heute ist es wieder das Eßverhalten, an dem besonders augenfällig wird, daß das Vertrauen auf eine objektive Fundierung der Bedürfnisse trügerisch ist. Dieses Vertrauen ist offenbar nur solange gerechtfertigt, wie ökonomische Restriktionen die Bedürfnisse daran hindern, sich von ihren primären Funktionen allzuweit zu entfernen. Die Fehlentwicklungen des Ernährungsverhaltens aber, die sich mit der wohlstandsbedingten Lockerung dieser Restriktionen einstellen, weisen uns handgreiflicher als die parallelen Entwicklungen in anderen Bereichen darauf hin, daß die Freiheit zum "Handeln gemäß den eigenen Bedürfnissen" zu einem desorientierten Konsumverhalten führt, weil die ökonomischen Restriktionen - die Begrenztheit der verfügbaren Mittel und der angebotenen Güter - bei zunehmendem Wohlstand viel von ihrer verhaltensregulierenden Kraft verlieren.

IV.

Susanne Grunert stellt am Eßverhalten dar, auf welche Weise es von anderen als Sättigungsbedürfnissen beeinflußt wird. Sie legt eine solide und kritische Analyse des ernährungspsychologischen Forschungsstandes vor und überwölbt sie mit einem eigenen Konzept aus dem Bereich der Theorie des Selbst. Aber natürlich kann man die psychologische Problematik des Eßverhaltens nicht umfassend behandeln, ohne sich ihrer übergreifenden Bedeutung für die generelle Erklärung des Konsumverhaltens bewußt zu sein, zumal diese längst interdisziplinär betrieben wird, also im Zusammenfügen von ökonomischen mit psychologischen und soziologischen Ansätzen.

Die fachübergreifenden Fragen, die sie explizit behandelt, liegen vor allem in der Revision des Bedürfniskonzepts, in der Berücksichtigung von Symbolgehalten, in der Analyse der internen und externen Stimulierung von

Kaufentscheidungen und Konsumprozessen, und nicht zuletzt in der Anwendung der Schematheorie. Das Ergebnis ist eine ausgereifte Analyse, die zugleich eine neue Sicht der behandelten Probleme eröffnet.

V.

Die triebtheoretische Färbung, die den Bedürfnisbegriff so irreführend macht, ist dadurch zu überwinden, daß der Begriff in eine ganzheitliche Auffassung vom Menschen eingebunden wird. Die Autorin wählt dafür die Theorie der lebenden Systeme. Im Rahmen dieser Konzeption bezeichnet "Bedürfnis" einen Mangel an Ressourcen, die gebraucht werden, um die bewußten oder unbewußten, jedenfalls aber vom Selbst gesteuerten Ziele des lebenden Systems "Mensch" zu erreichen.

Auch das Essen zur Selbstregulierung von Emotionen ist als ein vom Selbst gelenktes Verhalten aufzufassen, sogar dann, wenn die zugrundeliegende Motivation aus dem Bewußtsein des Handelnden verdrängt ist. Das Essen kann von seiner primären Funktion gelöst und in den Dienst einer Bedürfnisverlagerung gestellt sein. Der Wunsch nach Essen wird dann "zur Erfüllung anderer, nicht-körperbezogener Bedürfnisse herangezogen". Die Bedürfnisverlagerung geschieht nicht selten automatisch und unbewußt. Sie ist oft als Anpassung an eine Streßsituation interpretierbar.

Unter dem Einfluß von Streßsituationen macht das Selbst offenbar keinen Unterschied zwischen den Funktionen der Bedürfnisse. Es behandelt sie als austauschbar, setzt also ein Bedürfnis auch zur Beschaffung von Ressourcen ein, die ihm primär nicht zugeordnet sind, und das sogar auf die Gefahr einer Schädigung des Organismus hin. Der Einsatz des Nahrungsbedürfnisses zur Herstellung angenehmer emotionaler Zustände wird durch den emotional getönten Symbolcharakter des Essens und der Nahrung ermöglicht. Dieser ist größtenteils kulturell bedingt. Das bedeutet, daß die Empfänglichkeit der Person für solche Anmutungen, die an sich intern verursacht sind, durch externe Darbietung der Symbole aktiviert und verstärkt werden kann.

Dies scheint nicht etwa nur für übergewichtige Personen, sondern auch für die "normalen" Konsumenten zu gelten. Unangenehme Emotionen verstärken die Reagibilität auf Symbole angenehmen Erlebens; ebenso führt der Wunsch nach Verlängerung oder Wiederholung angenehmer Emotionen zur aktiven Suche nach diesen Symbolen. Aus beiden Gründen ißt man zu anderen Zwecken als der Sättigung, und ganz ähnlich dient auch das "impulsive" Kaufen nicht in erster Linie der Erfüllung primärer Funktionen, sondern der Selbstregulierung von Emotionen.

VI.

Die Autorin plädiert dafür, dies als Bestandteil "ganz normalen" Konsumverhaltens zu betrachten: Die Nahrungsaufnahme ist nicht notwendigerweise abhängig von physiologisch bestimmten Hunger- bzw. Sättigungsgefühlen; sie kann ebenso auch, zusammen damit oder unabhängig davon, den Zweck haben, unangenehme Emotionen zu überspielen oder angenehme hervorzurufen. Die Sättigung kann also nicht als der funktionale Zweck des Essens betrachtet werden. Sättigung zu erreichen ist eine Funktion des Nahrungsbedürfnisses, die primäre Funktion sicherlich, aber eben nicht die einzige. Andere Funktionen können an ihre Seite oder sogar an ihre Stelle treten, namentlich die Funktionen der Streßbewältigung und der Selbstbelohnung.

Frau Grunert hat in ihrer Arbeit der Streßbewältigung schon deshalb mehr Raum gewidmet, weil dazu sehr viel mehr Forschungsergebnisse vorliegen. Die Selbstbelohnung durch Essen dagegen, vor allem wenn sie der Verlängerung einer bereits positiven emotionalen Befindlichkeit dient, ist bisher kaum empirisch untersucht worden. Die Autorin weist dieser Funktion eine gleichrangige Bedeutung für die Erklärung des Eßverhaltens zur Selbstregulierung von Emotionen zu.

Zur Erklärung dieses Verhaltens entwickelt sie ihren eigenen schematheoretischen Ansatz, den ich der kognitiven Psychologie des Selbst zurechne. Sie geht davon aus, daß Emotionen kognitiv repräsentiert sein müssen, um zusammen mit anderen Informationen verarbeitet und dadurch verhaltenswirksam werden zu können. Emotionen sind Bestandteile von Problemlösungsprozessen. Diese können bewußt oder unbewußt ablaufen, in jedem Fall setzt die Steuerung des Verhaltens die Existenz von "Schemata" voraus, in denen die der Person verfügbaren Möglichkeiten der Wahrnehmung, Bewertung und Bewältigung repräsentiert sind.

Mit Hilfe des Schemakonzepts können, wie die Autorin zeigt, nicht nur Wahrnehmungs- und Erinnerungsleistungen erklärt werden, sondern auch die Verarbeitung von Emotionen und die Umsetzung von Emotions- und Informationsverarbeitungprozessen in Handlungsbereitschaft. Eßverhalten zur Selbstregulierung von Emotionen kann als Ergebnis automatischer oder strategischer Stabilisierungsprozesse aufgefaßt werden, die im Prinzip nicht anders ablaufen als jene, die der auf Sättigung gerichteten Nahrungsaufnahme zugrundeliegen. Die Wahrscheinlichkeit, daß diese Prozesse automatisch und damit unkontrolliert ablaufen, ist größer, wenn es um die Bewältigung negativer Emotionen geht, wenn diese defensiven Charakter hat und wenn alternative Bewältigungsmöglichkeiten nicht oder nur eingeschränkt verfügbar sind.

VII.

Kontrovers wird an der skizzierten Konzeption wohl vor allem die These sein, daß das Eßverhalten zur Selbstregulierung von Emotionen ebenso durch ein Streben nach Aufrechterhaltung von positiven Emotionen verursacht sein kann wie durch den Wunsch nach einer Kompensation für negative Emotionen. Frau Grunert hat diese These einleuchtend begründet; daß es bisher an empirischen Belegen noch weitgehend fehlt, unterstreicht nur den innovativen Charakter ihres Vorgehens. Wenn die These bestätigt wird, kann das weitreichende Konsequenzen haben.

Man müßte dann fragen, ob auch das nichtkompensatorische Eßverhalten zur Selbstregulierung von Emotionen dazu tendieren kann, permanent über den Sättigungspunkt hinauszugehen und auf die Dauer den Organismus zu schädigen. Die Ursache dafür, daß die Person die körperliche Schädigung zuläßt, kann beim kompensatorischen Verhalten darin gesehen werden, daß eine Verzerrung des Bewußtseins (distortion of autonomy) vorausgegangen ist (Shapiro, 1981). Beim nichtkompensatorischen Verhalten kann sie darin liegen, daß der Prozeß der Bedürfnisbefriedigung verlängert wird, weil er an sich schon Belohnungscharakter hat (Scitovsky, 1977, S. 64). Das führt nicht in jedem Falle zur Selbstschädigung. Man kann daher vermuten, daß wie bei der Streßbewältigung auch bei der Selbstbelohnung ein weiterer Faktor in der Art der erwähnten Bewußtseinsverzerrung hinzukommen muß, um das Gefühl für die Grenze zu unterminieren, deren Überschreitung dem Organismus schadet. Die konsumtheoretisch zentrale Frage ist dann, welche Rolle die externen Stimuli bei der Generierung dieses Faktors spielen.

Aber auch wenn die These sich nicht oder nicht voll bestätigt, hätte die vorgelegte Konzeption beachtliche Konsequenzen. Die Tendenz zur Selbstschädigung durch Essen wäre dann zwar auf die Fälle kompensatorischer Streßbewältigung beschränkt. Diese aber sind, wie schon die Fülle der von der Autorin diskutierten Befunde zeigt, in Wohlstandsgesellschaften außerordentlich weit verbreitet und zeigen eine weiter steigende Tendenz. Überträgt man nur den sich darauf beziehenden Teil des Erklärungsansatzes auf das allgemeine Konsumverhalten, so muß man bei einem hohen und steigenden Prozentsatz aller Käufe und Konsumhandlungen vermuten, daß sie durch eine bestimmte Art der Streßbewältigung motiviert sind, durch den Versuch nämlich, negative Emotionen mit einer Zufuhr von Reizen zu kompensieren, die von Konsumgütern ausgehen, und das auf die Gefahr hin, dem eigenen Organismus bzw. der eigenen Umwelt Schaden zuzufügen.

So scheint es, daß das Konzept der Stimulusgebundenheit (Gruen, 1986) zusehends wichtiger für die Erklärung des Konsumentenverhaltens wird. Denn zumindest für das kompensatorische Konsumverhalten, der Hypothese der Autorin gemäß aber auch für das nichtkompensatorische Kosumverhalten muß die Folgerung gezogen werden, daß die Bedürfnisse von ihren primären Zwecken unabhängig sind und die Wohlstandsentwicklung die Konsumenten daher in den Zustand der Anomie führt, wenn ihnen keine andere Verhaltensorientierung vermittelt wird als das ökonomische Kalkül. Die fehlende Orientierung kann wohl nur aus einer Ethik des Konsums erwachsen (Scherhorn, 1993).

Literaturhinweise:

Fischler, Claude (1980). Food habits, social change, and the nature/culture dilemma. Social Science Information, 19, 937-953.

Gruen, Arno (1986). Der Verrat am Selbst. München: Deutscher Taschenbuch Verlag.

Ilmonen, Kaj (1987). From consumer problems to consumer anomie. Journal of Consumer Policy, 10, 25-38.

Shapiro, David (1981). Autonomy and rigid character. New York: Basic Books.

Scherhorn, Gerhard (1993). Konsumverhalten. In: G. Enderle et al. (Hrsg.), Lexikon der Wirtschaftsethik. Freiburg: Herder.

Scitovsky, Tibor (1977). Psychologie des Wohlstands. Frankfurt: Campus.

White, Robert W. (1959). Motivation reconsidered: The concept of competence. Psychological Review, 66, 297-333.

Abbey, Antonia, & Andrews, Frank M. (1986). Modeling the psychological determinants of life quality. In: F.M. Andrews (Hg.), Research on the quality of life, S. 85-116. Ann Arbor, MI: Institute for Social Research, University of Michigan.

Abele, Andrea (1991). Stimmungseinflüsse auf Denken und Leistung: Theorie, Empirie und Anwendungsperspektiven. In: D. Frey (Hg.), Bericht über den 37. Kongreß der deutschen Gesellschaft für Psychologie, Band 2, S. 118-123. Göttingen: Hogrefe.

Abelson, Roger P. (1981). Psychological status of the script concept. American Psychologist, 36(7), 715-729.

Abramson, Edward E., & Wunderlich, Richard A. (1972). Anxiety, fear and eating: A test of the psychosomatic concept of obesity. Journal of Abnormal Psychology, 79(3), 317-321.

Abramson, Lyn Y., Seligman, Martin E.P., & Teasdale, John D. (1978). Learned helplessness in humans: Critique and reformulation. Journal of Abnormal Psychology, 87(1), 49-74.

Adams, Nancy, Ferguson, James, Stunkard, Albert J., & Agras, Stewart (1978). The eating behavior of obese and nonobese women. Behavior Research and Therapy, 16(4), 225-232.

Alderfer, Clayton P. (1969). An empirical test of a new theory of human needs. Organizational Behavior and Human Performance, 4, 142-175.

Allport, Gordon W. (1961). Pattern and growth in personality. New York: Holt, Reinhart & Winston.

Anderson, John R. (1980). Cognitive psychology and its implications. San Francisco: Freeman.

Anderson, John R., & Bower, Gordon H. (1973). Human associative memory. Washington, D.C.: Winston.

Andrews, Frank M., & McKennell, Aubrey C. (1980). Measures of self-reported well-being: Their affective, cognitive, and other components. Social Indicators Research, 8, 127-155.

Antelmann, Seymour M., Szechtmann, Henry, Chin, Peter, & Fisher, Alan E. (1975). Tail-pinch induced eating, gnawing and licking behavior in rats: Dependence on the nigrostriatal dopamine system. Brain Research, 99, 319-337.

Arieti, Silvano (1970). Cognition and feeling. In: M.B. Arnold (Hg.), Feelings and emotions. The Loyola symposium, S. 135-148. New York: Academic Press.

Arnold, Magda B. (1960a). Emotion and personality, Vol. 1: Psychological aspects. New York: Columbia University Press.

Arnold, Magda B. (1960b). Emotion and personality, Vol. 2: Neurological and physiological aspects. New York: Columbia University Press.

Arnold, Magda B. (1970). Perennial problems in the field of emotion. In: M.B. Arnold (Hg.), Feelings and emotions, S. 169-186. New York: Academic Press.

Arnold, Magda B. (1971). Brain function in emotions: A phenomenological analysis. In: P. Black (Hg.), Physiological correlates of emotion. New York: Academic Press.

Ashley, D.V.M., Fleury, M.O., Golay, A., Maeder, E., & Leathwood, P.D. (1985). Evidence for diminished brain 5-hydroxytryptamine biosynthesis in obese diabetic and non-diabetic humans. The American Journal of Clinical Nutrition, 42, 1240-1245.

Assael, Henry (1987). Consumer behavior and marketing action, 3rd ed. Boston, MA: Kent.

Averill, James R. (1973). Personal control over aversive stimuli and its relationship to stress. Psychological Bulletin, 80(4), 286-303.

Babcock, Charlotte (1948). Food and its emotional significance. Journal of the American Dietetic Association, 24, 390-393.

Bäuml, Karl-Heinz (1986). Der Brennwert als Zustandsbegriff des Systems Nahrungsaufnahme - Körpergewicht. Zeitschrift für experimentelle und angewandte Psychologie, 33(4), 519-529.

Bandura, Albert (1988). Self-regulation of motivation and action through goal systems. In: V. Hamilton, G.H. Bower, & N.H. Frijda (Hg.), Cognitive perspectives on emotion and motivation, S. 37-61. Dordrecht: Kluwer Academic.

Barclay, Craig R. (1986). Schematization of autobiographical memory. In: D.C. Rubin (Hg.), Autobiographical memory, S. 82-99. Cambridge, MA: Cambridge University Press.

Bargh, John A. (1984). Automatic and conscious processing of social information. In: R.S. Wyer, & T.K. Srull (Hg.), Handbook of social Cognition, Vol. 1, S. 1-43. Hillsdale, NJ: Lawrence Erlbaum.

Bartlett, Frederick C. (1932). Remembering. Cambridge: Cambridge University Press.

Baucom, Donald H., & Aiken, Pamela A. (1981). Effect of depressed mood on eating among obese and nonobese dieting and nondieting persons. Journal of Personality and Social Psychology, 41(3), 577-585.

Beauchamp, Gary K. (1981). Ontogenesis of taste preferences. In: D.N. Walcher, & N. Kretchmer (Hg.), Food, nutrition and evolution, S. 49-57. New York: Masson.

Belk, Russell W., Mayer, Robert N., & Bahn, Kenneth (1982). The eye of the beholder: Individual differences in perception of consumption symbolism. In: A. Mitchell (Hg.), Advances in consumer research, Vol. 9, S. 523-530. Ann Arbor, MI: Association for Consumer Research.

Bellenger, Danny N., & Korgaonkar, Pradeep K. (1980). Profiling the recreational shopper. Journal of Retailing, 56(3), 77-92.

Bellenger, Danny N., Robertson, Dan H., & Hirschman, Elizabeth C. (1978). Impulse buying varies by product. Journal of Advertising Research, 18(December), 15-18.

Bem, Daryl L. (1967). Self-perception: An alternative interpretation of cognitive dissonance phenomena. Psychological Review, 74(3), 183-200.

Bem, Sandra L. (1985). Androgeny and gender schema theory: A conceptual and empirical integration. In: T.B. Sonderegger (Hg.), Psychology and gender, Nebraska symposium on motivation, Vol. 32, S. 179-226. Lincoln, NE: University of Nebraska Press.

Benesch, Hellmuth, von Saalfeld, Hermann, & von Saalfeld, Katharina (1987). dtv-Atlas zur Psychologie. München: dtv.

Bennett, John W. (1943). Food and social status in a rural society. American Sociological Review, 8, 561-569.

Benton, D., & Buts, J.-P. (1990). Vitamin/mineral supplementation and intelligence. Lancet, (335), 1158-1160.

Benton, D., & Roberts, G. (1988). Effect of vitamin and mineral supplementation on intelligence of a sample of schoolchildren. Lancet, (1), 140-143.

Berlyne, Daniel E. (1967). Arousal and reinforcement. In: D. Levine (Hg.), Nebraska symposium on motivation, Vol. 15, S. 1-110. Lincoln, NE: University of Nebraska Press.

Bernard, Claude (1856). Leçons de physiologie expérimentale appliquée à la médicine faites au Collège de France. Paris: Baillaere.

Bernhardt, K.S., Northway, M.L., & Tatham, C.M. (1948). The effect of added thiamine on intelligence and learning in identical twins. Canadian Journal of Psychology, 2, 58-61.

Birnbacher, Dieter (1979). Was wir wollen, was wir brauchen und was wir wollen dürfen. In: K.M. Meyer-Abich, & D. Birnbacher (Hg.), Was braucht der Mensch, um glücklich zu sein? Bedürfnisforschung und Konsumkritik, S. 30-57. München: Beck.

Björvell, Hjördis, Rössner, Stefan, & Stunkard, Albert (1986). Obesity, weight loss, and dietary restraint. International Journal of Eating Disorders, 5(4), 727-734.

Blanchard, D.C., & Blanchard, R.J. (1988). Ethoexperimental approaches to the biology of emotion. Annual Review of Psychology, 39, 43-68.

Blanchard, Fletcher A., & Frost, Randy O. (1983). Two factors of restraint: Concern for dieting and weight fluctuation. Behavior Research and Therapy, 21, 259-267.

Bless, Herbert, Hamilton, David L., & Mackie, Diane M. (1990). Mood effects on the organization of person information. Unveröffentlichtes Manuskript.

Bobrow, Daniel G., & Norman, Donald A. (1977). Some principles of memory schemata. In: D.G. Bobrow, & A. Collins (Hg.), Representation and understanding. Studies in cognitive science, S. 131-149. New York: Academic Press.

Bolles, R.C. (1980). Stress-induced overeating? A response to Robbins and Fray. Appetite, 1(2), 229-230.

Booth, D.A. (1977). Satiety and appetite are conditioned reactions. Psychosomatic Medicine, 39, 76-81.

Bottenberg, E.H. (1972). Emotionspsychologie. Ein Beitrag zur empirischen Dimensionierung emotionaler Vorgänge. München: Goldmann.

Boucher, J., & Osgood, C.E. (1969). The Pollyanna hypothesis. Journal of Verbal Learning and Verbal Behavior, 8, 1-8.

Bourdieu, Pierre (1984). Distinction: A critique of the judgment of tastes. London: Routledge & Kegan.

Bower, Gordon H. (1975). Cognitive psychology: An introduction. In: W.K. Estes (Hg.), Handbook of learning and cognitive processes, Vol. 1, S. 25-80. Hillsdale, NJ: Lawrence Erlbaum.

Bower, Gordon H. (1981). Mood and memory. American Psychologist, 36(2), 129-148.

Bower, Gordon H., & Cohen, Paul R. (1982). Emotional influences in memory and thinking: Data and theory. In: M.S. Clark & S.T. Fiske (Hg.), Affect and cognition, S. 291-331. Hillsdale, NJ: Lawrence Erlbaum.

Bower, Gordon H., & Gilligan, Stephen G. (1979). Remembering information related to one's self. Journal of Research in Personality, 13, 420-432.

Bower, Gordon H., Black, John B., & Turner, Terrence J. (1979). Scripts in memory for text. Cognitive Psychology, 11, 177 - 220.

Bradburn, Norman M. (1969). The structure of psychological well-being. Chicago, IL: Aldine.

Brandstätter, Hermann (1983). Emotional responses to other persons in every-day life situations. Journal of Personality and Social Psychology, 45, 871-883.

Bransford, J.D., & Johnson, M.K. (1973). Consideration of some problems of comprehension. In: W.G. Chase (Hg.), Visual information processing. New York: Academic Press.

Bray, George A. (1976). The obese patient. Philadelphia, PA: Saunders.

Brehm, Jack W., & Cohen, Arthur R. (1962). Explorations in cognitive dissonance. New York: Wiley.

Brewer, William F., & Nakamura, Glenn V. (1984). The nature and functions of schemas. In: R.S. Wyer, & T.K. Srull (Hg.), Handbook of social cognition, Vol. 1, S. 119-160. Hillsdale, NJ: Lawrence Erlbaum.

Bridges, Katherine M. Banham (1932). Emotional development in early infancy. Child Development, 3, 324-341.

Brobeck, John R. (1948). Food intake as a mechanism of temperature regulation in rats. Federation Proceedings, American Physiological Society, 7, 13.

Bruch, Hilde (1961). Psychological aspects in overeating and obesity. Psychosomatics, 5, 269-274.

Bruch, Hilde (1969). Hunger and instinct. The Journal of Nervous and Mental Disease, 149(2), 91-114.

Bruch, Hilde (1970). Instinct and interpersonal experience. Comprehensive Psychiatry, 11(6), 495-506.

Bryant, Jennings, & Zillman, Dolf (1984). Using television to alleviate boredom and stress: Selective exposure as a function of induced excitational states. Journal of Broadcasting, 28(1), 1-20.

Burns, David D. (1980). The perfectionist's script for self-defeat. Psychology today, (November), 34-52

Cabanac, Michel (1971). Physiological role of pleasure. Science, 173, 1103-1107

Campbell, Robert G., Hashim, Sami A., & Van Itallie, Theodore B. (1971). Studies of food-intake regulation in man: Responses to variations in nutritive density in lean and obese subjects. New England Journal of Medicine, 285(25), 1402-1407.

Cannon, Walter B. (1915). Bodily changes in pain, hunger, fear, and rage. 2nd ed. New York: Appleton.

Cannon, Walter B. (1927). The James-Lange theory of emotion: A critical examination and an alternative theory. American Journal of Psychology, 39, 106-124.

Cannon, Walter B. (1931). Again the James-Lange and the thalamic theories of emotion. Psychological Review, 38, 281-295.

Cannon, Walter B. (1932). The wisdom of the body. London: Kegan Paul, Trench, Trubner.

Cannon, Walter B., & Washburn, A.L. (1912). An explanation of hunger. American Journal of Physiology, 29, 441-454.

Carlisle, Harry J., & Stellar, Eliot (1969). Caloric regulation and food preference in normal, hyperphagic, and aphagic rats. Journal of Comparative and Physiological Psychology, 69(1), 107-114.

Carlson, A.J. (1916). The control of hunger in health and disease. Chicago, IL: University of Chicago Press.

Carr, H.A. (1929). Psychology, a study of mental activity. New York: McKay.

Carver, Charles S., & Scheier, Michael F. (1982). An information processing perspective on self-management. In: P. Karoly, & F.H. Kanfer (Hg.), Self-management and behavior change - From theory to practice, S. 93-128. New York: Pergamon Press.

Carver, Charles S., Scheier, Michael F., & Weintraub, Jagdish K. (1989). Assessing coping strategies: A theoretically based approach. Journal of Personality and Social Psychology, 56(2), 267-283.

Cecil, David (1929). The stricken deer - Or: The life of Cowper. London: Constable.

Cheung, Robert C., Barnes, Timothy R., & Barnes, Marsha J. (1980). Relationship between visually based food preference and amount eaten. Perceptual and Motor Skills, 50, 780-782.

Chollar, Susan (1988). Food for thought. Psychology today, (April), 30-34.

Christensen, Larry, Krietsch, Kelly, White, Beth, & Stagner, Brian (1985). Impact of a dietary change on emotional distress. Journal of Abnormal Psychology, 94(4), 565-579.

Cialdini, Robert B., Schaller, Mark, Houlihan, Donald, Arps, Kevin, Fultz, Jim, & Beaman, Arthur L. (1987). Empathy-based helping: Is it selflessly or selfishly motivated? Journal of Personality and Social Psychology, 52(4), 749-758.

Clark, Lee Anna, & Watson, David (1988). Mood and the mundane: Relations between daily life events and self-reported mood. Journal of Personality and Social Psychology, 54(2), 296-308.

Clark, Margaret S., & Isen, Alice M. (1982). Toward understanding the relationship between feeling states and social behavior. In: A.H. Hastorf, & A.M. Isen (Hg.), Cognitive social psychology, S. 73-108. New York: Elsevier.

Clotz, B., & Pudel, V. (1981). Das Konzept der Externalität. Definition, Befunde, Erklärungswert. In: W. Kappus, V. Pudel, M. Richter, I. Siegel, & A. Weddige (Hg.), Möglichkeiten und Grenzen der Veränderung des Ernährungsverhaltens, S. 133-139. Göttingen: AGEV.

Clover, Vernon T. (1950). Relative importance of impulse buying in retail stores. Journal of Marketing, 14(July), 66-70.

Clynes, Manfred (1977). Sentics: The touch of emotions. New York: Anchor/Doubleday.

Coll, Milton, Meyers, Andrew, & Stunkard, Albert J. (1979). Obesity and food choices in public places. Archives of General Psychiatry, 36(7), 795-797.

Cofer, Charles N., & Appley, Mortimer H. (1964). Motivation: Theory and research. New York: Wiley.

Conger, John J. (1951). The effects of alcohol on conflict behavior in the albino rat. Quarterly Journal of Studies on Alcohol, 12, 1-29.

Conrad, E.H. (1970). Psychogenic obesity: The effects of social rejection upon hunger, food craving, food consumption and the drive-reduction value of eating for obese vs. normal individuals. Psychosomatic Medicine, 32(5), 556.

Costa, Paul T., & McCrae, Robert R. (1980). Influence of extraversion and neuroticism on subjective well-being: Happy and unhappy people. Journal of Personality and Social Psychology, 38, 668-678.

Costello, C.G. (1972). Depression: Loss of reinforcers or loss of reinforcer effectiveness. Behavior Therapy, 3, 240-247.

von Cranach, M., & Ochsenbein, G. (1985). "Selbstüberwachungssysteme" und ihre Funktion in der menschlichen Informationsverarbeitung. Schweizerische Zeitschrift für Psychologie, 44(4), 221-235.

Crocker, Jennifer, Fiske, Susan T., & Taylor, Shelley E. (1984). Schematic bases of belief change. In: Eiser, J. Richard (Hg.), Attitudinal Judgment, S. 197-225. New York: Springer-Verlag.

Cunningham, Michael R. (1988a). Does happiness mean friendliness? Induced mood and heterosexual self-disclosure. Personality and Social Psychology Bulletin, 14(2), 283-297.

Cunningham, Michael R. (1988b). What do you do when you're happy or blue? Mood, expectancies, and behavioral interest. Motivation and Emotion, 12(4), 309-331.

Dabbs, J.M., & Janis, I.L. (1965). Why does eating while reading facilitate opinion change? - An experimental inquiry. Journal of Experimental Social Psychology, 1, 133-144.

Dalton, K. (1980). Depression after childbirth. Oxford: Oxford University Press.

Darwin, Charles R. (1872). The expression of the emotions in man and animals. London: John Murray.

Davis, Clara M. (1928). Self-selection of diet by newly weaned infants. American Journal of Diseases of Children, 36(4), 651-679.

Davis, Clara M. (1939). Results of the self-selection of diets by young children. The Canadian Medical Association Journal, 41, 257-261.

Davis, John D., Gallagher, Robert J., Ladove, Robert F., & Turausky, Andrew J. (1969). Inhibition of food intake by a humoral factor. Journal of Comparative and Physiological Psychology, 67(4), 407-414.

Deci, Edward L., & Ryan, Richard M. (1985). The general causality orientations scale: Self-determination in personality. Journal of Research in Personality, 19, 109-134.

Deutsch, J. Anthony (1987). Signals determining meal size. In: R.A. Boakes, D.A. Popplewell, & M.J. Burton (Hg.), Eating habits. Food, physiology and learned behaviour, S. 155-173. Chichester: Wiley.

Dichter, Ernest (1960). The strategy of desire. Garden City, NY: Doubleday.

Dichter, Ernest (1964). Handbuch der Kaufmotive. Düsseldorf: Econ.

Diehl, Joerg M. (1980). Ernährungspsychologie. 2. Aufl. Frankfurt/M.: Fachbuchhandlung.

Diehl, Joerg M. (1981). Die Methodik der Ernährungsverhaltensforschung als mögliche Ursache für widersprüchliche Befunde. In: W. Kappus, V. Pudel, M. Richter, I. Siegel, & A. Weddige (Hrsg.), Möglichkeiten und Grenzen der Veränderung des Ernährungsverhaltens, S. 113-139. Göttingen: AGEV.

Diehl, Joerg M. (im Druck). Ernährungspsychologie. In: Th. Kutsch (Hg.), Ernährungsforschung. Darmstadt: Wissenschaftliche Buchgesellschaft.

Diener, Ed, Larsen, Randy J., Levine, S., & Emmons, R.A. (1985). Intensity and frequency: Dimensions underlying positive and negative affect. Journal of Personality and Soocial Psychology, 48, 1253-1265.

Dörner, Dietrich, & Pfeifer, Erdmut (1990). Strategisches Denken und Streß. In: D. Frey (Hg.), Bericht über den 37. Kongreß der Deutschen Gesellschaft für Psychologie in Kiel. Band 1: Kurzfassungen, S. 296-297. Göttingen: Hogrefe.

Dörner, Dietrich, Schaub, Helmut, Stäudel, Thea, & Strohschneider, Stefan (1988). Ein System zur Handlungsregulation oder - Die Interaktion von Emotion, Kognition und Motivation. Sprache und Kognition, 7, 217-239.

Drewnowski, Adam, Riskey, Dwight, & Desor, J.A. (1982). Feeling fat yet unconcerned: Self-reported overweight and the Restraint Scale. Appetite, 3, 273-279.

Duffy, Elizabeth (1941). An explanation of "emotional" phenomena without the use of the concept "emotion". Journal of Genetical Psychology, 25, 283-293.

Duffy, Elizabeth (1957). The psychological significance of the concept of "arousal" or "activation". Psychological Review, 64, 265-275.

Dunn, Patricia K., & Ondercin, Patricia (1981). Personality variables related to compulsive eating in college women. Journal of Clinical Psychology, 37(1), 43-49.

Dykens, Elisabeth M., & Gerrard, Meg (1986). Psychological profiles of purging bulimics, repeat dieters, and controls. Journal of Consulting and Clinical Psychology, 54(3), 283-288.

Eco, Umberto (1982). Der Name der Rose. München: dtv.

Ehrhardt, Klaus Jürgen (1981). Entwicklung von Motivationen und Emotionen, insbesondere von Hunger, Sexualität und Wut. In: H. Remschmidt, & M. Schmidt (Hg.), Neuropsychologie des Kindesalters, S. 169-181. Stuttgart: Enke.

Ekman, Paul (1982). Emotion in the human face. New York: Cambridge University Press.

Ekman, Paul, & Friesen, Wallace V. (1971). Constants across cultures in the face and emotion. Journal of Personality and Social Psychology, 17, 124-129.

Elias, Norbert (1988). Über den Prozeß der Zivilisation. Soziogenetische und psychogenetische Untersuchungen. 1. Band: Wandlungen des Verhaltens in den weltlichen Oberschichten des Abendlandes, 13. Aufl. Frankfurt: Suhrkamp.

Ellsworth, Phoebe C., & Smith, Craig A. (1988). Shades of joy: Patterns of appraisal differentiating pleasant emotions. Cognition and Emotion, 2(4), 301-331.

Engel, James F., Blackwell, Roger D., & Miniard, Paul W. (1986). Consumer behavior, 5th ed. Chicago, IL: The Dryden Press.

Ernährungsbericht 1980. Frankfurt: Deutsche Gesellschaft für Ernährung.

Ewert, Otto (1983). Ergebnisse und Probleme der Emotionsforschung. In: H. Thomae (Hg.), Theorien und Formen der Motivation. Enzyklopädie der Psychologie, C, IV, Band 1, S. 397-452. Göttingen: Hogrefe.

Eysenck, H.J. (1991). Raising I.Q. through vitamin and mineral supplementation: An introduction. Personality and Individual Differences, 12, 329-333.

Fazio, Russell H., Sanbonmatsu, David M., Powell, Martha C., & Kardes, Frank R. (1986). On the automatic activation of attitudes. Journal of Personality and Social Psychology, 50(2), 229-238.

Fenigstein, Allan, Scheier, Michael F., & Buss, Arnold H. (1975). Public and private self-consciousness: Assessment and theory. Journal of Consulting and Clinical Psychology, 43, 522-527.

Fernstrom, J.D., & Wurtman, R.J. (1971). Brain serotonin content: Increase following ingestion of carbohydrate diet. Science, 174, 1023-1025.

Fischler, Claude (1988). Food, self and identity. Social Science Information, 27(2), 275-292.

Fishbein, Martin, & Ajzen, Izek (1974). Attitudes towards objects as predictors of single and multiple behavior criteria. Psychological Review, 81, 59-74.

Fiske, Susan T., & Pavelchak, Mark A. (1986). Category-based versus piecemeal-based affective responses. In: R.M. Sorrentino, & E.T. Higgings (Hg.), Handbook of motivation and cognition. Foundations of social behavior, S. 167-203. Chichester: Wiley.

Flett, Gordon L., Boase, P., McAndrews, M.P., Pliner, Patricia, & Blankstein, Kirk (1986). Affect intensity and the appraisal of emotion. Journal of Research in Personality, 20, 447-459.

Folkman, Susan, & Lazarus, Richard S. (1980). An analysis of coping in a middle-aged community sample. Journal of Health and Social Behavior, 2, 219-239.

Folkman, Susan, & Lazarus, Richard S. (1985). If it changes it must be a process: Study of emotion and coping during three stages of a college examination. Journal of Personality and Social Psychology, 48(1), 150-170.

Folkman, Susan, & Lazarus, Richard S. (1988). Coping as a mediator of emotion. Journal of Personality and Social Psychology, 54(3), 466-475.

Folkman, Susan, Lazarus, Richard S., Dunkel-Schetter, Christine, DeLongis, Anita, & Gruen, Rand J. (1986). Dynamics of a stressful encounter: Cognitive appraisal, coping, and encounter outcomes. Journal of Personality and Social Psychology, 50(5), 992-1003.

Fox, Nathan A., & Davidson, Richard J. (1984). Hemisperic substrates of affect: A developmental model. In: N.A. Fox, & R.J. Davidson (Hg.), The psychology of affective development, S. 353-381. Hillsdale, NJ: Lawrence Erlbaum.

Freud, Sigmund (1911/1952). Formulations on the two principles of mental functioning. In: J. Strachey (Hg.), The standard edition of the complete psychological works of Sigmund Freud, S. 213-226. London: Hogarth.

Frijda, Nico H. (1987). Emotions, cognitive structure, and action tendency. Cognition and Emotion, 1, 235-258.

Frijda, Nico H. (1988). The laws of emotion. American Psychologist, 43(5), 349-358.

Frijda, Nico H., & Swagerman, Jaap (1987). Can computers feel? Theory and design of an emotional system. Cognition and Emotion, 1(3), 235-257.

Frost, Randy O., Goolkasian, Gail A., Ely, Robin J., & Blanchard, Fletcher A. (1982). Depression, restraint and eating behavior. Behavioral Research and Therapy, 20, 113-121.

Frost, Randy O., Graf, Michael, & Becker, Joseph (1979). Self-devaluation and depressed mood. Journal of Consulting and Clinical Psychology, 47(5), 958-962.

Galef, Bennett G. Jr. (1991). A contrarian view of the wisdom of the body as it relates to dietary self-selection. Psychological Review, 98(2), 218-223.

Ganley, Richard M. (1988). Emotional eating and how it relates to dietary restraint, disinhibition, and perceived hunger. International Journal of Eating Disorders, 7(5), 635-657.

Ganley, Richard M. (1989). Emotion and eating in obesity: A review of the literature. International Journal of Eating Disorders, 8(3), 343-361.

Gardner, Burleigh B., & Levy, Sidney J. (1955). The product and the brand. Harvard Business Review, 33(March-April), 33-39.

Gardner, Meryl P., & Rook, Dennis W. (1988). Effects of impulse purchases on consumers' affective states. In: M.J. Houston (Hg.), Advances in consumer research, Vol. 15, S. 127-130. Provo, UT: Association for Consumer Research.

Gardner, Meryl P., & Scott, John (1990). Product type: A neglected moderator of the effects of mood. In: M.E. Goldberg, G. Gorn, & R.W. Pollay,& (Hg.), Advances in consumer research, Vol. 17, S. 585-589. Provo, UT: Association for Consumer Research.

Garner, David M., Olmstead, Marion P., & Polivy, Janet (1983). Development and validation of a multidimensional eating disorder inventory for anorexia nervosa and bulimia. International Journal of Eating Disorders, 2(2), 15-34.

Gelenberg, Alan J., & Gibson, Candace J. (1984). Tyrosine for the treatment of depression. Nutrition and Health, 3, 153-162.

Glatzel, Hans (1974). Verhaltensphysiologie der Ernährung. München: Urban & Schwarzenberg.

Glatzer, Wolfgang, & Zapf, Wolfgang (Hg.) (1984). Lebensqualität in der Bundesrepublik. Objektive Lebensbedingungen und subjektives Wohlbefinden. Frankfurt: Campus.

Goffman, Erving (1959). The presentation of self in everyday life. Garden City, NY: Doubleday.

Golden, Beth R., Buzcek, Teresa, & Robbins, Stephen B. (1986). Parameters of bulimia: Examining the compulsive eating scale. Measurement and Evaluation in Counseling, 19(2), 84-93.

Goldman, Ronald, Jaffa, Melvyn, & Schachter, Stanley (1968). Yom Kippur, Air France, dormitory food, and the eating behavior of obese and normal persons. Journal of Personality and Social Psychology, 10(2), 117-123.

Grabitz, Hans-Joachim, & Gniech, Gisla (1978). Die kognitiv-physiologische Theorie der Emotion von Schachter. In: D. Frey (Hg.), Kognitive Theorien der Sozialpsychologie, S. 161-190. Bern: Huber.

Grauer, Angelika, & Schlottke, Peter F. (1987). Muß der Speck weg? Der Kampf ums Idealgewicht im Wandel der Schönheitsideale. München: dtv.

Graumann, Carl F., & Sommer, Michael (1984) Schema and inference: Models in cognitive social psychology. In: J.R. Royce, & L.P. Mos (Hg.), Annals of theoretical psychology, Vol. 1, S. 31-76. New York: Plenum.

Greenfeld, David, Quinlan, Donald M., Harding, Pamela, Glass, Elaine, & Buss, Anne (1987). Eating behavior in an adolescent population. International Journal of Eating Disorders, 6(1), 99-111.

Grossman, M.I., Cummins, G.M., & Ivy, A.C. (1947). The effect of insulin on food intake after vagotomy and sympathectomy. American Journal of Physiology, 149, 100-102.

Grunberg, Neil E. (1982). The effects of nicotine and cigarette smoking on food consumption and taste preferences. Addictive Behaviors, 7, 317-331.

Grunert, Klaus G. (1990). Kognitive Strukturen in der Konsumforschung. Heidelberg: Physica.

Grunert, Susanne C. (1987). Ernährungsverhalten und das Konzept der Autonomie. Hauswirtschaft und Wissenschaft, 4, 199-206.

Grunert, Susanne C. (1989a). Ein Inventar zur Erfassung von Selbstaussagen zum Ernährungsverhalten. Diagnostica, 35(2), 167-179.

Grunert, Susanne C. (1989b). Personality traits as elements in a model of eating behaviour. In: K.G. Grunert, & F. Ölander (Hg.), Understanding economic behaviour, S. 309-332. Dordrecht: Kluwer Academic.

Grunert, Susanne C. (1989c). Eating behaviour as compensatory consumption: Concept, measurement, and gender differences. Vortrag gehalten auf der Second Conference on the Sociology of Consumption. Helsinki: Vuoranta/ALKO.

Grunert, Susanne C. (1990). Das Konzept der kognitiven Repräsentanz von Emotionen am Beispiel des emotionsbedingten Eßverhaltens. In: D. Frey (Hg.), Bericht über den 37. Kongreß der Deutschen Gesellschaft für Psychologie in Kiel. Band 1: Kurzfassungen, S. 424-425. Göttingen: Hogrefe.

Grunert, Susanne C. (1991). Der Fragebogen zum Ernährungsverhalten: Handanweisung für FEV-F und FEV-A. Skødstrup: Scientific Marketing Research.

Habermas, Tilman (1990). Heißhunger. Historische Bedingungen der Bulimia nervosa. Frankfurt/M.: Fischer.

Hall, Douglas T., & Nougaim, Khalil E. (1968). An examination of Maslow's need hierarchy in an organizational setting. Organizational Behavior and Human Performance, 3, 12-35.

Hall, Edward T., & Trager, George (1953). The analysis of culture. Washington, D.C.: American Council of Learned Societies.

Hamilton, Vernon (1988). A unifying information processing system: Affect and motivation as problem-solving processes. In: V. Hamilton, G.H. Bower, & N.H. Frijda (Hg.), Cognitive perspectives on emotion and motivation, S. 423-441. Dordrecht: Kluwer Academic.

Hamilton, Vernon, Bower, Gordon H., & Frijda, Nico H. (Hg.) (1988). Cognitive perspectives on emotion and motivation. Dordrecht: Kluwer Academic.

Harlow, Harold F. (1953). Mice, monkeys, men and motives. Psychological Review, 60(1), 23-32.

Harmatz, Morton G., & Kerr, Bruce B. (1981). Overeating behavior: A multi-causal approach. Obesity and Metabolism, 1(3), 134-137.

Harper, A.E. (1976). Protein and amino acids in the regulation of food intake. In: D. Novin, W. Wyrwicka, & G.A. Bray (Hg.), Hunger: Basic mechanisms and clinical implications, S. 103-114. New York: Raven Press.

Harris, William D., & Moore, David J. (1990). Affect intensity as an individual difference variable in consumer response to advertising appeals. In: M.E. Goldberg, G. Gorn, & R.W. Pollay (Hg.), Advances in consumer research, Vol. 17, S. 792-797. Provo, UT: Association for Consumer Research.

den Hartog, A.P. (1972). Unequal distribution of food within the household. A somewhat neglected aspect of food behaviour. Nutrition Newsletter, 10, 8-17.

Hasher, Lynn, & Zacks, Rose T. (1979). Automatic and effortful processes in memory. Journal of Experimental Psychology, 108(3), 356-388.

Hastie, Reid (1981). Schematic principles in human memory. In: E.T. Higgins, C.P. Herman, & M.P. Zanna (Hg.), Social cognition. The Ontario Symposium Vol. 1, S. 39-88. Hillsdale, NJ: Lawrence Erlbaum.

Heatherton, Todd F., Polivy, Janet, & Herman, C. Peter (1987). Restraint and internal responsiveness: The effects of placebo and manipulations of hunger state on eating. Unveröffentlichtes Manuskript.

Heatherton, Todd F., Herman, C. Peter, Polivy, Janet, King, Gillian A., & McGree, Sheila (1988). The (mis)measurement of restraint: An analysis of conceptual and psychometric issues. Journal of Abnormal Psychology, 97(1), 19-28.

Heller, Agnes (1980). Can "true" and "false" needs be posited? In: K. Lederer (Hg.), Human needs, S. 213-226. Cambridge, MA: Oelgeschlager, Gunn & Hain.

Herkner, Werner (1986). Einführung in die Sozialpsychologie. 4. Aufl. Bern: Huber.

Herman, C. Peter, & Mack, Deborah (1975). Restrained and unrestrained eating. Journal of Personality, 43, 647-660.

Herman, C. Peter, & Polivy, Janet (1975). Anxiety, restraint, and eating behavior. Journal of Abnormal Psychology, 84(6), 666-672.

Herman, C. Peter, & Polivy, Janet (1980). Restrained eating. In: A. Stunkard (Hg.), Obesity, S. 208-225. Philadelphia, PA: Saunders.

Herman, C. Peter, & Polivy, Janet (1984). A boundary model for the regulation of eating. In: A.J. Stunkard, & E. Stellar (Hg.), Eating and its disorders, S. 141-156. New York: Raven Press.

Herman, C. Peter, Olmstead, Marion P., & Polivy, Janet (1983). Obesity, externality, and susceptibility to social influence: An integrated analysis. Journal of Personality and Social Psychology, 45(4), 926-934.

Herman, C. Peter, Polivy, Janet, Lank, Cynthia N., & Heatherton, Todd F. (1987). Anxiety, hunger, and eating behavior. Journal of Abnormal Psychology, 96(3), 264-269.

Herman, C. Peter, Polivy, Janet, Pliner, Patricia, Threkeld, Joyce, & Munic, Donna (1978). Distractibility in dieters and nondieters: An alternative view of "externality". Journal of Personality and Social Psychology, 36(5), 536-548.

Hermann, Friedrich B.W. (1832). Staatswirtschaftliche Untersuchungen. München.

Hibscher, Jean A., & Herman, C. Peter (1977). Obesity, dieting and the expression of 'obese' characteristics. Journal of Comparative and Physiological Psychology, 89, 373-380.

Hilgard, Ernest R. (1962). Impulsive versus realistic thinking: An examination of the distinction between primary and secondary processes in thought. Psychological Bulletin, 59(6), 477-488.

Hilgard, Ernest R. (1980). Consciousness in contemporary psychology. Annual Review of Psychology, 31, 1-26.

Hirsch, Jules, & Knittle, James L. (1970). Cellularity of obese and nonobese human adipose tissue. Federation Proceedings, 29, 1516-1521.

Hirschman, Albert O. (1982). Shifting involvements. Private interest and public action. Princeton, NJ: Princeton University Press.

Hirschman, Elizabeth C. (1981). Comprehending symbolic consumption: Three theoretical issues. In: E.C. Hirschman, & M.B. Holbrook (Hg.), Symbolic consumer behavior, S. 4-6. Ann Arbor, MI: Association for Consumer Research.

Hirschman, Elizabeth C., & Holbrook, Morris B. (1982). Hedonic consumption: Emerging concepts, methods and propositions. Journal of Marketing, 46(3), 92-101.

Hochschild, Arlie Russell (1985). Emotion work, feeling rules, and social structure. American Journal of Sociology, 85, 551-575.

Holbrook, Morris B. & Hirschman, Elizabeth C. (1982). The experiential aspects of consumption: Consumer fantasies, feelings, and fun. Journal of Consumer Research, 9, 132-140.

Holman, Rebecca H. (1980). Clothing as communication: An empirical investigation. In: J.C. Olson (Hg.), Advances in consumer research, Vol. 7, S. 327-377. Ann Arbor, MI: Association for Consumer Research.

Hondrich, Karl Otto (1983a). Bedürfnisse, Werte und Ansprüche im sozialen Wandel. In: K.O. Hondrich, & R. Vollmer (Hg.), Bedürfnisse. Stabilität und Wandel, S. 15-74. Opladen: Westdeutscher Verlag.

Hondrich, Karl Otto (1983b). Anspruchsinflation, Wertwandel, Bedürfnismanipulation. In: K.O. Hondrich, & R. Vollmer (Hg.), Bedürfnisse. Stabilität und Wandel, S. 75-100. Opladen: Westdeutscher Verlag.

Hopkinson, G., & Bland, R.C. (1982). Depressive syndromes in grossly obese women. Canadian Journal of Psychiatry, 27, 213-215.

Howard, D.T. (1928). A functional theory of emotions. In: M.L. Reymert (Hg.), Feelings and emotions. The Wittenberg Symposium, S. 140-149. Worcester, MA: Clark University Press.

Huber, E.G. (1960). Zur medikamentösen Beeinflussung der Intelligenz. Münchner Medizinische Wochenschrift, 102, 646-649.

Hull, Jay G. (1981). A self-awareness model of the causes and effects of alcohol consumption. Journal of Abnormal Psychology, 90(6), 586-600.

Hull, Jay G., & Bond Jr., Charles F. (1986). Social and behavioral consequences of alcohol consumption and expectancy: A meta-analysis. Psychological Bulletin, 99(3), 347-360.

Hull, Jay G., & Young, Richard David (1983). Self-consciousness, self-esteem, and success-failure as determinants of alcohol consumption in male social drinkers. Journal of Personality and Social Psychology, 44(6), 1097-1109.

Isen, Alice M. (1984a). The influence of positive affect on decision making and cognitive organization. In: Thomas C. Kinnear (Hg.), Advances in consumer research, Vol. 11, S. 534-537. Provo, UT: Association for Consumer Research.

Isen, Alice M. (1984b). Toward understanding the role of affect in cognition. In: R.S. Wyer, & T.K. Srull (Hg.), Handbook of social cognition, S. 179-236. Hillsdale, NJ: Lawrence Erlbaum.

Isen, Alice M., & Means, Barbara (1983). The influence of positive affect on decision-making strategy. Social Cognition, 2(1), 18-31.

Isen, Alice M., Daubman, Kimberly A., & Nowicki, Gary P. (1987). Positive affect facilitates creative problem solving. Journal of Personality and Social Psychology, 52(6), 1122-1131.

Isen, Alice M., Means, Barbara, Patrick, R., & Nowicki, Gary P. (1982). Some factors influencing decision-making strategy and risk taking. In: M.S. Clark, & S.J. Fiske (Hg.), Affect and cognition, S. 213-261. Hillsdale, NJ: Lawrence Erlbaum.

Isen, Alice M., Shalker, Thomas E., Clark, Margaret S., & Karp, Lynn (1978). Affect, accessibility in memory, and behavior: A cognitive loop? Journal of Personality and Social Psychology, 36(1), 1-12.

Izard, Carroll E. (1971). The face of emotion. New York: Appleton.

Izard, Carroll E. (1977). Human emotions. New York: Plenum Press. deutsch (1981). Die Emotionen des Menschen. Eine Einführung in die Grundlagen der Emotionspsychologie. Weinheim und Basel: Beltz.

Izard, Carroll E., Kagan, Jerome, & Zajonc, Robert B. (Hg.) (1984). Emotion, cognition, and behavior. Cambridge, MA: Cambridge University Press.

Jacobs, Harry L. (1958). Studies on sugar preference: I. The preference for glucose solutions and its modification by injections of insulin. Journal of Comparative and Physiological Psychology, 51, 304-310.

James, William (1884). What is an emotion? Mind, 19, 188-205.

Janis, Irving L., Kaye, Donald, & Kirschner, Paul (1965). Facilitating effects of "eating-while-reading" on responsiveness to persuasive communications. Journal of Personality and Social Psychology, 1(2), 181-186.

Janowitz, H.D. (1967). Role of the gastrointestinal tract in the regulation of food intake. In: C.F. Code (Hg.), Handbook of physiology: Alimentary canal, Vol. 1. Washington, DC: American Physiological Society.

Jelliffe, Derrick B. (1967). Parallel food classifications in developing and industrialized countries. American Journal of Clinical Nutrition, 20(3), 279-281.

Johnson, William G., Lake, Libbie, & Mahan, J. Maurice (1983). Restrained eating: Measuring an elusive construct. Addictive Behaviors, 8, 413-418.

Kagan, Jerome B., Rosman, B.L., Day, J.A., & Phillips, W. (1964). Information processing in the child: Significance of analytic and reflective attitudes. Psychology Monographs, 78, 578-615.

Kahnemann, Daniel, & Tversky, Amon (1973). On the psychology of prediction. Psychological Review, 80(4), 237-251.

Kanfer, Frederick H., & Karoly, Paul (1982). The psychology of self-management: Abiding issues and tentative directions. In: P. Karoly, & F.H. Kanfer (Hg.), Self-management and behavior change - From theory to practice, S. 571-600. New York: Pergamon Press.

Kant, Immanuel (1781/1963). Critique of pure reason. London: Macmillan.

Kaplan, Harold I., & Kaplan, Helen Singer (1957). The psychosomatic concept of obesity. Journal of Nervous and Mental Disease, 125, 181-201.

Karoly, Paul, & Kanfer, Frederick H. (Hg.) (1982). Self-management and behavior change - From theory to practice. New York: Pergamon Press.

Katona, George (1962). Die Macht des Verbrauchers. Düsseldorf: Econ.

Katona, George, & Mueller, Eva (1955). The dynamics of consumer reactions. New York: New York University Press.

Katz, D. (1932). Hunger und Appetit. Leipzig. Ausschnitte abgedruckt 1975 in: H. Thomae (Hg.), Die Motivation menschlichen Handelns, 8. Aufl., S. 193-201. Köln: Kiepenheuer & Witsch.

Kaufman, William (1954). Some psychosomatic aspects of food allergy. Psychosomatic Medicine, 16(1), 10-40.

Keesey, Richard E., & Corbett, Stephen W. (1984). Metabolic defense of the body weight set-point. In: A.J. Stunkard & E. Stellar (Hg.), Eating and its disorders, S. 87-96. New York: Raven Press.

Keesey, Richard E., & Powley, Terry L. (1986). The regulation of body weight. Annual Review of Psychology, 37, 109-133.

Keesey, Richard E., Boyle, Peter C., Kemnitz, Joseph W., & Mitchel, Joel S. (1976). The role of the lateral hypothalamus in determining the body weight set-point. In: D. Novin, W. Wyrwicka, & G.A. Bray (Hg.), Hunger: Basic mechanisms and clinical implications, S. 243-255. New York: Raven Press.

Kennedy, G.C. (1953). The role of depot fat in the hypothalamic control of food intake in the rat. Proceedings of the Royal Society, Series B, 140, 578-592.

Kihlstrom, John F. (1987). The cognitive unconscious. Science, 237, 1445-1452.

Kirschenbaum, Daniel S., & Tomarken, Andrew J. (1982). Some antecedents of regulatory eating in restrained and unrestrained eaters. Journal of Abnormal Psychology, 91, 326-336.

Kirtland, Janet, & Gurr, Michael I. (1979). Adipose tissue cellularity: A review. 2. The relationship between cellularity and obesity. International Journal of Obesity, 3(1), 15-55.

Klages, Helmut (1987). Sozialpsychologie der Wohlfahrtsgesellschaft: Konturen eines Wissenschaftsprogramms. In: H. Klages, G. Franz, & W. Herbert (Hg.), Sozialpsychologie der Wohlfahrtsgesellschaft, S. 9-39. Frankfurt: Campus.

Kleck, Robert E., Vaughan, Robert C., Cartwright-Smith, Jeffrey, Vaughan, Katherine B., Colby, Carl Z., & Lanzetta, John T. (1976). Effects of being observed on expressive, subjective and psychological reactions to painful stimuli. Journal of Personality and Social Psychology, 34(6), 1211-1218.

Kleinginna, Paul R., & Kleinginna, Anne M. (1981). A categorized list of emotion definitions, with suggestions for a consensual definition. Motivation and Emotion, 5(4), 345-379.

Kleinspehn, Thomas (1987). Warum sind wir so unersättlich? Frankfurt/M.: Suhrkamp.

Klinger, Eric (1982). On the self-management of mood, affect, and attention. In: P. Karoly, & F.H. Kanfer (Hg.), Self-management and behavior change - From theory to practice, S. 129-164. New York: Pergamon Press.

Kozlowski, Lynn T., & Schachter, Stanley (1975). Effects of cue prominence and palatability on drinking behavior of obese and normal humans. Journal of Personality and Social Psychology, 32(6), 1055-1059.

Kraly, F. Scott (1984). Physiology of drinking elicited by eating. Psychological Review, 91(4), 478-490.

Kroeber-Riel, Werner (1984). Konsumentenverhalten. 3. Aufl. München: Vahlen.

Krumbacher, K. (1962). Das Appetitverhalten beim gesunden Menschen. Dissertation. München.

Krumbacher, K., & Meyer, J.E. (1963). Das Appetitverhalten des Gesunden unter emotionalem Streß. Zeitschrift für psychosomatische Medizin, 9, 89-94.

Kubala, A.L., & Katz, M.N. (1960). Nutritional factors in psychological test behavior. Journal of General Psychology, 96, 343-352.

Kuhl, Julius (1983). Emotion, Kognition und Motivation: II. Die funktionale Bedeutung der Emotionen für das problemlösende Denken und für das konkrete Handeln. Sprache & Kognition, 2(2), 228-253.

Kunz, K. (1981). Wechselwirkungen zwischen Außenreizen, internen Regelmechanismen und Verhalten. In: W. Kappus, V. Pudel, M. Richter, I. Siegel & A. Weddige (Hg.), Möglichkeiten und Grenzen der Veränderung des Ernährungsverhaltens, S. 140-151. Göttingen: AGEV.

Kutsch, Thomas (1986). Soziale Determinanten und Rahmenbedingungen des Ernährungsverhaltens. Hauswirtschaft und Wissenschaft, 34(6), 5-15.

Landon, E. Laird (1974). Self concept, ideal self concept, and consumer purchase intentions. Journal of Consumer Research, 1(3), 44-51.

Lang, Peter J. (1984). Cognition in emotion: Concept and action. In: C.E. Izard, J. Kagan, & R.B. Zajonc (Hg.), Emotion, cognition, and behavior, S. 192-226. Cambridge, MA: Cambridge University Press.

Lange, C. (1885). Om sindsbevægelser. København: Birkerød.

Lantermann, Ernst D. (1983). Kognitive und emotionale Prozesse beim Handeln. In: H. Mandl & G.L. Huber (Hrsg.), Emotion und Kognition, S. 248-281. München: Urban & Schwarzenberg.

Larsen, Randy J., & Diener, Ed (1987). Affect intensity as an individual difference characteristic: A review. Journal of Research in Personality, 21, 1-39.

Lashley, K. (1956). Cerebral organization and behavior. In: H. Solomon, S. Cobb, & W. Penfield (Hg.), The brain and human behavior, S. 1-18. Baltimore: Williams and Wilkins.

Lazarus, Richard S. (1966). Psychological stress and the coping process. New York: McGraw-Hill.

Lazarus, Richard S. (1975). The self-regulation of emotion. In: L. Levi (Hg.), Emotions - Their parameters and measurement, S. 47-67. New York: Raven.

Lazarus, Richard S., & Folkman, Susan (1984). Stress, appraisal, and coping. New York: Springer.

Lazarus, Richard S., & Smith, Craig A. (1988). Knowledge and appraisal in the cognition-emotion relationship. Cognition and Emotion, 2(4), 281-300.

Lazarus, Richard S., Averill, James R., & Opton Jr., Edward M. (1970). Towards a cognitive theory of emotions. In: M.B. Arnold (Hg.), Feelings and emotions. The Loyola Symposium, S. 207-232. New York: Academic Press.

Lazarus, Richard S., Coyne, James C., & Folkman, Susan (1984). Cognition, emotion and motivation: The doctoring of humpty-dumpty. In: K. R. Scherer, & P. Ekman (Hg.), Approaches to emotion, S. 221-237. Hillsdale, NJ: Lawrence Erlbaum.

Lazarus, Richard S., Kanner, Allen D., & Folkman, Susan (1980). Emotions: A cognitive-phenomenological analysis. In: R. Plutchik, & H. Kellermann (Hg.), Theories of emotion, S. 189-217. New York: Academic Press.

Lederer, Katrin (1979). Bedürfnisse: Ein Gegenstand der Bedürfnisforschung? In: K.M. Meyer-Abich, & D. Birnbacher (Hg.), Was braucht der Mensch, um glücklich zu sein? Bedürfnisforschung und Konsumkritik, S. 11-29. München: Beck.

Lederer, Katrin (1980). Introduction. In: K. Lederer (Hg.), Human needs, S. 1-14. Cambridge, MA: Oelgeschlager, Gunn & Hain.

LeDoux, Joseph E. (1986). Sensory systems and emotions: A model of affective processing. Integrative Psychiatry, 4, 237-248.

LeDoux, Joseph E. (1989). Cognitive-emotional interactions in the brain. Cognition & Emotion, 3(4), 267-289.

Lee, Dong Hwan (1990). Symbolic interactionism: Some implications for consumer self-concept and product symbolism research. In: M.E. Goldberg, G. Gorn, & R.W. Pollay (Hg.), Advances in consumer research, Vol. 17, S. 386-393. Provo, UT: Association for Consumer Research.

Leeper, Robert W. (1948). A motivational theory of emotion to replace 'emotion as disorganized response'. Psychological Review, 55, 5-21.

Leeper, Robert W. (1970). The motivational and perceptual properties of emotions as indicating their fundamental character and role. In: M.B. Arnold (Hg.), Feelings and emotions. The Loyola Symposium, S. 151-168. New York: Academic Press.

Lehnert, H. (1985). Physiologische und pharmakokinetische Aspekte der L-Tryptophanzufuhr. Therapiewoche, 35, 5434-5439.

Leitzmann, Claus (1981). Biologische Grundlagen der Regulation von Hunger und Sättigung und der Einfluß auf die Nahrungsaufnahme. In: W. Kappus, V. Pudel, M. Richter, I. Siegel & A. Weddige (Hg.), Möglichkeiten und Grenzen der Veränderung des Ernährungsverhaltens, S. 53-74. Göttingen: AGEV.

Leon, Gloria R., & Chamberlain, Karen (1973). Emotional arousal, eating patterns, and body image as differential factors associated with varying success in maintaining a weight loss. Journal of Consulting and Clinical Psychology, 40(3), 474-480.

Leon, Gloria R., & Roth, Lydia (1977). Obesity: Psychological causes, correlations, and speculations. Psychological Bulletin, 84(1), 117-139.

Lewis, Michael, Sullivan, Margaret W., & Michalson, Linda (1984). The cognitive-emotional fugue. In: C.E. Izard, J. Kagan, & R.B. Zajonc (Hg.), Emotion, cognition, and behavior, S. 264-288. Cambridge: Cambridge University Press.

Leventhal, Howard (1974). Emotions: A basic problem for social psychology. In: C. Nemeth (Hg.), Social psychology: Classic and contemporary integrations. Chicago, IL: Rand McNally.

Leventhal, Howard (1980). Toward a comprehensive theory of emotion. In: L. Berkowitz (Hg.), Advances in experimental social psychology, Vol.13, S. 139-207. New York: Academic Press.

Leventhal, Howard (1984). A perceptual-motor theory of emotion. In: L. Berkowitz (Hg.), Advances in experimental social psychology, Vol.17, Theorizing in social psychology: Special topics, S. 118-182. Orlando, FL: Academic Press.

Leventhal, Howard, & Tomarken, Andrew J. (1986). Emotion: Today's problems. Annual Review of Psychology, 37, 565-609.

Lévi-Strauss, Claude (1963). Structural anthropology, Book I. New York: Basic Books.

Lévi-Strauss, Claude (1978). The origins of table manners. Introduction to a science of mythology, Vol. 3. New York: Harper and Row.

Levy, Sidney J. (1959). Symbols for sale. Harvard Business Review, 37(July-August), 117-124.

Levy, Sidney J. (1981). Interpreting consumer mythology: A structural approach to consumer behavior. Journal of Marketing, 45(3), 49-61.

Levy, Sidney J. (1986). Meanings in advertising stimuli. In: J. Olson, & K. Sentis (Hg.), Advertising and consumer psychology, Vol. 3, S. 214-226. New York: Praeger.

Lieberman, Harris R., & Wurtman, Richard J. (1986). Foods and food constituents that affect the brain and human behavior. Food Technology, 40, 139-141.

Lieberman, Harris R., Corkin, Suzanne, Spring, Bonnie J., Growdon, John H., & Wurtman, Richard J. (1982). Mood, performance, and pain sensitivity: Changes induced by food constituents. Journal of Psychiatric Research, 17(2), 135-145.

Lieberman, Harris J., Wurtman, Judith J., & Chew, Beverly (1986). Changes in mood after carbohydrate consumption among obese individuals. American Journal of Clinical Nutrition, 44, 772-778.

Lieblich, Israel, Shaviv, Paula, & Cohen, Edna (1985). Effects of chronically elevated intake of sweet solutions on sexual behavior of male rats. Hormones and Behavior, 19, 278-291.

Lindsay, Peter H., & Norman, Donald A. (1977). Human information processing. New York: Academic Press.

Lindsley, D.B. (1951). Emotion. In: S.S. Stevens (Hg.), Handbook of experimental psychology, S. 473-516. New York: Wiley.

Logan, G.D. (1980). Attention and automaticity in Stroop and priming tasks: Theory and data. Cognitive Psychology, 12, 523-553.

Lowe, Michael R. (1984). Dietary concern, weight fluctuation and weight status: Further explorations of the Restraint Scale. Behavior and Research Therapy, 22, 243-248.

Lowe, Michael R. (1986). Dieting and binging: Some unanswered questions. American Psychologist, 41(3), 326-327.

Lowe, Michael R., & Kleifield, Erin I. (1988). Cognitive restraint, weight suppression, and the regulation of eating. Appettite, 10, 159-168.

Lowe, Michael R., & Maycock, Barbara (1988). Restraint, disinhibition, hunger and negative affect eating. Addictive Behaviors, 13, 369-377.

Lückert, Heinz-Rolf (1957). Konfliktpsychologie. Einführung und Grundlegung. München/Basel.

Lundholm, Jean K., & Anderson, Dean F. (1986). Eating disordered behaviors: A comparison of male and female university students. Addictive Behaviors, 11, 193-196.

Lyman, Bernard (1982). The nutritional values and food group characteristics of foods preferred during various emotions. The Journal of Psychology, 112, 121-127.

MacDonald, Robert M., Inglefinger, Franz J., & Belding, Helen W. (1947). Late effects of total gastrectomy in man. New England Journal of Medicine, 237(24), 887-896.

Mahoney, M.J., & Arnkoff, D.B. (1978). Cognitive and self-control therapies. In: Sol L. Garfield, & Allen E. Bergin (Hg.), Handbook of psychotherapy and behavior change, 2nd ed. New York: Wiley.

Mandl, Heinz, & Huber, Günter L. (Hg.) (1983). Emotion und Kognition. München: Urban & Schwarzenberg.

Mano, Haim (1990). Emotional states and decision making. In: M.E. Goldberg, G. Gorn, & R.W. Pollay,& (Hg.), Advances in consumer research, Vol. 17, S. 577-584. Provo, UT: Association for Consumer Research.

Manstead, A.S.R., & Tetlock, Philip E. (1989). Cognitive appraisals and emotional experience: Further evidence. Cognition and Emotion, 3(3), 225-240.

March, Helga (1969). Untersuchungen zum hyperphagen Reaktionstypus. Zeitschrift für psychosomatische Medizin, 15, 272-276.

Marcuse, Herbert (1968). The one-dimensional man. Boston: Beacon.

Marshall, J.F. (1976). Neurochemistry of central monoamine systems as related to food intake. In: T. Silverstone (Hg.), Appetite and food intake, S. 43-64. Berlin: Abakon.

Marañon, G. (1924). Contribution à l'étude de l'action émotive de l'adrenaline. Revue Française d'Endocrinologie, 2(5), 301-325.

Markus, Hazel (1982). Self-schemata and processing information about the self. In: M. Rosenberg, & H.B. Kaplan (Hg.), Social psychology of the self-concept, S. 55-60. Arlington Heights, IL: Harlan Davidson.

Markus, Hazel, Hamill, Ruth, & Sentis, Keith P. (1987). Thinking fat: Self-schemas for body weight and the processing of weight relevant information. Journal of Applied Social Psychology, 17(1), 50-71.

Maslow, Abraham H. (1939). Dominance, personality, and social behavior in women. The Journal of Social Psychology, 10, 3-39.

Maslow, Abraham H. (1943). A theory of human motivation. Psychological Review, 50, 370-396.

Maslow, Abraham H. (1954). Motivation and personality. New York: Harper & Row. deutsch (1981). Motivation und Persönlichkeit. Reinbek: Rowohlt.

Mayer, Jean (1953). Glucostatic mechanism of regulation of food intake. New England Journal of Medicine, 249, 13-16.

Mayer, Jean, Monello, Lenore F., & Selter, Carl C. (1965). Hunger and satiety sensations in man. Postgraduate Medicine, 37, 97.

Mayer, John D., & Salovey, Peter (1988). Personality moderates the interaction of mood and cognition. In: K. Fiedler, & J. Forgas (Hg.), Affect, cognition and social behavior, S. 87-99. Toronto: Hogrefe.

Mauss, Marcel (1968). Sociologie et anthropologie. 4. Aufl. Paris.

McCrae, Robert M. (1984). Situational determinants of coping responses: Loss, threat, and challenge. Journal of Personality and Social Psychology, 46, 919-928.

McKenna, Ralph (1972). Some effects of anxiety level and food cues on the eating behavior of obese and normal subjects: A comparison of the Schachterian and psychosomatic conceptions. Journal of Personality and Social Psychology, 22(3), 311-319.

McKenzie, John (1974). The impact of economic and social status on food choice. Proceedings of the Nutrition Society, 33, 67-73.

McLean, P. (1976). Depression as a specific response to stress. In: G. Sarason, & C.D. Spielberger (Hg.), Stress and anxiety, Vol. 3, S. 297-323. Washington, D.C.: Hemisphere.

McNair, Douglas M., Lorr, Maurice, & Droppleman, Leo (1971). Profile of mood states. San Diego, CA: Educational and Industrial Testing Service.

Meadowcroft, Jeanne M., & Zillman, Dolf (1987). Women's comedy preferences during the menstrual cycle. Communications Research, 14(2), 204-218.

Mehrabian, Albert (1987). Eating characteristics and temperament: General measures and relationships. New York: Springer.

Mehrabian, Albert, & O'Reilly, Eric (1980). Analysis of personality measures in terms of basic dimensions of temperament. Journal of Personality and Social Psychology, 38(3), 492-503.

Mehrabian, Albert, & Riccioni, Mona (1986). Measures of eating-related characteristics for the general population. Relationships with temperament. Journal of Personality Assessment, 50(4), 610-629.

Menger, Carl (1923). Grundsätze der Volkswirtschaftslehre, 2. Aufl. Wien/Leipzig.

Mennell, Stephen (1985). All manners of food. Eating and taste in England and France from the Middle Ages to the Present. Oxford: Basil Blackwell.

Menzies, Isabel (1970). Psychosocial aspects of eating. Journal of Psychosomatic Research, 14, 223-227.

Metropolitan Life Insurance Company (1959). New standards for men and women. Statistical Bulletin, 40, 1-4.

Metropolitan Life Insurance Company (1983). 1983 Metropolitan height and weight tables. New York: Metropolitan Life: Health, Safety and Education.

Meyer, J.E., & Pudel, Volker (1977). Experimental feeding in man: A behavioral approach to obesity. Psychosomatic Medicine, 39, 153-157.

Meyer, Max F. (1933). That whale among the fishes - the theory of emotion. Psychological Review, 40, 292-300.

Meyer-Abich, Klaus M. (1979). Kritik und Bildung der Bedürfnisse. In: K.M. Meyer-Abich, & D. Birnbacher (Hg.), Was braucht der Mensch, um glücklich zu sein? Bedürfnisforschung und Konsumkritik, S. 58-77. München: Beck.

Meyers, Andrew W., Stunkard, Albert J., & Coll, Milton (1980). Food accessibility and food choice: A test of Schachter's externality hypothesis. Archives of General Psychiatry, 37(10), 1133-1135.

Miall, David S. (1989). Beyond the schema given: Affective comprehension of literary narratives. Cognition and Emition, 3(1), 55-78.

Mick, David Glen (1986). Consumer research and semiotics: Exploring the morphology of signs, symbols, and significance. Journal of Consumer Research, 13(2), 196-213.

Mick, David Glen, & DeMoss, Michelle (1990). Self-gifts: Phenomenological insights from four contexts. Journal of Consumer Research, 17(3), 322-332.

Miller, James G. (1978). Living systems. New York: McGraw-Hill.

Miller, Lynn C., Murphy, Richard, & Buss, Arnold H. (1981). Consciousness of body: Private and public. Journal of Personality and Social Psychology, 41(2), 397-406.

Minsky, Marvin (1975). A framework for representing knowledge. In: P.H. Winston (Hg.), The psychology of computer vision, S. 211-277. New York: McGraw-Hill.

Morgan, Clifford T., & Stellar, Eliot (1950). Physiological psychology, 2nd ed. New York: McGraw-Hill.

Morris, William N., & Reilly, Nora P. (1987). Toward the self-regulation of mood: Theory and research. Motivation and Emotion, 11(3), 215-249.

Moser, H. (1963). Wilhelm Vershofens Beitrag zu einer Theorie des Verbraucherverhaltens. In: Die Unternehmung im Markt, Band 10. Berlin.

Murray, Henry A. (1938). Explorations in personality. New York.

Naismith, D.J., Nelson, M., Burley, V.J., Gatenby, S., & Geddes, N. (1990). Nutrient intakes, vitamin-mineral supplementation, and intelligence in British schoolchildren. British Journal of Nutrition, 64, 13-22.

Neisser, Ulric (1976). Cognition and reality: Principles and implications of cognitive psychology. San Francisco: Freeman.

Newell, Allen, & Simon, Herbert A. (1972). Human problem solving. Englewood Cliffs, NJ: Prentice-Hall.

Niebel, Gabriele (1987a). Psychopathologische Aspekte gestörten Eßverhaltens bei Frauen. I. Zur Bedeutung und Funktion des Körperbildes und seiner Determinanten. Psychotherapie und medizinische Psychologie, 37, 317-323.

Niebel, Gabriele (1987b). Psychopathologische Aspekte gestörten Eßverhaltens bei Frauen. II. Selbstbeurteilte Attraktivität, chronische Selbstkontrolle beim Essen und Kontrollverlust. Psychotherapie und medizinische Psychologie, 37, 324-330.

Nisbett, Richard E. (1968a). Determinants of food intake in human obesity. Science, 159, 1254-1255.

Nisbett, Richard E. (1968b). Taste, deprivation, and weight determinants of eating behaviour. Journal of Personality and Social Psychology, 10(2), 107-116.

Nisbett, Richard E. (1972). Hunger, obesity, and the ventromedial hypothalamus. Psychological Review, 79(6), 433-453.

Nisbett, Richard E., & Kanouse, David E. (1969). Obesity, food deprivation and supermarket shopping behavior. Journal of Personality and Social Psychology, 12(4), 289-294.

Nisbett, Richard E., & Storms, M.D. (1975). Cognitive, social, psychological determinants of food intake. In: H. London, & R.E. Nisbett (Hg.), Cognitive modification of emotional behavior. Chicago, IL: Aldine.

Norman, Donald A., & Rumelhart, David E. (1975). Memory and knowledge. In: D.A. Norman & D.E. Rumelhart (Hg.), Explorations in cognition, S. 3-31. San Francisco, CA: Free Press.

Northway, Mary L. (1940). The concept of the 'schema'. British Journal of Psychology, 30, 316-325.

Novin, Donald, Wyrwicka, Wanda, & Bray, George A. (Hg.) (1976). Hunger. Basic mechanisms and clinical implications. New York: Raven Press.

O'Neil, Patricia M., Currey, Hal S., Hirsch, Amy A., Malcolm, Robert J., Sexauer, James D., Riddle, F. Elizabeth, & Taylor, C. Inga (1979). Development and validation of the Eating Behavior Inventory. Journal of Behavioral Assessment, 1(2), 123-132.

Orbach, Susie (1979). Anti-Diätbuch - Über die Psychologie der Fettleibigkeit - Die Ursachen von Eßsucht. München: Verlag Frauenoffensive.

Ortony, Andrew, Clore, Gerald L., & Collins, Allan (1988). The cognitive structure of emotions. Cambridge: Cambridge University Press.

Osgood, Charles E., Suci, George J., & Tannenbaum, Percy H. (1957). The measurement of meaning. Urbana, IL: University of Illinois Press.

Papez, J.W. (1937). A proposed mechanism of emotion. Archives of Neurological Psychiatry, 38, 725-743.

Parkes, Katherine R. (1984). Locus of control, cognitive appraisal, and coping in stressful episodes. Journal of Personality and Social Psychology, 46(3), 655-668.

Parkes, Katherine R. (1986). Coping in stressful episodes: The role of individual differences, environmental factors, and situational characteristics. Journal of Personality and Social Psychology, 51(6), 1277-1292.

Pearlin, Leonard I., & Schooler, Carmi (1978). The structure of coping. Journal of Health and Social Behavior, 19(1), 2-21.

Pearson, Leonard, & Pearson, Lillian R. (1973). The psychologist's eat-anything diet. New York: Peter H. Weyden.

Peterson, Rolf A., & Headen, Sandra W. (1984). Profile of mood states. In: D.J. Keyser, & R.C. Sweetland (Hg.), Test critiques, Vol. 1. Kansas City, MS: Test Corporation of America.

Pfaffman, Carl (1960). The pleasures of sensation. Psychological Review, 65, 253-268.

Piaget, Jean, & Inhelder, Barbara (1980). Die Psychologie des Kindes. München: dtv/Klett-Cotta.

Pine, Charles J. (1985). Anxiety and eating behavior in obese and nonobese American Indians and White Americans. Journal of Personality and Social Psychology, 49(3), 774-780.

Pines, Ayala, & Gal, Reuven (1977). The effect of food on test anxiety. Journal of Applied Social Psychology, 7(4), 348-358.

Piron, Francis (1991). An empirical investigation of planned, unplanned and impulse purchasing. In: Marketing thought aroound the world, Proceedings of the 20th EMAC-Conference, Vol. 2, S. 426-446. Dublin: University College Dublin.

Pliner, Patricia (1973). Effect of liquid and solid preloads on eating behavior of obese and normal persons. Physiology & Behavior, 11, 285-290.

Pliner, Patricia, Meyer, Patricia, & Blankstein, Kirk (1974). Responsiveness to affective stimuli by obese and normal individuals. Journal of Abnormal Psychology, 83(1), 74-80.

Pliner, Patricia, Polivy, Janet, Herman, C. Peter, & Zakalusny, I. (1980). Short-term intake of overweight individuals and normal weight dieters and non-dieters with and without choice among a variety of foods. Appetite, 1(3), 203-214.

Plutchik, Robert (1970). Emotions, evolution, and adaptive processes. In: M.B. Arnold (Hg.), Feelings and emotions, S. 3-24. New York: Academic Press.

Plutchik, Robert (1976). Emotions and attitudes related to being overweight. Journal of Clinical Psychology, 32(1), 21-24.

Plutchik, Robert (1980). Emotion: A psychevolutionary synthesis. New York: Harper & Row.

Polivy, Janet (1981). On the induction of emotion in the laboratory: Discrete moods or multiple affect states? Journal of Personality and Social Psychology, 41(4), 803-817.

Polivy, Janet, & Herman, C. Peter (1976a). The effects of alcohol on eating behavior: Disinhibition or sedation? Addictive Behaviors, 1(2), 121-125.

Polivy, Janet, & Herman, C. Peter (1976b). Effects of alcohol on eating behavior: Influence of mood and perceived intoxication. Journal of Abnormal Psychology, 85, 601-606.

Polivy, Janet & Herman, C. Peter (1983). Breaking the diet habit. New York: Basic Books.

Polivy, Janet, & Herman, C. Peter (1985). Dieting and binging. A causal analysis. American Psychologist, 40(2), 193-210.

Polivy, Janet, & Herman, C. Peter (1987). Diagnosis and treatment of normal eating. Journal of Consulting and Clinical Psychology, 55(5), 635-644.

Polivy, Janet, Heatherton, Todd F., & Herman, C. Peter (1988). Self-esteem, restraint, and eating behavior. Journal of Abnormal Psychology, 97(3), 354-356.

Polivy, Janet, Herman, C. Peter, Hackett, Rick, & Kuleshnyk, Irka (1986). The effects of self-attention and public attention on eating in restrained and unrestrained subjects. Journal of Personality and Social Psychology, 50(6), 1253-1260.

Polivy, Janet, Herman, C. Peter, Younger, Jonathan C., & Erskine, Barbara (1979). Effects of a model on eating behavior: The induction of a restrained eating style. Journal of Personality, 47 (1), 100-117.

Polivy, Janet, Herman, C. Peter, & Warsh, Shelley (1978). Internal and external components of emotionality in restrained and unrestrained eaters. Journal of Abnormal Psychology, 87(5), 497-504.

Posner, Michael I., & Keele, Stephen W. (1968). On the genesis of abstract ideas. Journal of Experimental Psychology, 77, 353-363.

Posner, Michael I., & Keele, Stephen W. (1970). Retention of abstrract ideas. Journal of Experimental Psychology, 83, 304-308.

Posner, Michael I., & Snyder, Charles R.R. (1975). Attention and cognitive control. In: R.L. Solso (Hg.), Information processing and cognition, S. 55-86. Hillsdale, NJ: Lawrence Erlbaum.

Powley, Terry L. (1977). The ventromedial hypothalamic syndrome, satiety, and a cephalic phase hypothesis. Psychological Review, 84, 89-126.

Price, Judy M., & Grinker, Joel (1973). Effects of degree of obesity, food deprivation, and palatability on eating behavior of humans. Journal of Comparative and Physiological Psychology, 85, 265-271.

Pudel, Volker (1973). Der Einfluß vorgetäuschter Kalorien auf das Sättigungsgefühl Übergewichtiger. Zeitschrift für experimentelle und angewandte Psychologie, 20(4), 653-662.

Pudel, Volker (1987). Das ABC der modernen Ernährung. essen & trinken, (10), 110.

Pudel, Volker, Metzdorff, M., & Oetting, M. (1975). Zur Persönlichkeit Adipöser in psychologischen Tests unter Berücksichtigung latent Fettsüchtiger. Zeitschrift für Psychosomatische Medizin und Psychoanalyse, 21, 345-361.

Pudel, Volker, & Westenhöfer, Joachim (1989). Fragebogen zum Eßverhalten (FEV). Handanweisung. Göttingen: Hogrefe.

Raffée, Hans (1969). Konsumenteninformation und Beschaffungsentscheidungen des privaten Haushalts. Stuttgart.

Reisenzein, Rainer (1983). The Schachter theory of emotion: Two decades later. Psychological Bulletin, 94(2), 239-264.

Rist, Gilbert (1980). Basic questions about basic human needs. In: K. Lederer (Hg.), Human needs, S. 223-253. Cambridge, MA: Oelgeschlager, Gunn & Hain.

Robbins, T.W., & Fray, P.J. (1980). Stress-induced eating: Fact, fiction or misunderstanding? Appetite, 1, 103-133.

Rodin, Judith (1973). Effects of distraction on the performance of obese and normal subjects. Journal of Comparative and Physiological Psychology, 83, 68-78.

Rodin, Judith (1975). Causes and consequences of time perception differences in overweight and normal weight people. Journal of Personality and Social Psychology, 31(5), 898-904.

Rodin, Judith (1978). Has the distinction between internal vs. external control of feeding outlived its usefulness?. In: G.A. Bray (Hg.), Recent advances in obesity research, Vol. 2, S. 75-86. London: Newman Press.

Rodin, Judith (1981). Current status of the internal-external hypothesis for obesity. What went wrong? American Psychologist, 36(4), 361-372.

Rodin, Judith (1982). Biopsychosocial aspects of self-management. In: P. Karoly, & F.H. Kanfer (Hg.), Self-management and behavior change - From theory to practice, S. 60-92. New York: Pergamon Press.

Rodin, Judith, & Slochower, Joyce (1976). Externality in the nonobese: Effects of environmental responsiveness on weight. Journal of Personality and Social Psychology, 33(3), 338-344.

Rodin, Judith, Silberstein, Lisa R., & Striegel-Moore, Ruth (1985). Women and weight: A normative discontent. In: T.B. Sonderegger (Hg.), Psychology and gender. Nebraska Symposium on Motivation 1984, S. 267-308. Lincoln, NE: University of Nebraska Press.

Roger, Derek, & Nesshoever, Willfried (1987). The construction and preliminary validation of a scale for measuring emotional control. Personality and Individual Differences, 8(4), 527-534.

Rogers, Carl R. (1961). On becoming a person. Boston: Houghton Mifflin.

Rolls, E.T. (1976). Neurophysiology of feeding. In: T. Silverstone (Hg.), Appetite and food intake, S. 21-42. Berlin: Abakon.

Rotter, Julian B. (1966). Generalized expectancies for internal versus external control of reinforcement. Psychological Monographs, 80(1), 1-28.

Rook, Dennis W. (1987). The buying impulse. Journal of Consumer Research, 14, 189-199.

Rook, Dennis W., & Hoch, Stephen J. (1985). Consuming impulses. In: E.C. Hirschman & M.B. Holbrook (Hg.), Advances in consumer research, Vol. 12, S. 23-27. Provo, UT: Association for Consumer Research.

Rosch, Eleanor (1978). Principles of categorization. In: E. Rosch, & B.B. Lloyd (Hg.), Cognition and categorization, S. 28-48. Hillsdale, NJ: Lawrence Erlbaum.

Rosenthal, Norman E., Sack, David A., Gillin, J. Christian, Lewy, Alfred J., Goodwin, Frederick K., Davenport, Yolande, Mueller, Peter S., Newsome, David A., & Wehr, Thomas A. (1984). Seasonal affective disorder. Archives of General Psychiatry, 41, 72-80.

Ross, Lee (1974). Effects of manipulating salience of food upon consumption by obese and normal eaters. In: S.S. Schachter, & J. Rodin (Hg.), Obese humans and rats, S. 43-51. Hillsdale, NJ: Lawrence Erlbaum.

Rozin, Paul, & Kalat, James W. (1971). Specific hungers and poison avoidance as adaptive specializations of learning. Psychological Review, 78(6), 459-486.

Ruderman, Audrey J. (1983). The Restraint Scale: A psychometric investigation. Behavior Research and Therapy, 21(3), 253-258.

Ruderman, Audrey J. (1985a). Dysphoric mood and overeating: A test of restraint theory's disinhibition hypothesis. Journal of Abnormal Psychology, 94(1), 78-85.

Ruderman, Audrey J. (1985b). Restraint, obesity and bulimia. Behavior Research and Therapy, 23 (2), 151-156.

Ruderman, Audrey J. (1986). Dietary restraint: A theoretical and empirical review. Psychological Bulletin, 99(2), 247-262.

Ruderman, Audrey J., & Christensen, Heidi (1983). Restraint theory and its applicability to overweight individuals. Journal of Abnormal Psychology, 92(2), 210-215.

Ruderman, Audrey J., & Grace, Pamela S. (1988). Bulimics and restraint eaters: A personality comparison. Addictive Behaviors, 13, 359-368.

Ruderman, Audrey J., Belzer, Laurie J., & Halperin, Ahouva (1985). Restraint, anticipated consumption, and overeating. Journal of Abnormal Psychology, 94(4), 457-555.

Ruderman, Audrey J., & Wilson, G. Terence (1979). Weight, restraint, cognitions, and counterregulations. Behavior Research and Therapy, 17(6), 581-590.

Rumelhart, David E. (1977). Introduction to human information processing. New York: Wiley.

Rumelhart, David E. (1984). Schemata and the cognitive system. In: R.S. Wyer Jr., & T.K. Srull (Hg.), Handbook of social cognition, Vol. 1, S. 161-188. Hillsdale, NJ: Lawrence Erlbaum.

Rumelhart, David E., & Ortony, Andrew (1977). The representation of knowledge in memory. In: R.C. Anderson, R.J. Spiro, & W.E. Montague (Hg.), Schooling and the acquisition of knowledge, S. 99-135. Hillsdale, NJ: Lawrence Erlbaum.

Russell, James A. (1980). A circumplex model of affect. Journal of Personality and Social Psychology, 39(6), 1161-1178.

Salancik, Gerald R., & Pfeffer, Jeffrey (1977). An examination of need satisfaction models of job attitudes. Administrative Science Quarterly, 22, 427-256.

Schachter, Stanley (1967). Cognitive effects on bodily functioning: Studies of obesity and eating. In: D.C. Glass (Hg.), Biology and behavior: Neurophysiology and emotion, S. 117-144. New York: Rockefeller University Press.

Schachter, Stanley (1968). Obesity and eating. Science, 161, 751-756.

Schachter, Stanley (1971). Some extraordinary facts about obese humans and rats. American Psychologist, 26, 129-144.

Schachter, Stanley, & Gross, Larry (1968). Manipulated time and eating behavior. Journal of Personality and Social Psychology, 10(2), 98-106.

Schachter, Stanley, & Rodin, Judith (1974). Obese humans and rats. Wahington D.C.: Erlbaum/ Halsted.

Schachter, Stanley, & Singer, Jerome E. (1962). Cognitive, social, and physiological determinants of emotional state. Psychological Review, 69(5), 379-399.

Schachter, Stanley, Goldman, Ronald, & Gordon, Andrew (1968). Effects of fear, food deprivation, and obesity on eating. Journal of Personality and Social Psychology, 10(2), 91-97.

Schafer, Robert B., & Yetley, Elizabeth A. (1975). Social psychology of food faddism. Journal of the American Dietetic Association, 66, 129-133.

Schank, Roger C., & Abelson, Roger P. (1977). Scripts, plans, goals, and understanding: An inquiry into human knowledge structures. Hillsdale, NJ: Lawrence Erlbaum.

Scheier, Michael F., & Carver, Charles S. (1982). Cognition, affect, and self-regulation. In: M.S. Clark, & S.T. Fiske (Hg.), Affect and cognition, S. 157-183. Hillsdale, NJ: Lawrence Erlbaum.

Scheier, Michael F., Weintraub, Jagdish Kumari, & Carver, Charles S. (1986). Coping with stress: Divergent strategies of optimists and pessimists. Journal of Personality and Social Psychology, 51(6), 1257 - 1264.

Schenk, Carolyn T., & Holman, Rebecca H. (1980). A sociological approach to brand choice: The concept of situational self image. In: J.C. Olson (Hg.), Advances in consumer research, Vol. 7, S. 610-614. Ann Arbor, MI: Association for Consumer Research.

Scherer, Klaus R. (1984a). On the nature and function of emotion: A component process approach. In: K. R. Scherer, & P. Ekman (Hg.), Approaches to emotion, S. 293-317. Hillsdale, NJ: Lawrence Erlbaum.

Scherer, Klaus R. (1984b). Emotion as a multicomponent process. In: P. Shaver (Hg.), Review of personality and social psychology: Emotions, relationships, and health, S. 37-63. Beverly Hills, CA: Sage.

Scherer, Klaus R., & Ekman, Paul (Hg.) (1984). Approaches to emotion. Hillsdale, NJ: Lawrence Erlbaum.

Scherhorn, Gerhard (1959). Bedürfnis und Bedarf. Sozialökonomische Grundbegriffe im Lichte der neueren Anthropologie. Berlin: Duncker & Humblot.

Scherhorn, Gerhard (1974). Gibt es eine Hierarchie der Bedürfnisse? In: B. Biervert, K.-H. Schaffartzik, & G. Schmölders (Hg.), Konsum und Qualität des Lebens, S. 291-303. Opladen: Westdeutscher Verlag.

Scherhorn, Gerhard, & Grunert, Susanne C. (1988). Using the causality orientations concept in consumer behaviour research. In: P. Vanden Abeele (Hg.), Psychology in micro & macro economics, Vol. 2, Proceedings of the 13th Annual Colloquium of the International, Association for Research in Economic Psychology. Leuven: Katholieke Universiteit Leuven.

Scherhorn, Gerhard, Grunert, Susanne C., Kaz, Karl, & Raab, Gerhard (1988). Kausalitätsorientierungen und konsumrelevante Einstellungen. Bericht über die erste Phase des Forschungsprojektes "Konsumentenverhalten und postmaterielle Werthaltungen" Stuttgart: Universität Hohenheim, Lehrstuhl für Konsumtheorie und Verbraucherpolitik.

Scherhorn, Gerhard, Reisch, Lucia, & Raab, Gerhard (1990). Kaufsucht. Bericht über eine empirische Untersuchung. Arbeitspapier. Stuttgart: Universität Hohenheim, Lehrstuhl für Konsumtheorie und Verbraucherpolitik.

Schlundt, David G., & Zimering, Rose (1988). The Dieter's Inventory of Eating temptations: A measure of weight control competence. Addictive Behaviors, 13, 151-164.

Schmidt-Atzert, Lothar (1981). Emotionspsychologie. Stuttgart: Kohlhammer.

Schneider, Walter, & Fisk, A.D. (1982). Degree of consistent training: Improvements in search performance and automatic process development. Perception & Psychophysics, 31, 160-168.

Schneider, Walter, & Shiffrin, Richard M. (1977). Controlled and automatic human information processing: I. Detection, search, and attention. Psychological Review, 84, 1-66.

Schoenthaler, S.J., Amos, S.P., Doraz, W.E., Kelly, M.A., & Wakefield, J. (1991a). Controlled trial of vitamin-mineral supplementation on intelligence and brain function. Personality and Individual Differences, 12, 343-350.

Schoenthaler, S.J., Amos, S.P., Eysenck, H.J., Peritz, E., & Yudkin, J. (1991b). Controlled trial of vitamin-mineral supplementation: Effects on intelligence and performance. Personality and Individual Differences, 12, 351-362.

Schwarz, Norbert (1985). Theorien konzeptgesteuerter Informationsverarbeitung in der Sozialpsychologie. In: D. Frey, & M. Irle (Hg.), Theorien der Sozialpsychologie, Band 3: Motivations- und Informationsverarbeitungstheorien, S. 269-291. Bern: Huber.

Schwarz, Norbert (1987). Stimmung als Information. Untersuchungen zum Einfluß von Stimmungen auf die Bewertung des eigenen Lebens. Berlin: Springer.

Schwarz, Norbert, & Clore, Gerald L. (1983). Mood, misattribution, and judgments of well-being: Informative and directive functions of affective states. Journal of Personality and Social Psychology, 45, 513-523.

Schwarzer, Alice (Hg.) (1986). Durch dick und dünn. Ein Emma-Buch. Reinbek: Rowohlt.

Schwartz, Barry (1967). The social psychology of the gift. American Journal of Sociology, 73, 1-11.

Schwartz, Marvin (1980). Physiologische Psychologie. Weinheim & Basel: Beltz.

Scitovsky, Tibor (1976). The joyless economy. An inquiry into human satisfaction and consumer dissatisfaction. Oxford: Oxford University Press. (deutsch 1977, Psychologie der Wohlstandsgesellschafts, Frankfurt/M.: Campus).

Scott, E.M., & Quint, Eleanor (1946). Self selection of diet. III. Appetites for B vitamins. Journal of Nutrition, 32, 285-292.

Seiffge-Krenke, Inge, & Todt, Eberhardt (1977). Motiv und Motivation im Bereich der Persönlichkeitsforschung. In: E. Todt (Hg.), Motivation, S. 148-198. Heidelberg: Quelle & Meyer.

Seligman, Martin E.P. (1975). Helplessness: On depression, development, and death. San Francisco, CA: Freeman.

Selye, Hans (1958). Streß beherrscht unser Leben. Düsseldorf: Econ.

Selye, Hans (1980). The stress concept today. In: J.L. Kutash, & L.B. Schlesinger (Hg.), Handbook on stress and anxiety, S. 124-143. San Francisco: Jossey Bass.

Selz, Otto (1913). Über die Gesetze des geordneten Denkverlaufs. Stuttgart: Spemann.

Selz, Otto (1922). Zur Psychologie des produktiven Denkens und des Irrtums. Bonn: Cohen.

Sharma, K.N., Anand, B.K., Dua, S., & Singh, B. (1961). Role of stomach in regulation of activities of hypothalamic feeding centers. American Journal of Physiology, 201(4), 593-598.

Sherif, Muzafer, & Sherif, Carolyn W. (1969). Social psychology. New York: Harper & Row.

Simon, Herbert A. (1967). Motivational and emotional controls of cognition. Psychological Review, 74(1), 29-39.

Simonov, Pavel (1970). The information theory of emotion. In: M.B. Arnold (Hg.), Feelings and emotions, S. 145-149. New York: Academic Press.

Sims, E.A.H., Danforth, E., Horton, E.S., Bray, G.A., Glennon, J.A., & Salans, L.B. (1973). Endocrine and metabolic effects of experimental obesity in man. Recent Progress in Hormonal Research, 29, 457-496.

Singh, Devendra (1973). Role of response habits and cognitive factors in determination of behavior of obese humans. Journal of Personality and Social Psychology, 27(2), 220-238.

Slochower, Joyce (1976). Emotional labeling and over-eating in obese and normal weight individuals. Psychosomatic Medicine, 38, 131-139.

Slochower, Joyce, & Kaplan, Sharon P. (1980). Anxiety, perceived control, and eating in obese and normal weight persons. Appetite, 1(1), 75-84.

Slochower, Joyce, & Kaplan, Sharon P. (1983). Effects of cue salience and weight on responsiveness to uncontrollable anxiety. In: J. Slochower (Hg.), Excessive eating, S. 68-74. New York: Human Sciences Press.

Slochower, Joyce, Kaplan, Sharon P., & Mann, L. (1981). The effects of life stress and weight on mood and eating. Appetite, 2, 115-125.

Smith, Andrew, Leekam, Susan, Ralph, Anne, & McNeill, Geraldine (1988). The influence of meal composition on post-lunch changes in performance efficiency and mood. Appetite, 10(3), 195-203.

Snyder, Mark, & Uranowitz, Seymour W. (1978). Reconstructing the past: Some cognitive consequences of person perception. Journal of Personality and Social Psychology, 36(9), 941-950.

Spencer, John A., & Fremouw, William J. (1979). Binge eating as a function of restraint and weight classification. Journal of Abnormal Psychology, 3, 262-267.

Speisman, Joseph C., Lazarus, Richard S., Mordkoff, Arnold, & Davison, Les (1964). Experimental reduction of stress based on ego-defense theory. Journal of Abnormal and Social Psychology, 68(4), 367-380.

Spiegel, Teresa A. (1973). Caloric regulation of food intake in man. Journal of Comparative and Physiological Psychology, 84(1), 24-37.

Spies, Kordelia, & Hesse, Friedrich W. (1986). Interaktion von Emotion und Kognition. Psychologische Rundschau, 37, 75-90.

Spillman, Diana (1990). Survey of food and vitamin intakes responses reported by university students experiencing stress. Psychological Reports, 66, 499-502.

Spitzer, Lynn, Marcus, Janice, & Rodin, Judith (1980). Arousal-induced eating: A response to Robbins and Fray. Appetite, 1(4), 343-348.

Spring, Bonnie, Chiodo, June, & Bowen, Deborah J. (1987). Carbohydrates, tryptophan, and behavior: A methodological review. Psychological Bulletin, 102(2), 234-256.

Stellar, Eliot (1954). The physiology of motivation. Psychological Review, 61(1), 5-22.

Stellar, Eliot (1967). Hunger in man: Comparative and physiological studies. American Psychologist, 22(2), 105-117.

Stern, Hawkins (1962). The significance of impulse buying today. Journal of Marketing, 26(April), 59-62.

Straumann, Timothy J., & Higgins, E. Tory (1987). Automatic activation of self-discrepancies and emotional syndromes: When cognitive structures influence affect. Journal of Personality and Social Psychology, 53(6), 1004-1014.

Stricker, Edward M., & Wolff, George (1967). Hypovolemic thirst in comparison with thirst induced by hyperosmolarity. Physiology and Behavior, 2(1), 33-37.

Striegel-Moore, Ruth, McAvay, Gail, & Rodin, Judith (1986). Psychological and behavioral correlates of feeling fat in women. International Journal of Eating Disorders, 5(5), 935-947.

Strongman, Kenneth T. (1978). The psychology of emotion, 2nd ed. Chichester: Wiley.

Strube, Gerhard (1984). Assoziation - Der Prozeß des Erinnerns und die Struktur des Gedächtnisses. Berlin: Springer.

Stunkard, Albert J. (1975). Obesity and the social environment. In: A. Howard (Hg.), Recent advances in obesity research, Vol. 1, pp. 178-190. London: Newman.

Stunkard, Albert J., & Fox, Sonja (1971). The relationship between gastric motility and hunger: A summary of the evidence. Psychosomatic Medicine, 33(2), 123-134.

Stunkard, Albert J., & Koch, C. (1964). The interpretation of gastric motility: I. Apparent bias in the reports of hunger by obese persons. Archives of General Psychiatry, 11, 74-82.

Stunkard, Albert J., & Messick, Samuel (1985). The three-factor eating questionnaire to measure dietary restraint, disinhibition, and hunger. Journal of Psychosomatic Research, 29(1), 71-83.

Stunkard, Albert J., Coll, Milton, Lundquist, Sara, & Meyers, Andrew (1980). Obesity and eating style. Archives of General Psychiatry, 37(10), 1127-1129.

Sypher, Howard E., Davenport Sypher, Beverly, & Haas, John W. (1988). Getting emotional. The role of affect in interpersonal communication. American Behavioral Scientist, 31(3), 372-383.

Taylor, Shelley E., & Crocker, Jennifer (1981). Schematic bases of social information processing. In: E.T. Higgins, C.P. Herman, & M.P. Zanna (Hg.), Social cognition. The Ontario Symposium Vol. 1, S. 39-88. Hillsdale, NJ: Lawrence Erlbaum.

Teuteberg, Hans-Jürgen (1979). Die Ernährung als psychosoziales Phänomen. Überlegungen zu einem verhaltenstheoretischen Bezugsrahmen. Hamburger Jahrbuch für Wirtschafts- und Gesellschaftspolitik, 24, 263-282.

Thayer, Robert E. (1967). Measurement of activation through self-report. Psychological Reports, 20, 663-678.

Thiele-Wittig, Maria (1970). Verbraucherverhalten und Nachfrage nach Nahrungsmitteln. In: Agrarwirtschaft - Zeitschrift für Betriebswirtschaftslehre, Marktforschung und Agrarpolitik, Sonderheft 42. Hannover: Strothe.

Thoits, Peggy A. (1984). Coping, social support, and psychological outcomes. In: P. Shaver (Hg.), Review of personality and social psychology: Emotions, relationships, and health, S. 219-238. Beverly Hills, CA: Sage.

Thorndyke, Perry W., & Hayes-Roth, Barbara (1979). The use of schemata in the acquisition and transfer of knowledge. Cognitive Psychology, 11, 82 - 106.

Thorndyke, Perry W., & Yekovich, Frank R. (1980). A critique of schema-based theorie of human story memory. Poetics, 9, 23-49.

Tiggemann, M., & Pennington, B. (1990). The development of gender differences in body size dissatisfaction. Australian Journal of Psychology, 25, 306-313.

Toda, Masanao (1980). Emotion and decision making. Acta Psychologica, 45, 133-155.

Tolksdorf, Ulrich (1972). Ein systemtheoretischer Ansatz in der ethnologischen Nahrungsforschung. Kieler Blätter zur Volkskunde, 4, 55-72.

Tolman, Edward C. (1941). Motivation, learning, and adjustment. Proceedings of the American Philosophical Society, 84, 543-563.

Tolman, Edward C. (1951). A psychological model. In: T. Parsons, & E.A. Shils (Hg.), Toward a general theory of action, S. 279-364. New York: Harper & Row.

Tomarken, Andrew J., & Kirschenbaum, Daniel S. (1984). Effects of plans for future meals on counterregulatory eating. Journal of Abnormal Psychology, 93(4), 458-472.

Tomelleri, R., & Grunewald, K.K. (1987). Menstrual cycle and food cravings in young college women. Journal of the American Dietetic Association, 87, 311-315.

Tomkins, Silvan S. (1962). Affect, imagery, consciousness 1: The positive affects. New York: Springer.

Tracy, Lane (1986). Toward an improved need theory: In response to legitimate criticism. Behavioral Science, 31(3), 205-218.

Trémolières, J. (1972). A proposed scheme of food behaviour. Bibliotheca Nutritio et Dieta, 17, 144-153.

Twigg, Julia (1983). Vegetarianism and the meanings of meat. In: A. Murcott (Hg.), The sociology of food and eating. Essays on the sociological significance of food, S. 18-30. Aldershot: Gower.

Underwood, B., Moore, B.S., & Rosenhan, D.L. (1973). Affect and self-gratification. Developmental Psychology, 8, 209-214.

van Raaij, W. Fred (1984). Een model van het voedingsgedrag. Voeding, 45(11), 376-382.

van Strien, Tatjana, Frijters, Jan E.R., Bergers, Gerald P.A., & Defares, Peter B. (1984). The Dutch Eating Behavior Questionnaire (DEBQ): Assessment of restrained eating, emotional eating and external eating. Rapport Nr. 0-1185, Wageningen: Landbouwhogeschool, Vakgroep Humane Voeding.

van Strien, Tatjana, Frijters, Jan E.R., Roosen, René G.F.M., Knijman-Hijl, Wil J.H., & Defares, Peter B. (1985). Eating behavior, personality traits and body mass in women. Addictive Behaviors, 10, 333-343.

van Strien, Tatjana, Frijters, Jan E.R., Bergers, Gerald P.A., & Defares, Peter B. (1986a). The Dutch Eating Behavior Questionnaire for the assessment of restrained, emotional, and external eating behavior. International Journal of Eating Disorders, 5(2), 295-315.

van Strien, Tatjana, Frijters, Jan E.R., Van Staveren, Wija A., Defares, Peter B., & Deurenberg, Paul (1986b). The predictive validity of the Dutch restrained scale. International Journal of Eating Disorders, 5(4), 747-755.

Wächter, Susanne C. (1982). Tropische Knollen- und Rhizompflanzen als Kohlehydrat-lieferanten und ihre ernährungsphysiologische Bedeutung. Diplomarbeit, Universität Bonn.

Wächter, Susanne C. (1986). Ernährungsverhalten und Selbst-Aktualisierung. Arbeitspapier. Stuttgart: Universität Hohenheim, Lehrstuhl für Konsumtheorie und Verbraucherpolitik.

Wahba, Mahmoud A., & Bridwell, Lawrence G. (1976). Maslow reconsidered: A review of research on the need hierarchy theory. Organizational Behavior and Human Performance, 15, 212-240.

Wallbott, Harald G. (1986). Zur relativen Bedeutung von mimischem Verhalten und Situationsinformationen im Erkennen von Emotionen. Archiv für Psychologie, 138(4), 211-231.

Wardle, Jane (1980). Dietary restraint and binge eating. Behavioural Analysis and Modification, 4, 201-209.

Wardle, Jane (1986). The assessment of restrained eating. Behavior Research and Therapy, 24(2), 213-215.

Wardle, Jane, & Beales, Sally (1988). Control and loss of control over eating: An experimental investigation. Journal of Abnormal Psychology, 97(1), 35-40.

Warner, W. Lloyd (1953). American life: Dream and reality. Chicago: University of Chicago Press.

Warr, Peter, Barter, Joanna, & Brownbridge, Garry (1983). On the independence of positive and negative affect. Journal of Personality and Social Psychology, 44(3), 644-651.

Wasson, Chester R. (1975). Consumer behavior: A managerial viewpoint. Austin, TX: Lone Star.

Weinberg, Peter (1981). Das Entscheidungsverhalten der Konsumenten. Paderborn: Schöningh.

Weinberg, Peter (1986). Nonverbale Marktkommunikation. Heidelberg: Physica.

Weinberg, Peter, & Gottwald, Wolfgang (1982). Impulsive consumer buying as a result of emotions. Journal of Business Research, 10(1), 43-58.

Weiner, Bernard (1986). Attribution, emotion, and action. In: R.M. Sorrentino, & E.T. Higgings (Hg.), Handbook of motivation and cognition. Foundations of social behavior, S. 281-312. Chichester: Wiley.

Weinert, Franz (1965). Hunger und Durst. In: H. Thomae (Hrsg.), Handbuch der Psychologie, Band 2, Allgemeine Psychologie, II. Motivation, S. 465-512. Göttingen: Hogrefe.

Wessels, Michael G. (1984). Kognitive Psychologie. New York: Harper & Row.

West, John C. (1951). Results of two years of study into impulsive buying. Journal of Marketing, 15(January), 362-363.

Westenhöfer, J., Pudel, V., Maus, N., & Schlaf, G. (1987). Das kollektive Diätverhalten deutscher Frauen als Risikofaktor für Eßstörungen. Aktuelle Ernährungsmedizin, 12, 154-159.

Westerterp, K.R., Nicolson, N.A., Boots, J.M.J., Mordant, A., & Westerterp, M.S. (1988). Obesity, restrained eating and the cumulative intake curve. Appetite, 11, 119-128.

Wiegelmann, Günther (1967). Alltags- und Festspeisen. Wandel und gegenwärtige Stellung. Marburg.

Wierenga, Berend (1983). Model and measurement methodology for the analysis of consumer choice of food products. Journal of Food Quality, 6, 119-137.

Willenbring, Mark L., Levine, Allen, S., & Morley, John E. (1986). Stress induced eating and food preference in humans: A pilot study. International Journal of Eating Disorders, 5(5), 855-864.

Williams, Alison, Spencer, Christopher P., & Edelmann, Robert J. (1987). Restraint theory, locus of control, and the situational analysis of binge eating. Personality and Individual Differences, 8(1), 67-74.

Williams, Rickey L. (1987). Use of the Eating Attitudes Test and Eating Disorder Inventory in adolescents. Journal of Adolescent Health Care, 8, 266-272.

Williams, Rickey L., Schaefer, Catherine A., Schisslak, Catherine M., Gronwaldt, Virginia H., & Comerci, George D. (1986). Eating attitudes and behavior in adolescent women: Discrimination of normals, dieters and suspected bulimics using the Eating Attitudes Test and Eating Disorder Inventory. International Journal of Eating Disorders, 5(5), 879-894.

Wiswede, Günther (1973). Motivation und Verbraucherverhalten, 2. Aufl. München: Vahlen.

Wolff, F.W. (1976). Peripheral and hormonal mechanisms, group report. In: T. Silverstone (Hg.), Appetite and food intake, Report of the Dahlem Workshop, S. 219-227. Berlin: Abakon.

Woods, Walter E. (1960). Psychological dimensions of consumer decision. Journal of Marketing, 24(1), 15-19.

Woods, Stephen C., Vaselli, Joseph R., Kaestner, Elizabeth, Szakmary, Gary A., Milburn, Peter, & Vitiello, Michael V. (1977). Conditioned insulin secretion and meal feeding in rats. Journal of Comparative and Physiological Psychology, 91(1), 128-133.

Wooley, O. Wayne (1971). Long-term food regulation in the obese and nonobese. Psychosomatic Medicine, 33, 436.

Wooley, O. Wayne, & Wooley, Susan C. (1982). The Beverly Hills eating disorder: The mass marketing of anorexia nervosa. International Journal of Eating Disorders, 1(3), 57-69.

Wooley, Susan C. (1972). Physiologic versus cognitive factors in short-term food regulation in the obese and non-obese. Psychosomatic Medicine, 34, 62-68.

Wundt, Wilhelm (1911). Grundzüge der physiologischen Psychologie. Leipzig: Wilhelm Engelmann.

Wurtman, Richard J. (1982). Nutrients that modify brain function. Scientific American, 246(4), 42-51.

Wyer, Robert S., & Srull, Thomas K. (1980). Category accessibility: Some theoretical and empirical issues concerning the processing of social information. In: E.T. Higgins, C.P.

Herman, & M.P. Zanna (Hg.), Social cognition. The Ontario Symposium, Vol. 1. Hillsdale, NJ: Lawrence Erlbaum.

Yudkin, J. (1944). The nutritional status of Cambridge school-children. British Journal of Medicine, 57, 201-205.

Yudkin, J. (1991). Intelligence of children and vitamin-mineral supplements: the DRF study. Discussion, conclusion and consequences. Personality and Individual Differences, 12, 363-365.

Young, Paul Thomas (1933). Food preferences and the regulation of eating. Journal of Comparative Psychology, 15, 167-176.

Young, Paul Thomas (1952). The role of hedonic processes in the organization of behavior. Psychological Review, 59(4), 249-262.

Young, Paul Thomas (1957). Psychologic factors regulating the feeding process. American Journal of Clinical Nutrition, 5, 154-161.

Young, Paul Thomas (1959). The role of affective processes in learning and motivation. Psychological Review, 66, 104-125.

Young, Paul Thomas (1961). Motivation and emotion. A survey of determinants of human and animal activity. New York: Wiley.

Young, Paul Thomas (1966). Hedonic organization and regulation of behavior. Psychological Review, 73(1), 59-86.

Young, Paul Thomas, & Shuford, E.H. (1954). Intensity, duration and repetition of hedonic processes as related to the acquisition of motives. Journal of Comparative and Physiological Psychology, 47, 298-305.

Younger, Jonathan C., & Pliner, Patricia (1976). Obese-normal differences in the self-monitoring of expressive behavior. Journal of Research in Personality, 10, 112-115.

Zajonc, Robert B. (1980). Feeling and thinking: Preferences need no inferences. American Psychologist, 35, 151-175.

Zillman, Dolf, & Bryant, Jennings (1985). Affect, mood, and emotion as determinants of selective exposure. In: D. Zillman, & J. Bryant (Hg.), Selective exposure to communication, S. 157-190. Hillsdale, NJ: Lawrence Erlbaum.

Zillman, Dolf, Hezel, Richard Y., & Medoff, Norman J. (1980). The effect of affective states on selective exposure to televised entertainment fare. Journal of Applied Social Psychology, 10, 323-339.

Zimbardo, Philip G. (1983). Psychologie. Berlin: Springer.

Autorinnenverzeichnis

Abbey: 161, 162
Abele: 196
Abelson: 184, 188, 191, 224
Abramson, E.E.: 61, 63, 64, 70
Abramson, L.Y.: 119
Adams: 79, 80
Aiken: 63, 67, 98, 101, 119
Ajzen: 24
Alderfer: 33, 36, 37, 38
Allport: 163
Anderson, D.F.: 103, 106, 113
Anderson, J.R.: 182, 192
Andrews: 161, 162
Antelmann: 87
Appley: 58
Arieti: 134
Arnkoff: 167
Arnold: 118, 138, 144-147, 149, 168, 185, 213
Ashley: 127
Assael: 88
Averill: 118, 123, 138, 149-151, 153

Babcock: 49, 56, 221
Bäuml: 9
Bahn: 46
Bandura: 85, 185
Barclay: 191
Bargh: 191, 202
Barnes, M.J.: 85
Barnes, T.R.: 85
Barter: 161, 162
Bartlett: 183, 184, 187, 214
Baucom: 63, 67, 98, 101, 119
Beales: 98, 101
Beauchamp: 17
Becker: 65
Belding: 10
Belk: 46
Bellenger: 75, 88, 89
Belzer: 99
Bem, D.L.: 171
Bem, S.L.: 193, 224
Benesch: 142, 143
Bennett: 49
Benton: 128
Berlyne: 123
Bernard: 7
Bernhardt: 128
Birnbacher: 32, 33
Björvell: 103, 106, 113
Black: 188, 219
Blackwell: 24
Blanchard, F.: 109, 111
Blanchard, D.C. : 144
Blanchard, R.J. : 144
Bland: 66, 125
Blankstein: 65, 70
Bless: 208
Bobrow: 185
Bolles: 71
Bond: 170, 180
Booth: 11, 15
Bottenberg: 133
Boucher: 205
Bourdieu: 44
Bowen: 126, 127, 129
Bower: 144, 165, 166, 182, 184, 188, 196, 198, 219, 224
Bradburn: 161
Brandstätter: 162
Bransford: 193-194
Bray: 11, 109
Brehm: 127, 196, 198
Brewer: 185
Bridges: 144
Bridwell: 33, 37
Brobeck: 11
Brownbridge: 161-162
Bruch: 18, 77, 221
Bryant: 171
Burns: 104
Buss: 104
Buts: 128
Buzcek: 73

Cabanac: 86
Campbell: 83
Cannon: 7, 10, 59, 134, 144, 151, 154
Carlisle: 17
Carlson: 59
Carr: 135
Carroll: 158

Carver: 167, 169, 177-181
Cecil: 45
Chamberlain: 66
Cheung: 79, 85
Chew: 125, 127
Chiodo: 126, 127, 129
Chollar: 126, 127
Christensen: 97, 99, 102, 111, 127
Cialdini: 170
Clark, L.A.: 162-164
Clark, M.S.: 138, 170, 181, 196
Clore: 162, 168, 169, 224
Clotz: 82
Clover: 88
Clynes: 134
Cofer: 58
Cohen: 127, 196, 198
Coll: 79, 80
Collins: 168, 169, 224
Conger: 170, 180
Conrad: 61
Corbett: 28, 95
Costa: 161, 162
Costello: 119
Coyne: 151
v. Cranach: 182
Crocker: 191-194, 198, 222
Cummins: 10
Cunningham: 164, 208

Dabbs: 124
Dalton: 125
Darwin: 144, 151
Daubmann: 205
Davidson: 144
Davis, C.M.: 14, 15
Davis, J.D.: 11
Day: 49
Deci: 223
DeMoss: 170-172
Desor: 103, 109
Deutsch: 8
Dichter: 46
Diehl: 21-24, 41, 60, 77, 95, 119, 126, 128
Diener: 66, 162
Dörner: 168, 196, 208, 213
Drewnowski: 103, 105, 109
Droppleman: 66
Duffy: 133, 135, 144
Dunn: 73, 75
Dykens: 103, 106

Eco: 47
Edelman: 104
Ehrhardt: 8, 9, 18
Ekman: 138, 144, 166
Elias: 44
Ellsworth: 164
Engel: 24
Ernährungsbericht: 65
Ewert: 133, 138, 142, 143
Eysenck: 128

Fazio: 203
Fenigstein: 104, 170
Fernstrom: 126
Festinger: 148
Fischler: 45
Fishbein: 24
Fisk: 202
Fiske: 191, 196, 222
Flett: 66, 223
Folkman: 150-152, 169, 172, 174,176, 179, 180, 205
Fox, N.A.: 144
Fox, S.: 10, 81
Fray: 86, 123
Frederick: 184
Fremouw: 98, 103
Freud: 92
Friesen: 138
Frijda: 158-160, 166, 169, 185, 198, 224
Fröhlich: 7, 9, 32, 33, 88, 138, 139, 142, 143
Frost: 63, 65, 98, 101, 109, 111, 112

Gal: 123
Galef: 15
Ganley: 61, 72, 74, 75, 103, 105, 113
Gardner, B.B.: 46
Gardner, M.P.: 92, 170
Garner: 73
Gelenberg: 127
Gerrard: 103, 106
Gibson: 127

Gilligan: 144
Glatzel: 17
Glatzer: 161
Gniech: 148
Goffman: 46
Golden: 73
Goldman: 64-66, 69, 77-79, 82, 122
Gordon: 64-66, 69, 82, 122
Gottwald: 89
Grabitz: 148
Grace: 103, 106
Graf: 65
Grauer: 70, 120
Graumann: 183, 201
Greenfeld: 103, 106, 120
Grinker: 79, 80
Gross: 79
Grossman: 10
Grunberg: 67, 125
Grunert, K.G.: 202
Grunert, S.C.: 73, 75, 91, 95, 103-106, 113, 120, 203, 223
Grunewald: 125
Gurr: 95

Habermas: 104, 221
Hall, D.T.: 37
Hall, E.T.: 46
Halperin: 99
Hamill: 203, 210
Hamilton: 166, 169, 182, 208
Harlow: 151
Harmatz: 73
Harper: 11
Harris: 223
Hartog: 49
Hasher: 205
Hashim: 83
Hastie: 185, 186, 192
Hayes-Roth: 185
Headen: 66
Heatherton: 101-102, 116
Heller: 33
Herkner: 148
Herman: 28, 31, 63-65, 67, 69, 84, 87, 93, 95, 97, 99, 101-104, 107, 109, 110, 115-118, 120, 216
Hermann: 32-33
Hesse: 144, 197
Hezel: 205
Hibscher: 97-99, 103
Higgins: 197
Hilgard: 92, 165
Hills: 120
Hirsch: 94
Hirschman, A.O.: 42, 170
Hirschman, E.C.: 46-48, 88
Hoch: 89-91
Hochschild: 170, 171
Holbrook: 46, 47
Holman: 46, 48
Hondrich: 33, 34, 36, 38
Hopkinson: 125
Howard: 134
Huber: 128, 166
Hull: 170, 180, 223

Inglefinger: 10
Inhelder: 184, 220
Isen: 138, 162, 170, 181, 197, 205, 208
Itallie: 83
Ivy: 10
Izard: 133, 144, 154, 157-159, 166, 171, 198

Jacobs: 11
Jaffa: 77, 78
James: 144, 147, 154
Janis: 124
Janowitz: 81
Jelliffe: 51, 54, 56
Johnson: 109, 111, 193-194

Kagan: 89, 166
Kahnemann: 194
Kalat: 86
Kanfer: 167
Kanner: 150-152
Kanouse: 79, 80
Kant: 183
Kaplan, H.J.: 16, 61, 64
Kaplan, H.S.: 16, 61, 64
Kaplan, S.P.: 61, 63, 122, 123
Karoly: 167
Katona: 88

Katz, D.: 19
Katz, M.N.: 128
Kaufman: 49, 50, 56
Kaye: 124
Keele: 182, 220
Keesey: 28, 29, 95
Kennedy: 11
Kerr: 73
Kihlstrom: 198
Kirschenbaum: 99, 100
Kirschner: 124
Kirtland: 95
Klages: 33
Kleck: 171
Kleifield: 103
Kleinginna, A.M.: 133, 134, 137
Kleinginna, P.R.: 133, 134, 137
Kleinspehn: 5
Klinger: 138
Knittle: 94
Koch: 77
Korgaonkar: 75, 89
Kozlowski: 79, 81
Kraly: 7
Kroeber-Riel: 89
Krumbacher: 59, 74, 75
Kubala: 128
Kuhl: 162
Kunz: 85
Kutsch: 44

Lake: 109, 111
Landon: 48
Lang: 197
Lange: 144, 147
Lantermann: 169, 196-197
Larsen: 66
Lashley: 198
Lazarus: 58, 138, 149-153, 166, 167, 169, 172-181, 213
Lederer: 33, 38
LeDoux: 196, 198
Lee: 48
Leeper: 135, 151, 197
Lehnert: 127
Leitzmann: 17
Leon: 66
Leventhal: 133, 135, 142-144, 154, 155, 169, 181, 213
Levine: 68, 125
Lévi- Strauss: 43, 52
Levy: 46, 47, 52-54
Lewis: 196
Lieberman: 125-127
Lieblich: 127
Lindsay: 165
Lindsley: 144
Logan: 202
Lorr: 66
Lowe: 98, 101, 103, 109, 113, 115
Lundholm: 103, 106, 113
Lyman: 67, 125
Lückert: 35

Macdonald: 10
Mack: 84, 95, 97-99, 102, 109, 115
Mackie: 208
Mahan: 109, 111
Mahoney: 167
Mandl: 166
Mann: 61
Mano: 208
Manstead: 172
Marañon: 147
March: 59, 68, 86, 125
Marcus: 123
Marcuse: 33
Markus: 192, 203, 210, 224
Marshall: 87
Maslow: 33, 36, 37, 38, 45, 163
Mauss: 44
Maycock: 98, 101, 113
Mayer, J.: 11, 78
Mayer, J.D.: 223
Mayer, R.N.: 46
McAvay: 70, 75, 103, 104
McCrae: 161, 162, 174
McKenna: 61, 63, 64, 66, 67, 79, 80, 122
McKennell: 161, 162
McKenzie: 51, 56
McLean: 170
McNair: 66
Meadowcroft: 171
Means: 205

Medoff: 205
Mehrabian: 66, 74, 223
Menger: 32-34
Mennell: 44
Menzies: 30
Messick: 74, 75, 103, 105, 112, 113
Metropolitan: 62, 69, 94
Metzdorff: 112
Meyer, J.E.: 59, 74, 75, 112
Meyer, M.F.: 133
Meyer, P.: 65, 70
Meyer-Abich: 33, 36
Meyers: 79, 80
Miall: 222
Michalson: 196
Mick: 46-48, 170-172
Miller, J.G.: 8, 34, 42, 156, 157, 168
Miller, L.C.: 104
Miniard: 24
Minsky: 185
Monello: 78
Moore: 205, 223
Morgan: 15
Morley: 68, 125
Morris: 167, 170
Moser: 33
Muller: 88
Murphy: 104
Murray: 31, 33, 36, 39, 40

Naismith: 128
Nakamura: 185
Neisser: 184, 188, 192, 220
Nesshoever: 66
Newell: 185
Niebel: 120
Nisbett: 29, 78-80, 82, 94, 95, 112
Norman: 165, 182-183, 185
Northway: 128, 184
Nougaim: 37
Novin: 11
Nowicki: 205

Ochsenbein: 182
Oetting: 112
Olmstead: 73, 87
Ondercin: 73, 75
O'Neil: 74, 75
Opton: 118, 138, 149-151, 153
Orbach: 120
O'Reilly: 66
Ortony: 168, 169, 187, 190, 195, 224
Osgood: 46, 142, 205

Papez: 146
Parkes: 179
Pavelchak: 196
Pearlin: 167, 173, 175
Pearson, L. : 120
Pearson, L.R.: 120
Pennington: 120
Peterson: 66
Pfaffmann: 85
Pfeffer: 33
Pfeifer: 208, 213
Piaget: 184, 220
Pine: 63, 65, 70
Pines: 123
Piron: 89
Platon: 165
Pliner: 63, 65, 68, 70, 79, 80, 82, 87
Plutchik: 74, 133, 134, 144, 151
Polivy: 28, 31, 63-65, 67, 69, 73, 84, 87, 93, 95, 97-99, 101, 102, 104, 107, 109, 110, 115-118, 120, 216,
Posner: 182, 191, 202, 220
Powley: 85, 95
Price: 79, 80
Pudel: 82, 112, 113, 117, 120

Quint: 15

Raab: 221
van Raaij: 24, 25, 28
Raffée: 88
Reilly: 167, 170
Reisch: 221
Reisenzein: 149
Riccioni: 74
Riskey: 103, 109
Rist: 33
Robbins: 73, 86, 123
Roberts: 128
Robertson: 88

Rodin: 60, 70, 75, 77, 79-81, 85, 87, 103, 104, 123, 167, 221
Rössner: 103, 113
Roger: 66
Rogers: 163
Rolls: 86
Rook: 75, 89-92, 170
Rosch: 185, 191
Rosenhan: 205
Rosenthal: 125
Ross: 79
Roth: 66
Rotter: 152
Rozin: 86
Ruderman: 60, 94, 97, 99-104, 109, 111, 112, 115
Rumelhart: 182, 183, 184, 187-195
Ryan: 223

v. **S**aalfeld, H.: 142
v. Saalfeld, K.: 142
Salancik: 33
Salovey: 223
Schachter: 62-66, 69, 70, 76-78, 81, 82, 94, 101, 116, 117, 147-149, 154, 213
Schafer: 21, 22
Schank: 184, 188, 224
Scheier: 104, 167, 169, 177-181
Schenk: 48
Scherer: 144, 157, 165, 166, 169
Scherhorn: 32, 33, 35-37, 59, 221, 223
Schlottke: 70, 120
Schlundt: 75, 103, 105
Schmidt-Atzert: 133, 141-143
Schneider: 202
Schoenthaler: 128
Schooler: 167, 173, 175
Schwartz, B.: 171
Schwartz, M.: 9, 12, 14
Schwarz: 138, 139, 161, 162, 220
Schwarzer: 50, 120
Scitovsky: 91, 170
Scott: 15, 170
Seiffge-Krenke: 31, 37
Seligman: 119
Selter: 78
Selye: 8, 58
Selz: 183, 214
Sentis: 203, 210
Shakespeare: 45
Sharma: 9, 10, 81
Shaviv: 127
Sherif, C.W.: 21, 22
Sherif, M.: 21, 22
Shiffrin: 202
Shuford: 16
Silberstein: 70, 221
Simon: 166, 185, 197
Simonov: 134, 144, 155-157
Sims: 83
Singer: 76, 116, 144, 147, 148, 154, 213
Singh: 70
Slochower: 61, 63, 70, 71, 79, 80, 122, 123
Smith: 127, 164, 181
Snyder: 191, 193, 202
Sommer: 183, 201
Speisman: 181
Spencer: 98, 103, 104
Spiegel: 83
Spies: 144, 197
Spillman: 125
Spitzer: 123
Spring: 126, 127, 129
Srull: 203
Stellar: 12, 13, 15, 17, 29
Stern: 89, 91
Storms: 80
Straumann: 197
Stricker: 16
Striegel-Moore: 70, 74, 75, 79, 103, 104, 106, 221
van Strien: 67, 74, 75, 79, 104, 105, 111-113
Strongman: 141
Strube: 202
Stunkard: 10, 74, 75, 77, 79-81, 103, 105, 111, 113, 116
Suci: 46, 142
Sullivan: 196
Swagerman: 224
Sypher: 144

Tannenbaum: 46, 142
Tatham: 128
Taylor: 191-194, 198, 222

Teasdale: 119
Tetlock: 172
Teuteberg: 52
Thayer: 86
Thiele-Wittig: 40
Thoits: 167, 175
Thorndyke: 185, 220
Tiggemann: 120
Toda: 182
Todt: 31, 37
Tolksdorf: 20, 45
Tolman: 151, 185
Tomarken: 99, 100, 133, 142, 143
Tomelleri: 125
Tomkins: 144
Tracy: 33, 34
Trager: 46
Trémolières: 49
Turner: 188, 220
Tversky: 194
Twigg: 44, 45

Underwood: 205
Uranowitz: 193

Valin: 126

Wächter: 51, 73, 79
Wallbott: 144
Wahba: 33, 37
Wardle: 98, 101, 104, 105, 110, 111, 113
Warner: 46
Warr: 161, 162
Warsh: 104, 109, 115
Washburn: 10
Wasson: 48
Watson: 162-164
Weinberg: 75, 89, 91
Weiner: 223
Weinert: 9, 11, 13, 15, 17
Weintraub: 169, 177-180
Wessels: 118, 189, 194
West: 88
Westenhöfer: 65, 113, 120
Westerterp: 103
Wiegelmann: 44, 45
Wierenga: 24, 26-28
Willenbring: 68, 75, 125
Williams, A.: 73, 104
Williams, R.L.: 73, 103, 106, 120
Wilson: 98, 99, 102
Wiswede: 88
Wolff, F.: 11
Wolff, G.: 16
Woods, S.C.: 85
Woods, W.E.: 50, 51, 56
Wooley, O.W.: 83, 120
Wooley, S.C.: 79, 80, 83, 103, 117, 120
Wunderlich: 61, 63, 64, 70
Wundt: 144
Wurtman: 125-127
Wyer: 203
Wyrwicka: 11

Yekovich: 220
Yetley: 21, 22
Young, P.T.: 16, 17, 19, 30, 32, 135
Young, R.D.: 170
Younger: 87
Yudkin: 128

Zacks: 205
Zajonc: 145, 166
Zapf: 161
Zillman: 171, 205
Zimbardo: 9, 15
Zimering: 75, 103, 105

Stichwortverzeichnis

Abendessen: 39, 77, 99, 124
Ablauf, ablaufen: 58, 132, 138, 153, 159, 165, 182, 191, 197, 202, 203, 205, 210, 212, 222
Ablehnung: 52, 83, 185
Ablenkung ...: 87, 127, 177, 178, 222
Abneigungen: 20
Abscheu: 30
Absicht: 157, 170, 192, 196
Abwehr: 55, 58, 179
Abweichung, abweichen: 30, 50, 61, 62, 70, 80
Action: 146, 166, 159, 180
Active, Activity: 71, 155, 177
Adaptiv: 134, 137, 158, 166
Adipositas ...: 43, 61, 76, 77, 84, 93, 94, 96, 101, 103, 116, 109, 112, 130, 131
Adrenalin: 59, 70, 147, 148
Ärger: 59, 65, 72, 77, 147, 148, 162, 204, 205, 222
Affect, affective: 16, 110-111, 137, 138, 163, 197
Affekt, affektiv: 17, 66, 89, 133, 137, 139, 140, 141, 196, 197, 198, 202
Affektkontrolle: 220, 223
Aggression, aggressiv: 12, 44, 170, 174
Akteur: 188, 197
Aktion: 91
Aktiv: 14, 150, 162, 163, 167, 177, 182, 184, 202, 203
Aktivieren: 37, 39, 76, 86, 91, 123, 124, 149, 154, 165, 182, 187, 191, 198, 202, 204, 214, 221
Aktivierung ...: 12, 85, 86, 139, 165, 185, 191, 197, 199, 202, 218
Aktivität: 10, 94, 117, 127, 156, 161, 170, 173
Alkohol: 50, 96, 101, 125, 170
Allesesser: 15
Alltag, alltäglich: 39, 40, 44, 49, 52, 60, 115, 125, 162, 163, 164, 169, 180, 187, 191, 214, 215, 218
Alternative: 24, 36, 37, 59, 71, 81, 84, 101, 103, 109, 112, 130, 148, 150, 160, 194, 203, 204, 210, 221
Aminostat, aminostatisch: 8, 11, 85
Aminosäure: 11, 126
Anerkennung: 49, 174
Anforderungen: 15, 48, 174, 183, 192
Angenehm ...: 2, 55, 57, 58, 64, 72, 92, 101, 125, 129, 137, 139, 151, 153, 161, 163, 164, 170, 171, 181, 201, 204, 05, 208, 217, 223
Angespannt: 70, 87
Angst ...: 49, 50, 51, 55, 62, 67, 70, 122, 123
Anmutungsmoment: 35
Anorexie, anorektisch: 60, 120
Anpassung ...: 58, 137, 151, 167, 203, 208-212, 215, 221, 223
Anregung: 4, 57, 220
Anreiz: 172
Anspannung: 162, 170
Anstrengung, anstrengend: 152, 192, 209
Antiregulierung, antiregulatorisch: 96, 99, 101, 103, 107
Antrieb ...: 7, 9, 15, 32, 35, 36, 66, 91
Anziehung ...: 51, 146
Appetit ...: 15-17, 19, 30, 31, 59, 65, 66, 68, 69, 70, 77, 86, 96, 99, 102, 117, 118, 123, 124, 125
Appraisal: 146, 149, 160, 173, 181
Arousal: 71, 208
Aschematikerinnen: 203, 210, 211, 224
Attribuierung: 223
Aufforderungscharakter: 19, 91
Aufmerksamkeit, aufmerksam ...: 40, 83, 86, 118, 120, 122, 129, 138, 154, 155, 159, 167, 197 , 222
Aufrechterhaltung, aufrechterhalten: 1, 6, 59, 141, 149, 152, 167, 168, 170, 171, 195, 201, 204, 205, 214, 216, 217, 219, 221
Aufregung, aufgeregt: 90, 152, 162
Ausdruck ...: 20, 31, 32, 36, 38, 119, 138, 142, 154, 155, 157, 158, 163, 166, 168, 170-172, 209, 216, 223
Ausgeglichen: 8, 15, 16, 61, 68, 127
Ausgleich ...: 8, 52, 55, 58, 59, 71
Auslöser, auslösen: 6-8, 14, 44, 65, 75, 89, 93, 130, 140, 146, 153, 157, 158, 209, 213, 215, 216, 219
Auswahl ...: 68, 89, 97, 210
Automatisch: 40, 48, 58, 89, 165, 181, 191, 197, 199, 201-205, 208-212, 214, 215, 219, 223

Autonomie, autonom: 11, 70, 154, 222
Außenreiz ...: 43, 75, 77, 82, 86, 87, 91, 130, 131, 149, 217
Aversionen: 15, 44, 86

Bedarf ...: 6, 10, 15, 19, 20, 21, 33, 36, 44, 49, 101
Bedrohung, bedrohen ...: 8, 40, 58, 70, 150, 151, 157, 172-174, 180
Bedürfnis ...: 6, 7, 17, 19, 32-42, 91, 134, 138, 142, 151, 156, 166, 168, 172, 216, 222
Befindlichkeit: 65, 85, 86, 124, 128, 131, 132, 1 38, 218
Befriedigen ...: 37, 39, 83
Belastung, belasten ...: 49, 70, 75, 86, 123, 137, 150, 169, 172, 173, 180
Belohnung, belohnen: 1, 30, 50, 55, 90, 152, 163, 171, 220
Benign-positiv: 150, 169, 173, 180
Bestrafung: 50, 163
Bewerten: 1, 61, 68, 130, 139, 145, 173, 174, 178, 181, 185,195, 201
Bewertung ...: 85, 137, 146, 148, 150, 166, 169, 195, 199, 203, 213, 214, 218, 220
Bewertungsschema: 199, 202, 203, 214, 218
Bewußt: 5, 40-42, 58, 77, 91, 120, 145-146, 165, 171, 177, 181, 192, 197, 202, 204, 205, 214, 219
Bewußtheit: 159, 185
Bewußtsein ...: 36, 47, 198, 202
Bewältigung ...: 39-42, 141, 149, 150, 152, 153, 155, 157, 159, 165, 169, 171-182, 195, 199, 203-205, 209, 210, 212-214, 216, 218, 220
Biochemie, biochemisch: 11, 19, 20, 126-128, 142
Biologisch: 10, 14, 18, 19, 29, 30-32, 34, 42, 57-59, 86, 94, 95, 107, 112, 118, 150, 151, 153, 216
Breather: 152-153, 180
Bulimie: 60, 104, 120

Chronisch: 43, 61, 95, 120
Cognitive: 93, 112, 117, 150, 183, 188, 196-198
Conscious: 110
Consumer: 42, 46, 47, 90
Control: 93, 117, 166, 172
COPE: 177, 180, 181
Coping ...: 71, 150-152, 167, 173, 174, 177, 180, 181, 204
Counterregulation: 96
Cue: 150, 197

DEBQ: 111, 113
Defizit ...: 9, 12, 14, 37
Deklarativ: 195, 197, 199
Depression: 90, 96, 112, 119, 125, 127, 162, 205
Dick: 75, 84, 93, 104, 115, 120
Diet ...: 93, 99, 109, 110, 120
Disinhibition, disinhibieren ...: 96, 97, 99-101, 104, 109, 111-113, 118, 121, 131 , 217
Distreß: 58
Diät ...: 14, 17, 83, 93, 95-97, 99, 100, 104, 107, 109-112, 115, 118, 120
Dünn: 84, 115, 120

Effekt ...: 30, 69, 77, 99-102, 104, 122, 125, 126, 134, 145, 167, 208, 220
Ego ...: 62, 70, 123, 164, 205
Eigengeschenke: 171, 172, 223
Einsamkeit: 1, 66, 72, 209
Einschätzung ...: 150, 155, 164, 169, 172-174, 177, 179, 195, 205, 213
Emotional: 30, 49, 50, 54, 59, 66, 89, 90, 113, 129, 132, 137, 146-148, 154, 155, 157, 159, 160, 164, 166, 167, 169, 171, 175, 177-179, 183, 185, 195-199, 201, 205, 208- 210, 212-221
Emotionalität: 66, 94, 118, 149, 223
Emotion ...: 2-4, 32, 59, 72, 116, 121, 124, 125, 132-134, 137-139, 141, 146-151, 153, 154, 157-161, 164-166, 168-170, 173, 175, 177-182, 195, 196, 198, 199-204, 208-215, 217-224
Emotionsschema: 154, 199, 201-204, 212, 214, 219-221
Emotionstheorien: 116, 132, 137, 141, 142, 145, 147, 151, 154, 195, 196, 213, 214, 218
Empfindung, empfinden: 9, 10, 30, 58, 62, 65, 75, 84, 87, 90, 91, 97, 104, 107, 139, 147, 151-154, 156, 157, 169, 170, 173, 178, 179, 198, 201, 205, 217
Encounter:172, 173, 177, 179-181, 195, 197
Energie ...: 34, 35, 42, 60, 82, 83, 152, 153, 162

Enthemmen ...: 70, 96, 97, 101
Entscheidung, entscheiden: 24, 50, 52, 80, 85, 88, 89, 91, 95, 96, 131, 157, 158, 167, 168, 173, 181, 205, 208
Entspannung ...: 122, 125, 153, 162
Ereignis...: 145, 192
Erinnerung, erinnern: 50, 85, 89, 118, 154, 156, 166, 183-185, 188, 195, 196, 198, 199
Erlebnis, erleben ...: 47, 49, 50, 57, 65, 85, 138, 139, 142, 146, 147, 150, 158, 161, 163, 164, 172, 196, 209
Erlernt: 9, 15, 17-19, 58
Ernährung ...: 3, 10, 14, 15, 17, 19-22, 24, 28, 30, 44, 52, 60, 76, 91, 93, 94, 104, 113, 120, 128, 215
Ernährungspsychologie: 4, 59, 132, 149, 216, 217
Erregung, erregt ...: 12, 31, 59, 61, 62, 65-67, 70, 71, 86, 87, 101, 115-117, 122-124, 137, 146, 148, 149, 152, 162, 166, 169, 171, 177, 197, 205, 208, 223
Eß...: 2, 5, 48, 50, 52, 60, 70, 76, 81, 84, 91-93, 104, 107, 112, 119, 121, 127, 164, 168, 169, 203, 209,210, 213, 215, 217-222, 224
Essensbezogen: 30, 52, 78, 85-87, 90-91, 208, 210-212 ,215, 219, 220-222
Essen ...: 6, 19, 34, 38, 48, 49, 50-52, 50, 54, 55, 71, 72, 77, 78, 86, 119, 129, 130
Essenswunsch: 31, 43, 59, 65-66, 84, 91, 95, 96, 107, 122-124, 131, 132, 137, 141, 153
Eustreß: 58
Externalität: 43, 76, 80, 81, 84, 86, 87.), 96, 100-102, 115, 116, 118, 124, 130, 131, 149, 217

Feeling, feel: 47, 65, 90, 110, 137, 138, 160, 180
Fett ...: 11, 20, 94, 95
FEV: 113
FLA: 112
Flüssigkeit ...: 6-8, 11, 12, 16
Food: 16, 42, 45, 49, 51, 54, 66, 67, 71, 78, 110, 112, 125, 129
Freude: 1, 42, 43, 48, 55, 139, 141, 151, 204, 217
Frust, Frustration: 1, 37, 43, 50, 55, 172, 217, 221
Furcht: 59, 6162, 64, 151
Fühlen: 92, 93, 122, 125, 151, 171

Gedächtnis ...: 4, 24, 117, 132, 146, 147, 154, 156, 157, 164, 165, 182-184, 187, 188, 192, 195, 196-198, 202, 203, 205, 208, 212-214, 220
Gedächtnisschema: 154, 218, 223
Gefühl ...: 1, 5, 10, 32, 36, 46, 47, 57, 65, 77, 91, 92, 104, 122, 137-140, 151, 152, 157, 162, 163, 169, 172, 178, 192, 209, 211, 213, 217, 223
Gehirn ...: 11, 51, 85, 122, 125, 126, 128, 129, 142, 153, 198
Gelernt: 41, 58, 117, 119, 210, 212, 221, 222
Genetisch: 7, 17, 86, 94, 154
Genuß, genießen: 16, 17, 19, 31, 42, 45, 50, 55, 85, 89, 91, 92, 125, 204
Geschlechterrolle: 193, 224
Geschmack ...: 16-18, 41, 55, 62, 64, 66, 67, 68, 78, 80, 82, 85, 86, 94, 96, 97, 99, 100, 102, 115, 117, 118, 122
Gewicht ...: 12, 61, 66, 71, 76, 80, 83, 84, 93, 103, 110, 109-112, 120, 121, 165
Gleichgewicht ...: 2, 7, 8, 41, 54, 212
Glucose, glucostatisch: 7, 8, 11, 59
Glück ...: 92, 116, 139, 161-162
Grenzmodell: 28-29, 31, 42, 107, 108, 117, 118, 216
Gummibärchen: 2, 67

Handlung ...: 1, 31, 32, 37, 39, 44, 82, 84, 88, 17, 118, 138, 145-147, 150, 155, 157-159, 165, 167, 169, 174, 177, 180, 183, 185, 187, 188, 194, 195-197, 199, 201, 203-205, 208-210, 212-214, 219, 220
Hedonismus, hedonistisch: 16, 17, 24, 46, 47, 50, 51, 90, 160
Hilflosigkeit: 90, 119, 223
Hinweisreiz: 10, 20, 82, 84, 100, 154, 205, 210, 211, 215, 219
Hirn ...: 126, 129, 146
Homöostase, homöostatisch: 8, 94, 151, 158, 167, 169, 199, 204, 210, 216
Hunger ...: 2, 6, 9-12, 14, 18-20, 29-31, 37, 42, 49, 57, 59, 66, 69, 72, 76, 77, 80, 81, 85, 1, 94, 95, 107, 113, 117-119, 124, 130, 131, 208, 211, 216, 217
Hyperphagie: 12, 59, 61

Ich ...: 2, 5, 51, 55, 71, 88, 91, 99, 110, 147, 210, 211, 212, 218, 223
Impuls ...: 88-92, 138, 146, 160
Impulsiv: 75, 76, 87-92, 130, 217
Indifferenzzone: 30, 31, 34
Inferenz ...: 145, 190, 192, 194, 195, 199, 201-205, 209, 210
Information ...: 34-35, 89, 134, 155-157, 164-165, 182-185, 187, 188, 192, 194, 195, 208, 213, 217, 218, 224
Input: 132, 154, 168, 188-189, 201
Instantiieren: 188-190, 193-195, 199, 201, 203, 209, 220
Insulin: 8, 85
Intensität ...: 1, 7, 17, 65-67, 99, 124, 139, 149, 160-162, 169, 173, 209, 215, 219, 223
Intentionen: 24, 167
Interaktion ..., interagieren: 20, 21, 48, 58, 84-86, 99, 100, 118, 130, 137, 141, 145, 147, 149, 154-159, 166, 168, 181, 188, 196, 197, 202, 205, 209, 213
Interschematisch: 201, 222
Intraschematisch: 201, 221

Kalorien ...: 9, 18, 34, 51, 60, 76, 80, 82-85, 93, 99, 100, 112, 117
Kauf, kaufen ...: 24, 28, 50, 67, 75, 80, 87-92, 130, 187, 217, 221
Kind ...: 1, 14, 15, 40, 45, 49-52, 77, 94, 195
Kognition ...: 2-4, 116, 117, 132, 133, 141, 145, 146, 148-150, 164- 166, 168, 173, 196, 198, 205, 213, 215
Kognitiv: 4, 76, 95, 99, 116-119, 147-150, 154, 155, 157, 165, 166, 173, 174, 181-185, 191, 192, 196-198, 201-205, 208-213, 218, 221
Kohlehydrate ...: 15, 20, 51, 125-129
Konflikt: 39, 40, 41, 65, 162
Konfrontierend: 78, 174, 175, 177
Konnotationen: 3, 44, 48, 52, 54
Konsum ...: 2, 38, 46-48, 57, 75, 89-91, 129-130, 171, 217, 221
Konsumentinnen: 24, 28, 46, 47, 51, 88-90, 92
Kurzzeitgedächtnis: 198, 202
Körper ...: 6, 8, 10, 11, 14-15, 19, 20, 14, 40, 41, 45, 51, 69, 82, 83, 93-95, 104, 111, 119, 120, 126, 142, 146, 170, 171, 210, 224
Körpergewicht: 29, 70, 71, 87, 95, 125, 224

Langeweile: 1, 65, 66, 72, 171
Lebensmittel ...: 24, 54, 125, 161
Lernen ...: 9, 18, 19, 24, 30, 67, 86, 118, 147, 202, 203, 216, 220, 222
Limbisches System: 13, 14, 146
Lipide:, 18
Lipostat, lipostatisch: 8, 11, 85
Lust ...: 2, 31, 40, 45, 55, 57, 58, 90, 92, 96, 125, 129, 133, 137, 170, 210, 212, 216, 217

Magen ...: 7-10, 77, 81, 85
Mahlzeit: 7, 45, 49, 72, 78, 80, 82, 96,112, 124-127, 70, 187 , 221
Mangel ...: 7, 15, 32, 32-36, 38, 40, 47, 156, 193, 214
Mental: 32, 84, 133, 178, 179, 183-185, 192, 195, 198, 218, 219
Mineralstoffe: 20, 126-128
Mood: 65, 129, 137, 164, 181
Motiv: 32, 46, 47, 146, 160
Motivation, motivational: 7, 9, 12, 13, 30, 32, 36, 134, 159, 173

Nahrung ...: 1, 6-9, 11, 12, 14, 15-20, 29, 32, 34, 36-39, 42, 52, 67, 68, 72, 76, 80, 81, 83, 85, 93, 107, 115, 119, 122, 124, 126, 128, 137, 171, 172, 210, 212, 216, 217, 221
Nährstoff ...: 6-9, 14-16, 18, 34, 42, 44, 49, 125-128, 131, 137, 217
Need: 31, 34, 37, 134, 150, 166, 172
Nerven ...: 7, 8, 10,11, 70, 87, 116, 126
Neueinschätzung: 149, 150, 175, 177-179
Normalgewicht: 61, 97, 215

Obesity: 67
Oropharyngeal: 8, 9
Orosensorische: 17
Overeating: 67, 110

Person-Umwelt ...: 138, 147, 149, 150, 157, 165, 168, 169, 172, 173, 195, 210, 212-214, 220
Persönlichkeit ...: 21, 52, 55, 67, 103-104, 119, 151, 163, 175, 178, 179, 192, 222, 223
Pharmakologisch: 96, 97, 101
Phylogenetische: 142, 182

Physiologisch: 3, 6, 9, 10, 18, 19, 30, 34, 38, 41-43, 57, 77, 83, 85, 86, 95, 116-118, 119, 131, 147-149, 151, 166, 211, 212, 215-217, 219, 220
Physisch: 15, 17, 20, 32, 62, 64, 70, 123, 127, 162, 221
Pleasure: 42, 160
POMS: 65
Präferenz: 15, 17, 20, 28, 41, 67, 68, 86, 125
Preload: 69, 80, 82-83, 96-97, 99, 102, 107, 115, 117, 118
Problem ...: 24, 60, 132, 172, 174, 175, 177-180, 193
Problemlösung, problemlösen: 118, 164, 173, 175, 177, 181, 182, 192, 195, 197, 205, 214, 218, 219
Process, processing: 154, 164, 181, 183, 190
Protein: 7, 15, 20, 125-127, 129
Prototypen: 185, 191
Prozeß: 2, 9, 36, 38, 154, 134, 146, 165-169, 174, 179, 181, 182, 184, 185, 191, 195-197, 201, 202, 214, 218, 219, 222-224
Psyche: 48, 122, 125-126, 128, 165, 218
Psychisch: 2, 17, 21, 24, 62, 70, 84, 86, 127, 169, 161-163, 169, 170, 214, 218, 221
Psychoanalyse, psychoanalytisch: 19, 46, 49, 76, 92, 129
Psychologie: 2-3, 46, 68, 88, 115, 128, 148, 165, 166, 182, 183, 214
Psychologisch: 3, 5, 41, 43, 49, 50, 117, 150, 216
Psychologisch-mental: 8, 34, 40, 57-59, 70, 92, 199, 204, 210, 216
Psychometrisch: 109, 112
Psychosomatische: 61, 62, 64, 67, 72, 101, 102, 122, 124, 130
Psychotherapeutisch 49, 77

Ratten: 12, 15-18, 71, 85, 127
Readiness: 159
Reagibilität: 30, 66, 75, 77, 80, 81, 87, 91, 94, 97, 100, 131, 217
Reaktion ...: 7, 30, 59, 61, 62, 70, 81, 85-87, 91, 119, 127, 150, 163, 167, 172, 173, 182, 203, 220
Reappraisal: 149, 175
Recognition: 49, 184, 191
Regulierung, regulieren ...: 6, 7, 9, 11, 14, 28, 29, 58, 59, 66, 76, 83, 94, 96, 121, 141, 146, 155, 160, 161, 164, 167, 169, 171, 174, 181, 195, 196, 199, 201, 209, 210, 212-216, 218-223
Regulatoren, regulatorisch: 6, 28, 31, 85-86, 99
Reiz ...: 66, 75, 77, 78, 81, 82, 86, 88, 89, 91, 94, 97, 101, 117, 119, 130, 138, 146, 167, 208, 217
Repräsentanz: 3-4, 132, 164, 166, 198, 208, 212, 215, 219, 222, 224
Repräsentation: 48, 154, 192, 198, 199
Ressourcen: 34-36, 58, 152, 168, 173, 174, 210
Restaurant: 39, 80, 87, 127, 141, 172, 187, 188-190
Restorer: 152, 153, 180
Restriktion ...: 95-97, 102, 103, 107, 109, 112, 113, 116, 119, 217
RS: 109-113

Schema ...: 5, 132, 155, 181, 183-185, 188, 190, 191, 193-199, 201, 203-205, 209, 210, 214, 215, 219-224
Schematic, schematisch...: 154, 181, 184, 212
Schematikerinnen: 203, 210, 211, 224
Schlankheit ...: 66, 76, 78, 93-95, 104, 120
Selbst ...: 37, 38, 72, 87, 90, 96, 100, 101, 104, 120, 166, 167, 169-175, 180-182, 188, 197, 198, 205, 217, 222, 223
Selbstschema: 192
Semiotik: 46-48, 129
Sensorisch: 12, 16, 51, 66-68, 75, 146, 183, 201
Serotonin: 8, 126, 127, 129, 153
Setpoint: 28, 83, 93-95, 112
Sicherheit: 35, 38, 46, 49,50, 52, 54, 55, 57, 58, 64, 129, 210, 212, 216, 217
Skript: 185, 224
Slots: 188, 203, 205, 219
Snacks: 51, 68, 72, 125, 130
Somatisch: 138, 150
SOR-Paradigma: 134
Soziokulturell: 3, 20, 44-46, 48, 49, 51, 52, 57
Soziolinguistik: 46
Soziologie, soziologisch: 46, 48
Sozioökonomisch: 24, 52, 115
Speise ...: 34, 45, 48, 52, 72, 82, 85, 91, 125, 188, 190

Stabilisierungsprozeß: 58-59, 203, 204, 208-212, 215, 221-223
Standpunktschema: 192
Stimmung ...: 70, 92, 125, 129, 137-139 141, 163, 164, 166, 169-172, 205, 209, 211, 213, 217, 221
Strategie, strategisch: 34, 40, 137, 165, 169, 170, 175, 177-179, 180, 181, 192, 202-205, 208-212, 214, 215, 219, 221-223
Stress ...: 49, 54, 58, 65, 68, 71, 72, 75, 86, 102, 123, 125, 131, 130, 149-153, 155, 157, 159, 161, 164, 171-175, 177-180, 182, 192, 195, 197, 204, 205, 209, 213, 214, 216
Stressor: 146, 173, 175, 177, 178
Strukturkomponenten: 195, 196, 198-202, 223
Stufenmodell: 38, 168, 198, 212-214, 218
Subschemata: 190, 191, 201, 205, 210, 221, 222
Sustainer: 152-153, 180
Symbol, symbolisch ...: 3, 4, 28, 34, 35, 42-50, 52, 54, 55, 57, 58, 67, 129, 171, 172, 198, 208-212, 215-217, 219-221
System: 12, 33, 34, 36, 40, 42, 58, 134, 137, 146, 156-158, 168, 182, 196-198, 212, 216
Sättigung ...: 6, 8, 10-12, 17, 20, 29-31, 40-42, 57, 59, 72, 76, 77, 82, 107, 112, 117-119, 130, 208, 211, 212, 216
Säugling: 14, 15, 17, 18

TFEQ: 112, 113
Thalamus: 12, 146
Therapie, therapeutisch ...: 2, 54, 61, 95, 113, 120, 121, 222
Thermostatisch: 11
Transaktion: 150, 172, 173, 180, 181, 198, 199, 201, 210
Transaktionsschema: 197
Tryptophan: 126, 127, 129

Übergewicht ...: 12, 60-62, 67-69, 76, 83, 84, 87, 94, 99, 102, 103, 109, 112, 120, 215, 217
Überleben ...: 6, 44, 33, 34, 38, 50, 151
Umwelt ...: 20, 30, 38, 55, 82, 86, 100, 118, 151, 165, 166, 168, 173, 185, 191, 198, 211, 212, 214, 215, 218, 223
Unbehagen: 16, 18, 107
Unbewußt: 40-43, 58, 92, 125, 145, 165, 181, 191, 192, 202, 203, 214, 219
Unruhe: 50, 90, 96
Untergewicht: 12, 78, 94

Vegetarisch: 44, 45
Vegetativ: 7, 11, 14, 116, 146
Ventromedial: 12, 14
Veränderung, verändern: 10, 11, 36, 58, 76, 80, 110-112, 145, 150, 159, 168, 169, 170, 173-175, 177, 185, 191, 195, 199, 201, 204, 216, 217, 221
Verhalten: 7, 16, 19-22, 24, 31, 32, 34, 36, 38, 48, 49, 52, 57, 71, 77, 84, 86, 88, 89, 91, 94, 95, 97, 99, 104, 120, 130, 139, 141, 150, 152, 155, 159, 165-169, 173, 174, 178, 180-182, 185, 191, 192, 196, 198, 201-205, 208, 212, 217, 218, 221-223
Verlagerung: 31, 42
Vermeidung: 121, 175, 180
Verstärkung, verstärken ...: 1, 2, 55, 57, 85, 86, 119, 123, 129, 139, 145, 152, 153, 161, 170, 171, 180, 181, 195, 201, 214, 217, 219
Verzehr, verzehren ...: 8, 24, 44, 45, 48, 50, 52, 54, 55, 62, 67, 71, 75, 76, 82, 84, 91-93, 97, 100, 102, 112, 118, 122-126, 129
Vorbewußt: 40, 198
Vorliebe: 20, 44, 67, 68, 125

Wahrnehmung, wahrnehmen ...: 1, 40, 48, 76, 77, 84, 86, 89, 137, 145, 146, 150, 154, 158, 168, 170, 173, 175, 182, 184, 194-196, 213
WCQ: 174, 180, 181, 204
Wissen ...: 165, 181, 183, 185, 187, 188, 190-192, 195, 197, 199, 201-203, 208
Wohlbefinden: 24, 49, 58, 124, 150, 161-163, 180, 214

Zelle ...: 11, 14, 16, 115
Zentralnervensystem: 11, 125, 126, 154
Ziel, zielgerichtet ...: 34-36, 40, 137, 156, 165, 167, 168, 172, 178, 181, 184, 185, 187, 192, 195, 215, 222
Zubereitung ...: 20, 24, 28, 34, 39, 44, 45, 50,

52, 68, 122
Zufriedenheit: 32, 90, 111, 139, 161
Zustand ...: 17, 18, 30, 38, 49, 57, 65, 116, 119, 125, 148, 157, 161, 162, 167, 169, 179, 185, 195, 197, 199, 201, 204, 205, 209, 210, 212, 214, 215, 219, 221-223
Zweck: 31, 32, 34, 55, 76, 80, 103, 210
Zwischenhirn: 11, 12, 146